"十二五"普通高等教育本科国家级规划教材

21世纪高等院校工程管理专业教材

U0674935

项目融资

XIANGMU RONGZI

（第五版）

马秀岩 卢洪升 主编

东北财经大学出版社 大连
Dongbei University of Finance & Economics Press

图书在版编目（CIP）数据

项目融资/马秀岩，卢洪升主编. —5版. —大连：东北财经大学出版社，2022.3（2025.7重印）
（21世纪高等院校工程管理专业教材）
ISBN 978-7-5654-4455-5

Ⅰ．项… Ⅱ．①马… ②卢… Ⅲ．项目融资-高等学校-教材
Ⅳ．F830.45

中国版本图书馆CIP数据核字（2022）第024491号

东北财经大学出版社出版
（大连市黑石礁尖山街217号 邮政编码 116025）
网 址：http://www.dufep.cn
读者信箱：dufep@dufe.edu.cn

大连雪莲彩印有限公司印刷 东北财经大学出版社发行
幅面尺寸：170mm×240mm 字数：490千字 印张：24
2022年3月第5版 2025年7月第3次印刷
责任编辑：李 彬 王 斌 责任校对：孙 平
封面设计：张智波 版式设计：钟福建
定价：52.00元

教学支持 售后服务 联系电话：（0411）84710309

21世纪高等院校工程管理专业教材编写委员会

总 序

8年前，我们依照建设部高等院校工程管理专业学科指导委员会制定的课程体系，组织我院骨干教师编写了"21世纪高等院校工程管理专业教材"。目前，这套教材已出版的有《工程经济学》《可行性研究与项目评估》《工程项目管理学》《房地产经济学》《项目融资》《工程造价》《工程招投标管理》《工程建设合同与合同管理》《城市规划与管理》《国际工程承包》《房地产投资分析》《土木工程概论》《投资经济学》《建筑结构——概念、原理与设计》《物业管理理论与实务》等17部。

上述教材的出版，既满足了校内本科教学的需要，也满足了外院校和社会上实际工作者的需要。其中，一些教材出版后曾多次印刷，深受读者的欢迎；一些教材还被选入"普通高等教育'十一五'国家级规划教材"。从总体上看，"21世纪高等院校工程管理专业教材"已取得了良好的效果。

为进一步提升上述教材的质量，加大工程管理专业学科建设的力度，新一届编委会决定，对已出版的教材逐本进行修订，并适时推出本科教学急需的新教材。

组织修订和编写新教材的指导思想是：以马克思主义经济理论和现代管理理论为指导，紧密结合中国特色社会主义市场经济的实践，特别是工程建设的管理实践，坚持知识、能力、素质的协调发展，坚持本科教材应重点讲清基本理论、基本知识和基本技能的原则，不断创新教材编写理念，大力吸收工程管理的新知识和新经验，力求编写的教材融理论性、操作性、启发性和前瞻性于一体，更好地满足高等院校工程管理专业本科教学的需要。

多年来，我们在组织编写和修订"21世纪高等院校工程管理专业教材"的过程中，参考了大量的国内外已出版的相关书籍和刊物，得到国家发展和改革委员会、住房和城乡建设部等部门的大力支持，同时，东北财经大学出版社有限责任公司的领导、编辑为这套系列教材的及时出版提供了必要的条件，做了大量的工作，在此一并致谢。

编写一套高质量的工程管理专业的系列教材是一项艰巨、复杂的工作。由于编著者的水平有限，书中的缺点与不足在所难免，竭诚欢迎同行专家与广大读者批评指正。

21世纪高等院校工程管理专业教材编委会主任　　王立国

第五版前言

在我国，以 PPP 融资方式为主的项目融资正在大力推广和应用，各地项目融资成功案例不断涌现，但在实践中也出现了一些亟待解决的问题。有鉴于此，为适应新形势下项目融资快速发展的需要，我们对项目融资教材进行了再次修订。

本次修订的主要工作如下：

1.增加新内容，在第九章增加 REITs（房地产投资信托）。

2.对书中的规章制度，按发布时间更新。

3.补充、更换部分附录，力求及时反映政府及相关部门的最新精神。

4.修改部分章、节的文字表述和，力求畅顺、准确无误。

参加本次教材编写和修订的人员（以姓氏笔画为序）：马秀岩（第 1、2 章和第 14 章第 1、2、4 节），卢洪升（第 5、6、7、9 章和第 14 章第 3 节），宋维佳（第 4、12、13 章），屈哲（第 8、10、11 章），戴鸿丽（第 3 章）。

虽然我们对原教材进行了修改和补充，但编者的学识水平有限，书中不妥之处，恳请读者批评指正。

编　者

2021 年 7 月

第一版前言

在经济发展全球化的新形势下，各国都在寻求加快本国经济发展的有效途径，但在发展过程中都面临不同程度的资金短缺问题。作为利用外资的一种新形式——项目融资，自20世纪80年代兴起以来，为解决建设资金短缺问题提供了一条新思路，因此，越来越受到各国特别是发展中国家的重视，并不断应用于大型工程项目的建设中。

近年来，我国的一些大型基础设施项目也陆续采用BOT等项目融资方式进行建设，并取得了一定成效，但由于我国项目融资的时间较短，从总体上看，仍属于应用试点阶段。怎样尽快推进项目融资在我国的应用与发展，这是理论工作者、实际工作者急需探索的共同问题。

鉴于项目融资的重要性，我国高等院校新开设的工程管理专业，已将项目融资作为重要的必修课程，但目前适合作为该课程的本科教材尚不多见。基于上述考虑，我们在汲取国内外有关项目融资成果基础上，经过调查研究，收集资料，从满足专业教学的实际需要出发，编写了这部教材。在编写过程中，力求做到：概念准确，条理清晰；内容简练，体系合理；联系实际，力求实用。

本书内容可概括为四个部分：第一部分是项目融资的基础知识，重点介绍了项目融资的概念及其特征；第二部分是项目融资的组织与论证，项目融资的主要模式、资金选择，项目风险分析、评价与管理和项目融资的担保与支持；第三部分是项目融资案例；第四部分摘录国内有关项目融资方面的文件。

本书由东北财经大学投资与工程管理系部分教师集体编写。其分工如下：马秀岩编写1、8章；宋维佳编写第2、7章；卢洪升编写第3、4章；屈哲编写第5、6章；案例由宋维佳、马秀岩编写。全书由马秀岩、卢洪升担任主编，并负责总纂定稿。

本书可作为高等院校工程管理专业本科生教材，亦可供金融专业、财务管理专业及从事项目融资工作的有关人士学习与参考。

本书在编写过程中，汲取了近年来出版的相关书籍、论文中的精华；在调研过程中，得到了国家发展计划委员会外资司和中国建设银行总行国际业务部等部门的大力支持，在此一并致谢。

由于编者经验和水平有限，编写时间仓促，书中不妥之处在所难免，恳请同行、专家不吝赐教，欢迎广大读者批评指正。

编　者
2002年3月

目 录

第一章

导 论

学习目标

　　通过本章的学习，掌握项目融资的定义及基本功能；了解项目融资产生、发展的原因；明确项目融资的基本特征；熟悉项目融资的应用范围。

第一节　项目融资的定义、功能与适用范围

一、项目融资的定义

　　项目融资（Project Financing）在世界上一些国家虽然已有多年的实践，但作为学术用语，迄今为止还没有一个公认的定义。综观现已出版的中外书籍，对项目融资定义的表述有多种。尽管表述各异，但总体而言，可把项目融资的定义分为广义和狭义两类。从广义上讲，凡是为了建设一个新项目或者收购一个现有项目以及对已有项目进行债务重组所进行的融资，均可称为项目融资，它包括传统的融资方式，如公司融资或国家债务融资；而狭义的项目融资则专指无追索或有限追索形式的融资，本书各章讨论的内容均指狭义的项目融资，究竟如何理解项目融资的定义，从以下中外学术著作和相关机构的论述中可以得到启示。

　　P. K. Nevit 所著的《项目融资》1996年第6版中的定义是：项目融资就是在向一个经济实体提供贷款时，贷款方查看该经济实体的现金流和收益，将其视为偿还债务的资金来源，并将该经济实体的资产视为这笔贷款的担保物，若对这两点感到满意，则贷款方同意贷款。

总部设在英国伦敦的国际著名法律公司 Clifford Chance 编著的《项目融资》一书的定义是："项目融资"用于代表广泛的，但具有一个共同特征的融资方式，该共同特征是融资不是主要依赖项目发起人的信用或所涉及的有形资产。在项目融资中，提供优先债务的参与方的收益在相当大的程度上依赖于项目本身的效益，因此他们将其自身利益与项目的可行性以及潜在的不利因素对项目影响的敏感性紧密联系起来。

美国财会标准手册中的定义是：项目融资是指对需要大规模资金的项目所采取的金融活动。借款人原则上将项目本身拥有的资金及其收益作为还款资金来源，而且将其项目资产作为抵押条件来处理。该项目事业主体的一般性信用能力通常不作为重要因素来考虑。这是因为其项目主体要么是不具备其他资产的企业，要么对项目主体的所有者（母体企业）不能直接追究责任，两者必居其一。

美国进出口银行对项目融资的定义是：项目融资是通过项目现金流偿还借款的融资方式，是由项目内部的合同关系所决定的。从本质上讲，这类项目是靠大量统一协调的合同安排才能成功建设和运营的。

在我国著名学者胡代光、高鸿业主编的《西方经济学大词典》中，对项目融资的定义是：为耗资巨大的大型工程项目在国际上融资的重要途径。贷款者所看重的是项目的资产及其未来收益在清偿债务上的能力。这种融资手段有别于传统的资金融通，特点主要是：项目为独立法人，资本的绝大部分靠贷款，风险大，需要第三方的担保，但风险可通过多种途径转移，融资的发起者所担负的风险有限，其本身的资产负债状况所受的影响较小。

中国国家计划委员会（现国家发展和改革委员会）与外汇管理局共同发布的《境外进行项目融资管理办法》中对项目融资的定义是：项目融资是指以境内建设项目的名义在境外筹措外汇资金，并仅以项目自身预期收入和资产对外承担债务偿还责任的融资方式。它应具有以下性质：①债权人对于建设项目以外的资产和收入没有追索权；②境内机构不以建设项目以外的资产、权益和收入进行抵押、质押或偿债；③境内机构不提供任何形式的融资担保。

上述定义虽然表述不同，但并无实质性的差别。因为这些定义中都包含了以下最基本的内容：其一，项目融资是以项目为主体安排的融资，项目的导向决定了项目融资最基本的方法。其二，项目融资中的贷款偿还来源仅限于融资项目本身。换言之，融资项目能否获得贷款完全取决于项目的经济强度。项目的经济强度可从两个方面来测度：一是项目未来可用于偿还贷款的净现金流量；二是项目本身的资产价值。

不难看出，上述定义中，有的是从学术角度定义的，有的是从政府管理角度定义的，为了便于掌握项目融资的定义，通过对项目融资大量实践的总结，还可以从项目融资的实务角度对其定义：项目融资是指项目发起人为项目的筹资和经营而专门成立项目公司，由项目公司承担贷款，并以项目的未来现金流量为首要还款来源的一种融资方式。

二、项目融资的功能

项目融资与传统公司融资方式相比，突出了下述功能：

（一）筹资功能

凡是大型工程项目，就投资而言，少则几亿元，多则上百亿元资金。一般投资者仅凭自己的筹资能力，几乎很难筹集到工程项目所需的全部资金；同时，由于大型工程项目需要巨额投资，随之而来的投资风险也很大，这两点就决定了采用传统的融资方式是行不通的。而采用项目融资能更有效地解决大型工程项目筹资问题。因为项目融资通常是无追索或有限追索形式的贷款，项目融资的能力大大超过投资者自身筹资能力，从而解决了大型工程项目的资金问题。例如，20世纪80年代中期澳大利亚西北部海上石油天然气项目，第一期工程投资已超过14亿美元，远远超出当时该项目任何一个投资者本身的融资能力，而采用项目融资则顺利地解决了该项目的资金问题。

（二）风险分担功能

项目融资的风险分担功能包括两个方面的内容：其一，项目融资的有限追索性使项目的风险与项目发起人有效地隔离，这是传统融资方式所不具备的优点；其二，项目融资可以使项目的风险分散化，而风险分散化的结果是降低了风险或者有效地规避了风险。项目融资之所以能实现这一功能，是因为在设计融资方案时，就已明确了项目融资的参与者必须共同分担风险。这种风险分担功能一方面使项目发起人不会因为项目的失败而破产；另一方面也由于各参与方的风险收益的紧密相关性，提高了其关注项目的积极性，从而有助于项目运行的成功。

（三）享受税收优惠功能

目前，世界上许多国家贷款利息是免税的，而股权收益却必须纳税，因而高水平的负债结构在某种程度上意味着资本成本的降低，项目融资可以允许项目发起人投入较少的股本，进行高比例的负债，从而可以较多地享受税收优惠。此外，在许多国家新企业享受资本支出的税收优惠和一定的免税期，所以成立单一目的的公司进行项目融资还可以享受新企业的税收优惠政策。

为了充分享受税收优惠待遇，有时项目融资模式的变化也是出于对税收的考虑。例如，在英国有对机器和设备的税收优惠，因而在融资时，经常采用融资租赁的方式。

三、项目融资的适用范围

从项目融资产生到发展的进程看，无论是发达国家还是发展中国家，采用项目融资方式都比较谨慎，尽管它具有筹资能力大、风险分散等优点，但毕竟风险较大，融资成本高。从各国应用项目融资方式的种类看，主要有四大类：资源开发项目、基础设施项目、工业项目和公共服务项目。

（一）资源开发项目

资源开发项目一般可分为两大类：一类是能源开发类项目，如石油、天然气、煤炭和铀等；另一类是金属矿产资源开发类项目，如铁、铜、铅和矾土等。

一般来说，资源开发项目具有两大特点：一是开发投资数额巨大；二是一旦项目运作成功，投资收益丰厚。运用项目融资方式开发资源的典型是英国北海油田项目，还有被誉为"开创了澳大利亚铁矿史上的新时代"的澳大利亚恰那铁矿开采项目等。

（二）基础设施项目

从世界范围看，无论是发达国家还是发展中国家，项目融资应用最多的是在基础设施项目上。此类项目可分为三大类：第一类是公共设施项目，如电力、电信、自来水和排污等；第二类是公共工程，包括铁路、公路、海底隧道和大坝等；第三类是其他交通工程，包括港口、机场和城市地铁等。

在上述三大类项目中，国际上已经成功运作的项目大都集中在电力、公路和海底隧道等项目。例如，电力项目有美国霍普威尔火力电站项目、巴基斯坦赫布河燃油发电厂项目、菲律宾大马尼拉汽轮机发电厂项目等；公路项目有马来西亚南北高速公路项目、泰国曼谷二期高速公路项目等；海底隧道项目有英法合作的英吉利海峡隧道项目、澳大利亚悉尼海底隧道项目和土耳其的博斯普鲁斯海底隧道项目等。

中国从20世纪80年代初开始尝试用项目融资方式搞建设。按照中国政府目前的有关规定，项目融资主要适用于投资规模大、贷款偿还能力强、有长期稳定预期收入的部分基础设施和少数基础产业建设项目，具体包括发电设施、高等级公路、桥梁、隧道、城市供水厂及污水处理厂等基础设施项目以及其他投资规模大且有长期稳定预期收入的建设项目。从早期已经运作的项目看，基本集中在电力、公路和铁路等领域。如电力项目有深圳沙角B电厂、广西来宾电厂B厂、山东中华发电项目、山东日照电厂、合肥二电厂、福州湄州湾电厂等；公路项目有广州至深圳高速公路、海南东线高速公路、北京京通高速公路等；地铁项目有重庆地铁、深圳地铁等。

一些国家的项目融资方式应用相对集中于基础设施领域的主要原因是：一方面是这类项目规模大，资金投入多，完全由政府出资建设确有困难；另一方面是这类项目大都可以商业化经营，通过获取项目建成后的收益收回投资。正因为如此，许多发达国家的基础设施项目采用了项目融资方式并取得了成功。

（三）工业项目

随着项目融资运用范围的扩大，近年来，项目融资在工业领域也有所运用，但与运用到资源开发项目、基础设施建设项目的数量相比，工业项目显然很少。不过，在这方面也有成功的典型，如澳大利亚波特兰铝厂项目、加拿大塞尔加纸浆厂项目和中国四川水泥厂项目等。项目融资还可应用于大型制造业项目，如轮船和飞机等。

（四）公共服务项目

政府和社会资本合作模式（PPP），广泛应用于医疗、旅游、教育培训、社会福利、研究开发、安全保障等项目。

第二节 项目融资的产生与发展

一、项目融资产生的过程

项目融资虽然是近年来兴起的新型融资方式，但究其历史却很久远，早在17世纪，英国的私人业主建造灯塔的投资方式与项目融资中的BOT（Build-Operate-Transfer，即建设-经营-转让）形式就极为相似。当时，私人业主建造灯塔的过程是：私人业主首先向政府提出建造和经营灯塔的申请，在申请获得批准后，私人业主向政府租用土地建造灯塔，在特许期内管理灯塔并向过往船只收取过路费，特许期后由政府收回灯塔并移交给领港公会管理和继续收费。只不过由于种种原因，这种投资建设方式一直没有引起人们的重视。

当然，这还不是真正意义上的项目融资，从世界范围看，项目融资的早期形式可以追溯到20世纪50年代，如美国的一些银行利用产品贷款的方式为石油天然气项目融资。然而，项目融资开始受到人们重视是在20世纪60年代中期，其标志是英国北海油田开发中使用的有限追索项目贷款。到了20世纪70年代，第一次石油危机之后出现了能源工业的繁荣时期，项目融资得到了较快的发展，成为当时大型能源项目融资的一种主要手段。

20世纪80年代初，由于世界性经济危机，项目融资的发展进入了低潮期。据统计，1981年至1986年的6年间，西方国家在能源、原材料领域投资的新项目比前期减少60%，投资总额减少了33%。20世纪80年代中后期，随着世界经济的复苏和若干具有代表性项目融资模式的完成，项目融资又进入了一个新的发展时期。

随着世界各国经济的发展，无论是发达国家还是发展中国家，都先后出现了大规模的基础设施建设与资金短缺的矛盾。为此，人们不断地寻求一种新的融资方式。在这方面首开先河的是土耳其总理奥热扎尔在1984年讨论土耳其公共项目的私营问题时，提出了BOT的概念，随后用此种方式建设了土耳其火力发电厂、机场和博斯普鲁斯第二大桥。尔后，BOT融资方式作为基础设施项目建设的一种有效融资方式逐渐流行起来，并得到了长足的发展。迄今为止，许多发达国家和地区越来越多地采用BOT融资方式进行大型基础设施建设，比较成功的BOT项目有英法合作的英吉利海底隧道工程、澳大利亚的悉尼海底隧道工程、中国香港的海底隧道工程和英国曼彻斯特市的轻轨项目等。近年来，一些发展中国家，如土耳其、菲律宾、泰国、马来西亚、中国等也相继采用BOT融资方式进行基础设施建设。

就在一些国家应用BOT融资方式进行基础设施建设的同时，一种新的融资方式，即政府和社会资本合作模式（PPP）在欧美等国家和地区兴起（详见第八章第一节至第六节）。

二、项目融资发展的原因

同任何新生事物一样，项目融资的产生和发展都有其具体的原因。从项目融资产生和发展的过程看，项目融资的出现，是经济发展和经济建设的客观需要，也是经济发展的必然结果。但项目融资在不同国家和地区发展的原因是不同的。

（一）发达国家和地区采用项目融资的原因

从经济发展的历史看，许多发达国家和地区以往的基础设施项目主要是由国家财政预算安排，由政府直接拨款建设。进入20世纪80年代，这些国家和地区经济发展的现实迫使它们不得不改变传统的做法。其一，随着经济的快速发展，人口增长，城市化水平提高，各国对交通、电力、供水等基础设施的需求日益增加，但同时各国也都面临财政赤字、债务负担过重、政府投资能力下降的困境，无力承担耗资巨大的基础设施建设任务。其二，一些发达国家和地区企业私有化程度较高，而政府又允许私人企业和投资进入基础设施建设领域，这既调动了私人投资的积极性，又缓解了国家财政困难，这些都为项目融资的发展和应用提供了较好的客观条件。因此说，减轻政府财政负担，吸引私人资本参与基础设施建设，提高投资效率，是这些国家和地区采用项目融资的根本原因。

（二）发展中国家采用项目融资的原因

长期以来，许多发展中国家都存在严重的资金短缺问题，但为了尽快改变本国长期落后的经济状况，就必须大力加强基础设施建设，以消除制约经济发展的"瓶颈"。因此，资金严重短缺成为经济发展中的主要矛盾。与此同时，发展中国家大多存在国有部门效率低下、基础设施管理不善的问题。为解决这些矛盾和问题，许多国家制定了引进民间资本和国外资金搞基础设施建设的政策，以此来缓解财政上的紧张局面并促进国有部门提高效率。国际建筑业的变化也给发展中国家的项目融资发展带来了新的契机。例如，传统的单纯建安承包或EPC（Engineering-Procurement-Construction，即工程设计-采购-施工）承包等已向项目全过程承包（如代建制，"带资承包"、项目融资、项目管理等方式）发展，以"带资承包"特别是项目融资BOT方式承揽工程具有很强的竞争优势，已被国际上的承包商大力应用，例如，日本承包商、供应商和银行积极主动提供出口信贷并应用BOT方式在国际承包市场取得项目。据统计，国际承包商中约60%采取"带资承包"方式，其中有许多是BOT项目。正是在这样的经济背景下，项目融资不但被广泛采用，而且还成为引进外资的一种新形式。

三、项目融资在中国的发展

如前所述，20世纪80年代初深圳沙角B电厂采用了类似BOT的建设方式，它标志着中国利用项目融资方式进行建设的开始。我国政府在制订"八五"计划时，国家计划委员会首次提出了运用BOT方式加快基础工业发展和基础设施建设方面的新思路。进入90年代，我国陆续出现了一些采用类似BOT方式进行建设的项目，如上海黄浦江延安东路隧道复线工程、广州至深圳高速公路、上海大场自来水处理厂、海南东线高速公路、三亚凤凰机场、重庆地铁、深圳地铁、北京京通快速公路、广西来宾电厂B厂等。这些项目虽然相继采用BOT模式进行建设，但只有重庆地铁、深圳地铁、北京京通快速公路等项目被国家正式认定为采用BOT模式的基础设施项目；广西来宾电厂B厂BOT项目是经国家批准的第一个BOT试点项目，经过各方多年的努力，该项目已取得了全面成功，被国际上很有影响力的金融杂志评为最佳项目融资案例，在国内更被誉为"来宾模式"。进入21世纪以来，国内以项目融资方式建设的大项目越来越多，例如，2007年6月26日世界第三长的桥梁——杭州湾跨海大桥采用BOT方式建成；2011年6月30日世界最长的跨海大桥——青岛胶州湾大桥也采用BOT方式建成；2008年3月采用PPP模式建设的国家体育场鸟巢正式竣工。

为使我国项目融资尽快走上正轨，并按国际惯例进行运作，对外经济贸易合作部于1994年发布了《关于以BOT方式吸引外商投资有关问题的通知》和《关于试办外商投资特许权项目审批管理有关问题的通知》，国家计划委员会于1997年4月发布了《境外进行项目融资管理暂行办法》，建设部发布的《市政公用事业特许经营管理办法》也于2004年5月1日起开始施行。2004年9月，建设部发布了《城市供水特许经营协议示范文本》《城市管道燃气特许经营协议示范文本》《城市生活垃圾处理特许经营协议示范文本》，2006年又发布了《城市污水处理特许经营协议示范文本》。在此之前，国务院于2005年2月19日发布了《关于鼓励支持和引导个体私营等非公有制经济发展的若干意见》，该意见明确提出，国家将进一步开放电力、电信、铁路、民航、石油等行业和领域，支持非公有资本积极参与城市供水、供气、供热、公共交通、污水垃圾处理等市政公用事业和基础设施的投资、建设与经营。在这一精神指导下，各级地方政府也陆续出台了相应法规，如北京市政府于2006年3月1日起正式实施《北京市城市基础设施特许经营条例》，上海市政府于2007年10月发布了《上海市城市基础设施特许经营管理办法（草案）》，连同以前公布的《指导外商投资方向暂行规定》和《外商投资产业指导目录》一起，基本构成了中国项目融资的法律框架。

近年来，项目融资在我国又有了新的发展。2014年，国务院常务会议提出，要大力创新融资方式，积极推广政府与社会资本合作模式（PPP），使社会投资和政府投资相辅相成。国家发展和改革委员会依据国务院常务会议精神，颁布了关于政府和社会资本合作的指导意见。"意见"明确指出，开展政府和社会资本合作，有利于创新投融资机制，拓宽社会资本投资渠道，增强经济增长内生动力；有利于推动各类资本相互融合、优势互补，促进投资主体多元化，发展混合所有制经济；有利于理顺政府与市场的关系，加快政府职能转变，充分发挥市场配置资源的决定性作用。为了科学规范地推广政府和社会资本合作模式（PPP），财政部根据相关的法律、法规、规章和规范性文件，颁发了《政府和社会资本合作模式操作指南（试行）》，并公布了30个政府和社会资本合作模式（PPP）示范项目。这些项目总投资规模1 800亿元，涉及供水、供暖、污水处理、垃圾处理、环境综合处理、交通、新能源汽车、地下综合管廊、医疗、体育等多个领域。2015年是PPP模式推广之年，PPP项目拓展成果初显。2016年PPP项目迎来发展大潮，PPP项目进展加速。截至2016年12月31日，财政部PPP入库项目已达11 260个，总投资13.5万亿元，而且项目落地率呈逐月增加趋势，落地率已达31.6%。今后，政府和社会资本合作模式（PPP）将应用得更加广泛。

第三节　项目融资的基本特征

项目融资是近年来出现的新型融资方式，它与传统的公司融资有很大区别，项目融资具有以下基本特征：

一、项目的经济强度是项目融资的基础

前已述及，项目融资的一个显著特点是项目能否获得贷款完全取决于项目的经济强度，即贷款人在贷款决策时，主要考虑项目在贷款时期内能产生多少现金流量用于还款，贷款的数量、利率和融资结构的安排完全取决于项目本身的经济效益，这完全有别于传统融资主要依赖于投资者或发起人的资信。项目融资的这些特征使得缺乏资金而又难以筹措资金的投资者，可以依靠项目的经济强度，通过项目融资方式实现融资。同时，由于贷款人关注的是项目本身的经济实力，因此，他必然要密切关注项目的建设和运营状况，对项目的谈判、建设、运营进行全过程的监控。从这个意义上讲，采用项目融资方式有利于项目的成功。

二、追索的有限性

是完全追索、有限追索还是无追索，这是项目融资与传统的公司融资的最主要区别。追索是指借款人未按期偿还债务时，贷款人要求借款人用除抵押资产之外的其他资产偿还债务的权利。如前所述，项目融资属于有限追索或无追索性质的融资。所谓有限追索是指贷款人可以在某个特定阶段或者规定的范围内，对项目的借款人追索，除此之外，无论项目出现任何问题，贷款人均不能追索到借款人除该项目资产、现金流量以及所承担义务之外的任何财产。有限追索融资的特征是"无追

索"融资，即融资100%地依赖于项目的经济实力。实际工作中，"无追索"融资的项目很少见。由于项目融资具有有限追索或无追索的特征，这使得投资者的其他资产得到有效的保护，也就调动了大批具有资金实力的投资者参与开发与建设的积极性。

传统的公司融资方式属于完全追索。所谓完全追索是指借款人必须以本身的资产作抵押。如果违约时该项目不足以还本付息，贷款方则有权把借款方的其他资产也作为抵押品收走或拍卖，直到贷款本金及利息偿清为止。可见，完全追索与有限追索的区别十分明显，人们往往把这个区别作为是项目融资还是传统的公司融资的最主要标准。

三、风险分担的合理性

任何项目的开发与建设都必然存在着各种风险。项目融资与传统的公司融资方式比较，在风险分担方面有三点显著不同：其一，通过项目融资的项目都是大型项目，它具有投资数额巨大、建设期长的特点，因而与传统的融资项目相比，投资风险大。其二，各国新推出的项目融资大多是利用外资形式，因此，项目融资的风险种类多于传统融资的风险，例如政治风险和法律风险等。其三，传统融资的项目风险往往集中于投资者、贷款者或担保者，风险相对集中，难以分担；而项目融资的参与方有项目发起人、项目公司、贷款银行、工程承建商、项目设备和原材料供应商、项目产品的购买者和使用者、保险公司和政府机构等多家，通过严格的法律合同可以依据各方的利益，把责任和风险合理分担，从而保证项目融资顺利实施。

四、融资的负债比例较高

在传统的公司融资方式下，一般要求项目投资者的出资比例至少要达到30%~40%才能融资，其余的不足部分由债务资金解决。而项目融资是有限追索融资，通过这种融资形式可以筹集到高于投资者本身资产几十倍甚至上百倍的资金，而对投资者的股权出资所占的比例要求不高，一般而言，股权出资占项目总投资的30%即可，其余由贷款、租赁、出口信贷等方式解决。因此可以说，项目融资是一种负债率较高的融资。

五、非公司负债型融资

项目融资也称非公司负债型融资（Off-balance Finance），是资产负债表外的融资，这是与传统的公司融资在会计处理上的不同之处。资产负债表外融资是指项目的债务不出现在项目投资者的资产负债表上的融资，这样的会计处理是通过对投资结构和融资结构的设计来实现的。

非公司负债型融资对于项目投资者的好处在于：可以使投资者以有限的财力从事更多的投资，同时将投资的风险分散和限制在更多的项目之中。而在传统公司融资方式下，项目债务是投资者债务的一部分，它必定出现在投资者的资产负债表上，这样一来，投资者的项目投资和其他投资之间会产生相互制约的现象。

在实际融资的过程中，因为大型工程项目的建设周期和投资回收期都很长，对于项目的投资者而言，如果把这种项目的贷款反映在投资者的资产负债表上，很有可能造成投资者（公司）的资产负债比例失衡，超出银行通常所能接受的安全警戒线，并且短期无法根本改变，这就势必影响投资者筹措新的资金，从而影响其投资其他项目的能力，如果采取非公司负债型融资则可避免上述问题。

六、融资成本高

项目融资与传统公司融资相比，其交易成本和费用高。这主要是由项目融资的前期工作十分浩繁、工作量大，组织融资所需的时间较长，具有限追索性质等原因所造成的。项目融资的成本包括融资的前期费用和利息成本两个部分。融资的前期费用包括融资顾问费、成本费、贷款的建立费、承诺费，以及法律费用等，一般占项目贷款总额的 0.5%~2%；项目融资的利息成本一般要高出同等条件公司贷款的 0.3%~1.5%，其增加幅度与贷款银行在融资结构中承担的风险以及对项目的投资者的追索程度密切相关。

总结项目融资的上述主要特征，可将项目融资与公司融资的主要区别列表，见表 1-1。

表1-1　　　　　　　　　　　**项目融资与公司融资的主要区别**

项目	项目融资	公司融资
融资主体	项目公司	发起人
融资基础	项目的经济强度	发起人和担保人的资信
追索程度	有限追索或无追索	完全追索
风险分担	项目参与方	投资者、贷款者、担保者
融资负债比例	较高	较低
会计处理	资产负债表外融资	资产负债表内融资
融资成本	较高	较低

第四节　项目融资的优缺点

项目融资与传统的公司融资相比，具备很多优点，无论是对政府、项目发起人，还是贷款银行，它们都会从中得到相应的好处。

一、项目融资的优点

（一）项目融资对政府的好处

1. 拓宽政府用于基础设施建设的资金来源渠道，减轻政府的财政支出和债务负担

从理论上讲，基础设施属于公共产品或准公共产品，它应该由政府财政预算安排投资进行建设。但我国基础设施建设任务繁重，据估算，"十一五"期间，城市环境基础设施建设投资就需要 6 600 亿元；21 世纪最初 20 年，城市基础设施投资至少达到 3.5 万亿~5 万亿元。如此庞大的投资单靠政府财政难以负担，采用项目融资方式进行基础设施建设，则可大大缓解政府的财政负担和债务负担。

2. 有利于引进外资和民间资本，提高基础设施的运行效率，更好地为公众服务

多年的基础设施建设实践证明，采用项目融资方式进行建设便于引进外资和民间资本，引入竞争机制。引进外资不仅弥补国内建设资金不足，而且引进了先进的管理经验和技术；引进民间资本既解决了国内资金闲置问题，也充分地发挥了民营经济的优越性，这些都有利于提高基础设施的运行效率。

（二）项目融资对发起人的好处

1. 使发起人承担的风险变小

如前所述，项目融资与传统融资相比，投资风险种类既多又大，参与融资的任何一方都难以单独承担其全部风险，项目发起人也是如此。但项目融资是一种有限追索的融资，它能使发起人（投资者）的财产得到有效保护，尤其是发起人与项目的各参与方签订一系列合同、协议和要求有关方提供担保等，使发起人承担的风险变小。

2. 能解决大型项目融资问题

前已述及，项目融资应用最多的是基础设施项目。基础设施项目一般都是大项目，其总投资往往会超过发起人本身的资产净值，如果采用传统方式举债，发起人难以获得银行的贷款，而采用项目融资方式，则可解决融资问题。

3. 使发起人有可靠的投资收益

在项目融资中，为确保其运作成功，各有关方要签订一系列合约，其中，对项目建成后的产品销售或使用，要求相应的购买方或服务方要与项目公司签订必付合约，这使项目公司获取利润有了保证，因发起人是项目公司的股东，自然发起人的投资收益也有了保证。

（三）项目融资对贷款银行的好处

1. 化解贷款风险

对于贷款银行而言，任何一笔贷款都会有一定的风险，贷款数量越大风险也越大，项目融资时，贷款银行之所以愿意给项目公司贷款，一方面，出于贷款收益的

考虑；另一方面，贷款项目稳定的现金流是偿还贷款的可靠来源，从这个意义上说，银行贷款的风险已被化解。

2. 可获得较高的贷款利息

按照商业银行运作的惯例，给基础设施类的大项目贷款的利率要高于一般商业贷款利率。从这个角度看，贷款银行可获得较高的贷款利息。

3. 有利于银行开展多种相关业务

采用项目融资方式建设的项目，无论是项目的筹建期、建设期还是投资回收期，有关参与方均需要到银行办理相关业务，如存贷款、国内外汇款、本外币兑换、信用卡业务，乃至抵押文件保管等。这就为银行提供了开展多种业务的机会。

二、项目融资的缺点

从项目融资的基本特征和它给政府、发起人、贷款银行带来的好处看，与传统的公司融资相比，它确实具备许多优点。但正如世界上任何事物都不可能十全十美，项目融资也有一些缺点。具体而言，其一，政府要承担政治、法律和外汇等方面的风险。其二，组织项目融资的时间长，既费时又费力，其成本费用高。其三，风险在各参与方之间分配比较复杂，涉及相当多的法律合同，各参与方的权责很难一目了然。但从整体而言，项目融资仍不愧为一种金融创新，具有很强的发展潜力。

第五节　小结

本章是全书的导论，重点介绍了项目融资的定义、功能；项目融资的适用范围；项目融资产生的过程与发展的原因；项目融资的特征。这些知识是学习"项目融资"课程的必备基本知识。

学习本章，应重点掌握项目融资的定义。项目融资的定义有广义与狭义两类。从广义上讲，凡是为了建设一个新项目，或者收购一个现有项目，以及对已有项目进行债务重组所进行的融资，均可称为项目融资；而狭义的项目融资则专指无追索或有限追索形式的融资。通过对项目融资实践的总结，还可以从项目融资的实务角度对其定义：项目融资是指项目发起人为项目的筹资和经营而专门成立项目公司，由项目公司承担贷款，并以项目的未来现金流量为首要还款来源的一种融资方式。

项目融资与传统公司融资相比，突出了下述三项功能：一是筹资功能；二是风险分担功能；三是享受税收优惠功能。

项目融资主要适用于资源开发项目、基础设施项目、工业项目和公共服务项目。

从项目融资产生和发展过程看，项目融资的出现和发展，是经济发展和经济建设的客观需要，但在不同国家和地区其发展的原因是不同的。

项目融资与传统的公司融资有很大区别，这主要体现在项目融资的以下基本特征：①项目的经济强度是项目融资的基础；②追索的有限性；③风险分担的合理性；④融资的负债比例较高；⑤非公司负债型融资；⑥融资成本高。

项目融资具有很多优点，也有一些缺点。但从整体而言，它有很强的发展潜力。

关键概念

项目融资　有限追索　项目的经济强度

复习思考题

1. 如何理解项目融资的定义？项目融资的主要功能是什么？
2. 项目融资的基本特征有哪些？
3. 项目融资的主要优点有哪些？

第二章

项目融资的运作程序与框架结构

学习目标

　　通过本章的学习，了解项目融资运作的主体即项目融资的参与者有哪些；掌握项目融资运作阶段和运作成功的条件；明确项目融资的框架结构是由哪几个部分组成的。

第一节　项目融资的参与者

　　了解项目融资的运作过程，首先必须明确项目融资运作的主体，即项目融资的参与者有哪些。项目融资的特征决定了项目融资的参与者比传统的公司融资方式多。其主要参与者有：项目发起人、项目公司、贷款银行、承建商、供应商、项目产品的购买者或使用者、保险公司、融资顾问和有关的政府机构等。上述各参与者之间的基本合同关系如图2-1所示。

一、项目发起人

　　项目发起人亦称项目的实际投资者。项目发起人通过组织项目融资获得资金，经过项目的投资、经营活动，获取投资利润和其他利益，实现投资者的最终目标。在有限追索的融资结构中，项目发起人除拥有项目公司的全部股权或部分股权，提供一定的股本金外，还应以直接担保或间接担保的形式为项目公司提供一定的信用支持。

　　项目发起人在项目融资过程中主要负责争取或协助项目公司取得项目所需的政府批文及许可证，例如，建筑、外汇、兑换、营业执照、设备进口、融资及环境等方面的批准。

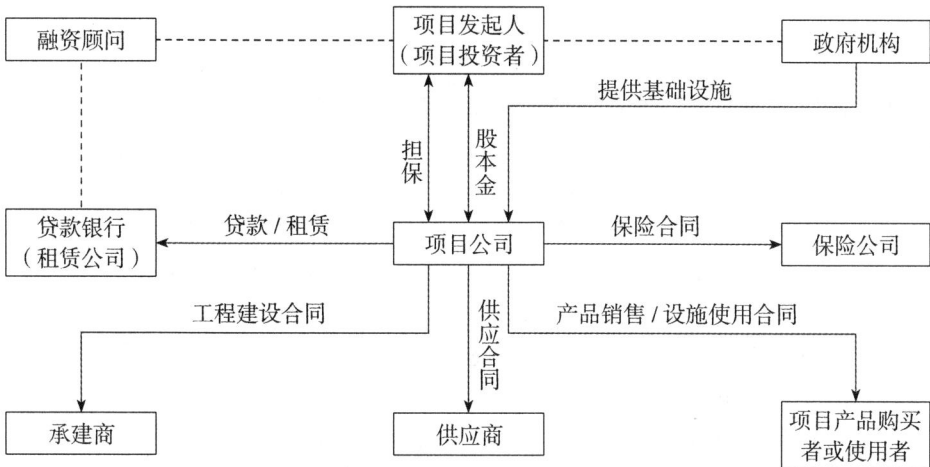

图2-1　项目融资参与者之间的基本合同关系

项目发起人通常是一家公司。当项目的初始资本数额巨大时，单一发起人往往难以单独承担其投资风险，由两家或多家公司以合资或合作形式作为集体发起人。例如，泰国瑞阳炼油项目总投资达24亿美元，是由英国壳牌石油公司和泰国石油当局联合作为发起人；印度尼西亚纸浆厂项目总投资10亿美元，是由日本纸浆公司、丸红公司和CITRA等五家公司联合作为发起人。项目发起人也可以是许多与项目有关的公司（如项目的承建商、设备供应商、产品的买主或最终用户）组成的企业集团，还可以是与项目有间接利益关系的实体（如土地的所有者）。从发起人的国别看，发起人既可以是东道国境内的企业，也可以是境外的企业或投资者。一般来说，发起方中包括至少一家境内企业会有利于项目的获准与实施，降低项目的政治风险。

二、项目公司

项目公司亦称项目的直接主办人，是指直接参与项目投资和管理，承担项目债务责任和项目风险的法律实体。实施项目融资，一个普遍的做法是成立一个项目公司，其优越性表现在：第一，将项目融资的债务风险和经营风险大部分限制在项目公司中，项目公司对偿还贷款承担直接责任，这是实现有限追索融资的关键；第二，根据一些国家的会计制度，成立项目公司进行融资，可以避免将有限追索的融资安排作为债务体现在项目发起人的资产负债表上，实现非公司负债型融资；第三，对于有多国参加的项目来说，成立项目公司便于把项目资产的所有权集中在项目公司本身，由于它拥有必备的生产技术、管理、人员等条件，有利于对项目进行集中管理；第四，从贷款人角度看，成立项目公司便于银行在项目资产上设定抵押担保权益。

三、贷款银行

项目融资的债务资金来源于商业银行、非银行金融机构和一些国家的政府出口信贷机构的贷款。在本书中，把上述金融机构统称"贷款银行"。采用项目融资方式建设的项目规模都十分庞大，因此在融资时必须寻求由十几家银行甚至几十家银行组成的银团贷款，也称辛迪加贷款。项目融资时，究竟由一家银行贷款还是由多家银行贷款，主要依据贷款规模和项目的风险两大因素。根据国际上许多项目融资的经验，一般来说，贷款额超过3 000万美元的项目，通常需要3家以上的银行组成银团来提供贷款；但对那些被认为是高风险的国家，仅几百万美元的贷款，也常常需要由多家银行组成的银团来提供。

商业银行等金融机构不仅是贷款方，有时也可扮演担保人的角色。例如，当项目可以从诸如世界银行等多边国际组织得到优惠利率贷款时，所有或部分为项目提供贷款的商业银行可能会出具担保或开立信用证以支持提供优惠利率贷款的多边组织。对项目发起人来说，一旦商业银行为多边组织的优惠利率贷款提供担保，就把本来具有完全追索权的多边组织贷款转化为具有有限追索权的贷款（因为优惠利率贷款方的风险已经部分转移给了商业银行），这种转化为发起人带来的好处要远远超过其花费的担保费和手续费。

在项目融资的实施中，根据银团组织中各家银行在贷款中的作用不同，可将其划分为以下五种不同类型的银行：

（1）安排行。安排行是最初与项目公司签订贷款协议并销售全部或部分贷款的银行。由于安排行先与项目公司签订贷款协议，之后再在银团之间签订销售协议，因此，安排行承担后期无法全部售出其贷款协议的风险，按照惯例，安排行一般由专业力量强、实际操作经验丰富的几家大银行组成。

（2）代理行。代理行是指负责项目贷款日常事务管理的一家或数家银行，其主要职能是有效地管理贷款，但要收取一定的管理费。

（3）参与行。参与行是指参加银团，并按照各自先前承诺的份额向项目公司提供贷款的银行。

（4）技术行。技术行是指负责处理与项目贷款有关技术问题的银行。

（5）保险行。保险行是指专门处理项目融资中保险问题的银行。其主要职责是从贷款银行利益出发，聘请保险顾问与保险公司联系和协商，其目的是减少贷款行因商业和政治风险而产生的损失。

四、承建商

承建商通常指通过固定价格的一揽子承包合同而负责工程项目的设计和建设的工程公司或承包公司。

项目建设的工程公司或承包公司的资金状况、工程技术能力、资历和信誉在很大程度上影响贷款银行对项目建设期风险的判断，信誉良好的承建商有利于项目按期完成并保证质量，可以大大降低贷款的商业风险，是项目融资能够成功的有力保证。

五、供应商

供应商包括设备供应商和能源、原材料供应商。

设备供应商是指为项目提供各种机械和运输设备的公司、厂商。设备供应商通过延期付款、低息优惠、出口信贷的安排，构成项目资金的一个重要来源。

能源、原材料供应商是指为项目长期提供稳定的能源、原材料的公司。它们为了寻求长期稳定的市场，在一定条件下愿意以长期的优惠价格为项目提供能源、原材料，这为项目融资提供了便利条件。

供应商在保证项目建设按期竣工和正常运营方面的作用十分重要，它的信誉和经济状况如何，是贷款银行在评估贷款风险时必须慎重考虑的。

六、项目产品购买者或使用者

项目产品的购买者（承购商）在项目融资中发挥着重要的作用，因为项目建成和经营之后，是否能够有大量的、稳定的现金流量还本付息，在很大程度上就取决于承购商。在项目融资的实践中，它通过与项目公司签订长期购买协议，尤其是"无论提货与否均需付款（Take or Pay）"或"提货与付款（Take and Pay）"性质的购买合同，保证了项目产品市场和未来现金流量的稳定性。产品购买者角色一般由项目发起人本身、有关的政府机构或对项目产品有兴趣的独立第三方担任。例如，1983年以项目融资方式兴建于我国广东深圳的沙角B电厂，发出的电力均由广东省电力部门负责购买。

七、保险公司

保险是项目融资的一个重要内容。特别在贷款方对借款人或发起人的资产只有有限追索权的情况下，保险赔款就成了贷款方一个最主要的抵押。项目融资的巨大资金规模以及未来许多难以预料的不利因素，要求项目各方准确地认定自己面临的主要风险，及时为它们投保，并同保险公司或保险经纪公司保持密切的联系和良好的工作关系，以减少可能发生的损失。

八、融资顾问

融资顾问通常由商业银行的投资银行业务部或专门的投资银行来担任。在项目推荐和融资谈判中，融资顾问通过对融资方案的反复设计、分析和比较，最终设计一个既能最大程度保护投资者利益，又能为贷款银行所接受的融资方案。

融资顾问应对项目所在国的情况非常熟悉，并拥有一定的专业技能和关系，以便把项目"推销"给贷款银行。个别时候，融资顾问也可以是贷款参与方。融资顾问负责撰写项目报告（信息备忘录），说明项目的性质和经济可行性，列出关于项目成本、市场价格以及需求、汇率等重要因素的数据，并简要介绍每一个项目发起方的情况。融资顾问应尽量保证报告中信息的及时性、全面性和准确性，但他们并不对报告的内容负任何法律责任。

九、政府机构

采用项目融资方式建设的项目，一般都是投资规模大、投资回收期长的项目，这就需要项目所在国的政府及其有关机构在项目审批、产品价格确定、项目实施等方面提供支持和保证，否则项目实施可能很难进行。有关的政府机构在项目融资中扮演着间接而重要的角色，例如，在宏观方面为项目建设提供良好的投资环境；在微观方面给予有关的批准和特许运营，为项目提供优惠待遇，保证外汇来源等。但在大多数情况下，政府并不直接参与到项目融资中来，即使在以BOT形式进行的融资活动中也是如此。有时，项目所在地的政府及其所属机构，会应发起人的请求，向贷款银行等有关方出具一种非保证作用的书面支持信或安慰信，表明对有关项目的支持。当然，政府机构可能通过代理机构进行权益投资，或成为项目产品的最大买主或用户。

上述各方是项目融资的主要参与方。有时，项目公司因缺乏相应的专业管理人才，会指定一家独立公司负责项目完工后的经营管理工作，这样的公司称为项目管理公司，它自然也是参与方之一。此外，有关的信用评估机构、律师事务所等也会参与项目融资的有关工作。

根据以上各参与方在项目融资中的职能和作用，可把所有的参与者分为以下三大类：

第一类是核心层，即项目发起人、项目公司和贷款银行；

第二类是风险分担层，即承建商、项目设备和原材料供应商、项目产品的购买者或使用者、保险公司、政府机构等；

第三类是服务层，即融资顾问以及工程顾问、法律和税务顾问等。

应当说明的是，并不是所有的项目融资都会涉及以上各方。

第二节 项目融资运作的阶段

按项目融资的运作程序大致可分为五个阶段：投资决策阶段、融资决策阶段、融资结构分析阶段、融资谈判阶段、融资执行阶段。每一阶段的主要工作如图2-2所示。

第一阶段：投资决策。对于投资者而言，投资决策是决定是否投资一个项目的首要环节。投资决策分析的结论是投资决策的主要依据。投资决策分析的主要内容包括：对宏观经济形势的发展趋势预测，项目的行业、技术和市场分析，项目的可行性研究等。

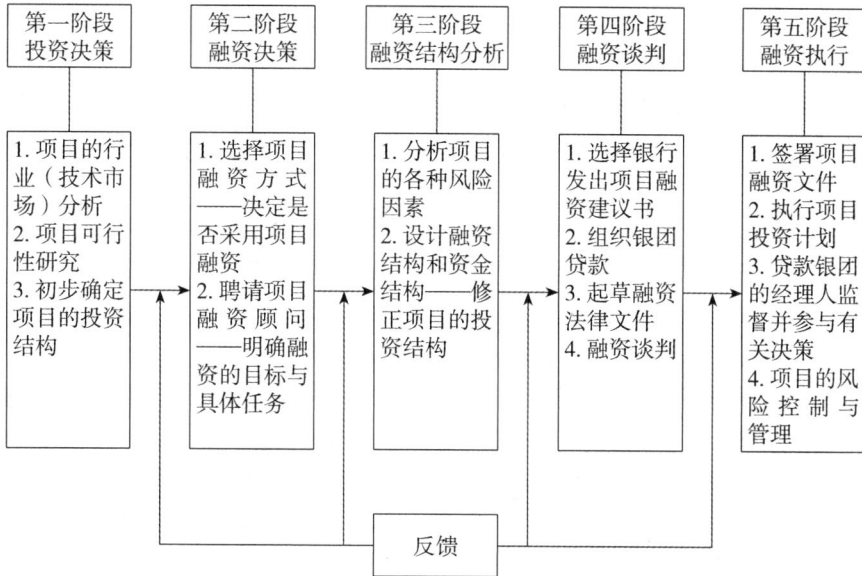

図2-2　项目融资的阶段与工作内容

依据投资决策分析的结论，一旦做出投资决策，下一项重要工作就是确定项目的投资结构。这里所讲的投资结构有其特定含义，是指能够最大限度地实现投资目标的项目资产所有权结构。项目的投资结构与项目融资的关系是，一个优化的项目投资结构，是成功地安排项目融资结构的必要条件。投资者在确定项目投资结构时需要考虑的因素有很多，主要包括项目的产权形式、产品分配形式、决策程序、债务责任、现金流量控制、税务结构和会计处理等方面的内容。

第二阶段：融资决策。这一阶段的主要内容是投资者将决定采用何种融资方式为项目开发建设筹集资金。项目建设是否采用项目融资方式主要取决于项目的贷款数量和债务责任的分担情况。如果决定采用项目融资方式筹资，投资者就应选择和聘请融资顾问，通常聘请投资银行、财务公司或者商业银行中的项目融资部门来担任。融资顾问在明确了融资的具体目标和任务要求后，开始研究和设计项目的融资结构。

第三阶段：融资结构分析。融资结构分析阶段是项目融资中的关键阶段。此阶段的内容主要有两项：其一，完成对项目风险的分析与评价，确定项目的债务承受能力和风险，设计出切实可行的融资结构和资金结构。其二，对项目的投资结构进行修正和完善。

第四阶段：融资谈判。在项目融资方案初步确定以后，项目融资进入了谈判阶段。首先，融资顾问将有选择地向商业银行或其他一些金融机构发出参加项目融资的建议书，组织银团贷款，并起草项目融资的有关文件。这些工作完成后，便可以与银行谈判。在谈判中，融资顾问、法律顾问和税务顾问将起到很重要的作用，他们一方面可以使投资者在谈判中处于有利地位，保护投资者利益；另一方面又可以在谈判陷入僵局时，及时、灵活地采取有效措施，使谈判顺着有利于投资者利益的方向进行下去。

融资谈判不会一蹴而就。在谈判中，要对有关的法律文件做出修改，有时会涉及融资结构或资金来源的调整问题，有时也会对项目的投资结构做出修改，以满足贷款银团的要求。

第五阶段：融资执行。在正式签署项目融资的法律文件之后，项目融资即进入执行阶段。由项目融资特点所决定，在这一阶段，贷款银团通常将委派融资顾问为经理人，经常性地监督项目的进展情况，并根据融资文件的规定，参与部分项目的决策程序，管理和控制项目的贷款投放和部分现金流量。

按照项目的进展过程，贷款银团参与的过程可分为三个阶段，即项目建设期、试生产期和正常运行期。在项目建设期，贷款银团的经理人的主要职责是密切关注、监督项目建设的进展情况，根据资金预算和施工建设进程表，安排贷款。在项目的试生产期，贷款银团的经理人的主要职责是监督项目的试生产（运行）情况，将项目的实际生产成本数据及有关技术指标与融资文件上规定的相应数据与指标对比，确认项目是否已达到了融资文件规定的有关标准。在项目的正常运行期内，贷款银团的经理人将按融资文件的规定，管理全部或一部分项目的现金流量，以确保按期偿还债务。除此之外，贷款银团的经理人也会参与一部分项目的生产经营决策，并经常帮助投资者加强对项目的管理和对风险的控制。

第三节　项目融资运作成功的基本条件

从项目融资的基本特征、适用范围及融资的阶段与步骤，可以看出组织项目融资要比一般的融资难度大。一个项目融资最终是否成功，在很大程度上取决于它所具备的主客观条件。就客观条件而言，主要指项目融资所面对的投资环境的质量。投资环境一般有微观环境和宏观环境之分。由于项目融资起初通常是利用外资的一种形式，相对而言，投资的宏观环境更重要。投资的宏观环境主要包括投资的政治环境、法律环境、经济环境、科技环境和文化环境，在其中，前三个环境对项目融资影响最大，特别是投资的法律环境。除具备良好的客观条件外，就项目投资者而言，要想获得项目融资成功，还要求必须熟悉项目融资的基本原理及运作程序，掌握相应的法律和金融知识，具备灵活的谈判技巧。除此之外，在融资的全过程中，还必须具备下述条件：

一、科学地评价项目和正确地分析项目风险

在组织项目融资的全过程中，科学地评价项目和正确地分析项目风险，是项目融资最基础的工作。因为只有科学地评价一个项目，并以此做出投资决策，才能最

终确定一个好项目，而有了好的项目，各金融机构才愿意为其提供贷款。同样，只有对项目风险做出正确的分析，才能找出控制项目风险的方法和途径，设计出风险分担的融资结构。

项目评价和项目风险分析，相互联系但又有区别。项目评价中的可行性研究也要涉及项目的风险分析，但这里讲的风险分析更侧重于与项目融资密切相关的风险要素分析，以及这些风险要素对融资结构的影响。项目风险存在于项目的各个阶段，有完工风险、信用风险、金融风险、政治风险、市场销售风险和环保风险等。能否对这些风险合理地分配和严格地管理将是项目融资最终成功的关键所在。因此，对项目风险不仅需要准确的定性分析，更重要的是对其做出准确的定量分析，即将各种风险因素对项目现金流量的影响数量化，在此基础上确定项目的最大融资能力，设计出为项目融资各参与方所接受的共同承担风险的融资结构。

二、确定严谨的项目融资法律结构

项目融资要求有健全的法律体系作保证。因为无论是项目融资的结构，还是项目融资的参与者在融资结构中的地位、权利、责任及义务，都是通过一系列法律文件确定的。这些文件少则几十个，多则上百个。显然，法律文件能准确无误地反映项目各参与者在融资结构中的地位和要求，各个法律文件之间的结构关系严谨，是保证项目融资成功的必要条件。作为项目的投资者和贷款银行对法律文件的关注是有区别的，前者应更多地注意有关知识产权、贸易公平和生态环境的保护等方面的法律保证，后者则需要考虑到担保履行以及相关法律的有效性问题。

三、明确项目的主要投资者，加强项目的管理

项目融资通常是建立在由若干个投资者组成的合资结构或由若干参与者组成的信用保证集合体的基础上。这种做法有利于充分发挥合资方或参与方的长处。但如果不明确主要投资者，将会给项目管理带来一系列问题。如由于缺乏主要的投资者，在出现重大问题时无法做出决策，对项目的经营战略缺乏系统的考虑，以致连续性较差；又如由于缺乏主要投资者，难以形成富有管理经验的项目管理队伍等。因此，在项目融资中，必须尽早明确主要投资者，并使其有充分的利益需求而投入足够的资源，承担起管理责任，建立起有经验的、尽职尽责的管理队伍。

四、尽快落实项目的资金来源

实施项目融资的项目都是大型项目，需要巨额的资金投入，虽然投资者拥有一定数量的资本金，但大部分资金仍需要贷款银行的支持。面对复杂多变的金融市场，项目的投资者应尽快落实资金实力雄厚、信用好的大银行作为项目资金的提供者，这样做的好处是：一是增强各参与方对项目运作成功的信心；二是便于

设计出科学、合理的融资结构；三是减少由于资金缺乏而给项目运作带来的风险。

除上述条件外，充分调动项目的各参与方的积极性也是必不可少的条件。

第四节　项目融资的框架结构

项目融资的框架由四大模块构成：项目的投资结构、项目的融资结构、项目的资金结构以及项目的信用保证结构。

一、项目的投资结构

项目的投资结构即项目的资产所有权结构，是指投资者对项目资产权益的法律拥有形式和投资者之间的法律合作关系。项目融资中，由于投资者之间的合作形式有多种，这就形成了不同种类的投资结构。各种不同的投资结构中的投资者对其资产的拥有形式，对项目产品、项目现金流量的控制程度，以及对所承担的债务责任和所涉及的税务结构是不同的。这些差异直接影响项目融资整体结构的设计。实践中，项目投资结构的设计是多种多样的。就一个具体项目而言，究竟如何确定一个最优的投资结构，还很难找到一个统一的标准。通常的做法是要求投资者依据项目的特点以及合资各方的发展战略和利益追求、融资方式、资金来源等条件综合考虑。

目前，国际上普遍采用的投资结构的基本形式及其特点将在第五章详细叙述。

二、项目的融资结构

项目的融资结构是项目框架结构中的核心部分。在项目融资中，当投资、融资决策分析完成后，一项极为重要的工作就是聘请融资顾问设计融资结构，并由投资者选择合适的融资结构。

所谓融资结构的设计，是融资顾问按照投资者的要求，对几种融资模式进行组合、取舍、拼装，以实现预期的目标。国际上常用的项目融资的基本模式有：直接融资模式、项目公司融资模式、杠杆租赁融资模式、"设施使用协议"融资模式、"生产支付"融资模式、BOT项目融资模式、ABS项目融资模式等。具体到每一个国家，项目融资的模式又可以按下列标志区分：按照项目公司的类型，可分为中外合资项目融资模式和外商融资项目融资模式；按照运营期后果是否移交，可以分为BOT模式和其他项目融资模式；按照抵押品的类型，可以分为以未来现金流量抵押和产品支付项目融资模式等（有关项目融资模式的具体内容在第七、八、九章叙述）。

三、项目的资金结构

项目的资金结构是指项目的股本资金、准股本资金和债务资金三者之间的比例关系与其构成的方式。项目的资金结构是由投资结构和融资结构决定的，但它也会影响项目融资结构的设计。

在项目融资中，如果能灵活巧妙地安排项目的资金构成比例，选择适当的资金形式，可以达到既减少投资者自有资金的直接投入，又能提高项目的经济效益的目的。换言之，针对同一个项目，选择不同的融资结构和资金结构，最终的效果会有很大的差别（有关项目的资金选择将在第六章中叙述）。

在项目的资金结构中，通常把解决债务资金问题作为融资安排的重点，但也必须有适当数量的股本资金和准股本资金作为融资的信用支持。债务资金的主要形式有：商业贷款、银团贷款（辛迪加贷款）、商业票据、债券、政府出口信贷、租赁等。

四、项目的信用保证结构

前已述及，项目融资的基本特征之一是项目的风险分担，而保证实现风险分担的关键是项目担保。项目担保分为两大类：一类是直接的财务担保，如完工担保、成本超支担保、不可预见费用担保；另一类是间接的或非财务性的担保，如长期购买项目产品的协议、长期供货协议等。这两大类担保形式的组合构成了项目的信用保证结构。

项目的信用保证结构与项目本身的经济强度之间的关系是相辅相成的。一般来说，项目的经济强度越高，信用保证结构越简单，其条件也越宽松；反之，则要求复杂、严格一些。

项目融资框架结构虽然由上述四个模块构成，但就项目融资的整体结构而言，却不能理解为四个模块的简单拼装与组合。实际的过程是项目融资的各参与方之间经过反复谈判，才能完成融资模块的设计和确定模块之间的组合关系。在这个过程中，需要反复对不同方案进行比较、选择、调整，最后确定一个最佳方案。

第五节　小结

在本章中，首先介绍了项目融资运作的主体即项目融资的参与者：项目发起人、项目公司、贷款银行、承建商、供应商、项目产品购买者或使用者、保险公司、融资顾问和政府机构。

按项目融资运作程序大致可分为五个阶段：投资决策阶段、融资决策阶段、融资结构分析阶段、融资谈判阶段和融资执行阶段。

项目融资运作成功的主要基本条件是：科学地评价项目和正确地分析项目风险；确定严谨的项目融资法律结构；明确项目的主要投资者，加强项目的管理；尽快落实项目的资金来源。

项目融资的框架结构由项目的投资结构、项目的融资结构、项目的资金结构和项目的信用保证结构组成。

关键概念

项目发起人　项目公司　贷款银行　贷款银团　投资决策　融资决策　项目的投资结构　项目的融资结构　项目的资金结构

复习思考题

1. 项目融资的参与者有哪些？核心层包括哪些？
2. 成立项目公司的优越性是什么？
3. 项目融资的运作程序可分为哪几个阶段？每一阶段的工作内容是什么？
4. 简述项目融资框架结构的组成。

个案分析　广东液化天然气项目融资

一、项目背景

1995年年底，受当时的国家计划委员会委托，中海油牵头组织进行规划研究，于1996年年底向国家上报了《东南沿海地区利用液化天然气项目规划报告》，建议将广东LNG（液化天然气）项目作为先行试点项目之一。1998年10月，国务院批准广东进行进口LNG试点。1999年年底，国家正式批准了广东LNG试点工程总体项目一期工程项目建议书。

2000年，经招标，广东LNG项目选择英国BP公司为外商合作伙伴，并于2001年4月签订项目中外合资经营企业原则协议，开始进行项目可行性研究工作。项目选择澳大利亚液化天然气有限公司（ALNG）作为资源供应方，并于2002年10月正式签署了带生效条件的LNG销售与购买协议（SPA）。

2003年3月7日，广东LNG项目总体可行性研究报告上报国家发展计划委员会审批。2003年10月获得国家发展和改革委员会批准。

2003年12月18日，项目合营各方正式签署了中外合资经营合同。

2004年2月23日，取得了合资经营公司营业执照，项目公司——广东大鹏液化天然气有限公司正式成立。

二、项目组成

广东LNG试点工程总体项目包括LNG接收站和输气干线项目，以及配套新建电厂、燃油电厂改造和城市管网等用户项目。

LNG接收站设于深圳大鹏湾东岸秤头角。一期工程设计规模为370万吨/年，设两座16万立方米储罐。接收站内建可停靠14.5万立方米LNG运输船的专用泊位一个。

输气干线一期工程支干线总长约为 370 千米，主干线起自秤头角接收站出站端，经坪山、东莞、广州，到广州番禺，长 201 千米；三条支干线为坪山至惠州电厂支干线，坪山至前湾电厂、美视电厂支干线以及广州番禺至佛山支干线。

三、项目投资结构

广东 LNG 项目采用的是公司型合资结构（Incorporated Joint Venture），投资者根据合资协议认购合资公司即项目公司股份。由项目公司——广东大鹏液化天然气公司负责运营广东 LNG 项目一期工程的源头项目：站线项目（接收站和输气干线）。项目公司各发起方和投资者的持股比例为：中海油 33%，广东发起方 31%（深圳市投资管理公司 14%，广东省电力集团公司 6%，广州市煤气公司 6%，东莞市燃料工业总公司 2.5%，佛山市燃气总公司 2.5%），英国 BP 公司 30%，中国香港电灯集团有限公司 3%，中国香港中华煤气有限公司 3%。项目公司将作为 LNG 的总买方购买 LNG，同时向各电厂和城市燃气等用户销售管道天然气。

四、项目的其他参与者

1. 贷款银团

采用有限追索方式和基于整个产业链长期"照付不议"商务架构而设计的项目融资合同为项目的顺利建设提供了资金保障。由五家国有银行——中国工商银行、中国农业银行、中国建设银行、国家开发银行和中国银行组成的银团向广东 LNG 项目提供总金额为 52.2 亿元等值人民币（6.287 亿美元）贷款。

2. 能源供应方

项目发起人选择澳大利亚液化天然气有限公司（ALNG）作为资源供应方。项目公司与 ALNG 签署的 LNG 销售与购买协议（SPA）中明确限定了气价的波动幅度。

2003 年 5 月 15 日，中海油与澳大利亚西北大陆架天然气项目签署了资产购买协议。中海油斥资 3.48 亿美元收购了澳大利亚西北大陆架天然气项目（NWS 天然气项目）的上游产品及储量权益，同时，获得了新建合资企业——中国液化天然气合资企业 25% 的股权，该合资企业于 2006 年开始为广东 LNG 接收站供应来自 NWS 天然气项目的液化天然气。根据协议规定，中海油将获得 NWS 项目特定生产许可证、租赁所有权及勘探许可证大约 5.3% 的权益，同时，公司还将享有未来在已探明储量之外勘探的参与权。如果广东 LNG 项目的最终供气量增加，公司所购权益将随之增加，收购权益的支付价也将相应增加。中海油的参股，将有助于确保中国从澳大利亚取得安全、可靠的天然气供应。

3. 项目产品购买者

项目公司与电厂和城市燃气下游天然气用户签署了"无论提货与否均需付费"（Take or Pay）的销售合同，落实天然气消费市场，为整个产业链现金流收入提供了保证，并满足了中上游有关资源购买协议、融资合同等生效的重要前提条件。这些合同包括：与广东省粤电集团有限公司、深圳市能源集团有限公司、中海石油天然气及发电有限责任公司、广东粤电力股份有限公司、广州发展实业控股集团公司和美视电厂等为业主签订的新建惠州、前湾、东部和珠江电厂，以及现有燃油电厂改燃气的美视电厂销售合同；与深圳市燃气集团有限公司、东莞市燃料工业总公司、广州市煤气公司、佛山市燃气总公司等为业主签订的深圳、东莞、广州和佛山城市燃气销售合同；与中国香港电灯集团有限公司和中国香港中华煤气有限公司为业主签订的电厂和城市燃气销售合同。

4.项目工程承包集团

2003年6月，发起方通过招标选定法国/意大利STTS（SNTECHNIGAS牵头，包括SAIPEMSA，SN TECHNIGAZ，TECNIMONT，SOFREGAZ所组成的集团）作为接收站设计、采购及建造合同（EPC）的中标方，承建LNG进口终端及码头设施。其中境内合同总额为1.04亿美元，境外合同总额为1.46亿美元，总计2.5亿美元。

5.LNG运输方

广东LNG项目以中方为主组织LNG运输。运输项目业主目前由中远、招商为主的6家中外股东组成。LNG运输船舶承造船厂为上海沪东船厂（与法国大西洋船厂和GTT公司合作）。

五、项目的融资模式

中海油在广东LNG项目上采用的是结构相对简单的通过项目公司直接安排融资的模式，组织了一个总金额为52.2亿元等值人民币的有限追索项目贷款。

项目资金由两部分组成：

股本资金：资本金30%由项目公司参股各方自有资金注入。

债务资金：52.2亿元等值人民币，由中国工商银行、中国农业银行、中国建设银行、国家开发银行和中国银行组成的银团以有限追索形式提供项目贷款。其中，人民币长期贷款为28.12亿元，美元长期贷款为2.19亿元，流动资金贷款为5.85亿元等值人民币。

中海油作为项目公司——广东大鹏液化天然气有限公司最大股东，持有33%股份，对项目融资承担着主要的经济责任。采用这种融资结构，对中海油而言，有几方面的优点：第一，容易划清项目的债务责任，融资结构相对简单清晰，贷款银行的追索权只能涉及广东大鹏液化天然气有限公司的资产和现金流量，中海油除提供必要的担保外不承担任何其他责任，实现了风险隔离；第二，股东之间关系明确，股东之间不存在任何信托、担保或连带责任；第三，由于项目公司没有任何一个投资者持有超过50%的股份，保证该项目公司不会成为任何一个投资者的子公司，中海油可以利用其安排非公司负债型融资，使项目公司的债务融资安排不与自身公司的财务报表合并。该项目的投资结构与融资结构如图2-3所示。

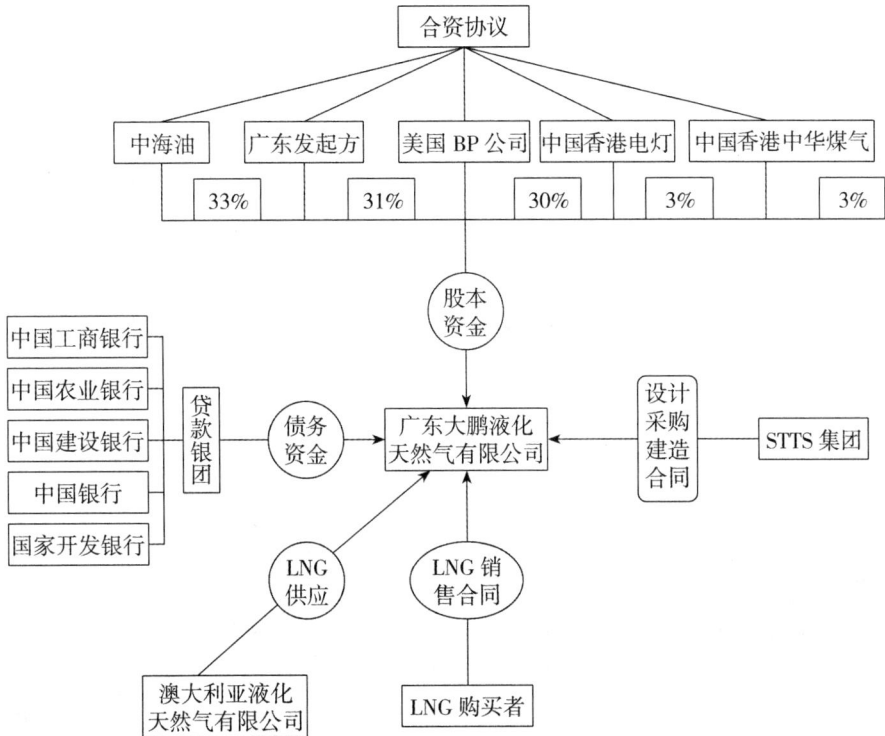

图2-3　广东LNG项目的投资结构与融资结构

六、项目融资的信用保证结构

广东 LNG 项目在项目的直接投资者外寻找其他与项目开发有直接或间接利益关系的机构为项目的建设或生产经营提供担保，分担了投资者的一部分项目风险。

广东 LNG 项目由于按国际惯例办事，通过国际招标，经过多方比价，引进澳大利亚的 LNG 资源，已争取到全亚洲最优惠的价格。此外，项目公司在与 ALNG 签署的 LNG 销售与购买协议（SPA）中，限定了气价的波动幅度，使得天然气进口价格将在 25 年内保持稳定。这一协议保证了广东 LNG 项目能够获得长期、稳定、优惠的能源。

项目公司与电厂和城市燃气用户签署了"无论提货与否均需付费"的销售协议。此协议规定，在协议期间，无论项目公司是否能够交货，项目产品的购买者都必须无条件地在规定的日期按确定的价格向项目公司支付事先确定数量产品的货款。这种无条件购买责任实质上是由项目产品购买者为项目公司提供的一种财务担保，项目公司可利用其担保的绝对性和无条件性进行融资。

资料来源　刘炜. 浅谈项目融资在广东LNG项目中的应用［J］. 项目管理技术，2004（9）.

第三章

项目融资的理论基础

学习目标

通过本章的学习，了解项目融资产生的思想渊源；掌握项目融资理论依据发展的时序与脉络；理解项目融资应用范围拓展的思想基础。

项目融资是对传统企业融资的一种突破与补充。但这种新型融资模式并非一蹴而就，既是经济与社会发展的现实要求，也得益于人们思想的进步与改变。前者决定了项目融资的萌生，后者则决定了其推广的范围。关于项目融资萌生的历史已在项目融资的产生与发展中加以介绍。在此基础之上，深入了解项目融资付诸实施的理论渊源，有助于我们更好地理解这种融资模式。

第一节　项目融资应用的理论基础

一、银行贷款融资理论

项目融资中银行贷款占项目资金总额的比重较高，因此，银行贷款融资理论成为项目融资的基本支撑理论。从发展的时序来看，银行贷款融资理论经历了自偿性融资理论、以资产为基础的融资理论、流动性预期收入理论三个发展阶段。人们对融资问题认识的逐步深化，构筑了项目融资最初的理论基础。

（一）自偿性融资理论

自偿性融资理论（Self-liquidation Theory）被英国学者称为真实票据论（Real-bill Theory），在美国则被称为商业银行的商业贷款理论（Commercial Loan Theory）。

这一理论最早出现在18世纪英国经济学家亚当·斯密的《国富论》中。该理论认为，银行放款的资金主要来源于存款，为了应对存款人难以预料的提现，所以放款应该是短期的、商业性的，并且是自偿性的。自偿性指的是在生产或购买商品时所借的款项，可以用生产出来的或出售商品的款项来偿还。应用于长期资本性融资的放款资金，应当有比较持久性的来源，比如银行未分配利润、股票或长期资本债券。自偿性融资理论是早期银行家及古典学派经济学家的见解，考虑到流动性差的放款会给银行经营带来困难，甚至导致挤兑，因此，将银行放款限定于短期和自偿性的范畴。这种思想体现出放款人为规避风险而体现出的谨慎原则。

（二）以资产为基础的融资理论

以资产为基础的融资理论也称为可转换性理论。这一理论是美国的莫尔顿于1918年在《政府经济学杂志》上发表的"商业银行及资本形成"一文中提出的。这种理论认为，为了应对提现所需要保持的流动性，银行可以将资金的一部分投入具备次级市场条件的证券，这些生利资产能随时出售转换为现金，所以放款不一定限于短期和自偿性。

依据这一理论，银行还可以向有信用和具有价值的企业和商户发放贷款，即体现了以资产为基础的融资取向。放款人应考虑借款方能否提交足值的可交易的担保品。因为如果出现借款人违约，担保品可以被出售，放款人的利益因此可以得到保障。融资租赁是这种思想的集中体现，融资合约成立的基础是有价值的资产，合约的时间也以资产价值存续的时效性为限。

（三）流动性预期收入理论

流动性预期收入理论由美国学者普鲁克诺于1949年在《定期放款与银行流动性理论》一书中提出。流动性预期收入理论认为，一笔好的贷款应当以借款人预期收入或现金流量而制订的还款计划为基础，这样银行即使发放一些长期的贷款，因为有借款人的预期收入作为担保，不会影响银行的流动性。流动性预期收入理论没有否定自偿性融资理论与以资产为基础的融资理论，但强调的不是放款的用途（指自偿性），也不是担保品（指可转换性），而是借款人的预期收入。根据借款人的预期收入安排放款的到期日，或采用分期偿还的方式，银行就能够保持规律性的现金流入，维持高度的流动性，可以用以应对存款的提取或发放新的贷款。根据这一理论，银行放款的种类增加了，分期付款成为可能。

由上可知，银行贷款融资理念曾经历自偿性融资理论、以资产为基础的融资理论、流动性预期收入理论三个阶段。从这三个阶段可以看出，银行贷款融资的基础由封闭到开放，时限由短到长，着眼点由现实到预期，发展趋势是银行贷款融资领域在不断拓展。

二、资本结构理论

资本结构是指企业资产总额中负债所占的比例。资本结构理论由美国的

Modigliani 和 Miller 教授创立，因此又被称为"MM 理论"。该理论认为，假定以下条件成立：（1）企业不存在破产风险；（2）个体可以在无风险市场上以市场利率借贷；（3）不存在税收；（4）不存在交易成本；（5）企业经营风险相同。那么公司的资本结构与公司的市场价值无关。或者说，当公司的债务比率由 0 增加到 100% 时，企业的资本总成本及总价值不会发生任何变动，即企业价值与企业是否负债无关，不存在最佳资本结构问题。

1963 年，Miller 修正了其在 1958 年提出的 MM 理论。因为，进一步的研究发现，在考虑企业所得税的情况下，由于负债的利息是免税支出，可以降低综合资本成本，增加企业的价值。因此，公司通过增加财务杠杆利益，可以不断降低其资本成本，负债越多，杠杆作用越明显，公司价值越大。当债务资本在资本结构中趋近 100% 时，才是最佳的资本结构，此时企业价值达到最大。

最初的 MM 理论和修正的 MM 理论是资本结构理论中关于债务配置的两个极端看法。尽管 MM 理论的假设条件难以在现实生活中得以实现，但 MM 理论为资本结构问题的探索提供了最基本的分析框架与逻辑起点。此后的学者逐渐放松了 MM 理论的假设条件，使之更接近经济现实。但在这一过程中，因为不同学者的侧重点不同，所以形成了形形色色的资本结构理论，其中，最具有代表性的是权衡理论。

权衡理论通过放宽 MM 理论完全信息以外的各种假定，考虑在税收、财务困境成本、代理成本分别或共同存在的条件下，资本结构如何影响企业市场价值。它分析了负债的优点与局限性。负债的优点在于：可以获得公司所得税的抵减作用并减少权益代理成本。由于债务利息和股利的支出顺序不同，世界各国税法基本上都准予利息支出作为成本税前列支，而股息则必须在税后支付。此外，负债有利于企业管理者提高工作效率、减少在职消费。更为关键的是，它有利于减少企业的自由现金流量，从而减少低效或非营利项目的投资。

负债的局限性在于：一是增加了财务困境成本，包括破产威胁的直接成本、间接成本和权益的代理成本；二是个人税对公司税的抵消作用。因此，现实中企业的最优资本结构是使债务资本的边际成本和边际收益相等时的比例。

尽管资本结构理论研究的对象是企业，但对于项目来说，也存在着权益资本与债务资本的权衡问题。因此，资本结构理论的发展对于项目融资资金结构的优化问题也有诸多启发。

三、风险转移理论

无论是机构还是个人，经营资金的同时也经营着风险。1930 年，美国宾夕法尼亚大学所罗门·许布纳博士在美国管理协会发起的一次保险问题会议上首次提出风险管理（Risk Management）的概念，其后风险管理几乎涉及经济和金融的各个领域。风险可以自留，也可以转移。购买商业保险是最常见的风险转移方式，但商业保险只能转移部分投资风险，于是人们积极地需求保险以外的风险转移方法。风险转移思想的出现极大地提高了人们进行风险管理的能力，进而为项目融资的产生提供了理论依据。

（一）现代资产组合理论

现代资产组合理论假定投资者为规避风险型。如果两项资产拥有相同预期回报，投资者会选择其中风险小的那一个。只有在获得更高预期回报的前提下，投资者才会承担更大风险。换句话说，如果一个投资者想要获取更大的回报，就必须接受更大的风险。一个理性投资者会在几个拥有相同预期回报的投资组合中选择其中风险最小的那一个投资组合。另一种情况是如果几个投资组合拥有相同的投资风险，投资者会选择预期回报最高的那一个。这样的投资组合被称为最佳投资组合（Efficient Portfolio）。

20世纪50年代以前，尽管人们知道风险的存在，但如何规避风险，人们并不是十分清楚，只能遵从"不要把所有的鸡蛋放入一个篮子中""何时买卖比何种买卖更重要"等格言。这些格言只提供了定性化的论断，但缺乏可操作性的建议。证券市场的快速发展以及共同基金的出现使人们开始关注如何选择风险最小、收益最大的证券组合问题。在这种背景之下，美国经济学家哈里·马科维茨（Markowitz）于1952年创立了资产组合理论。资产组合理论的推演使人们得以纠正"持有证券越多、风险分散效果越好"的长达一个世纪的错误观念。哈里·马科维茨创立的资产组合模型证明了一个拥有10~15种证券的资产组合即可达到分散非系统性风险的目的；资产组合也存在着最优规模，出于分散风险的考虑，资产组合中，证券间的相关程度要低；最优资产组合是在相同的风险水平下，提供更高的报酬，或者在相同的报酬水平下实现最小风险。

尽管资产组合理论讨论的对象是证券，但资产组合可以转移风险的主旨与要义对项目融资具有重要的启示，即项目资金既可以来自资本市场，也可以来自货币市场，在集合了投资者各方的利益目标之后，合理匹配风险，将项目发起人的风险转移至项目参与各方，可以实现整个项目风险可控、收益最大的投资组合。

（二）互换理论

资产组合理论主张持有不同种类证券（资产）来实现风险的分摊，对于同一资产而言，风险的转移则可以通过互换来实现。与其他风险转移的方式相比，使用互换的方法较简便，而且风险转移速度较快。互换是在同一时间，买卖同时进行的一种经济行为，是当事人之间约定交换资金或商品流量的协议，还可以被当作一系列远期合约的组合。常见的互换交易有货币互换、利率互换、商品互换、信用互换等。项目融资中运用浮动利率与固定利率的互换来节约融资成本就是这一理论应用的最好例证。

（三）期权理论

从风险转移的角度而言，期权与互换的共同之处是通过买卖行为来达成行为目标，不同之处在于操作对象和操作时间。期权的操作对象是权利，互换的操作对象是现金流；期权的买卖行为存在时间间隔，互换的买卖行为同时发生。期权转移风险的机理在于用时间换空间，应对市场中可能出现的价格涨跌风险。形式繁多、花样翻新的金融产品中，运用期权理念转移风险的例证随处可见。零息债券、票据贴现是对利息获取权的提前让渡；股权投资可看作对企业经营所得分配权的提前购买。

项目融资中以产品支付为基础的融资模式、以设施使用协议为基础的融资模式等都含有期权的思想。项目的所有者可被看作是对项目资产购买了买入期权，因为一旦其开始偿还贷款就可以行使买权。而如果项目的资产价值超过项目债务的名义价值，所有者通过偿还完贷款就可以行使期权，取得公司纯资产的价值。如果项目资产的价值低于项目债务的名义价值，所有者只是放弃这个项目而不去实施期权。在无追索的项目融资安排下，一旦违约，项目的所有者就没有动力完全补偿项目贷款的损失，贷款方就需要承担所有风险。因此项目贷款方需要设法合理控制不同时点的项目实体价值，保证在无追索条件下，项目的残值对如期偿还贷款的所有者有利，以确保所有者行使期权的动力。

（四）资产定价模型

风险的转移需要通过交换资产或权利来实现，因此交易的基础是资产的价值、风险的度量。资产定价模型（Capital Asset Pricing Model）的创立提供了解决这一问题的有效途径。资产定价模型的相关内容在第十章详细介绍。

四、信用转让理论

信用转让的基础是交易的供求主体和交易价格。在市场经济中，资本与信用密不可分。资本是信用的基础，而信用又可以带来新的资本。信用的价值就由其带来新资本的数量与质量来决定。信用好的经济主体可以从社会上获得更多的资源，因此，在市场上也就具有更强的竞争力。由于信用的这一特性，希冀获得更多资源的经济主体就有了购买信用的动机与倾向。信用转让可以优化项目内资源的配置，因为信用转让具有以下功能：

（一）经济避险

项目从设计、施工、运营到产品销售过程中均有风险的产生，这些风险给项目收益带来了极大的不确定性。贷款人关心的是项目能否收回所借出的资金，即项目所有者承诺的一切是否能如期实现。以项目所有者自身的信用所能调动的资本量而言，可能与项目承受的风险总额并不匹配。因此，项目的所有者需要其他信用的支持，集合其他信用的同时，这些信用的提供者，如原材料、设备供应商和产品的最终购买者就承担着与其提供信用等额的风险担保。项目的所有者通过寻找其他信用的方式达到经济避险的目标。

（二）机制避险

项目风险来自项目从设计到运营各个环节，此外还来自项目参与方间的利益冲突。集合信用提供者的目的不仅止于扩大信用，进而调用更多的资本，更重要的是还需要通过信用转让的过程，寻求一种稳妥的制度安排，以实现将风险按利益比例在各参与方之间进行合理分配。例如，在项目融资中，投资者资金发生实质性损失的概率最高，因此制度安排其有权要求分配与投资份额相对应比例的最终利润；贷款人提供的资金数额最多，承受的风险金额最大，因此，从资金偿还的顺序上应确保其优先地位。贷款人的优先受偿可以通过项目所有者在贷款银行开设账户，并存入一定的保证金的方式加以保证。如果贷款人在项目中所借资金出现偿付困难，贷款人有接管和控制项目资金的权利。贷款人的优先受偿也可以通过信托机制来实现，即以项目所有者为委托人、指定金融机构为受托人、贷款人为受益人构成信托结构，确保项目产生的现金流最先支付给贷款人。

（三）法律避险

信用转让需要通过签订合同的方式来明确权利与责任的关系。这使信用转让的行为能够获得经济避险、机制避险以外的第三种保障——法律避险。项目从投资、资金回收至残值处理需要经历十几年至几十年，项目的参与方可能几经变更，但经过法律权威确认的信用转让行为可以确保项目资金的如期供给和贷款方的利益实现，减少由于人员或机构的变更出现项目搁浅的风险。

第二节　项目融资推广的理论基础

项目融资与国际融资紧密相联，其应用与推广与一国的经济发展战略、外汇管制水平等息息相关。20世纪80年代以来，项目融资不仅在发达国家得到了大力推广，还在发展中国家得到了广泛的应用。这种良好的发展态势与以下理论的发展密不可分：

一、公共产品理论与项目融资

（一）公共产品理论的主要观点

公共产品是与私人物品相对的概念，是指兼具非排他性和非竞争性的产品或服务。非竞争性是指一部分人对某一产品的消费不会影响其他人对该产品的消费，一些人从这一产品中受益不会影响其他人从这一产品中受益，受益对象之间不存在利益冲突。例如，行人甲对道路的使用并不会影响行人乙对道路的使用，而对路灯的费用支出并不会因使用者的增加而增加。

非排他性是指产品在消费过程中所产生的利益不能为某个人或某些人所专有，

要将一些人排除在消费过程之外，不让他们享受这一产品的利益是不可能的。例如，清除空气污染和噪声的服务措施会增加社会的福利，但人们无法将本区域中的某一个人排除在享用清洁的空气和安静的氛围之外。因为公共产品的非竞争性和非排他性，公共产品的消费无法有效阻止他人的"搭便车"行为。私人提供会导致公共产品供给不足，出现"市场失灵"现象，所以，人们认为公共产品只能由政府提供。

基础设施以往被看作典型的公共产品，但随着技术创新与社会发展，基础设施的公共产品属性发生弱化，演变为准公共产品的居多，具体表现在：随着城市人口与车辆的剧增，原来不具有竞争性的道路发生堵塞，产生了可竞争性。随着计量技术的发展，原来具有非排他性的基础设施服务和产品（如供水、供热等服务）已然具有可排他性，具备了私人物品的属性。基础设施服务的公共产品属性弱化，私人物品属性增强，基础设施政府投资的理论依据不足。基础设施领域中私人资本的介入逐渐被人们所接受。

（二）公共产品理论对项目融资推广的影响

发展中国家采用项目融资方式募集资金的，多数是从电力项目起步，以引入外资为主。这是因为电力项目的产量较易度量且经济效益显著。无论将电力出售给政府还是企业，投资者均可因此获得合理的投资回报。道路、桥梁等交通基础设施由政府提供，通过征税为其提供费用来源，社会公众可以免费使用。以获利为目的的私人投资者没有参与非营利性基础设施投资的积极性。

随着发展中国家近年来市场化改革的推进以及经济、技术的快速发展，人们固有的基础设施应由政府投资的思想也逐步转变。过去人们习惯于免费使用基础设施，但近年来，收费高速公路、收费桥梁、收费隧道、收费垃圾处置等逐渐被人们所接受。营利性基础设施的范围不断拓展，公共项目融资中采用BOT模式、PPP模式的也越来越多。

二、新公共管理理论与项目融资

（一）新公共管理理论的主要观点

新公共管理理论产生于20世纪70年代末，它是在对传统的公共行政学理论的批判基础上逐步形成的，是西方国家应对财政危机和政府信任赤字、绩效赤字的产物。新公共管理理论认为传统的行政管理扭曲市场法则，公共物品的生产脱离消费者需求，官僚层级的行政体制缺乏应变弹性，由此造成公共物品生产与供给的高成本、低效率和浪费，因而主张摒弃公共服务供给中传统的官僚制独占模式，将公民变成消费者，引入各种市场竞争机制，给公民提供自由选择服务机构的机会，征求他们对公共服务的意见和要求，并测量其满意程度。在公共部门与私人部门之间、公共部门机构自身之间展开竞争，以缩小政府规模，提高公共物品及服务供给的效率。借鉴私营部门的管理技术与激励手段，从而使现有政府以较少的成本转换为一个高效的回应性政府。

（二）新公共管理理论对项目融资推广的影响

尽管从严格意义上来说，新公共管理理论并没有形成统一的范式，但其提供了政府行政改革的基本思想，即以现代经济学和私营企业的管理理论与方法作为理论基础，从私营部门管理方法中汲取营养，在公共管理中广泛引入私营部门的管理技术，借以提高政府管理绩效。由于新公共管理理论切中时弊，因而被人们广泛接受，成为西方国家一系列政府改革的理论指导，并且其影响也波及广大发展中国家。

在新公共管理理论的影响下，1979年英国撒切尔夫人上台以后，英国保守党政府推行了西欧最为激进的政府改革计划，采取了一系列改革措施，包括发起了反对浪费和低效益的运动；实行大规模的民营化；对地方政府的预算开支实行总量控制；要求所有的地方建筑和公路建设项目实行公共部门与民营部门公开竞标等。在1987年《改变政府管理：下一步行动方案》中，英国政府开始将提供公共服务的职能从政府各部门分离出来，成立专门的半自治性的"执行局"来承担这种职能。这些措施促使提供公共产品和服务的公共部门需要接受市场检验，各公共部门之间、公共部门与私人部门之间为提供公共产品和服务展开竞争，如通过公开投标，只有赢得竞争并提供优质服务的单位才能生存与发展。英国的"新公共管理运动"始于撒切尔夫人执政时期，在约翰·梅杰任职期间又得到了强化，总体来说，这对英国的经济发展产生了深远的影响。引入竞争机制、实现私有化运营的基础设施领域涵盖电信、港口、航空、铁路等。这场轰轰烈烈的"新公共管理运动"始于英国，其他欧洲国家也纷纷效仿，但其改革的深度与广度均不及英国。

新公共管理理论对项目融资推广的影响表现在两个方面：一是新公共管理运动推进了大规模的基础设施投资私有化，从而为项目融资提供了广阔的运作空间；二是新公共管理运动中，PFI等新型融资模式得以创立和发展，使得非营利性的基础设施也被纳入项目融资研究的范畴。

三、公共选择理论与项目融资

（一）公共选择理论的主要观点

公共选择理论是在公共行政学对传统政府行政管理提出批判的同一时期兴起的，代表人物包括美国的詹姆斯·布坎南和戈登·图洛克等人。公共选择理论把经济分析工具运用于政治研究领域，揭露在政府体制下必然出现的效率低下的现象。公共选择理论从政府的"经济人"属性出发，论证了政府不总是代表社会公众的利益。原因在于，与市场中各经济主体追逐个人利益最大化相似，政府的官员也会在"政治市场"上追逐"政治影响最大化"。区别于企业绩效是通过利润来体现的，而政府绩效是通过扩大影响力来获得的。为了"顺应民意"，在公共预算缺乏约束的情况下，政府有超量供给公共物品的倾向。公共选择理论论证了政府投资决策的局限性，表明"市场失灵"领域可能同时出现"政府失灵"。

（二）公共选择理论对项目融资推广的影响

公共选择理论对政府"理性人"假设的否定，较好地解析了公共投资领域出现的重复投资、浪费严重、效率低下的原因。从提升投资效率角度，反向论证了公共投资领域引入私人投资者的必要性。这对于长期坚守政府垄断基础设施领域投资的国家来说意义重大。因为，从本质上来说，公共选择理论是一种反政府管制的理论。在促进基础设施领域引入私人资本方面，公共选择理论与新公共管理理论可谓殊途同归。两者均主张政府从公共投资领域尽可能地退出，由私营部门来进行基础设施的投资、运营和管理。因此，公共选择理论间接地为项目融资推广清除了思想障碍。

四、金融深化理论与项目融资

如果说公共产品理论、新公共管理理论、公共选择理论为项目融资应用领域的拓展提供了思想基础，那么金融深化理论则为项目融资在发展中国家应用环境改善方面做出了不可忽略的理论贡献。因为，项目融资在发展中国家很难得以应用的首要原因就是其不发达的资本市场和严格的外汇管制措施。金融深化理论清晰地论述了金融抑制所带来的弊端，从而坚定了发展中国家加速金融体制改革的决心。

（一）金融深化理论的主要观点

金融深化理论认为一个国家的金融体制与该国的经济发展之间存在着一种互相刺激和互相制约的关系。在政府放弃对金融体系和金融市场的过度干预、允许市场机制特别是利率机制自由运行的前提下，一方面，健全的金融体系和活跃的金融市场能有效地动员社会闲散资金并使其向生产性投资转化，还能引导资金流向高效益的部门和地区；另一方面，经济蓬勃发展，通过增加国民收入和提高各经济单位对金融服务的需求，又刺激了金融业的拓展，由此形成了金融与经济发展相互促进的良性循环。提出上述理论的美国经济学者 E.S.肖和 R.I.麦金农为此主张：在发展中国家应允许非国家化、非银行的金融机构存在和发展，放宽对金融市场的管制，扩大外源型融资比例，鼓励各类金融机构、企业、居民积极参与金融市场活动，着力发掘本国资本，减少对外国资金的依赖性。通过金融深化，提高本国资金的利用效率。

（二）金融深化理论对项目融资推广的影响

金融深化理论强调了金融体制和金融政策在经济发展中的核心地位，进而为发展中国家制定货币金融政策、推行货币金融改革提供了理论依据。这一理论及政策建议得到世界银行与国际货币基金组织的积极支持和推广，同时也得到了许多发展中国家的赞赏，对20世纪70年代以来广大发展中国家的金融体制改革产生了深远的影响。金融体制改革的推进使项目融资中所需要的货币市场、资本市场在发展中国家内部逐渐形成，项目融资所需的多样化融资工具的可获得性也大大增强，打破了项目融资在发展中国家仅限于引进外资的局限性，使其发展成为推动本国私人资本参与基础设施投资建设的有效途径。

第三节　小结

本章重点介绍了项目融资应用与推广的思想渊源与理论基础。项目融资应用的理论基础为银行贷款融资理论、资本结构理论、风险转移理论和信用转让理论。对项目融资推广产生较大影响的理论有公共产品理论、新公共管理理论、公共选择理论。

与项目融资相关的银行贷款融资理论曾经历自偿性融资理论、以资产为基础的融资理论、流动性预期收入理论三个阶段。银行贷款融资的基础由封闭到开放，由现实到预期，发展趋势是在不断拓展，这种思想的进步为项目融资的出现提供了思想上的准备。项目融资需要集合大量资金，节约资金成本就显得十分必要。资本结构理论从调整债务资金占总资金比重的角度提供了节约资金成本的基本思路。项目融资是汇集多种资金来源的组合投融资，组合投融资的目的是分散风险。风险转移理论为组合投融资提供了理论基础。风险转移理论由现代资产组合理论、交换理论、期权理论等组成。项目融资资金流转的过程始终伴随着信用转让。信用转让可以为项目融资提供经济避险、机制避险、法律避险的效用。

近年来，项目融资在基础设施领域得到了大量的推广与应用。项目融资应用范围的扩大与公共产品理论、新公共管理理论、公共选择理论、金融深化理论的出现密不可分。这些理论帮助人们扭转了基础设施领域由政府垄断投资的思想桎梏，使得私营机构参与公共设施的投资建设成为可能，从而为项目融资提供了广阔的运作空间。

关键概念

资本结构　风险转移　信用转让　交换　期权

复习思考题

1. 为什么说银行贷款融资理论、资本结构理论、风险转移理论、信用转让理论构筑了项目融资应用的理论基础？

2. 项目融资的推广应用得益于哪些理论的发展？

第四章

项目可行性研究

第一节　可行性研究的几个基本问题

　　可行性研究是项目融资投资决策阶段的重要工作。在项目的可行性研究中，通过对项目主要技术经济要素的分析，可以对项目做出综合性技术评价和经济效益评价，获得项目净现值、投资收益率、内部收益率和投资回收期等具体反映项目经济效益的指标，为项目投资决策提供重要依据。

一、项目可行性研究的基本概念

　　项目可行性研究是在投资决策前，通过对与项目有关的市场、资源和工程技术、经济和社会等各方面情况进行全面分析、论证和评价，从而确定项目是否可行或选择最佳实施方案的工作。

　　可行性研究的任务主要是根据国民经济长期规划、地区规划和行业规划的要求，对项目进行投资方案规划、工程技术论证和社会与经济效益的测算，通过分析、论证和评价，从而判断项目在技术和经济上是否合理和可行的一种分析方法。因此，项目可行性研究是保证融资项目以最少的投资耗费取得最佳经济效益的科学手段，也是实现融资项目在建设上可行、技术上先进和经济上合理的科学方法。

　　融资项目的可行性研究是以市场需求为起点，以资源投入为基础，得出技术评价和经济评价结果，综合反映一个融资项目建设的必要性、技术的可行性与先进性以及经济上的合理性。可行性研究的意义和作用主要表现在：第一，作为融资项目发起人投资决策的依据。可行性研究是项目投资建设的首要环节，项目投资决策者主要根据可行性研究的评价结果，决定一个融资项目是否应该投资和如何投资。第二，作为项目融集资金的依据。无论是采取传统的融资方式，如向银行申请贷款，还是采用项目融资方式，资金的提供者在提供资金前，首先对项目进行全面、细致的分析评估，确认项目具有偿还贷款能力，不承担过大风险后，才能同意贷款，因此可行性研究是开展融资活动，寻求融资伙伴的依据。第三，作为项目主管部门商谈合同、签订协议的依据。根据可行性研究报告，融资项目主管部门可同国内有关部门签订项目所需原材料、能源和基础设施等方面的协议和合同，以及同国外厂商就引进技术和设备正式签约。第四，作为项目进行工程设计、设备订货、施工准备等建设前期工作的依据。可行性研究报告是编制设计文件、进行建设准备工作的主要根据。第五，作为项目拟采用的新技术、新设备的研制和进行地形、地质及工业性试验工作的依据。项目拟采用的新技术、新设备必须是经过技术经济论证认为可行的，方能拟订研制计划。第六，作为环保部门审查项目对环境影响的依据，亦作为向项目建设所在地政府和规划部门申请建设执照的依据。

二、项目可行性研究的工作阶段

　　一个投资项目的项目周期，按项目的管理程序大致可以划分为三个时期，即投资前时期、投资时期和生产时期，联合国工业发展组织编写的《工业项目可行性研究手册》把投资前期的可行性研究工作分为机会研究、初步可行性研究、可行性研究和项目评估四个阶段。

　　由于基础资料的占有程度和研究深度与可靠程度要求不同，建设前期的各个研究工作阶段的研究性质、工作目标、工作要求及作用、工作时间与费用各不相同（见表4-1）。

　　一般来说，各阶段研究的内容要由浅入深，项目投资和成本估算的精确度要求由粗到细，研究工作量要由小到大，研究的目标和作用逐步提高，因而研究工作时间和费用也逐渐增加。

（一）机会研究

　　机会研究的主要任务是为融资项目的投资方向和设想提出建议。在我国，应根据国民经济发展的长远规划，行业、地区规划，经济建设方针，建设任务和技术经济政策，在一个确定的地区或部门内，结合资源情况、市场预测和建设布局等条件，选择融资项目，寻找最有利的投资机会。

表4-1 　　　　　　　　　　　项目可行性研究各阶段工作目标和要求

研究阶段	机会研究	初步可行性研究	可行性研究	项目评估
研究性质	项目设想	项目初选	项目准备	项目评估
研究目的与内容	鉴别投资方向，寻求投资机会，选择项目，提出项目投资建议	对项目作初步评价，广泛分析、筛选方案，确定项目的初步可行性	对项目进行技术经济论证，重点对项目的技术方案和经济效益进行分析评价，进行多方案比选，提出结论性意见	综合分析各种效益，对可行性研究报告进行全面审核和评估，分析判断可行性研究的可靠性和真实性
研究要求	编制项目建议书	编制初步可行性研究报告	编制可行性研究报告	提出项目评估报告
研究作用	为初步选择项目提供依据，批准后列入建设前期工作计划，作为国家对投资项目的初步决策	判定是否有必要进行下一步详细可行性研究，进一步判明项目的生命力	作为项目投资决策的基础和重要依据	为投资决策者提供最后决策依据，选择最佳投资方案
估算精度	±30%	±20%	±10%	±10%

机会研究可以分为一般机会研究（如地区、行业或部门、资源的机会研究）和项目的机会研究。一般机会研究就是对某个指定的地区、行业或部门鉴别各种投资机会，或是识别利用以某种自然资源或工农业产品为基础的投资机会。这项研究，一般是由国家机构和公共机构进行，作为制订经济发展计划的基础。在对这些投资机会做出最初鉴别之后，再进行项目的机会研究，即将项目的设想转变为概略的项目投资建议，以引起投资者的注意，使其做出投资响应，并从几个有投资机会的项目中经济而迅速地做出抉择。然后，编制项目建议书，为初步选择投资项目提供依据。

由于这一阶段的研究工作比较粗略，一般是根据相类似条件和背景的工程项目来估算投资额与生产成本，初步分析建设投资效益，提供一个或一个以上可能进行建设的投资项目和投资方案。

（二）初步可行性研究

对于投资规模较大、工艺技术又较复杂的大中型骨干融资项目，仅靠机会研究还不能决定取舍，在开展全面研究工作之前，往往需要先进行初步可行性研究，进一步判明融资项目的生命力。这一阶段的主要工作目标是：第一，分析投资机会研究的结论，并在占有详细资料的基础上做出初步投资估价。需要深入调查项目的规模、原材料资源、工艺技术、厂址、组织机构和建设进度等情况，进行经济效益评价，以判定是否有可能和必要进行下一步的详细可行性研究。第二，确定对某些关键性问题进行专题的辅助研究。例如，市场需求预测和竞争能力研究，原料、辅助材料和燃料动力等供应和价格预测研究，项目中间试验、厂址选择、合理经济规模，以及主要设备选型等研究。在多方案分析比较论证后，对各类技术方案进行筛选，选择效益最佳方案，排除一些不利方案，缩小下一阶段的工作范围和工作量，尽量节省时间和费用。第三，鉴定项目的选择依据和标准，确定项目的初步可行性。根据初步可行性研究结果编制初步可行性研究报告，判定是否有必要继续进行研究，如果通过对所获资料的研究确定该项目设想不可行，则立即停止工作。本阶段是项目初选阶段，研究结果应做出是否投资的初步决定。第四，初步可行性研究是介于机会研究和可行性研究之间的中间阶段，其研究内容和结构基本相同，主要区别是所获资料的详尽程度不同，研究的深度不一样。

（三）可行性研究

可行性研究亦称详细可行性研究。这是融资项目投资决策的基础，它为项目决策提供技术、经济、社会和财务方面的评价依据，为项目的具体实施（建设和生产）提供科学依据。因此，这个阶段是进行详细深入的技术经济分析的论证阶段，其主要目标是：第一，必须深入研究有关产品方案、生产纲领、资源供应、厂址选择、工艺技术、设备选型、工程实施进度计划、投资筹措计划，以及组织管理机构和定员等各种可能选择的技术方案，进行全面深入的技术经济分析和比选工作，并推荐一个可行的投资建设方案。第二，着重对投资总体建设方案进行企业财务效益、国民经济效益和社会效益的分析与评价，对投资方案进行多方案比选，确定一个能使项目投资费用和生产成本降到最低限度，以取得显著经济效益和社会效果的最佳建设方案。第三，确定项目投资的最终可行性和选择依据标准，对投资项目提出结论性意见。可行性研究的结论，可以推荐一个认为最好的建设方案；也可以提出几个可供选择的方案，说明各自利弊和可能采取的措施；也可提出"不可行"的结论。按照可行性研究结论编制出可行性研究报告，作为项目投资决策的基础和重要依据。第四，可行性研究是项目的定性阶段，也是项目决策研究的关键环节，并为下一步工程设计提供基础资料和决策依据。

（四）项目评估

项目评估是由投资决策部门组织和授权国家开发银行、建设银行、投资银行和国际工程咨询公司或有关专家，对上报的融资项目可行性研究报告进行全面的审核和再评价。其主要任务是对项目的可行性研究报告提出评价意见，最终决策该项目投资是否可行，确定最佳投资方案。项目评估是在可行性研究报告的基础上进行的，其内容包括：第一，全面审核可行性研究报告中反映的各项情况是否属实；第二，分析项目可行性研究中各项指标计算是否都正确，包括各种参数、基础数据、定额费率的选择；第三，从企业、国家和社会等方面综合分析和判断工程项目的经济效益和社会效益；第四，分析和判断项目可行性研究的可靠性、真实性和客观性，对项目的取舍做出最终投资决策并写出项目评估报告。

三、项目可行性研究的内容

项目可行性研究的内容和编写格式随项目的不同有所差异，主要包括以下几个方面：

（一）项目的背景和基本设想

在项目的背景和基本设想部分，主要考察项目的设想是否与国家的经济结构布局一致，是否符合工业发展现状。对项目要详细地加以叙述，对项目发起人及他们对项目感兴趣的原因都要加以审定。

（二）市场分析与销售设想

市场分析与销售设想部分是可行性研究的重点之一，要求对项目的市场供求量进行预测和分析，判断项目产品是否具有市场潜力，然后确定销售产品的规划和设想，为实现预期利润奠定基础。

（三）原材料与供应品

原材料和供应品部分阐明企业生产所需的不同的投入物，各种投入物的来源和供应情况，以及估算最终生产成本的方法，为进行财务基础数据估算打好基础。

（四）建厂地区、厂址和环境保护

建厂地区、厂址和环境保护部分说明项目建厂地区、厂址的分析方法和选择方法，并就项目对环境的影响进行深入的分析和评价。

（五）工程设计和工艺

项目所用工艺是项目技术论证的关键，工艺选择直接决定了设备的选择，工艺技术方案将直接影响未来产品的质量、产量和项目的经济效益。技术工艺的选择主要考察工艺的可靠性、工艺流程的合理性、工艺与原材料的相互适应性以及对产品质量的保证性。

（六）组织和管理费用

组织和管理费用部分，涉及管理和控制项目整体运行所需组织和管理机构的发展与设计，以及相关费用支出情况。

（七）人力资源

人力资源部分，涉及项目对人力资源的质量和数量要求，以及人员来源和培训的需要、工资和其他与人员有关的费用及培训成本的支出情况。

（八）实施计划和预算

实施计划和预算部分，论述项目实施计划和预算目标，叙述实施工作的主要特点和主要限制因素，并介绍编制实施计划的技术。

（九）财务效益分析和经济分析

在上述投资估算和有关财务数据的基础上，还要编制一系列带有汇总性质的表格，并根据这些表格计算相应的指标，进行项目的财务分析和经济分析以及不确定性分析。

第二节　项目融资环境评价

项目融资环境评价主要是评价融资项目的宏观环境和微观环境。

一、项目融资的宏观环境分析

东道国的宏观经济环境对于项目融资的成功与否起着非常重要的作用。首先东道国的政局必须保持足够的稳定，以吸引长期的项目投资者和提供项目长期贷款的金融机构。因此，稳定性是项目融资必须考虑的重要因素。如果一国拥有稳定的汇率和通货膨胀率及可预见的政治环境，则项目融资操作就容易得多，也比较容易取得成功。

对于东道国宏观环境的研究，主要考察一国的政治、法律和法规以及经济条件等情况。

（一）东道国政治环境考察

在影响项目融资的因素中，政治环境处于首要地位。政治的稳定性和政策的连续性是国际项目融资成功要素中的关键所在。因为，政治的稳定性能增强融资者和投资者的信心，政策的连续性则取决于政治的稳定性。在对项目进行大量的资金投入之前，项目的投资者、开发商和金融机构必须有理由相信东道国政治环境的稳定性和政策的连续性。

政治的可预见性也是国际项目融资成功的另一重要因素。可预见性是建立在一定的政治和经济机制基础之上的。如发展中国家面临着艰巨的基础设施建设任务，但是只拥有较少的发展资本。因此，要想在发展中国家成功地通过项目融资方式进行基础设施建设，就必须要求东道国存在这样一种政治机制，即政府明确承认私人投资者在基础设施项目的开发、建设、经营和拥有等方面的积极作用，并且在制定项目融资法律和法规时都必须及时地反映政府的这些思想。

（二）东道国法律和法规建设考察

成功的项目融资还需要建立一整套的法律体系。这个法律体系应包括以下内容：适合项目融资的基本法律条款；及时地和可预见地领取许可证的规定；合同的法律效力规定和公正而高效的纠纷处理规定等。

通常在项目融资中考察东道国法律和法规建设情况时，应着重考察以下方面的问题：

（1）政府部门在项目融资中的作用和职责。

（2）项目投资者取得许可证或特许经营权的保证。

（3）有关价格的法规和管理。

（4）一般企业管理的规定。

（5）对外商投资企业的干预和控制法规。

（6）对所有者红利支付的限制。

（7）电力购买者的权利和义务，如电力法等。

（8）劳动法规和管理。

（9）与房地产投资有关的法规。

（10）环境和安全法规与管理。

（11）合同的执行和拒绝，如《中华人民共和国民法典》的有关规定。

（12）对争端处理的规定。

（13）税法的规定等。

以上这些基本的法律和法规必须清楚明确，并且具有可操作性；否则，如果法律和法规条款的说明过于简单和模糊，对项目融资来说就存在比较高的政治风险。

（三）东道国经济条件考察

东道国经济条件主要考察价格水平、国内资本市场和信用等级以及利率水平等。这些经济条件都是支持项目融资成功的必不可少的条件。

1. 价格水平

一个国家价格水平及价格管理的现状对于项目产品的市场风险将产生重要影响。比如，在电力项目融资中，如果国内电力价格过低，就会影响项目公司产生现金流量的能力。

2. 国内资本市场和信用等级

国内资本市场的发育程度是影响项目融资发展前景的一个重要方面。在发展中国家，通常国内资本较为缺乏，可以通过利用外国资金来满足其经济发展的需要。同时，国内投资者的信用等级会影响到项目融资的成本及规模。

3. 国内利率水平

第一，如果国内利率水平已经市场化，则国内投资者对于项目融资的利率及偿还条款就容易理解和接受，这对于项目融资谈判有一定的有利影响。第二，在进行项目融资时，由于需要一定比例的当地融资，这样，一国利率水平就能在一定程度上影响项目融资的成本。

二、项目融资的微观环境分析

环境保护已经成为国际社会日益关注的重要问题之一。在东道国内，从地方到中央各级政府部门都加强了对环境保护的意识，尤其是在空气污染和污水处理上给予了了特别的重视。而双边和多边金融机构已将环境保护作为对东道国发放项目贷款的重要依据。因此，项目发起人必须分析东道国的环境法规可能对项目带来的影响，从而决定是否开发该项目。

严格的环境法规，对项目可能带来的影响主要有：增加项目建设和经营成本；购买环保设备而增加的资本成本；遭到公众反对可能需要新建公共场所或设施；严重时受到民事和刑事惩罚等。这些因素最终可能会导致项目失败。所以，为了防止上述损失的发生，投资者必须格外重视对环境的保护。通常，对于一个项目来说，环境保护成本包括环境治理费用、为预防环境破坏而投入的费用和给受害者的补偿费用等，这些成本都要由项目本身来承担。

所以，在进行项目可行性分析时，应对项目所在地的具体环境进行全面科学的分析与评价，写出详细的环境分析评价报告，以取得政府、项目发起人和贷款人的认可。

环境分析与评价报告一般要详细说明以下内容：

（一）项目位置

这是项目环境报告的首要条款，包括项目所在位置的地形、土壤类型、建设和经营类型，使土壤侵蚀和下陷的可能性及项目选址计划。

（二）空气

在项目建设期、试生产期和经营期可能排放出的空气污染物及控制措施。

（三）水

项目建设中用水可能会对水造成的污染及成本。如项目建设对地表水如湖水、河水及溪流的影响，为不污染水资源需改道所花费的支出及支付的水费等。

（四）对植物和动物生态环境的影响

当项目涉及对濒危动植物的影响时，应格外重视对这一内容的说明。

（五）对公众健康的影响

在项目建设或经营中存在的对人类健康造成的潜在危害，应在环境分析中摆在非常重要的地位。因为许多医学数据表明，诸如空气排放物、电磁体、辐射等会对人类健康造成严重危害。

（六）噪声

如果项目位于人群集中区，噪声可能是公众十分敏感的问题。

（七）历史和文化因素

如果项目靠近历史或文化重要区，如名胜古迹等，那么项目对这些古迹或文物的影响应加以重视。

（八）人口迁移问题

在诸如水利融资项目中，可能会涉及对当地人的迁移问题，为此，在环境报告中应分析人口迁移的时间和成本，以及迁移地是否被接受等。

对于必须取得当地政府的许可才可以经营的项目，以上这些环境报告中的内容，同时也要对公众公开，以取得公众的支持，为项目的顺利开发奠定基础。

第三节　项目的财务效益分析

项目的财务效益分析是按照国家现行的财税制度、项目所属行业的财务制度，以现行价格为基础，对项目的收益、费用、获利能力、贷款偿还能力等财务状况进行预测、分析和计算，并以此评价项目在财务上的可行性的一种方法。

一、项目的现金流量分析

对项目的经济效益分析是通过现金流量分析来实现的。现金流量分析是将项目作为一个独立系统，在国家现行的财政、税收、金融外汇政策下，对项目在建设期和营运期内的收入和支出做出预测，编制现金流量表，并以此来分析项目的财务状况、盈利能力和债务清偿能力。

（一）投资估算

项目建设期的投资除包括对建筑工程投资、购置设备费、安装费和预备费等构成项目的有形资产投资外，还包括对专利权和专有技术等构成项目的无形资产的投资。进行项目可行性研究时，要估算项目的总投资以及各年投资的投入情况。

（二）生产期的现金流量

项目生产期的现金流量包括项目投入生产和运营后的产品销售收入或提供服务的营业收入，经营成本、利息支出及各项税金支出。项目每年的现金收入和现金流出构成了项目的现金流量序列。每个时点上的现金流入减去现金流出称为净现金流量。

二、财务效益分析指标的计算

（一）静态指标的计算

静态指标是指在项目财务分析中，不考虑资金时间价值因素的影响而计算的指标，主要包括投资收益率、静态投资回收期、借款偿还期和财务比率等。

1.投资收益率

投资收益率是指在工程项目达到设计能力后，其每年的净收益与项目投资的比率。

其计算公式为：

$$投资收益率 = \frac{项目年净收益}{项目投资} \times 100\% \tag{4.1}$$

投资收益率指标是一个综合性指标，在进行项目财务分析时，根据分析目的的不同，投资收益率指标又分为投资利润率、资本金利润率和投资净利润率等。

$$投资利润率 = \frac{项目年利润总额}{项目投资} \times 100\% \tag{4.2}$$

$$资本金利润率 = \frac{项目年利润总额}{项目资本金} \times 100\% \tag{4.3}$$

$$投资净利润率 = \frac{项目年税后利润总额}{项目投资} \times 100\% \tag{4.4}$$

计算出的投资收益率要与国家规定的行业基本标准相比较，高于行业标准，则认为项目可行，否则项目不可行。

2. 静态投资回收期

静态投资回收期（P_t）是指在不考虑资金时间价值因素的条件下，用回收投资的资金来源回收投资所需要的时间，其计算公式为：

$$\frac{静态投资}{回收期} = \frac{累计净现金流量}{出现正值的年份} - 1 + \frac{上年累计净现金流量绝对值}{当年净现金流量} \tag{4.5}$$

计算出的投资回收期要与行业规定的标准投资回收期或行业平均投资回收期进行比较，如果小于或等于标准投资回收期或行业平均投资回收期，则认为该项目是可以考虑接受的。

3. 借款偿还期

借款偿还期是指用可用于偿还借款的资金来源还清建设投资借款本金所需要的时间。偿还借款的资金来源包括折旧、摊销费、未分配利润和其他收入等。借款偿还期的计算公式为：

$$\frac{借款偿}{还期} = \frac{偿还借款本金的资金来源大于}{年初借款本息累计的年份} - \frac{开始借款}{的年份} + \frac{年初借款本息累计}{当年实际偿还本金的资金来源} \tag{4.6}$$

计算出借款偿还期后，要与贷款机构的要求期限进行对比，等于或小于贷款机构提出的要求期限，即认为项目是有清偿能力的；否则，认为项目清偿能力比较差，从清偿能力角度考虑，则认为项目是不可行的。

4. 财务比率

财务比率是指资产负债率、流动比率和速动比率。

资产负债率是反映项目各年所面临的风险程度及偿债能力的指标。

计算公式为：

$$资产负债率 = \frac{负债总额}{资产总额} \times 100\% \tag{4.7}$$

流动比率是反映项目各年偿付流动负债能力的指标。

计算公式为：

$$流动比率 = \frac{流动资产总额}{流动负债总额} \times 100\% \tag{4.8}$$

速动比率是反映项目快速偿付流动负债能力的指标。

计算公式为：

$$速动比率 = \frac{速动资产总额}{流动负债总额} \times 100\% \tag{4.9}$$

（二）动态指标的计算

动态指标是指考虑资金时间价值因素的影响而计算的指标。与静态指标相比，动态指标更加直观地反映项目的盈利能力，所以它比静态指标应用得更加广泛。

动态评价指标主要包括财务净现值、财务内部收益率和动态投资回收期等。

1. 财务净现值（FNPV）。

（1）财务净现值的含义。

财务净现值（FNPV）是指把项目计算期内各年的净现金流量，用设定的折现率（基准收益率）折算到第零年（建设期初）的现值之和。

财务净现值是考查项目在其计算期内盈利能力的主要动态指标。其计算公式为：

$$FNPV = \sum_{t=1}^{n}(CI - CO)_t(1 + i_c)^{-t} \tag{4.10}$$

式中：$(CI - CO)_t$ 为第 t 年的净现金流量；

n 为计算期（1，2，3，…，n）；

i_c 为设定的折现率；

$(1+i_c)^{-t}$ 为第 t 年的折现系数。

（2）财务净现值的判别标准。

计算出的财务净现值可能有三种结果，即 FNPV>0，FNPV=0，FNPV<0。用于项目经济评价时，其判别规则如下：

当 FNPV>0 时，说明项目可行；当 FNPV=0 时，说明项目可以考虑接受；当 FNPV<0 时，说明项目不可行。

2. 财务内部收益率（FIRR）

（1）财务内部收益率的含义。

财务内部收益率（FIRR）是一个重要的动态评价指标，它是指使计算期内各年净现金流量现值之和为零时的折现率，也就是使净现值等于零时的折现率。其计算公式为：

$$\sum_{t=1}^{n}(CI - CO)_t(1 + FIRR)^{-t} = 0 \tag{4.11}$$

式中：FIRR 为财务内部收益率；

其他符号含义同公式（4.10）。

（2）财务内部收益率的判别准则。

若 FIRR>i_c，FNPV>0，说明项目可行；若 FIRR=i_c，FNPV=0，说明项目可以考虑接受；若 FIRR<i_c，FNPV<0，说明项目不可行，财务内部收益率反映项目的实际投资收益水平。

3.动态投资回收期（P_t'）

动态投资回收期（P_t'）是在考虑资金时间价值的条件下，用回收投资的资金来源回收投资所需要的时间。

其计算公式为：

$$\text{动态投资回收期} = \frac{\text{累计净现金流量现值出现正值的年份}}{\text{}} - 1 + \frac{\text{上年累计净现金流量现值绝对值}}{\text{当年净现金流量现值}} \tag{4.12}$$

动态投资回收期的判别准则是：当 $P_t' \leqslant n$ 时，则 FNPV≥0，项目可以考虑接受；当 $P_t' > n$ 时，则 FNPV<0，项目不可行。

第四节　项目的不确定性分析

可行性研究是在占有一定信息资料的基础上，对影响投资经济效益的各技术经济变量进行技术经济预测、分析与判断，以此作为投资决策的依据。但是，由于各方案技术经济变量受政治、文化、经济环境、资源与市场条件、技术发展情况等因素的影响而不断变化，这些不确定因素在未来的变化就构成了项目决策过程的不确定性。同时项目经济评价所采用的数据一般都带有不确定性，加上主观预测能力的局限性，对这些技术经济变量的估算与预测不可避免地会有误差，从而使投资方案经济效益的预期值与实际值可能会出现偏差。这种情况通称为项目的不确定性。不确定性分析的基本方法包括盈亏平衡分析、敏感性分析。

一、盈亏平衡分析

盈亏平衡是指当年的销售收入扣除税金及附加后等于其总成本费用，在这种情况下，项目的经营结果是既无盈利又无亏损。盈亏平衡分析是通过计算盈亏平衡点（BEP）处的产量或生产能力利用率，分析项目成本与收益的平衡关系，判断项目适应市场变化的能力和风险大小的一种分析方法，所以盈亏平衡分析也称量本利分析。盈亏平衡点的计算公式如下：

$$Q_{BEP} = \frac{F}{P - V - T} \tag{4.13}$$

式中：Q_{BEP} 为达到盈亏平衡时的产量；

F 为年固定成本；

P 为单位产品的销售价格；

V 为单位产品的可变成本；

T 为单位产品的销售税金及附加。

上式是以产量表示的盈亏平衡点。当产量达到 Q_{BEP} 时，项目即可达到盈亏平衡。以产量表示的盈亏平衡点，表明企业不发生亏损时必须达到的最低限度的产量。

同样可以计算出以生产能力利用率表示的盈亏平衡点，设 R_{BEP} 为以生产能力利用率表示的盈亏平衡点，得：

$$R_{BEP}=\frac{Q_{BEP}}{Q}\times100\% \tag{4.14}$$

或

$$R_{BEP}=\frac{F}{Q(P-V-T)}\times100\%$$

式中：R_{BEP} 为达到盈亏平衡时的生产能力利用率；

Q 为达到设计生产能力时的产量。

上式表明，当生产能力利用率达到 R_{BEP} 时，项目即可达到盈亏平衡点。

盈亏平衡点低，说明项目生产少量产品即可不发生亏损，表示项目适应市场变化的能力、抗风险能力都比较强，获利能力强。通过计算公式还可以看出，项目的固定成本、产品销售收入和变动成本是盈亏平衡点的决定性因素。

二、敏感性分析

敏感性分析是研究分析项目的投资、成本、价格、产量和工期等主要变量发生变化时，导致项目经济效益的主要指标发生变动的敏感程度。分析指标主要包括项目财务内部收益率、财务净现值、投资收益率、投资回收期或偿还期。敏感性分析也称为灵敏度分析，通过敏感性分析，在诸多的不确定因素中，找出对经济效益指标反应敏感的因素，并确定其影响程度。

（一）敏感性分析的步骤

1.确定分析指标

由于敏感性分析是在确定性分析的基础上进行的，故一般敏感性分析指标应与确定性分析所使用的指标相一致。当项目确定性分析中使用的指标比较多时，敏感性分析可围绕其中一个或几个最重要的指标进行。经常使用的指标是财务净现值、财务内部收益率和投资回收期等。

2.选择需要分析的不确定因素

在影响方案效果的多个不确定因素中，可以根据以下两条原则选择主要的不确定因素进行敏感性分析：其一，预计在可能的变动范围内，该因素的变动将会强烈地影响方案的经济效益指标值；其二，在确定性分析中所采用的该因素的数据的可靠性、准确性把握不大。

3.研究并设定不确定因素的变动范围，并列示不确定因素的不同变化

对所选择的需要进行分析的不确定性因素，按照一定的变化幅度（如5%、10%和20%等）改变它的数值，然后计算这种变化对财务评价指标的影响数值，

并将其与该指标的原始值相比较，从而得出该指标的变化率。

4.评价和寻找对策

结合确定性分析与敏感性分析的结果，对项目作进一步评价，还可以进一步寻找相应的控制风险的对策。

（二）敏感性分析方法有单因素敏感性分析和多因素敏感性分析两种

单因素敏感性分析是逐一对不确定因素变化的影响进行分析，多因素敏感性分析是对两个或两个以上互相独立的不确定因素同时变化的影响进行分析。敏感性分析结果用敏感性分析表和敏感性分析图表示。

敏感性分析图如图4-1所示，图中每一条斜线的斜率反映内部收益率对该不确定因素的敏感程度，斜率越大敏感度越高。一张图可以同时反映多个因素的敏感性分析结果，每条斜线与基准收益率线的交点即是所对应的不确定因素变化率，图4-1中C_1、C_2、C_3和C_4等即为该因素的临界点，将不确定因素在临界点上的变化率转化为绝对值，即为不确定因素的临界值。

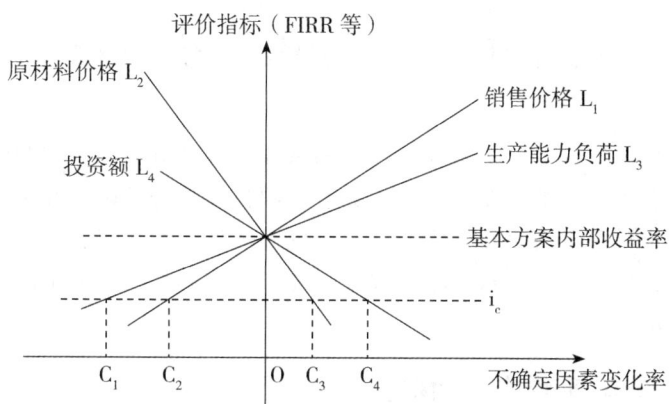

图4-1　敏感性分析图

敏感性分析表见表4-2。表4-2中所列的不确定因素是可能对评价指标产生影响的因素，分析时可选用一个或多个因素。不确定因素的变化范围可以自行设定。可根据需要选定项目评价指标，其中最主要的评价指标是内部收益率。

表4-2　　　　　　　　　　　　敏感性分析表

序号	不确定因素	变化率	内部收益率	敏感度系数	临界点（%）	临界值
0	方案原始状态					
1	产量					
2	产品价格					
3	原材料价格					
4	投资额					

（三）计算敏感度系数和临界点

单因素敏感性分析可用敏感度系数表示项目评价指标对不确定因素的敏感程度。计算公式为：

$$\theta = \frac{\Delta Y/Y}{\Delta X/X} \tag{4.15}$$

式中：$\Delta X/X$ 为不确定因素 X 的变化率（%）；

$\Delta Y/Y$ 为不确定因素 X 变化 ΔX 时，评价指标 Y 的相应变化率（%）；

θ 为评价指标 Y 对于不确定因素 X 的敏感度系数。

临界点是指项目允许不确定因素向不利方向变化的极限值。超过极限，项目的效益指标将不可行。例如，当产品价格下降到某值时，财务内部收益率将刚好等于基准收益率，此点称为产品价格下降的临界点。临界点可用临界点百分比或者临界值分别表示，当某一变量的变化达到一定的百分比或一定数值时，项目的效益指标将从可行转变为不可行。

第五节　项目的国民经济评价

项目的国民经济评价是融资项目评价的重要组成部分，因为宏观经济效益的好坏是我国投资项目决策的主要依据，因此有些项目需要进行国民经济评价，即从国民经济角度评价项目是否可行。需要进行国民经济评价的项目主要是铁路、公路等交通运输项目，较大的水利水电项目以及主要产出物和投入物的市场价格不能反映其真实价值的项目。

一、国民经济评价的程序

国民经济评价的具体内容及程序如下：

（一）国民经济效益和费用的识别

在国民经济评价中，应从整个国民经济的角度来划分和考虑项目的效益和费用。效益是指项目对国民经济所做的贡献，包括项目本身的直接效益和由项目带来的间接效益；费用是指国民经济为项目付出的代价，包括项目本身的直接费用和由项目引起的间接费用。

（二）影子价格的确定

正确确定项目产出物和投入物的影子价格是保障项目国民经济评价正确性的关键。在国民经济评价中，应选择既能够反映资源本身的真实经济价值，又能够反映供求关系及国家经济政策的影子价格。

（三）基础数据的调整

影子价格确定以后，应将项目的各项经济基础数据按照影子价格进行调整，计算项目的各项国民经济效益和费用。

（四）编制报表

根据调整、计算所得的项目各项国民经济效益及费用数值，编制国民经济评价报表。

（五）国民经济效益和社会效益分析

根据国民经济评价报表及社会折现率等经济参数，计算项目的国民经济评价指标，计算项目的国民经济效益及经济合理性。

此外，应对难以量化的外部效果进行定性分析，还可以从整个社会的角度来考虑和分析项目对社会目标的贡献，即进行所谓的社会效益分析。

（六）做出评价结论与建议

结合项目财务评价结果，做出项目经济评价的最终结论，提出相应建议。

二、国民经济评价的费用和效益识别

效益和费用都是针对特定的目标而言的，项目的国民经济效益是指项目对国民经济所做的贡献，分为直接效益和间接效益。项目的国民经济费用是指国民经济为项目付出的代价，分为直接费用和间接费用。

（一）直接效益与直接费用

项目的直接效益是指项目向国民经济大系统提供产品或劳务而对国民经济做出的直接贡献。

1. 直接效益

直接效益是指由项目产出物直接生成，并在项目范围内计算的经济效益，一般表现为：

（1）若项目产出物或者服务用以增加国内市场的供给量，其效益就是增加项目产出物或服务的数量以满足国内需求的效益，等于对这部分增加供给量的消费者的支付意愿。

（2）若项目产出物或者服务用于替代效益较低的相同或类似企业的部分或全部产出物或者服务，使被替代企业减产（停产），其效益就是被替代企业因减产（停产）而减少国家有用资源耗费或者损失的效益，等于对这部分资源的支付意愿。

（3）若项目产出物或服务未导致国内市场供给量增加的，则为项目产出物或服务用以增加出口，其效益为所增加的外汇；当项目产出物或服务用以减少进口，其效益为节约的外汇。

2. 直接费用

直接费用是指由于项目的建设，国家为满足其所需投入物的需要而使国民经济为项目所付出的代价，并在项目范围内计算的费用，一般表现为：

（1）若项目的投入物来自国内生产量的增加，其费用为其他部门为本项目提供的投入物，即需要扩大生产规模所耗用的资源费用。

（2）若项目的投入物来自对其他项目或者最终消费供应量的减少，其费用为减少对其他项目或最终消费投入物的供应而放弃的效益。

（3）若项目的投入物来自进口的增加或出口的减少，其费用为增加进口或者减少出口而耗用或者减少的外汇。

（二）间接效益与间接费用

间接效益与间接费用是指项目对国民经济做出的贡献与国民经济为项目付出的代价中，在直接效益与直接费用中未得到反映的那部分效益与费用。通常把与项目相关的间接效益（又称外部效益）和间接费用（又称外部费用）统称为外部效果。为防止外部效果计算扩大化，项目的外部效果一般只计算一次相关效果，不应连续计算。

在考虑某些外部效果时，应注意如下几个问题：

（1）工业项目造成的环境污染和生态破坏是一种间接费用，可参照现有同类企业所造成的损失来计算，至少也应进行定性的描述。

（2）项目产品大量供应国内市场导致产品价格下降而使原用户及消费者从中得到的好处，一般不应计为项目的间接效益，因为原消费者从产品价格下降中所得到的好处正是原生产厂家效益的减少，从整个国家经济角度看效益并未增加，只是一种效益的转移。

（3）项目产品大量出口导致出口价格下降减少了原出口产品创汇的效益，则应计为项目的间接费用。

（4）技术先进项目的技术培训、人才流动、技术推广和技术扩散使整个社会受益，应计为项目的间接效益，称为技术扩散效果。由于计量上的困难，一般只能作定性描述。

（5）项目对以其产出物为主要投入物的下游企业所产生的效果，一般在合理确定的项目产出物影子价格中已得到反映，不再单独进行计算。

（6）项目对为其提供投入物的上游企业所产生的效果，可分两种情况来考虑：项目投入物由新建项目生产提供，则效果一般能够通过合理确定的投入物影子价格得到反映，不需要单独计算；项目投入物来自现有生产企业，使原来闲置的生产能力得以发挥或达到经济规模所产生的效益，应计为项目的间接效益，但需用有无对比的原则计算增量效果。测评没有该项目时的效益和费用，上游企业生产能力的利用会发生变化，并注意是否存在具有类似效果的其他项目，若有，就不应将上述效益全部归因于一个项目，以避免外部效果的重复计算。

三、项目国民经济盈利能力评价指标

（一）经济内部收益率（EIRR）

经济内部收益率是反映项目对国民经济净贡献的相对指标，它表示项目占有资金所获得的动态收益率，也是项目在计算期内各年经济净效益流量的现值累计等于零时的折现率。其计算公式为：

$$\sum_{t=1}^{n} (B - C)_t (1 + EIRR)^{-t} = 0 \tag{4.16}$$

式中：B 为效益流量；

C 为费用流量；

$(B - C)_t$ 为第 t 年的净效益流量；

n 为计算期（1，2，3，…，n）。

经济内部收益率等于或者大于社会折现率，表示项目对国民经济的净贡献达到或者超过要求的水平，应认为项目可以接受。

（二）经济净现值（ENPV）

经济净现值是反映项目对国民经济净贡献的绝对指标，是用社会折现率将项目计算期内各年的净效益流量折算到建设期期初的现值之和。其计算公式为：

$$ENPV = \sum_{t=1}^{n} (B - C)_t (1 + i_s)^{-t} \tag{4.17}$$

式中：i_s 为社会折现率；

其他符号含义同公式（4.16）。

项目经济净现值等于或者大于零，表示国家为项目付出的代价可以得到符合社会折现率要求的社会盈余，或者除得到符合社会折现率要求的社会盈余外，还可以得到以现值计算的超额社会盈余。经济净现值越大，表示项目所带来的经济效益的绝对值越大。

按分析效益费用的口径不同，可分为整个项目的经济内部收益率、经济净现值和国内投资经济内部收益率、经济净现值。如果项目没有国外投资和国外借款，全部投资指标与国内投资指标相同；如果项目有国外资金流入与流出，应以国内投资的经济内部收益率和经济净现值作为项目国民经济评价的评价指标。

（三）外汇效果评价指标

涉及产品出口创汇及替代进口节汇的项目，应进行外汇效果分析，计算经济外汇净现值、经济换汇成本和经济节汇成本指标。

1. 经济外汇净现值（$ENPV_F$）

经济外汇净现值是反映项目实施后对国家外汇收支直接或间接影响的重要指标，用以衡量项目对国家外汇真正的净贡献或净消耗。经济外汇净现值可通过经济外汇流量表计算求得，其计算公式为：

$$ENPV_F = \sum_{t=1}^{n} (FI - FO)_t (1 + i_s)^{-t} \tag{4.18}$$

式中：FI 为外汇流入量；

FO 为外汇流出量；

$(FI - FO)_t$ 为第 t 年的净外汇流量；

n 为计算期（1，2，3，…，n）。

当有产品替代进口时，可按净外汇效果计算经济外汇净现值。

2.经济换汇成本和经济节汇成本

当有产品直接出口时，应计算经济换汇成本。它是用货物影子价格、影子工资和社会折现率计算的为生产出口产品而投入的国内资源现值（用人民币表示）与生产出口产品的外汇净现值（通常用美元表示）之比，即换取1美元外汇所需人民币金额，是分析评价项目实施后在国际上的竞争力，进而判断产品是否应出口的指标。

计算公式为：

$$经济换汇成本 = \frac{\sum_{t=1}^{n} DR_t(1 + i_s)^{-t}}{\sum_{t=1}^{n} (FI' - FO')_t(1 + i_s)^{-t}} \qquad (4.19)$$

式中：DR_t为项目在t年为出口产品投入的国内资源价值（包括投资、工资、原材料和贸易费用，单位：人民币元）；

FI'为生产出口产品的外汇流入（单位：美元）；

FO'为生产替代进口产品的外汇流出（单位：美元）；

i_s为社会折现率；

n为计算期（1，2，3，…，n）。

当有产品替代进口时，应计算经济节汇成本，它等于项目计算期内生产替代进口产品所投入的国内资源现值与生产替代进口产品的经济外汇净现值之比，即1美元外汇所需的人民币金额。

其计算公式为：

$$经济节汇成本 = \frac{\sum_{t=1}^{n} DR''_t(1 + i_s)^{-t}}{\sum_{t=1}^{n} (FI'' - FO'')_t(1 + i_s)^{-t}} \qquad (4.20)$$

式中：DR''_t为项目在第t年为生产替代进口产品投入的国内资源价值（包括投资、工资、原材料和贸易费用，单位：人民币元）；

FI''为生产替代进口产品所节约的外汇（单位：美元）；

FO''为生产替代进口产品的外汇流出（包括应由替代进口产品分摊的建设投资及经营费用中的外汇流出，单位：美元）；

i_s为社会折现率；

n为计算期（1，2，3，…，n）。

经济换汇成本或经济节汇成本（元/美元）小于或等于影子汇率，表明该项目产品出口或替代进口是有利的。

第六节　社会稳定风险评估

社会稳定风险是指因重大事项处置不当而引发利益矛盾、利益冲突甚至群体性事件的风险，广义是指一种导致社会冲突，危及社会稳定和社会秩序的可能性，是一类基础性、深层次、结构性的潜在危害因素，对社会的安全运行和健康发展构成严重威胁。重大项目社会稳定风险是指在实施重大项目时存在的对社会和群众生产与生活影响面大、持续时间长并容易导致较大社会冲突的不确定性。通过对重大项目进行社会稳定风险评估，构建重大工程社会稳定风险评估指标体系，防范和化解重大工程的社会稳定风险，为项目融资的顺利实施提供保障。

一、社会稳定风险分析和评估的含义

（一）基本概念

社会稳定风险分析和评估主要是针对重大项目可能引发的社会稳定风险，采用风险分析和管理的技术方法，调查和识别风险来源，分析评价风险大小，采取风险应对措施，以期实现规避和化解投资项目所引发的社会不稳定事件（如群体性事件或个人极端事件）的目的。我国强调的投资项目社会稳定风险评估，是我国特定发展阶段对项目建设及运营可能引发的"社会稳定"风险所进行的专项分析和审查，目的是要规避和化解可能引发不稳定的社会矛盾风险。

（二）产生社会稳定风险的原因

1.利益冲突是蕴含社会稳定风险的根本原因

利益矛盾既是推动一切社会发展的根本动力，也是导致一切社会冲突的总根源。随着我国社会主义市场经济体制的逐步建立和完善，社会阶层结构出现了一些新的变化，社会群体利益日益呈现多样性。不同社会阶层除了共同利益、根本利益外，更多地表现为各自群体的具体利益。这些具体利益有时并不完全一致，在一定条件下甚至是对立的。利益的分化、重组必然会引发利益群体之间的矛盾和冲突，当这些矛盾和冲突通过制度化的渠道无法解决时，相关利益群体就会采取非制度化的渠道来发泄不满情绪和表达自己的利益诉求。由于引发群体利益冲突的因素集中表现在企业改制、劳动就业、征地补偿、移民安置、环境污染等问题上，这些问题如果处理不好，必然会产生社会矛盾。重大事项因涉及广大群众的切身利益，与民生密切相关，在政策制定、出台时机、执行等任何一个环节出现偏差，都极易引发利益冲突，甚至成为群体性事件的导火索。

2.决策机制不科学是蕴含社会稳定风险的直接原因

调查研究表明，不少群体性事件的产生都是因为对涉及广大群众切身利益的重大决策、重大政策、重大项目和重大改革考虑不周或者估计不足，其中不乏因决策、政策失误而导致的群体事件。由于重大事项决策机制不科学，致使重大事项缺乏合法性、合理性和可行性，没有得到群众尤其是利益相关者的理解和支持，从而引起社会冲突。这主要表现在：首先，决策理念偏颇。当前，一些地方政府和部门对重大事项的决策往往重经济增长而轻社会进步，重眼前利益而轻长远利益。这种片面追求经济增长、利益短视的决策理念，致使重大事项的制定和出台不符合经济社会发展规律，必然带来矛盾和冲突。其次，决策程序不科学。某些重大事项的决策程序不规范，调研论证不够充分，决策过程缺乏透明度，缺乏应有的论证听证程序。最后，决策执行偏差。一些旨在增进公共利益的重大事项反而引发了社会的矛盾冲突，并非重大事项本身有问题，而是在实施过程中出现了偏差。

二、社会稳定风险影响领域

构建重大项目社会稳定风险评估机制要对其社会稳定风险源进行细致分析，对可能引发社会稳定风险因素按内在因果、隶属等逻辑关系进行层次分解，充分考虑其与社会稳定风险可能发生的关联性，以是否会引发社会稳定风险作为筛选评估指标的重要依据，综合其直接和间接社会影响，构建较为全面系统的评估指标体系，从而保证项目融资的顺利进行。

（一）经济领域风险

经济领域风险是实施重大投资项目在经济方面可能引发的社会稳定风险。重大投资项目在经济领域引发社会稳定风险的因素主要有工程项目对当地居民收入与就业的影响、工程资金是否到位以及工程项目征地拆迁补偿等。这些因素引发社会稳定风险主要表现为：工程项目对所在地居民收入和就业造成不良影响、工程资金不到位形成拖欠工程款、征地拆迁补偿不足会引起当地居民的不满或抗议。因此，从经济角度出发，应以工程预期居民收入变化率、工程预期新增就业率、工程资金到位率、工程征地拆迁损失补偿率来评估重大投资项目社会稳定风险。

（二）生态环境风险

生态环境风险是指实施重大投资项目在生态环境方面可能引发的社会稳定风险。重大投资项目在生态环境方面引发社会稳定风险的因素主要有工程项目对生态系统的影响程度、对环境系统的影响程度、对水资源的影响程度和对人文景观的影响程度等。实施重大投资项目会破坏绿地、森林资源，造成水土流失，对周围环境产生噪声、辐射、粉尘等影响，污染水资源，甚至对周边人文景观造成破坏，从而引发居民抗议或群体性事件，影响相应的社会稳定。因此，应对生态环境因素引发的重大投资项目社会稳定风险进行评估。

（三）社会治安风险

社会治安风险是指实施重大投资项目在社会安全与融合方面可能引发的社会稳定风险。重大投资项目在社会治安方面引发社会稳定风险的因素主要有居民对工程社会安全的满意度、工程建设预期产生的交通风险、工程引起的流动人口增长率、工程征地拆迁居民安置率、工程移民与安置区居民的融合度等。这些因素引发的社会稳定风险主要表现为：重大投资项目带来社会安全隐患、交通拥挤与事故、流动人口大量增加、被征地拆迁居民未被妥善安置以及移民未能与安置区居民融合，造成当地社会不稳定，引发社会冲突事件。

（四）制度方面风险

制度方面风险是指实施重大投资项目在制度建设方面可能引发的社会稳定风险。重大投资项目在制度方面引发社会稳定风险的因素主要有工程信息公开程度、工程民意征询程度、工程管理制度完善程度、工程社会稳定风险问责制完善程度等。这些制度因素引发的社会稳定风险主要表现为：信息公开不到位及民意征询度低导致的隐蔽信息、暗箱操作行为引发群体不满；工程管理制度不完善导致社会稳定风险增加以及社会稳定风险发生后的恶性循环，引发更大的社会稳定风险；项目社会稳定风险问责制度不健全或事后处罚力度不够，致使相关管理人员不重视潜在的社会稳定风险。

三、社会稳定风险评估程序

重大项目社会稳定风险评估工作可以分阶段实施，具体阶段和每一阶段的主要工作如下：

（一）明确评估对象和评估内容

社会稳定风险评估对象是指有可能引发社会稳定风险的重大事项及其相关联事项。它与重大事项本身并不一定完全一致。例如，对于城市垃圾焚烧发电厂的建设项目，除了要将垃圾焚烧发电厂作为评估对象外，还应将垃圾进场路线列入评估对象，因为垃圾运输车沿途造成的垃圾渗漏、异味飘散等也有可能引发沿途居民的反对。因此，评估对象不能简单地确定为重大建设项目本身，应充分考虑各关联因素可能产生的预期后果来合理确定评估对象。

社会稳定风险评估的内容比较复杂，在掌握评估对象特性的基础上，主要关注：重大事项的合理性、合法性；可能给民众造成的影响，重点是负面影响；群众可能提出的合理的异议和诉求及解决方法；群众可能提出的不合理诉求，以及如何利用现有的法律、法规对这些不合理诉求进行充分、合理、有力的解释，以获得广大群众对项目的理解和支持；重大事项是否在广大群众的可承受范围内；是否存在引发群众大规模集体上访或群体性事件的风险等。

（二）识别主要利益相关方

对重大事项利益相关方的识别，主要在确定评估对象之后，根据评估对象的相关资料以及对其进行的特性分析基础上，确定与之有各种直接或间接利害关系的各方。一般将主要利益相关方区分为受益方和受害方。

（三）制订风险调查方案

针对各利益相关方，制订详细的社会稳定风险调查方案。应根据充分了解的重大事项的特点、其可能的影响，结合社会学、风险管理科学知识，设计全面的风险调查问卷，并制订科学的抽样调查方案，以充分掌握可能存在的社会稳定风险点。对于与重大事项有关的政府职能部门、非政府组织可根据事先拟定的访谈提纲进行深入的座谈，了解和掌握这些机构对重大事项的意见和建议。

（四）进行社会稳定风险分析

社会稳定风险分析是整个社会稳定风险评估工作的核心。该阶段主要是从各个途径获得的有关重大项目的社会反映的信息中，识别重大事项可能引发的社会稳定风险及风险的来源，进而制定相应的风险管理措施和应急处置预案。在这一阶段，应组织与项目有关的技术专家进行座谈，从专业技术角度了解重大事项可能存在的对各利益相关者的影响，特别是负面影响，并从专业技术角度寻求应对方法。

在社会稳定风险的分析中，还应充分了解广大民众对相关重大事项的可承受能力。因为有可能重大事项从技术的角度是可行的，也是合理合法的，但却是广大民众一时所不能承受的，这样的项目如果实施就很可能引发社会不稳定。这也是社会稳定风险有别于其他风险的重要特征。

（五）提出风险管理措施

社会稳定风险评估的最终目的，一是要全面识别出可能存在的风险，二是要提出有针对性的、行之有效的风险管理措施。在制定风险管理措施的时候，除了要考虑技术可行性，考虑现有的法律、法规外，还要考虑措施实施的经济成本，以及民众的认可程度。

四、重大投资项目社会稳定风险评估指标体系的构建

评估重大项目社会稳定风险，主要应考虑两个方面：一是看重大工程项目的出台是否具备支持性外部环境；二是看重大工程项目本身是否具有合法性与合理性、可行性与可控性。基于此，可以形成以下两部分评价指标体系：

（一）重大工程项目外部环境评价指标体系

构建重大工程项目外部环境评价指标体系，就是要了解重大工程项目的制定与实施是否具备支持性外部环境。比如，重大工程项目实施所在地的环境对重大工程项目是否具有足够的承受力；重大工程项目的实施是否会加剧当地的经济社会矛盾，以及当地对重大工程项目实施可能造成的经济社会矛盾能否有效化解。外部环境评价指标体系主要包括政治指标、经济指标、社会指标，以及满意度指标。政治指标主要包括贪污腐败数量上升率、行政投诉数量上升率、群体性事件数量上升率。经济指标主要包括个人经济指标与社会经济指标。其中，个人经济指标包括居民可支配收入、贫富差距、城镇失业率等。社会经济指标包括当地政府财政收支状况、绿色 GDP 占 GDP 的比重、基本社会保障服务支出占 GDP 的比重、居民最低生活保障水平等。社会指标包括劳动争议处理情况、人民调解纠纷情况、治安情况、义务教育服务支出占 GDP 的比重、公共就业服务支出占 GDP 的比重、医疗卫生服务支出占 GDP 的比重、公共文化服务支出占 GDP 的比重等。满意度指标主要包括公众对经济发展的满意度、对环境保护的满意度、对公共服务的满意度，以及对社

会管理的满意度。

（二）重大工程项目自身评价指标体系

重大工程项目自身评价指标体系主要考察重大工程项目本身是否具有合法性与合理性、可行性与可控性，以反映重大工程项目制定与实施的可操作性。

1.重大工程项目的合法性评估

主要评估：重大工程项目的制定出台实施是否具有政策、法律、法规依据；重大工程项目制定出台实施所涉及的利益调整是否具有政策、法律、法规依据，利益调整对象和范围的界定是否准确。

2.重大工程项目的合理性评估

主要评估：重大工程项目的制定出台是否符合经济社会发展规律；重大工程项目的制定出台实施是否符合大多数民众的根本利益；重大工程项目的制定出台实施是否超出大多数民众的承受能力；重大工程项目的制定出台实施是否得到大多数民众的理解与拥护。

3.重大工程项目的可行性评估

主要评估：重大工程项目的制定出台是否坚持严格的报批和审批程序；重大工程项目的制定出台实施是否经过科学的可行性分析；重大工程项目制定出台实施的时机是否成熟；重大工程项目的具体实施方案是否详尽，配套措施是否完善；重大工程项目的制定出台实施是否符合可持续发展的要求；重大工程项目的制定出台实施是否有权威部门的环保鉴定和审批手续；重大工程项目的实施是否会造成环境污染与生态污染，是否具备应对环境生态污染的配套措施。

4.重大工程项目的可控性评估

主要评估：重大工程项目的制定出台实施是否会引起较大的社会治安事件；重大工程项目在实施过程中可能遇到哪些社会治安问题；重大工程项目在实施过程中是否会给当地及周边的社会治安带来较大的冲击；对可能出现的影响社会治安的问题，是否有应急处置预案。

第七节　小结

项目可行性研究是在投资决策前，通过对与项目有关的市场、资源和工程技术、经济和社会等各方面情况进行全面分析、论证和评价，从而确定项目是否可行或选择最佳实施方案的工作。项目可行性研究是保证融资项目以最少的投资耗费取得最佳经济效益的科学手段，也是实现融资项目在建设上可行、技术上先进和经济上合理的科学方法。

融资项目的可行性研究是以市场需求为起点，以资源投入为基础，得出技术评价和经济评价结果，综合反映一个融资项目建设的必要性、技术的可行性与先进性以及经济上的合理性。

项目融资环境评价主要是评价项目的宏观环境和微观环境。

财务效益分析是按照国家现行的财税制度、项目所属行业的财务制度，以现行价格为基础，对项目的收益、费用、获利能力、贷款偿还能力等财务状况进行预测、分析和计算，并以此评价项目在财务上的可行性的一种评价方法。

财务效益分析指标的计算分为静态指标的计算和动态指标的计算。

静态指标是指在项目财务分析中，不考虑资金时间价值因素的影响而计算的指标，主要包括投资收益率、静态投资回收期、借款偿还期和财务比率等。

动态指标是指考虑资金时间价值因素的影响而计算的指标。与静态指标相比，动态指标更加直观地反映项目的盈利能力，所以它比静态指标应用得更加广泛。动态评价指标主要包括财务净现值、财务内部收益率和动态投资回收期等。

不确定性分析的基本方法包括盈亏平衡分析和敏感性分析。

盈亏平衡分析是通过计算盈亏平衡点（BEP）处的产量或生产能力利用率，分析项目成本与收益的平衡关系，判断项目适应市场变化的能力和风险大小的一种分析方法。所以盈亏平衡分析也称量本利分析。

通过敏感性分析，在诸多的不确定因素中，找出对经济效益指标反应敏感的因素，并确定其影响程度。

国民经济评价是融资项目评价的重要组成部分，因为宏观经济效益的好坏是我国投资项目决策的主要依据，因此有些项目需要进行国民经济评价，即从国民经济角度评价项目是否可行。需要进行国民经济评价的项目主要是铁路、公路等交通运输项目，较大的水利水电项目以及主要产出物和投入物的市场价格不能反映其真实价值的项目。

国民经济盈利能力评价指标主要包括：经济内部收益率（EIRR）、经济净现值（ENPV）和外汇效果评价指标。

社会稳定风险是指因重大事项处置不当而引发利益矛盾、利益冲突甚至群体性事件的风险，广义是指一种导致社会冲突，危及社会稳定和社会秩序的可能性，是一类基础性、深层次、结构性的潜在危害因素，对社会的安全运行和健康发展构成严重威胁。重大项目社会稳定风险是指在实施重大项目时存在的对社会和群众生产与生活影响面大、持续时间长并容易导致较大社会冲突的不确定性。通过对重大项目进行社会稳定风险评估，构建重大工程社会稳定风险评估指标体系，防范和化解重大工程的社会稳定风险，为项目融资的顺利实施提供保障。

产生社会稳定风险的原因主要有：利益冲突是蕴含社会稳定风险的根本原因；决策机制不科学是蕴含社会稳定风险的直接原因。

社会稳定风险影响领域主要有：经济领域风险、生态环境风险、社会治安风险、制度风险等。

重大项目社会稳定风险评估工作可以分阶段实施，具体阶段包括：明确评估对象和评估内容、识别主要利益相关方、制订风险调查方案、进行社会稳定风险分析、提出风险管理措施等。

评估重大项目社会稳定风险，主要应考虑两个方面：一是看重大工程的出台是否具备支持性的外部环境；二是看重大工程本身是否具有合法性与合理性、可行性与可控性。基于此，应构建两部分评价指标体系，即重大工程外部环境评价指标体系和重大工程自身评价指标体系。重大工程自身评价指标体系主要考察重大工程本身是否具有合法性与合理性、可行性与可控性，以反映重大工程制定与实施的可操作性。

关键概念

可行性研究　机会研究　财务效益分析　静态指标　动态指标　净现值　内部收益率　盈亏平衡分析　敏感性分析　国民经济效益分析　社会稳定风险

复习思考题

1. 什么是可行性研究？项目融资中可行性研究具有哪些重要意义？
2. 可行性研究分为哪几个工作阶段？
3. 如何进行项目融资的政治和商业环境的分析评价？
4. 如何对项目所在地的具体环境进行分析与评价？
5. 在财务评价中，静态指标和动态指标的区别是什么？每个指标如何计算？
6. 如何进行重大项目的社会稳定风险分析和评估？

个案分析　市政工程PPP项目的财务评价

（一）项目概况及背景

某市绕城高速公路起点在某科技园立交桥，向西分别与××路、××路延伸线、××路相交，在柳苑处设1 900米特大桥跨过××湖，线路止于××公路枢纽立交，分别与××公路和××高速公路连接。

按照不同投资规模，本项目分为以下三个方案，本财务评价根据推荐方案（方案一）编制。

方案一：仅建设高速公路主线，立交桥按近期方案实施，总投资为367 979万元。

方案二：除建设高速公路主线外，在高速公路一侧建一辅道，立交桥按近期方案实施，总投资为391 324万元。

方案三：除建设高速公路主线外，在高速公路两侧各建一辅道，立交桥按远期方案一次实施，总投资为472 654万元。

本项目采用BOT的方式进行融资建设，由某公司投资建设经营，在特许经营期满后移交××市政府。由于基础设施建设初期投资大，投资回收时间长，政府拟通过财政补贴（土地补偿等多种形式）来鼓励BOT运营商，在这种背景下，本财务评价着重对各种评价条件进行分析，为业主做好参谋。

（二）评价依据

（1）国家发展与改革委员会、建设部发布的《建设项目经济评价方法与参数》（第二版）；

（2）××省人民政府发布的《××省鼓励投资公路基础设施办法》；

（3）设计文件及投资估算。

（三）预期投资回报分析

通过对国内一些典型BOT项目进行调查，如某高速公路，其收益率为9.5%，本例参照该标准，本项目预期收益率为9.5%。

（四）财务评价测算条件的分析与假设

1.项目计算期

本项目拟于2006年开工，建设期3年，2008年年底竣工，2009年开始运营，运营期30年。

2.交通流量分析

交通流量的测算，依据交通流量分析报告。

3.通货膨胀指数分析

居民消费价格指数是度量一组代表性消费商品及服务项目价格水平随着时间而变动的相对数，反映居民家庭的消费品及服务价格水平的变动情况。它是宏观经济分析和决策、价格总水平监测和调控以及国民经济核算的重要指标。其按年度计算的变动率通常被用来作为反映通货膨胀程度的指标。

根据某市统计年鉴，以1993年为基数（100），11年间居民消费价格指数如图4-2所示。

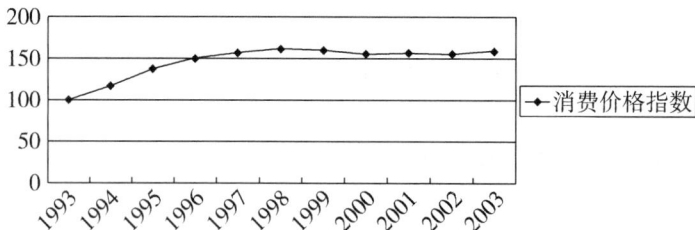

图4-2　居民消费价格指数

根据相关数据，我们得出1993—2003年平均通货膨胀率为4.92%，其中1993—1997年物价上涨较快，1997—2003年物价趋于稳定。因此，对于票价的上涨估计为：票价每三年调整一次，2010—2021年，每次上涨2%；2021—2030年，每次上涨1.7%；2030—2038年，每次上涨1%。

4.成本费用预测

（1）总投资。

根据推荐方案投资估算，总投资为367 979万元。

（2）大修费用。

根据目前国内几条高速公路实际运营情况，本工程大修理费用按110元/平方米，每8年大修理一次，计9 308万元/次，见表4-3。

表4-3　　　　　　　　　　　　　大修理费用估算　　　　　　　　　　　　单位：万元

年份	2016	2024	2032	备注
大修理费	9 308	9 308	11 804	

（3）日常养护费用。

根据目前国内几条高速公路实际运营情况，本工程日常养护费用预测见表4-4（2009年）。

表4-4　　　　　　　　　　　　　日常养护费用计算　　　　　　　　　　金额单位：万元

序号	项目	单位	单价	数量	合计	备注
1	日常养护费	千米/年	45	24.2	1 089	
2	中小修费用	千米/年	8	24.2	193.6	
3	其他	千米/年	5	24.2	121	
	合计				1 403.6	

（4）日常管理费用。

根据目前国内几条高速公路实际运营情况，若按里程收费模式，本工程日常管理费用预测见表4-5（2009年）。

表4-5　　　　　　　　　日常管理费用估算（按里程收费）　　　　　　金额单位：万元

序号	项目	单位	单价	数量	合计	备注
1	收费人员工资	人/年	2	370	740	
2	管理人员工资	人/年	6	150	900	
3	日常管理收费人员支出	人/年	1.5	520	780	
	合计				2 420	

若按"一票制"收费模式，收费和管理人员人数可减半。

（5）税金及附加。

根据我国现行财税制度，本项目的税金及附加按5.5%计算。

（6）所得税。

依据××省人民政府发布的《××省鼓励投资公路基础设施办法》，业主可以向有关税务部门申请取得所得税优惠政策，即外资企业自获利年起第一、第二年免所得税，第三、第四、第五年所得税减半，第六年起所得税按15%征收。

另外，由于本项目运营期较长，作为敏感性分析的一部分，本评价还针对所得税优惠政策，即外资企业自获利年起第一、第二年免所得税，第三、第四、第五年所得税减半，第六年起所得税按正常税率征收的方式计算本项目指标，供有关部门参考。

（7）贷款利息。

根据国家最新贷款利率，长期贷款利息按年利率6.12%计算，短期贷款利息按年利率5.58%计算。

（8）折旧。

根据国家的有关规定，结合本项目的实际情况，固定资产综合折旧率为3.3%。

5.效益组成

根据目前国内类似高速公路实际运营情况，结合本高速公路自身特点，本高速公路效益组成可分为收取通行费用收入、广告收入和国家政策性补贴三部分。

（1）通行费用收入。

根据国内类似高速公路收费机制，大致分三种：

第一种为按里程进行收费模式，即车辆在进入高速公路时换卡，在离开高速公路时按实际行驶里程和车种支付费用。参照对国内几条典型高速公路收费标准的调查统计，得出小客车按里程收费标准，见表4-6。

表4-6 小客车里程收费标准

地区	小客车收费标准（元/千米）	备注
××	0.4	
广东	0.6	
上海	0.45	
河南	0.45	

由于收费取得的效益是本项目最大、最直接的效益，不同的收费标准直接影响本项目的财务状况。因此，在假设初期收费标准时，分别按0.37元/千米、0.40元/千米和0.45元/千米进行计算，得出不同的净现金流量曲线以及比较（如图4-3和图4-4所示），供业主参考。

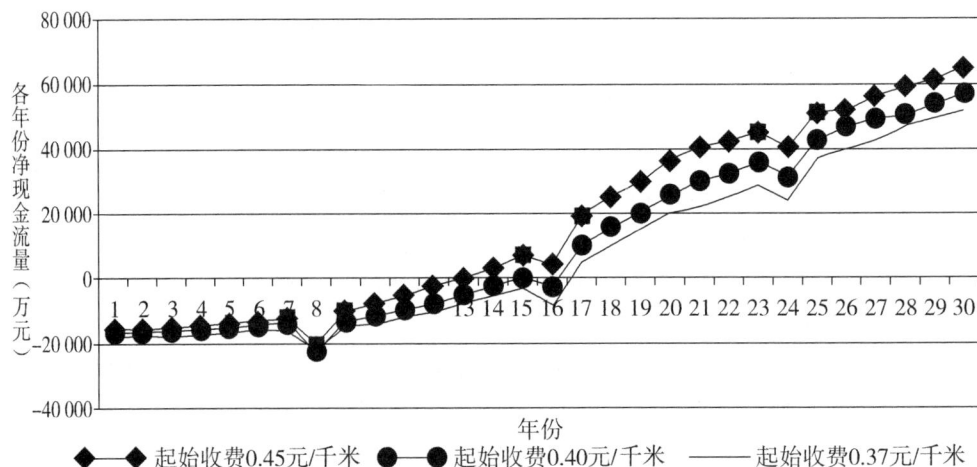

图4-3 各年份净现金流量

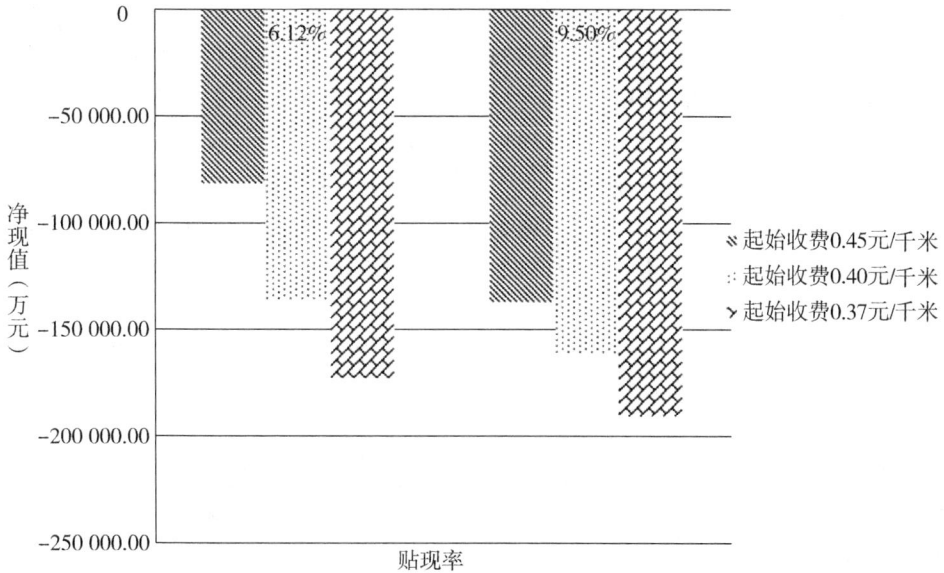

图4-4 不同收费标准净现值（NPV）比较

通过对多方案的比较以及对可实施性的考虑，本评价预测2009年收费标准见表4-7。

表4-7 2009年预测收费标准（1）

车种	客车			货车				
车型	小客车	10~30座	30座以上	1~3吨	3~6吨	6~9吨	9~12吨	12吨以上
车种比例（%）	82	11	7	38	25	25	10	1
收费标准（元/千米）	0.4	1.2	2	0.8	1.6	2	2.8	3.2

第二种为"一票制"模式，即车辆在进入高速公路时直接支付费用，在离开高速公路时直接离开，无论车辆在高速公路行驶里程如何，均按统一票价收费。参照目前某高速公路收费情况，对2009年收费标准的预测见表4-8。

表4-8 2009年预测收费标准（2）

车种	客车			货车				
车型	小客车	10~30座	30座以上	1~3吨	3~6吨	6~9吨	9~12吨	12吨以上
车种比例（%）	82	11	7	38	25	25	10	1
收费标准（元/千米）	4.8	14.4	24	9.6	19.2	24	33.6	38.4

第三种为"不收费"模式，即不论车辆进入、离开高速公路均无须支付费用，政府可以通过征收燃油税或提高养路费获得收益，再以土地补偿或财政补贴等形式补偿给项目公司。根据资料，西部地区某市一段市政道路（含一特大桥）为BOT工程，由于市政路网不收费，政府即以10%投资利润率固定回报给项目公司。但本段高速公路属于某高速公路网的一段，网内其他高速公路段由其他项目公司投资并运营，在这种情况下，若本段高速公路取消收费，则势必其他路段也要取消收费，由政府统一补贴，由于这种情况发生的可能性很小，这里不再展开论述。

（2）广告收入。

通过对国内类似高速公路调查，结合本段高速公路特点，预测2009年本段高速公路的广告收入约为100万元。

（3）国家政策性补贴。

为吸引各方面资金投资基础设施建设，一定程度的国家政策性补贴无疑可以降低投资商的投资风险，一定程度上保证投资商的收益，从而达到吸引外资、吸引各方面投资的目的。

国家政策性补贴有各种方式，参照国内实际案例，主要有土地补偿、免税收、财政补贴及其他高速公路优先投资权等方式，通过国家政策性补贴，可以保证项目公司达到预期收益率，确保其投资热情，创造一个良好的投资环境。

通过对本项目财务情况的分析预测，可以计算出需多少国家政策性补贴才能达到预期收益率。

（五）财务评价方案比选

根据不同收费方案，其成本和收益预测也不相同，方案一为根据里程收费；方案二为"一票制"收费，我们将分别进行财务预测及分析。

（六）财务评价指标计算（略）

（七）财务指标分析

通过对财务指标的分析，可以清楚地看到，在不考虑国家政策性补贴的前提下，方案一的财务内部收益率（自有资金）为2.08%，财务净现值（自有资金）（i=6.12%）为-135 197万元，投资回收期为26.53年。方案二的财务内部收益率（自有资金）为1.96%，财务净现值（自有资金）（i=6.12%）为-136 005万元，投资回收期为26.73年。显然，无论方案一还是方案二，均离预期投资收益率9.5%有比较大的距离，为创建良好的投资环境，保护投资商的基本利益，适当的国家政策性补贴是必要的。以方案一为例，通过计算，若国家补贴给投资商约161 262万元现值，就可达到9.5%的预期内部收益率。当然，国家政策性补贴的形式多种多样，这里为方便计算，折合成人民币计算。

通过方案一、方案二财务指标分析，可以看到方案一略好于方案二，下面的敏感性分析针对方案一计算。

(八) 敏感性分析

评价所采用的数据，大部分来自预测和估算，有一定程度的不确定性。敏感性分析就是通过分析、预测项目主要因素发生变化时对财务评价指标的影响，从中找出敏感因素，并确定其影响程度。

本财务评价将针对投资、运营成本、票价、交通流量几个因素分别进行敏感性分析（见表4-9）。

表4-9　　　　　　　　　　　　　　　　敏感性分析　　　　　　　　　　　　金额单位：万元

	上升20%		上升10%		不变	
投资	内部收益率（%）	净现值	内部收益率（%）	净现值	内部收益率（%）	净现值
		-230 016	0.86	-181 803		
	上升20%		上升10%			
运营成本	内部收益率（%）	净现值	内部收益率（%）	净现值		
	1.51%	-152 918	1.80	-144 009	2.08	-135 197
	下降20%		下降10%			
票价	内部收益率（%）	净现值	内部收益率（%）	净现值		
		-223 544	0.39	-177 391		
	下降20%		下降10%			
交通流量	内部收益率（%）	净现值	内部收益率（%）	净现值		
		-223 544	0.39	-177 391		

以市政工程公私合作项目为例，运用费用效益分析法对项目在经济上是否可行进行分析，获得项目净现值、投资收益率、内部收益率和投资回收期等具体反映项目经济效益的指标；同时进行敏感性分析，找出交通流量、票价、投资三个对财务指标影响最大的敏感因素，为投资决策提供了依据。

本项目投资巨大，投资回收期长。但作为招商引资的基础设施建设项目，适当的国家补贴是必要的，在此前提下，本项目可以达到预期投资收益率，并具有一定的抗风险能力，且有利于周边地区的长期发展。

资料来源　王梅. 市政工程公私合作项目投融资决策研究 [M]. 北京：经济科学出版社，2008.

第五章

项目投资结构

学习目标

    通过本章的学习，掌握项目投资结构的含义及类型；了解影响项目投资结构确定的主要因素；明确各种项目投资结构类型的区别；熟悉投资结构设计的主要条款。

第一节　影响项目投资结构设计的基本因素

一、影响项目投资结构设计的主要因素

所谓项目投资结构的设计，是指在项目所在国的法律、法规、会计、税务等外在客观因素的制约条件下，寻求一种能够最大限度地实现各投资者投资目标的项目资产所有权结构。项目投资者在投资结构设计中所考虑的目标通常是一组相对复杂的综合目标集，而不仅仅是利润目标。归纳起来，影响项目投资结构设计的因素主要包括以下几个：

（一）项目风险的分担和项目债务的隔离程度

实现融资的有限追索是采取项目融资方式的基本要求。在进行项目投资结构设计时，必须考虑如何根据各项目参与方的特点和要求实现项目风险的合理分配，以及使项目债务隔离程度符合项目投资者的要求。例如，若项目投资者只愿意承担间接的、有限的风险和责任，则多偏好于有限责任公司的投资结构。而若投资者有能力且愿意承担更多的风险和责任，以期获得更大的投资回报，则可能会倾向于采用非法人式的契约型合资结构。

（二）利用税务优惠条件

许多国家对于建设项目的投资活动都有税收优惠政策，并且在某些特定条件下，允许税收优惠在不同公司之间合并，统一纳税，从而达到利用税务亏损冲抵公司盈利的好处，最终降低项目的综合投资成本和融资成本。税务问题在某种程度上也是项目投资结构和融资结构设计需要考虑的重要问题之一。

不同的项目投资结构，其税务结构的灵活性也不同。如在公司型合资结构中，项目公司作为一级法人是纳税主体，其应纳税收入或亏损全部留在公司内部，较难为其他投资者所利用。而在非法人式的契约型投资结构中，项目资产由投资者分别直接拥有，项目产品也是由投资者直接拥有，销售收入直接归投资者所有，即非法人式合作组织本身不是纳税主体，而投资者才是纳税主体。此时项目投资者可以将项目的亏损或盈利与其他业务的收入合并起来，统一纳税，这样可以获取利用税务亏损冲抵投资者其他业务盈利的好处。

（三）财务处理方法

项目投资结构不同，其财务处理方法也有差异，这种差异主要体现在两个方面：一是财务资料的公开披露程度；二是财务报表的账务处理方法。按照各国公司法、证券法等相关法规的规定，股份公司要承担信息公开披露的责任和义务，如果不愿意将项目相关资料公开，投资者就会对有限责任公司投资结构持谨慎态度。并且，按照各国相关法律的规定，采用不同的投资结构，或者虽然投资结构相同，但是采取不同的投资比例，往往也会影响到项目资产负债情况是否反映在投资者自身的财务报表上以及其反映方式，这就会给投资者的其他经营活动带来影响。因此，在项目投资结构设计时，应该尽量满足投资者对财务、会计处理方面的要求。

对非法人式的契约型投资结构，不管投资比例大小，该项投资全部资产负债和损益状况都必须在投资者自身的公司财务报表中全面反映出来。而对于公司型投资结构来说，必须根据具体情况进行不同的账务处理：

（1）如果投资者在一个项目公司中持股比例在50%以上，此时，投资者被认为拥有被投资的项目公司的控制权，该项目公司的资产负债表需要全面合并到投资者自身公司的财务报表中去，以达到全面真实地反映该投资者财务状况的目的。

（2）如果投资者在一个项目公司中持股比例介于20%~50%，此时，投资者对公司没有控制权，不存在合并财务报表的问题，但由于持股比例比较大，对公司的决策有很大的影响，因此，应在投资者自身公司的财务报表中按投资比例反映出该项投资的实际盈亏情况。

（3）如果投资者在一个项目公司中持股比例低于20%，其投资对公司决策的影响就很有限，所以只要求在其自身公司的财务报表中反映出实际投资成本，而不需要反映任何被投资公司的财务状况。

综上所述，投资者在设计项目投资结构时，应根据自身要求，设计出对自己有利的税务结构。如果投资者不希望将新项目的融资安排反映在自身的财务报表上，同时又不失去对项目的实际控制权,就需要小心处理投资者在项目公司中的投资比例。反之,如果投资者尽管在一个项目中所占比例较小,但仍希望能够将投资合并进自身的资产负债表中以增强公司的形象,则可适当选择非法人式的契约型投资结构和合伙制投资结构等。

(四) 产品分配形式和利润提取的难易程度

项目投资者参与项目的投资、开发建设的目的或者是获得项目产品,或者是获得项目利润。由于项目和投资者的自身特点不同,对项目产品的分配形式和利润提取方式也会有不同要求。在投资结构设计时,就需要考虑以下两个方面:

(1) 投资者的经济背景。不同的投资结构,对利润的提取方式有不同的规定。如在公司型合资结构中,项目产品由项目公司统一对外销售,统一结算,统一纳税,在弥补项目经常性支出和资本性支出后,项目利润在投资者之间进行分配。而在契约型投资结构中,项目产品一般是直接分配给各投资者自己支配的。在这种情况下,如果投资者拥有较广泛的销售渠道和市场知名度,就很容易将产品变现,取得收入,赚取利润。因此,从这个意义上说,大型跨国公司参与项目融资时,会偏向于选择契约型投资结构,而中小型公司参与项目融资时往往采用公司型合资结构。

(2) 投资项目的不同性质对项目投资结构的影响。一般来讲,在资源开发类项目中,投资者愿意直接获得项目产品。因为这些产品是重要的资源,可能是投资者下游工业项目必需的原材料,也可能是对投资者所在国具有重要战略意义的物资。这也是大多数跨国公司在资源丰富的发展中国家和地区从事投资活动的一个重要原因。而在基础设施项目投资中,多数投资者一般不会十分重视对项目产品的直接拥有形式,只是为了开拓公司的业务活动领域,增加公司利润。因此,在资源开发类项目中,一般以契约型投资结构从事项目的开发和建设,而在基础设施项目中则以公司型合资结构为主要形式。

(五) 项目投资变动的要求

项目投资的变动包括原有投资的转让退出和新资本的进入两个方面。这两个方面的不同要求会促使投资者选择不同的项目投资结构。

(1) 投资的可转让性。投资者在一个项目中的投资权益能否转让、转让程序以及转让时的难易程度是评价投资结构有效性的一个考虑因素,其结果对于项目融资的安排也会产生一定的影响。作为一个投资者,在项目经营期间,出于战略上或者经济上的原因,需要出售项目资产或权益时,其转让程序、转让成本等问题是很重要的制约因素。一般情况下,若采用公司型合资结构,则投资的转让就比较简单;而若采用契约型合资结构或合伙制结构,转让投资时要征得其他投资者的同意,转让投资就显得相对麻烦、复杂些。

(2) 再融资便利性的要求。项目融资的另一个明显特点就是较高的债务股本比例。当项目经营出现困难时,可能会要求注入一定数量的补充资本。因此,在设计项目投资结构时，就要格外重视这一问题。项目经营中可能要求注入补充资本时，一般倾向于选择公司型合资结构，以增加增资扩股时的便利，而如果项目出现财务困境的概率较小时，则可能会偏向选择契约型投资结构。

（六）项目管理的决策方式与程序

在不同投资结构中，各投资者在投资项目管理中的经营决策权及其行使方式是不同的。在契约型投资结构和一般合伙制结构中，不论投资者投资比例的大小，投资者可直接参与投资项目的经营决策；但在公司型投资结构中，投资比例不大的投资者往往难以在项目的经营方面有重要的影响，从而难以实现自己的意志。如果投资者在项目中的投资比例不大，但又想拥有一定的经营决策权，则必须考虑采用非法人式契约型投资结构或一般合伙制结构。

二、贷款银行对项目投资结构设计的影响

在设计项目投资结构时，投资者除了考虑自身的因素和要求外，还不得不考虑贷款银行的利益，以便获得贷款银行的支持，顺利完成项目融资。贷款银行为项目融资时，除考虑资产抵押和信用保证外，还包含了一些新的特定的内容。

（一）对项目现金流量的控制

由于项目融资中贷款的偿还主要来源于项目的现金流量，所以贷款银行要求对项目的资金使用在某种程度上加以控制。这种控制包括：在融资期间，贷款资金的使用需要得到银行批准，项目的经营收入必须进入指定的专门银行账户，并且在融资协议中详细规定该账户资金的用途、使用范围、使用手续以及使用的先后序列。融资项目典型的资金使用先后序列是：生产成本、项目资本再投入（用来保证项目正常生产运行）、债务本金偿还、扩大生产投资、投资者的利润分配。如果项目采用的是公司型合资结构，项目公司拥有100%的资产，安排项目融资把项目全部现金流量整体抵押给贷款银行作为融资保证。从贷款银行的角度来说，项目的贷款是完整的，不需要在投资者之间进行分割，有利于银行对项目现金流量、项目决策权和资产处置权进行全面的监督和控制。然而，在一个非法人式契约型合资结构中，相互独立和平行的贷款直接提供给每个项目投资者或其控股的项目子公司，并且是由每个投资者使用自己所拥有的那部分项目资产以及相应的现金流量，作为融资的抵押保证。即使是由同一个贷款银团安排整个项目的融资，并且在项目开始时所有投资者的债务资产比例和现金流量状况相同，但随着时间的推移，这些情况也有可能发生变化。例如，如果合资项目的产品由投资者分别销售，但由于销售价格的差异，各个投资者之间的现金流量就可能出现差别，又如，有的投资者可能愿意提前还款或加速还款；有的投资者愿意参与项目的进一步扩建，而其他投资者又不愿意等。这样发展的结果必然是，在项目的一定阶段，各个投资者之间的财务状况和项目现金流量状况出现很大差别，项目融资所赖以生存的项目经济强度在各个投资者之间也发生很大变化。一旦项目出现危机（如市场崩

溃），一部分投资者可能迅速地还清债务；而另一部分投资者可能还负有很重的债务。从贷款银行的角度，非法人式契约型合资结构增加了项目的不确定性和不稳定性，增大了银行对项目监控的难度，从而对该类项目提供贷款资金持有谨慎态度。对于投资者，这些问题首先表现为融资结构的相对复杂化，但有时也表现为融资成本的增加。此时投资者必然要在融资成本的提高和自身的投资目标之间进行权衡，然后才能确定项目的投资结构。

（二）对项目决策程序和项目资产的控制

在项目融资中，贷款银行通常要求在一定程度上介入项目的管理，以便对投资者在项目中的决策权加以控制。贷款银行关心的问题主要涉及资金方面的决策，如年度资本预算和生产预算、项目扩建规划、项目减产停产计划等，其目的在于保证被融资项目不会做出任何有损于贷款银行利益的决定。

从贷款银行的角度来说，对项目资产的控制包括正常生产经营过程中对项目资产的使用和处置，以及借款人出现违约时对项目资产的使用和处置两个方面。对于公司型合资结构，由于项目的资产和权益作为一个整体在贷款银行的控制之下，贷款银行对项目的决策会有较大的影响力，即使是项目出现违约的情况，贷款银行也可以较容易地控制项目资产，并且将项目公司接管，继续经营或者出售。对于非法人式契约型合资结构，贷款银行对项目资产控制权的大小在很大程度上是与投资者在项目中的投资比例联系在一起的。如果一个投资者在项目中所占比例较小，在项目决策过程中的发言权必然较小，贷款银行对项目资产的控制权也就会相应受到影响，并且由于该投资者所拥有的资产只是全部项目资产中一个不可分割的部分，所以对项目资产的处置实际上要受到在项目中占有较大比例的投资者的制约。在违约出现时，贷款银行虽然从理论上讲可以取得并出售违约方的项目资产和相应权益，但由于项目的管理权和其他一些重要权益是与违约方的资产权益联系在一起的，因此，对某些项目一部分资产的出售会比整个项目的转让困难得多。

一些银行在实际工作中有时更愿意接受公司型合资结构，认为在这种结构下对项目资产的控制和转让的风险相对较小。然而，采用公司型合资结构或契约型合资结构对于项目融资并没有本质上的区别，其区别仅仅在于采用非法人式契约型合资结构时项目融资的安排可能要复杂一些，相应安排融资所花费的时间和成本也可能要多一些。但是，从投资者的角度来看，非法人式契约型合资结构也具备许多优点，尤其是对于项目投资比例较小但又希望独立安排融资的投资者来说，这些优点是其他投资结构所无法替代的。孰优孰劣，此时融资顾问就需要综合考虑投资者和贷款银行的目标要求，以及融资项目的性质后进行科学的设计和选择。

第二节　公司型合资结构

公司型合资结构是指股东共同出资成立有限责任公司、股份有限公司等形式的公司，以该公司为合资实体的合资结构。公司型合资结构的基础是有限责任公司，是根据《中华人民共和国公司法》成立的、与项目投资者完全分离的独立法律实体。作为一个独立的法人，公司拥有一切项目投资者出资所形成的项目资产所有权，以及处置上述资产的权利，但公司股东对项目资产既没有直接的法律权益，也没有直接的受益人权益。投资者通过持股拥有公司，并通过任命董事会成员对公司的日常运作进行管理。同时，投资者按照股权比例享有相应的决策权和收益权。

图5-1是一个简单的公司型合资结构示意图。投资者根据股东协议认购合资公司股份，建立并经营合资公司。合资公司将资产抵押给银行换取贷款，独立地经营和从事市场销售活动。

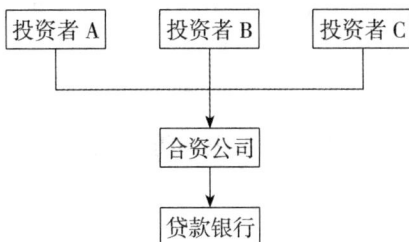

图5-1　公司型合资结构

一、公司型合资结构的优点

公司型投资结构的优点主要表现在以下4个方面：

（1）有限责任。在公司型合资结构中，公司股东承担有限责任，最大的责任仅限于其认购的股本资金，从而使公司股东与项目实现了风险隔离。此时，项目的融资风险和经营风险大部分被限制在项目公司内，项目公司对偿还贷款承担直接责任。

（2）融资安排比较灵活。公司型合资结构拥有整个项目的资产及其现金流量的权益，从贷款银行的角度来说，由于项目融资对项目资产设定抵押担保权益，因此贷款银行较愿意给此类项目提供贷款。同时，公司型合资结构也容易为资本市场所接受，待到时机成熟时，比较容易发行证券筹措新的资金，这都增加了融资安排的灵活性。

（3）投资转让比较容易。公司股票代表着投资者在一个公司中的投资权益。投资者只要转让其股票也就达到了转让投资权益的目的，这比转让项目资产本身容易得多，而且转让还不影响公司的继续存在和发展。

（4）可以安排成表外融资结构。如果公司型合资结构中的任何一个投资者的股份不超过一定比例，则项目公司的债务融资安排不需要与任何一个投资者自身公司的财务报表合并，可以安排成资产负债表外融资，从而降低项目投资者自身公司的负债比率。

二、公司型合资结构的弊端

公司型合资结构的弊端主要表现在以下两方面：

（1）项目投资者对项目现金流量缺乏直接的控制。这对于希望利用项目现金流量自行安排融资的投资者来说，就成了一个不利因素。

（2）税务结构的灵活性差。大多数情况下，公司型合资公司本身是一个纳税实体，项目开发前期的税务亏损或优惠只能保留在公司结构中，并在规定年限中使用，因此除了100%持股的公司以外，投资者无法利用合资公司的亏损去冲抵其他业务的利润。

此外，在公司型投资结构中，还存在"双重征税"现象，即项目公司如有盈利要缴纳公司所得税，项目投资者取得红利或股息后还要缴纳公司所得税或个人所得税。这样，无形中就降低了项目的综合投资回报率。

第三节   契约型合资结构

契约型合资结构也称为合作式投资结构，是指项目发起人之间，根据合作经营协议结合在一起的、具有契约合作关系的投资结构。合作经营协议的条款通常包括投资或合作条件、收益或产品的分配、风险和亏损的分担、经营管理的方式和合作企业终止时财产的归属等内容。

一、契约型合资结构与公司型合资结构的区别

（1）投资各方收益或产品的分配机制不同。公司型合资结构中投资各方按其出资比例承担经营风险及分配利润；而契约型合资结构中收益或产品的分配、风险和亏损的分担等并不一定是按出资比例来决定的，而可能是通过合作各方达成的合作协议条款来决定。

（2）法人地位的不同。公司型合资结构具有独立法人地位，为有限责任公司或股份有限公司；而契约型合资结构不一定成立一个法人实体，契约型合资结构可能是一个合作的临时组织，也可能是一个具有独立法人地位的经济实体。

（3）投资资本回收的方式不同。公司型合资结构中投资者的投资只有在企业解散后才能回收，并且其红利或股息也要在税后利润中支付；而契约型合资结构中投资者的投资可以先行回收，甚至在获得财政、税务部门的批准后，可以在合作企业缴纳所得税前回收投资，并且固定资产折旧可以用作股东投资的提前回收。

二、契约型合资结构的特点

项目融资中，在石油天然气开发、采矿、初级矿产加工、钢铁及有色金属等领域较多应用契约型合资结构，如图 5-2 所示，这种投资结构具有以下特点：

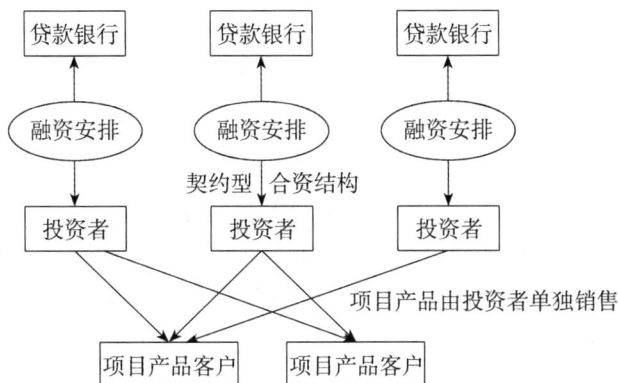

图5-2　契约型合资结构

（1）每个投资者直接拥有全部项目资产的一个不可分割的部分，直接拥有并有权独自处理其投资比例的项目最终产品。投资者只承担与其投资比例相应的责任，投资者之间没有任何的连带责任或共同责任。

（2）一般成立项目联合管理委员会对项目实施管理。根据合作协议，该委员会由每个投资者派出代表组成，投资者代表有权代表本公司的利益在联合管理委员会进行投票。每个投资者都有权做出与其投资比例相应的项目投资、原材料供应、产品处置等重大商业决策。联合管理委员会往往会委托其他经营者经营该项目。

（3）可以充分利用税务优惠。契约型合资结构多数时候不是一个法人实体，所以项目本身不必缴纳所得税，其经营业绩完全合并到各个投资者自身的财务报表中去。因此。若项目投资者本身具有很好的经营业绩，新的投资项目就可以采用契约型合资结构以吸收项目建设期和试生产期的税务亏损和各种投资优惠，用于冲抵公司所得税，从而降低项目的综合资金成本。

（4）融资安排的灵活性。契约型合资结构中，项目投资者直接拥有项目的资产，直接掌握项目的产品，直接控制项目的现金流量，并且可以独立设计项目的税务结构，这就为投资者提供了一个相对独立的融资活动空间。每一个投资者均可以按照自身发展战略和财务状况来安排项目融资。

（5）投资转让程序比较复杂，交易成本比较高。在契约型合资结构中，投资转让是投资者将在项目中直接拥有的资产和合约权益的转让。与股份转让或其他资产形式的转让相比，转让程序比较复杂，交易成本较高。

（6）管理程序比较复杂。由于缺乏现成的、较具操作性的法律规范契约型投资结构的行为，参加该种结构的投资者的权益保护基本上依赖于合资协议，因而必须在合资协议中对所有的决策和管理程序按照问题的重要性清楚地加以规定。尤其对于投资比例较小的投资者，一定要在合资协议中提出保护其在重大问题上的发言权和决策权。此外，在契约型合资结构中，项目投资者将组建工程项目管理委员会或聘请第三方作为融资项目的管理者，从而导致管理链条的分散和拉长，因此，管理程序操作复杂。

第四节　合伙制结构

合伙制结构是至少两个或两个合伙人之间以获取利润为目的，共同从事某项投资活动而建立起来的一种法律关系。合伙制结构不是一个独立的法人实体，只是通过合伙人之间的法律合约成立起来，没有法定形式，一般也不需要在政府部门注册，这一点与公司型合资结构具有明显区别。在实际运用中，合伙制结构有两种基本形式：一般合伙制和有限合伙制。

一、一般合伙制

一般合伙制，如图5-3所示，它是指所有合伙人对于合伙制结构的经营、债务以及其他经济责任和民事责任均负连带、无限责任的一种合伙制。由于一般合伙人之间的无限连带责任，所以在融资实践中，一般在投资者之间地位相对平等，即投资者之间资金实力、管理经验相当的情况下才采用此种结构。

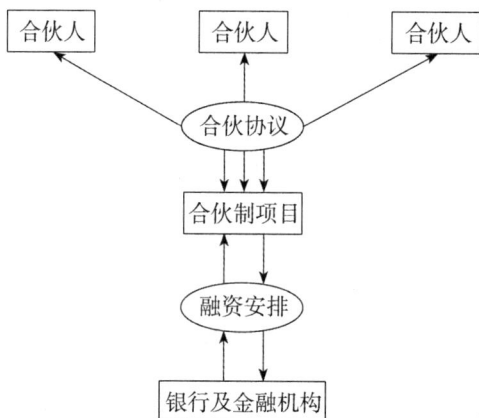

图5-3　一般合伙制结构

（1）合伙制管理比较复杂。一般合伙制的资产由一般合伙人所拥有，每个一般合伙人都有权参与合伙制的经营管理。同时按照合伙制结构的法律规定，每个合伙人都被认为是合伙制的代理，因而至少在形式上拥有代表合伙制结构签订任何法律协议的权利。这给合伙制结构的管理带来诸多复杂的问题。

（2）合伙制结构的资产转让比较复杂。合伙制结构的资产或法律权益的转让必须得到其他合伙人的同意，因此转让过程中的协调比较复杂。同时合伙制结构中某一合伙人转让其在投资项目中的权益时，要求必须优先转让给其他合伙人。

（3）融资安排相对复杂。由于合伙制结构在法律上并不拥有项目的资产，因此合伙制结构在安排融资时需要每一个合伙人同意将项目中属于自己的一部分资产权益拿出来作为抵押或担保，并共同承担融资安排中的责任和风险。合伙制结构安排融资的另一个潜在问题是，如果贷款银行由于执行抵押或担保权利进而控制了合伙制结构的财务活动，有可能导致在法律上贷款银行也被视为一个一般合伙人，从而被要求承担合伙制结构中所有的经济和法律责任。

（4）可以充分利用税务优惠。合伙制结构在一个财政年度内的净收入或亏损将全部按投资比例直接转移给一般合伙人，一般合伙人单独申报自己在合伙制结构中的收入，并且从合伙制结构中获取的收益或亏损允许与合伙人其他来源的收入进行合并，从而有利于合伙人较灵活地做出自己的税务安排。

在实践中，为了避免承担无限连带责任，投资者往往不直接进入一般合伙制结构，通常是专门成立一个项目公司参与合伙制结构。这样，项目投资者仅以其对项目公司的出资对合伙制结构的债务承担有限责任，如图5-4所示。

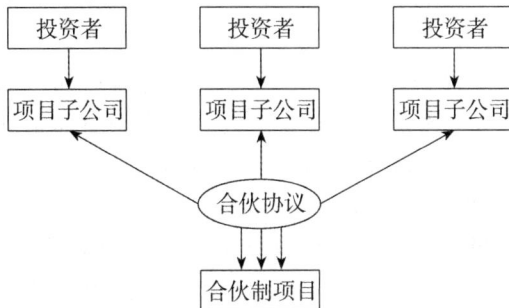

图5-4 项目公司合伙制结构

二、有限合伙制

有限合伙制是指合伙制结构中至少包括1个一般合伙人和1个有限合伙人。一般合伙人负责合伙制项目的组织、经营和管理工作，并对合伙制结构的债务承担无限责任；而有限合伙人不参与也不能参与项目的日常经营管理，对合伙制结构的债务责任也被限制在有限合伙人已投入和承诺投入到合伙制项目中的资本数量。

如图5-5所示，有限合伙制结构，具备一般合伙制结构在税务安排上的优点，在一定程度上又使有限合伙人避免承担债务连带责任，能够满足不同投资者的需求，因此成为项目融资中经常使用的一种投资结构。在使用有限合伙制作为投资结构的项目中，一般合伙人一般是在该项目领域具有技术管理特长的公司。由于资金、风险、投资成本等多种因素的制约，一般合伙人愿意组织一个有限合伙制结构

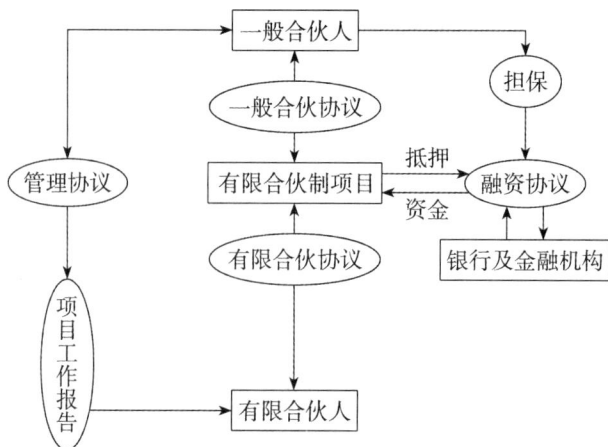

图5-5 有限合伙制结构

吸引对项目税务、现金流量和风险程度有不同要求的投资者参与到项目中，共同分担项目的投资风险和投资利润。

在项目融资实践中，较为经常使用有限合伙制结构的项目有两类。

（1）资本密集、回收期长但风险较低的公用设施和基础设施项目，如电站、高速公路等。有限合伙人参与该类项目的目的是利用项目前期的税务亏损和投资优惠冲抵其他收入，提前回收一部分投资。

（2）投资风险大、税务优惠多，同时具有良好勘探前景的资源类勘探项目，如石油、天然气和一些矿产资源的开发。许多国家对资源类地质勘探项目的前期勘探费用支出给予税收优惠政策，例如，有的国家规定费用支出当年可以从收入中扣减 100%~150%。对于这类项目，通常是由项目的主要发起人作为一般合伙人，邀请一些其他的投资者作为有限合伙人为项目提供前期勘探的高风险资金，而一般合伙人则承担全部或大部分的项目建设开发的投资费用以及项目前期勘探、建设和生产阶段的管理工作。有限合伙人之所以愿意在此类项目上投入风险资金，是因为既可以享受投资抵税的好处，还可能在项目未来预期良好的情况下获得利润分配。

第五节　信托基金投资结构

信托基金是指通过专门的经营机构将众多投资者的资金汇集起来，由专业人士集中进行投资管理，投资者按其投资比例享受投资收益的一种信用工具。信托投资是一种间接投资方式，由于单位信托基金是一种标准化的合约，因此，它有利于集聚大量零散的资金。一般情况下，信托基金参与项目融资的方式主要有：同银行等机构一样为项目提供贷款；购买项目的股权、可转换债券等。

一、信托基金结构的要素

将信托基金划分为类似于公司股票的信托单位，通过发行信托单位来筹集资金的安排被称为信托基金结构。信托基金结构由四项要素组成。

（一）信托契约

信托契约与公司的股东协议相似，是规定和规范信托单位持有人、信托基金受托管理人和基金经理之间法律关系的基本协议。

（二）信托单位持有人

信托单位持有人是信托基金资产和其经营活动的所有者。理论上，信托单位持有人不参加信托基金以及信托基金所投资项目的管理。

（三）信托基金受托管理人

信托基金受托管理人代表信托单位持有人持有信托基金结构的一切资产和权益，代表信托基金签署任何法律合同。信托基金受托管理人由信托单位持有人根据信托契约任命并对其负责，主要作用是保护信托单位持有人在信托基金中的资产和权益不受损害，并负责控制和管理信托单位的发行和注册，以及监督信托基金经理的工作。除了信托基金经理的工作与信托单位持有人的利益发生冲突之外，受托管理人一般不介入日常的基金管理。在采用英美法律体系的国家，信托基金的受托管理人一般由银行或者职业的受托管理公司担任。

（四）信托基金经理

信托基金经理由受托管理人任命，负责信托基金及其投资项目的日常经营管理。一些国家规定，受托管理人和信托基金经理必须由两个完全独立的机构担任。

信托基金管理结构如图5-6所示。

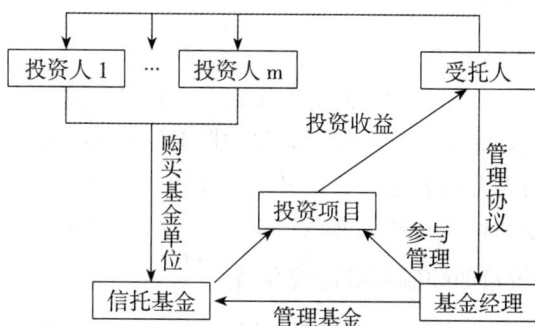

图5-6 信托基金管理结构

尽管信托基金结构与公司型投资结构有相似之处，信托基金通过发行信托单位筹集资金，股份有限公司通过发行股票来达到融资目标。但两者还是有不同之处，这是由信托基金结构的特点决定的。信托基金结构的特点主要表现在以下几个方面：

（1）信托基金是通过信托契约建立起来的，这一点与根据国家有关法律组建的有限责任公司是有区别的。组建信托基金必须要有信托资产，这种资产可以是动产，也可以是不动产。

（2）信托基金与公司法人不同，在法律上不能作为一个独立法人具有起诉权和被起诉权。受托管理人承担信托基金起诉和被起诉的责任。

（3）信托基金的受托管理人作为信托基金的法定代表，他所代表的责任与其他人的责任是不能分割的。例如，受托管理人代表信托基金签署一项银行贷款协议，受托管理人也就同时为这项贷款承担了个人责任，信托基金的债权人有权利就债务偿还问题追索到受托管理人的个人资产。但是，除极个别的情况，债权人一般同意受托管理人的债务责任被限制于信托基金的资产。

（4）在信托基金结构中，受托管理人只是受信托单位持有人的委托持有资产，信托单位持有人对信托基金资产按比例拥有直接的法律和受益人权益。在任何时候，每一个信托单位的价值等于信托基金净资产的价值除以信托单位总数。

二、信托基金结构的优势

（一）投资者承担有限责任

一般来说，信托单位持有人在信托基金结构中的责任是有限的，其责任仅限于在信托基金中已投入的和承诺投入的资金。然而，受托管理人需要承担信托基金结构的全部债务责任，并有权要求以信托基金的资产作为补偿。

（二）融资安排比较容易

信托基金结构与公司型结构类似，可为银行贷款提供一个完整的项目资产和权益作抵押来安排融资。信托基金结构也易于被资本市场所接受，需要时可以通过信托单位上市等手段筹集资金。

（三）融资安排比较灵活

信托基金易于转让，在不需要时可以很容易地将信托基金中的一切资产资金返还给信托单位持有人。如果一家公司在开发或收购一个项目时不愿意将新项目的融资安排反映在公司的财务报表上，但是又希望新项目的投资结构只是作为一种临时性的安排，信托基金结构是一种能够达到双重目的的投资结构选择。

（四）项目现金流量的控制相对比较容易

信托基金结构在资金分配上与公司型结构不同，法律规定信托基金中的项目净现金流量在扣除生产准备金和还债准备金以后都必须分配给信托单位持有人。从投资者角度看，采用信托基金结构将比采用公司型结构能更好地掌握项目的现金流量。

三、信托基金结构的劣势

（一）税务结构灵活性差

虽然信托结构是以信托基金持有人作为纳税主体，信托基金的应纳税收入以基金作为核算单位，以税前利润形式分配给信托单位持有人，由其负责缴纳所得税。但是，信托基金的经营亏损在很多情况下却被局限在基金内部结转，用以冲抵未来年份的盈利，而不能像合伙制结构那样将这些亏损直接转移给信托单位持有人，由其根据需要进行税务安排。

（二）投资结构比较复杂

与前三种投资结构相比，信托基金结构有其复杂的一面，除投资者（信托单位持有人）和管理公司外，还设有受托管理人，需要有专门的法律协议来规定各个方面在决策中的作用和对项目的控制方法。

第六节　项目投资结构文件的主要内容

合资协议是项目投资结构中的根本性文件。在公司型合资结构中，这种文件通常称为股东协议，但是有些内容也可能被包括进公司章程。在合伙制结构中，这种文件称为合伙人协议。在契约型合资结构中，这种文件称为合资协议。除了合资协议外，根据项目的性质和融资安排，投资者之间可能还需要有其他一系列文件作为合资结构的法律基础。这些文件包括：项目管理协议、原材料能源供应协议、市场安排协议、技术转让协议、主要管理人员的聘用协议、项目建设合同、融资文件等。无论项目采用哪一种投资结构，有一些带有共性的关键性问题是所有的合资项目都要面对的，并且需要针对项目的法律结构、投资者的性质和战略目标、项目的生产管理和市场安排、项目的融资方式等一系列问题，通过投资者之间的谈判协商来加以解决。

一、合资项目的经营范围

一个合资结构的建立是为了开发一个特定的项目，这个项目需要在合资协议中清楚地加以定义和说明。同时，在合资协议中投资者之间的法律经济关系也必须清楚地加以规定。特别是对于契约型合资结构，由于存在混淆契约型合资结构和合伙制结构性质的潜在不确定性因素，所以很重要的一点是要在合资协议中清楚地说明项目的性质，即每一个投资者独立的商业活动是怎样共同地存在于一个合资项目中的，以及每一个投资者在项目中所承担的责任。

二、投资者在合资项目中的权益

合资协议中需要规定每个投资者在项目中的投资以及相应的比例。对于契约型合资结构，合资协议需要说明投资者在项目中所拥有的资产是全部资产的一个不可分割的部分，投资者同意将项目资产交给合资结构使用，但是保留独立的法律所有权。每一个投资者将有权利从合资结构中获得属于自己投资比例的产品。对于公司型合资结构，投资者持有合资项目公司的股份，项目资产的拥有形式比较简单。然而，对于项目产品的分配与销售、融资担保等关键性问题也需要做出明确的规定。此外，为了安排项目融资，投资者通常也需要提供一定的项目担保和一定的项目资金保证。

三、项目的管理和控制

合资协议中需要建立相应的项目管理机制，其中包括重大问题的决策和日常的生产管理两个方面。在公司型合资结构中，重大问题的决策权掌握在董事会；在非公司型合资结构中，这个决策权掌握在项目的管理委员会。合资协议需要规定会议召开的时间、频率、地点，会议主席的选举，会议代表（或董事）的任命及取消，会议代表（或董事）的投票权以及重大问题的决策程序等主要内容。

关于项目重大问题的决策程序，习惯的做法是将决策问题按照性质的重要性分类。最重要的问题，如修改合资协议、改变或增加项目的经营范围、出售项目资产、停产、年度资本开支和经营预算等要求全部投资者的同意；相对重要的问题，如一定金额以上的费用支出，重大项目合同等要求绝大多数（2/3 或 3/4）投资者的同意；一般性问题要求多数投资者同意。

四、项目预算的审批程序

在合资协议中需要对预算审批制定严格的程序。项目预算一般由项目经理负责制定，在一个财政年度开始之前，提交项目管理委员会（或合资公司董事会）审批。预算审批程序在合资结构中一般分为三个层次两个阶段。首先，根据项目支出的性质将预算资金分为重大资本支出、日常性资本支出和生产费用支出三个层次。其次，在第一阶段，管理委员会审批项目年度预算，并授权项目经理在预算批准范围内负责日常性资本支出和生产费用支出。但是，在项目进行过程中，对于超出一定金额的重大资本支出，尽管管理委员会在审定项目预算时已原则批准，项目经理在实际支出之前也需要再次报告管理委员会审批，即第二阶段审批以确保项目的资金使用完全符合投资者的利益。

五、违约行为的处理方法条款

违约行为是指合资结构中的某一个投资者未能履行合资协议所规定的义务。对于非公司型合资结构或合伙制结构，最常见的违约行为是投资者不承担和无法承担继续支付项目的资本支出或生产费用的责任。对于公司型合资结构或信托基金结构，投资者的违约行为比较复杂，主要取决于投资者在项目中所承担的义务。一个投资者的违约行为有可能立即造成非违约方甚至整个项目的重大损失，因此在合资协议中需要对违约事件的处理做出严格的规定，并对违约行为的补救措施提出多种可供选择的方法，为非违约方处理违约事件提供较大的选择余地和利益好处。

六、融资安排条款

融资安排是合资结构中最为复杂的问题之一。对于非公司型合资结构，如果一个投资者以其相应的项目资产和权益作为抵押安排融资，违约行为的出现就将造成贷款银行与非违约方之间的利益冲突，处理两者之间的关系就变成了一个相当复杂的法律和实际问题。因此，在一些合资结构中，资金雄厚的投资者可能会要求任何一方均不能用项目资产作为借款抵押。至少在很多情况下，合资结构会要求项目投资者之间交叉担保的优先序列要高于其中任何一个投资者以项目资产和权益对贷款银行所做出的抵押，但有时这种序列的存在可能会影响融资活动的安排。因此，在建立契约型合资结构时，如果其中一个或几个投资者准备利用其项目资产与权益安排融资，这些问题都必须在起草合资协议时认真地加以考虑。

对于公司型合资结构，如果一个投资者以相应的项目公司股权及其他权益作为抵押安排融资也会遇到类似的问题。有些合资协议规定，投资者不能以公司股权作为融资抵押，或者融资安排必须经过其他投资者的批准。

第七节　小结

本章主要学习项目投资结构设计的主要影响因素、常用的项目投资结构类型和投资协议中包括的主要条款。

项目投资结构是指项目发起人或投资者对项目权益的法律拥有形式和发起人或投资者之间的法律合作关系。项目投资结构决定了项目资产的所有权结构。投资结构设计时需要综合考虑投资者（股本提供者）的需求与贷款银行（债务资本提供者）的需求，以便该结构能够同时满足双方对收益获取与风险控制的需要。

项目融资实践中，最基本的投资结构有公司型合资结构、合伙制结构、契约型合资结构、信托基金投资结构。这些投资结构间并非泾渭分明，有时可以根据实际需要进行衔接和套用。

合资协议是协调与确认投资者间、投资者与管理者间、投资者与债务资金提供者间权利与义务的法律文件，是投资结构确认的书面载体。一般来说，合资协议都会包括合资项目经营范围、投资者在合资项目中的权益、项目的管理与控制、项目预算的审批程序、违约行为的处理方法等基本条款。

关键概念

公司型合资结构　契约型合资结构　合伙制结构

复习思考题

1. 哪些因素会影响项目投资结构的确定？怎样影响？
2. 简析公司型合资结构和契约型合资结构的主要区别。
3. 试调查一项目融资实例，并总结出其投资结构。
4. 影响项目投资结构的基本因素有哪些？
5. 补充资本注入的灵活性体现在哪些方面？
6. 公司型合资结构的优点及弊端体现在哪些方面？
7. 契约型合资结构的优点和弊端体现在哪些方面？
8. 普通合伙制结构的优缺点是什么？
9. 有限责任合伙制结构的优缺点是什么？
10. 信托基金的建立与运作应如何进行？
11. 项目投资结构协议的签订应从哪些方面考虑？

个案分析　苏州绕城高速公路项目

苏州绕城高速公路全长188千米，全线采用平原微丘区高速公路标准和双向六车道高速公路标准设计，部分地段预留八车道，沿线设有22个收费站、29个互通立交桥，总投资131亿元。采用"省市共建、以市为主、股份制建路"策略，分西南、西北、东北和东南4段进行开发建设。该项目于2002年1月8日开工建设，于2005年11月8日全线通车，历时46个月。

1. 投资结构

在我国收费公路的建设运营中，国家规定项目法人的股权投资必须达到总投资的35%以上，而苏州绕城高速公路有限公司的资本约为18亿元，只有总投资的13.74%，需要补足以后才能从银行贷款。为了利用民间资本，采用股权信托模式向社会大众筹集资本金。为此，项目公司（即信托资金使用人）通过苏州信托投资有限公司（即受托人）推出苏州绕城高速公路有限公司股权投资项目集合资金信托计划，信托规模为5亿元人民币（当发售金额达到5亿元或发售合同份数达到200份，信托计划即宣告成立）。该信托计划面向中国境内具有完全民事行为能力的自然人、法人或者依法成立的其他组织（即委托人），委托人最低认领金额为50万元，信托期限为3年，从2005年9月13日起，至2008年9月12日止。中国建设银行苏州分行作为信托资金代理收支银行，负责基金的收付工作。受托人按委托人的意愿以自己的名义管理信托财产，将筹集的资金以股权投资的方式向苏州绕城高速公路有限公司进行投资，并向项目公司选派董事，参与项目公司的管理，行使股东权利。信托到期后，受托人名下的苏州绕城高速公路有限公司的股权分期转让给苏州交通投资有限责任公司（即股权受让人），苏州财政部门出具交通建设资金安排计划文件，以保证股权受让人及时足额向受托人支付股权受让款（包括前两年预付部分股权转让款）。信用收益主要来源于股权投资转让收入，预期年收益率5.5%。苏州绕城高速公路投资结构如图5-7所示。

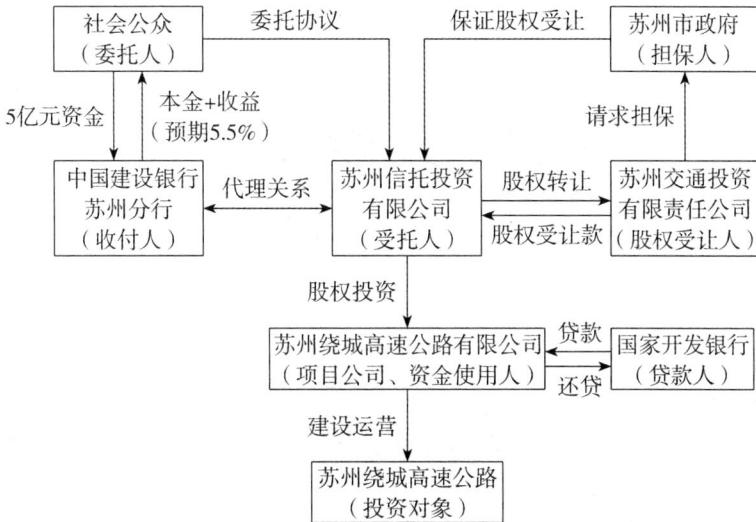

图5-7　苏州绕城高速公路投资结构

2.案例评析

苏州绕城高速公路有限公司股权投资项目集合资金信托计划之所以成功，主要是5.5%的预期年收益率对基金购买者有较强的吸引力，而该预期收益又得到了政府的保证。苏州市政府同意担保是因为该项目有利于当地经济发展，促进旅游，方便居民出行。

资料来源　叶苏东. 项目融资理论、案例与实务 ［M］. 2版. 北京：清华大学出版社，北京交通大学出版社，2010.

第六章

项目资金结构

学习目标

通过本章的学习，掌握项目融资的主要筹资方式；了解项目资金结构确定的影响因素；明确项目融资的筹资方式与传统筹资方式的区别；熟悉项目资金筹集方式的发展状况。

第一节　项目资金结构的确定

一般来讲，项目融资的资金结构由两大部分组成：股本资金和债务资金，二者的比例就形成了一个项目的资本结构。虽然这两个部分资金在一个项目中的构成以及相互之间的比例关系在很大程度上受制于项目的投资结构、融资模式和项目的信用保证结构，但资金结构的安排和资金来源的选择在项目融资中起到了特别重要的作用。对于项目融资者来说，灵活巧妙地安排项目的资金构成比例，选择适当的资金形式，既可以减少项目投资者自有资金的直接投入，又能够提高项目的综合经济效益。

一、债务资金和股本资金的比例关系

融资项目的资金安排应尽可能地降低项目的资金成本，这是确定项目资金结构的基本出发点，但其应建立在举债适宜且又不伤害项目的经济强度的前提下。对于具体项目而言，在考虑到公司所得税的基础上，债务资金成本应比股本资金成本低得多，贷款利息的税前支付构成了对这一结论的支持，但这并不意味着一个项目的资金构成可以完全是债务资金。理论上讲，如果一个项目使用的资金全部是债务资

金，它的资金成本应该是最低的，但另一方面，项目的财务状况和抗风险能力则会由于承受如此高的负债率而变得相对脆弱起来。相反，如果一个项目使用的资金全部是股本资金，那么项目将会有一个非常稳固的财务基础，而且项目的抗风险能力也会由于减少了资金成本而得以加强，但这却大大提高了资金使用的机会成本，从而使综合资金成本变得十分昂贵。因此，对于绝大多数的项目，资金安排中实际的资金构成和比例必须在以上两个极端中间合理选择。项目融资中的资金安排没有一个绝对的债务股本资金比率作为标准以供参照，确定一个项目债务资金与股本资金比例的主要依据是该项目的经济强度，而且这个比例也会随着部门、投资者状况、融资模式等因素的不同而相应地变化，并在一定程度上反映出安排资金结构时借贷双方在谈判中的地位、金融市场上资金供求关系和竞争状况，以及贷款银行承受风险的能力等。

项目融资方式的重要特点之一是可以增加项目的债务承受能力。在项目融资过程中，贷款银行所面对的只是一个相对简单的独立项目，贷款确定时需要通过项目风险的全面分析，落实项目的最小现金流量水平和债务承受能力；通过对项目整体融资结构，包括资金结构的综合设计，来减少和排除风险因素和不确定性因素，并对潜在的风险建立起较为清醒的认识。虽然采用项目融资方式可以获得较高的债务资金比例，但项目的投资永远不可能完全通过贷款等债务资金途径解决，投资者还必须投入一定比例的股本资金，他们所能做的只能是最大限度地利用项目的信用保证结构来支持项目的经济强度，来搞好项目的建设和经营，保证项目的成功。

二、项目资金的合理使用结构

全面考虑项目资金的合理使用结构，无论是对于投资者还是对于提供融资的贷款机构而言，都是非常重要的一个方面。项目资金的合理使用结构应建立在债务资金与股本资金比例关系合理的基础之上，除此之外，还应考虑以下四个方面：

（一）资金需求总量

制订项目的资金使用计划来确保项目资金的需求总量，是项目融资工作的基础。融资工作开始前，投资者必须周密地确定项目的资金使用计划并在资金使用计划中留有充分的余地。一个新建项目的资金计划至少包括以下三部分内容：①项目资本投资，包括土地、基础设施、厂房、机器设备、工程设计和工程建设等费用；②投资费用超支准备金，即不可预见费用，它一般占到项目总投资的10%~30%；③项目流动资金，这是为了保证项目生产经营活动的顺利开展而安排的资金。为满足项目不同阶段和不同用途的资金需求，项目总的资金计划以及项目建设期和试生产期的项目现金流量计划必须做细、做好。

（二）资金使用期限

投资者的股本资金是项目资金结构中使用期限最长的资金，多与项目的生命周期紧密相联。但项目资金结构中的债务资金大都是有固定期限的，这就要求投资者根据项目的现金流量特点、不同项目阶段的资金需求，采用不同的融资手段，安排不同期限的债务资金，以优化项目的债务结构，降低项目的债务风险，并使融资资金的使用期限与融资项目的需要及融资项目的效益紧密联系在一起。

（三）资金成本及其构成

项目的股本资金成本是相对意义上的成本概念，对投资者而言，它只是一种机会成本。在评价股本资金成本时，一方面要参照投资者获取该部分股本资金时的实际成本，以及当时、当地的资本市场利率因素和在可供选择的投资机会之间的比较利益和比较成本等客观因素；另一方面还要参照投资者的长期发展战略以及一些潜在的相关投资利益。项目的债务资金成本则是一种绝对成本，它主要是指项目贷款的利息成本。利息成本与利率风险紧密相关，在项目债务资金融通过程中必须考虑利率风险的控制问题，应根据外部经济环境状况，采用固定利率、浮动利率或者两种利率相结合的形式和利率封顶、限底等手段，达到降低利率风险的目的。利率结构的选择既需要考虑项目现金流量的性质，也应考虑利率的发展变化趋势，投资者应在全面权衡的基础上合理安排利率结构。

（四）融资结构的确定

适宜的融资结构是保证项目资金使用结构合理的必要前提，对于大多数融资项目而言，混合结构融资是合理的选择。混合结构融资是指不同利率结构、不同贷款形式或者不同货币种类的债务资金的组合。混合结构融资如果安排得当，不同性质资金的结合可以起到降低项目融资成本，减少项目风险的作用，在一定程度上促进资金使用结构更合理。

三、税务安排对融资成本的影响

目前，世界上许多国家大都实行从源课税原则，即不管纳税人的国籍属于哪个国家，也不管其居住在哪国，只要他的收入来源于某个国家，该国就有权对他在该国取得的收入课税，利息预提税就是其中的一例。这里所说的税务安排对融资成本的影响，主要就是指利息预提税对融资成本的影响。预提税是一个主权国家对外国资金的一种管理方式，预提税可以分为红利预提税和利息预提税两大类，其中以利息预提税应用最为广泛。利息预提税是对非本国居民在其司法管辖地获取的利息收入进行征税，它一般由借款人交纳，其应付税款金额可以从向境外支付的利息总额中扣减，也可以在应付利息总额之上增加一个附加成本，具体采取哪种方式取决于借贷双方之间的安排。利息预提税税率通常为贷款利息的10%~30%，对于以国际债务资金作为重要来源的项目融资，利息预提税无疑增加了项目的资金成本。作为贷款人，所关心的只是如何保证获取的利息收入不受到或尽可能少地受到利息预提税的影响，或使利息预提税成本以不同的形式转嫁到借款人身上，并不关心投资者的成本高低。因此，在项目融资过程中，融资者在考虑项目的资金结构时应参照国际惯例，运用各种手段，如避免双重征税、债务资金公众化、境外融资转化成境内融资等，将该税种对融资成本的影响程度降到最小。

第二节　项目股本资金的筹集

项目融资的一个重要特点是多元化的筹资，其融资渠道是多种多样的。按照融资过程中资金所形成的不同产权关系，项目资金可分为股本资金和债务资金两大类。按照债务资金的偿还优先顺序，又可将债务资金分为高级债务和从属性债务。由于从属性债务可作为高级债务的"缓冲器"，即从属性债务的本金偿还顺序在所有高级债务之后，但在股本资金之前，因此在项目融资中，贷款银行将从属性债务看作股本资金的一部分，习惯上称之为准股本资金。因此，股本资金筹集也将准股本资金的筹集包括在内，这也有利于与债务资金进行对比。

一、项目股本资金的筹措

股本资金是指投资者投入的风险资金，它是项目融资的基础，在资金偿还序列中排在最后一位。对于投资者来说，投入股本资金虽然承担一定的风险，但也会由于项目的良好发展前景而为其带来相应的投资收益。在项目融资中，股本资金可提高项目的抗风险能力，并且，股本资金投入的多少，还决定着投资者对项目的关心程度，也对组织项目融资起到良好的鼓励和刺激作用。在融资实践中，项目股本资金的筹措方式主要有利用直接投资、发行股票和利用产业基金，以及贷款银行接受的以贷款担保形式出现的股本资金等几种。利用直接投资筹措股本资金的实质是项目投资者自有资金的投入，这是相对古老和简单的一种股本资金筹措方式，发行股票和利用产业基金，以及以贷款担保形式作为股本资金是筹措股本资金的主要方式。

（一）发行股票筹措股本资金

股票是一种有价证券，是项目公司向其出资者签发的出资证明或股份凭证。按照股票是否含有投票权，股票可分为优先股和普通股两种。与普通股相比较，优先股在红利和剩余财产分配方面享有优先权，但其股东没有投票表决权，而且优先股的股利支付是固定的。因此，如果项目公司不愿因负债融资而增加过大的财务风险，又不愿发行普通股削弱现有投资者的控制权和风险收益权，最佳方案就是通过发行优先股筹措股本资金。优先股的发行一般通过私募方式进行，普通股的募集方式有公募和私募两种。

1.公募

公募又称公开发行，一般是指事先没有特定的发行对象，向社会广大投资者公开推销股票的发行方式。

2. 私募

私募又叫非公开发行，是指发行者只对特定的发行对象推销股票的发行方式。通常在两种情况下采用：

（1）股东配股，即股份公司按股票面值向原有股东分配该公司的新股认购权，动员股东认购。这种新股发行价格往往低于市场价格，事实上成为对股东的一种优惠，一般股东都乐于认购。如果有的股东不愿认购，他可以自动放弃新股认购权，也可以把这种认购权转让他人。

（2）私人配售，又称第三者分摊，即股份公司将新股票分售给股东以外的本公司职工、往来客户等与公司有特殊关系的第三者。采用这种方式往往出于两种考虑：①为了按优惠价格将新股分摊给特定者，以示照顾；②当新股票发行遇到困难时，向第三者分摊以求支持。

无论是股东配股还是私人配售，由于发行对象是既定的，因此，它与公募方式相比，不仅可以节省委托中介机构的手续费，降低发行成本，还可以调动股东和公司相关方面的积极性，巩固和发展公司的公共关系。但缺点是这种不公开发行的股票流动性差，不能在市场上公开转让出售，不利于公司进一步扩大融资。

（二）利用产业基金筹措股本资金

投资基金是目前发达国家非常成熟的融资方式之一，产业基金是投资基金的类型之一。对于项目发起人而言，利用产业基金筹措股本资金有以下好处：一是不影响项目控制权。产业基金在某特定项目中的投资份额一般不超过10%。二是融资灵活性强。在公司资金充裕的时候，可以较容易地将资金返还给基金持有人。

1. 产业基金的概念

产业基金是指专业投资机构集合社会公众的资金，将其投向非上市公司，持有其股权或购买其他形态财产，以获取的收益向投资者分配的一种资金组合。产业基金是由专业投资机构专门投资于基础设施、社会公用事业、房地产以及高科技产业等实业，极大地弥补了上述产业资金的不足。同时，产业基金是为某特定产业"量体裁衣"而设立的，其所设定的投资回报率更符合所投资产业的资金流特点。此外，与发行股票融资相比，产业基金的设立与发行更为简便，因此更适合为非上市公司、工程项目筹集资金。

2. 产业基金的主要参与人

（1）基金持有人，即投资者。

（2）基金受托人。基金受托人一般由银行或职业的受托管理公司如信托投资公司担任，负责保护投资者在基金中的资产和权益不受损害，以及监督基金管理人的工作。

（3）基金管理人。基金管理人负责产业基金的资金投向及其投资项目的日常经营管理。一些国家规定，基金受托人和基金管理人必须是由两个完全独立的机构担任。

3.产业基金的类型

（1）开放型基金和封闭型基金。按产业基金的经营方式分，可分为开放型基金和封闭型基金。

（2）契约型基金和公司型基金。按产业基金的组织形态分，可分为契约型基金和公司型基金。

（三）以贷款担保形式出现的股本资金

以贷款担保作为项目股本资金的一种替代形式，是项目融资中具有特色的一种股本资金投入方式。该种形式的股本资金不需要投资者直接投入股本资金，而是由给投资者提供贷款的银行能够接受的固定金额的贷款担保作为替代。对于项目投资者而言，这是股本资金投入的最好形式，因为项目中没有实际的股本资金占用，几乎接近于100%债务融资，故而项目资金成本最低。但从贷款银行的角度来看，这种间接的股本资金投入方式的风险高于投资者直接的股本资金投入方式，因为银行在项目的风险因素之外，又增加了投资者自身的风险因素。因此，采用贷款担保形式作为替代投资者全部股本资金投入的项目是较少见的，多数情况是贷款担保作为项目实际投入股本资金的一种补充。只有在项目具备很好的经济强度，同时承诺担保责任方本身有很高的政治、商业信誉的双重条件下，才有可能以贷款担保形式100%或者接近100%地替代项目投资者实际的股本资金投入。

贷款担保作为股本资金的替代主要有两种形式：担保存款和备用信用证担保。

1.担保存款

担保存款是项目投资者在一家由贷款银团指定的第一流银行中存入一笔固定数额的定期存款，存款账户和存款的利息均属于项目投资者，但是存款资金的使用权却掌握在贷款银团的手中，如果项目出现资金短缺，贷款银团可以调用担保存款予以补偿。

2.备用信用证担保

与担保存款相比，备用信用证担保是对项目投资者更为有利的一种形式。在该种形式下，项目投资者可以根本不动用公司的任何资金，而只是利用本身的资信作为担保。采用这种方式，贷款银团要承担投资者的信用风险，所以，贷款银团一般要求备用信用证由一家被接受的独立银行开出，以转移承担的风险。

二、项目准股本资金的筹措

准股本资金是指在本金偿还顺序上先于股本资金但后于高级债务和担保债务的从属性债务。高级贷款人在计算项目的债务股本比率时通常将准股本资金当作股本资金。准股本资金进入项目的形式非常灵活，既可以通过股本资金和债务资金平行的形式进入项目，也可以通过准备金的形式进入项目，主要用于支付项目建设成本超支、生产费用超支以及其他贷款银行要求投资者承担的资金责任。

（一）项目准股本资金的优势

对于项目投资者而言，为项目提供准股本资金比提供股本资金具有以下优势：

1. 投入资金的回报率相对稳定

由于准股本资金作为一种从属性债务，一般包含了比较具体的利息和本金的偿还计划，而股本资金的红利分配则带有较大的随机性和不确定性。因此，准股本资金投资较普通股本资金投资能获得稳定的利息收益，从而使投资者投入资金的回报率相对稳定。

2. 有利于减少投资者在利益分配上受到的限制

项目融资中，贷款银行对项目公司的盈利分配通常有着十分严格的限制，一般必须在保证能按时分期偿还项目贷款银行债务的前提下才能进行股息分配。但是，对于公司从属性债务却可以通过谈判减少前述限制，尤其是对从属性债务利息的限制，从而保证准股本资金持有者的利益。

3. 有利于项目公司形成较为灵活的税务结构

准股本资金作为债务，利息的支付是可以抵税的，且债务资金的偿还可以不用考虑项目是否缴税，而作为股本资金却要等到公司上缴所得税后才能支付股息。因此，以准股本资金作为股本资金的替代形式，就可以使项目公司充分利用在税务方面的优惠，提高项目的综合经济效益。

（二）准股本资金的常用形式

在项目融资中，准股本资金的常用形式主要包括：无担保贷款、可转换债券、附有认股权证的债券、零息债券和以贷款担保形式出现的准股本资金等几种形式。

1. 无担保贷款

无担保贷款是一种信用贷款，是指没有任何项目资产作为抵押和担保的贷款。该种贷款在形式上与商业贷款相似，贷款协议也包括贷款金额、期限、利率、利息支付和本金偿还等条款，但没有担保条款。无担保贷款在大多数情况下由股东提供。而股东也非常乐意提供无担保贷款，这是因为无担保贷款作为"种子资金"，可以吸引有担保贷款和其他融资，并且股东还可进一步享受利息减税和利用财务杠杆提高其资本报酬等好处。但有时候无担保贷款也可能由其他项目参与方提供，如急于为自己的设备寻找销路的设备供应商可能以商业信用的方式为项目公司提供设备，也相当于供应商为项目公司提供了无担保贷款。当然，为在一定程度上保护无担保贷款人的利益，融资操作过程中一般会规定一些特殊的条款，如消极担保条款、加速还款条款、限制新债务条款等。

2. 可转换债券

可转换债券是准股本资金的另一种形式。可转换债券的特点是在债券有效期内只需支付利息，在债券到期日或某一段时间内，债券持有人有权选择将债券按照规定的价格转换成公司的普通股，或持有到期。与一般债券相比，可转换债券具有这样一些优势，即债券发行无须任何公司资产或项目资产作担保，利率也相对低一点。可转换债券吸引潜在购买者之处在于公司或项目未来的发展前景。如果公司或项目经营良好，公司股票价格或项目资产价值高于协议规定的转换价格，则债券持有人可通过将债权转换为股权获得资本增值；反之，如果公司或项目经营结果较预期差，债券持有人仍可以在债券到期日收回债券本息。国外一些项目融资结构中的投资者，当他们出于法律或税务上的考虑希望推迟在法律上拥有项目的时间时，通常采用可转换债券形式安排项目的准股本资金。

3. 附有认股权证的债券

附有认股权证的债券是作为可转换债券的竞争品出现的，认股权即赋予该种债券持有人以特定价格购买股票的权利。一般可用债权支付股票的购买费用，并且该种债券可以是从属性债务，也可以不是从属性债务。项目融资中，附有认股权证的债券因为具有以下优势而比可转换债券应用更广泛：一是认股权与债券特征的关系不是十分明显，所以认股权债券的持有者可以得到更高的利息；二是由于债券与认股权相分离，债券持有人可单独出售认股权，也可实施认股权，买入股票。同时该种债券的应付利息的利率通常低于可转换债券市场的利率，项目公司实际上是通过发行延期股权来以合理的价格获得资本。

4. 零息债券

零息债券也是项目融资中常用的一种从属性债务形式。零息债券计算利息，但是不支付利息。在债券发行时，根据债券的面值、贴现率（即利率）和到期日贴现计算出其发行价格，债券持有人按发行价格认购债券，而债券到期时以债券面值兑付。因此债券持有人的收益来自债券购买价格与面值的差额，而不是利息收入。零息债券作为一种准股本资金形式在项目融资中获得较为普遍的应用，其主要原因是：这种资金安排既带有一定的债务资金特点（如每年的名义利息可取得税务扣减），同时又不需要实际支付利息，减轻了对项目现金流量的压力。因此在某些情况下，如果项目投资者没有足够的股本资金投入，贷款银行则通常要求项目投资者以零息债券为项目提供一定数额的从属性债务，作为投资者在项目中的股本资金投入。债券的期限原则上等于或略长于项目融资期限。贴现债券是零息债券的变通形式。

5. 以贷款担保形式出现的准股本资金

贷款担保作为项目准股本资金的替代，是项目融资中另一种准股本资金形式。在这种情况下，贷款担保的表现形式是担保存款和备用信用证担保两种，它们只针对项目资金中的某一家银行或某一部分资金，而这家银行或者这部分资金将在整个融资结构中扮演从属性债务的角色。

第三节　项目债务资金的筹集

一、债务资金设计

所谓债务资金设计是指在债务人所面临的诸多债务资金来源渠道的基础上，通过一些条件的设置和安排，使债务人的资金使用更合理、更规范。债务资金的设计主要考虑以下要素：

（一）债务期限

债务期限是区分长期债务和短期债务的一个重要因素。资产负债表中，一般把1年期以下的债务称为流动负债，超过1年的债务称为非流动负债，即长期债务。项目融资活动中的债务资金多为长期性的资金，即使是项目的流动资金，也多为长期资金架构内的短期资金安排。在某些情况下，中短期贷款是作为过渡资金，通过为项目提供建设资金而购买项目资产的，如转换贷款等；而在另一些情况下，3~5年的银行贷款常被用来建立信用记录以利于将来在资本市场上进行融资。总之，要实现债务期限结构的优化，就要保持一个相对平衡的债务期限结构，并尽可能使项目债务与项目清偿能力相适应。而要做到这一点，一方面要使债务资金偿还期与投资人投资回收期相衔接，另一方面要尽量将债务的还本付息时间比较均衡地分开，最好是让项目债务的分期还款时间表与项目的现金流相匹配。

（二）利率结构

债务资金的利率具有固定利率和浮动利率两种基本形式，各有优缺点。项目融资活动过程中，采用哪种利率形式取决于以下因素：一是资金本身的利率结构，例如，如果债权人的资金来源本身就具有固定利率的结构，如一些长期债券，那么采用固定利率可避免债权人的利率风险；二是贷款形式，例如，银团贷款多采用浮动利率形式等。

当然，为了更好地分担风险，满足贷款人的不同需求，还可在两种基本利率形式的基础上发展一些组合形式，如部分贷款资金采用固定利率，而其他部分则采用浮动利率等。

（三）债权保证

在项目融资活动过程中，借款人须将项目资产作为债权的担保，并用预期的收益还本付息。即使如此，债权人仍将面临项目的现金流量不足以支付贷款的本息和清偿时项目资产价值不足以偿还尚未偿还的债务这两种风险。因此，为了降低风险，债权人需要获得其他的担保，如主办人的完工担保，第三方的履约担保，政治风险保险等。如果没有这些担保，那贷款人只能依赖于消极保证条款。

二、贷款融资

按照提供贷款主体或资金提供者性质的不同，贷款融资又可具体分为商业银行贷款、银团贷款、出口信贷及外国政府贷款和多边金融机构贷款。

（一）商业银行贷款

商业银行贷款是项目融资中债务资金最主要的来源。商业银行贷款可以由一家银行提供，也可以由几家银行联合提供。可以在国内商业银行贷款，也可以在国外商业银行贷款。商业银行贷款一般是有担保贷款。

1.商业银行贷款的基本法律文件

商业银行贷款的基本法律文件包括两个部分：贷款协议、资产抵押或担保协议。

（1）商业银行贷款协议的主要内容。

① 贷款目的。

② 贷款金额。

③ 贷款期限和还款计划表。

④ 贷款利率。

⑤ 提款程序和提款先决条件。

⑥ 借款人在提款时的保证。

⑦ 保证性条款。

⑧ 财务性条款。

⑨ 利息预提税的责任。

⑩ 贷款成本、贷款建立费和贷款承诺费（针对未使用贷款额度收取的费用）。

（2）商业银行贷款的资产抵押或担保协议。商业银行贷款的资产抵押或担保协议也是项目融资中的一个重要的法律文件。商业银行贷款的资产抵押或担保协议的形式和内容与各国法律有直接的关系，因而在不同国家以及不同项目的文件形式会有较大的差别。

2.商业银行贷款的主要种类

（1）工程贷款。工程贷款是在项目建设阶段商业银行对建筑工程发放的不动产贷款。贷款资金按实际需要或拟订的计划分期支付。工程完工后，一般用抵押贷款的资金偿还工程贷款。这种贷款的利率一般较高。

（2）转换贷款。转换贷款又称桥梁贷款，是一种具有过渡性特点、期限不长的贷款。转换贷款是当借款人希望得到中长期资金而暂时使用的一种短期贷款类型，以满足借款人对资金的临时需求。

（3）抵押贷款。这是一种以借款人某项资产的留置权作为还款抵押的银行贷款。在项目融资中，通常以项目公司的资产和现金流量为抵押而取得银行的长期贷款。

（4）运营资金贷款。它一般为短期贷款，用于弥补借款人运营资金的不足。

（5）双货币贷款。双货币贷款是指贷款利息与本金分别采取不同币种的货币进行计算和支付。一般情况下，双货币贷款选用低利率货币作为计算利息的货币，而选用相对高利率货币作为计算本金的货币。需要指出的是，货币利率的高低是一个相对、不断变化着的概念。因为一种货币利率的高低是随着货币所在国经济政策以及经济发展情况的变化而变化的。

（6）商品关联贷款。它是指贷款的本金或利息支付与商品的市场价格波动相关的贷款。商品关联贷款主要有两种，即贷款本金商品价格参与类型的商品关联贷款和贷款利息商品价格参与类型的商品关联贷款。

贷款本金商品价格参与类型的商品关联贷款是将贷款的本金与某一种商品价格联系在一起，而贷款的利率则低于同样条件下的商业贷款或辛迪加贷款的利率水平。具体来说，在还款日，若该种商品当时的价格低于某一个预定价格，则借款人只需要偿还贷款本金原值；若商品价格高于这一预定价格，则需要偿还的贷款本金数额将会按照一个预定公式增加。在商品价格上升时，生产该种商品的项目经济效益也会增加，因而借款人也有能力承受较高的债务。

贷款利息商品价格参与类型的商品关联贷款是将贷款期限内的贷款利率水平与某种商品价格在同一期限内的变化水平联系起来。如果在该时期内实际商品价格的变化与预测商品价格的变化相吻合或者接近，则借款人可以获得较低的贷款利率；反之，借款人将要承担较高的贷款利率。

能够安排商品关联贷款的项目，一般要求其产品是国际流通性较强、具有国际统一质量标准和统一定价标准的商品，如石油、天然气、贵金属、有色金属等。同时要求借贷双方具有抗意外风险的能力和对国际金融市场以及国际商品市场有较为充分的认识。基于上述原因，商品关联贷款的实际应用范围较窄，局限在国际大型银行和金融机构与资信较好的工业公司之间。

（二）银团贷款

随着工程项目的规模加大，所需的建设资金也越来越多，出于风险控制或银行资金实力方面的考虑，一家商业银行的贷款往往无法满足项目债务资金的需求，于是出现了银团贷款，以满足大型或特大型项目建设资金的需求。所谓银团贷款，亦称辛迪加贷款，是指由一家银行牵头，组织多家银行参加，共同对一个项目提供贷款。从国际借贷实践来看，发展中国家一般超过 3 000 万美元、发达国家一般超过 1 亿美元数额的债务资金必须通过银团贷款方式才能解决。视项目融资金额的不同，银团贷款的参与银行从几家到几十家不等，如英吉利海峡隧道的 74 亿美元银团贷款最初是由 209 家银行提供的，后来由于成本超支、财务困难，需要投入更多的资金，参与银团贷款的银行数量增至 220 家。

1.银团组成及其分工

（1）借款人。

（2）牵头行（包括副牵头行、安排行）。

（3）代理行。

（4）参与行（包括高级经理行、经理行）。

（5）担保人。

2.银团贷款的操作方式

银团贷款的具体操作方式有两种：直接参与和间接参与。

（1）直接参与。

直接参与是指银团内的各个成员银行直接同项目借款人签订借贷协议，按贷款协议所规定的统一条件贷款给项目借款人，贷款的具体发放工作由借贷协议中指定代理行统一管理。直接参与的银团贷款中，每个成员银行对其他银行的贷款义务不承担任何责任，即若某家成员银行不能履行其贷款义务，项目借款人只能向该银行追究其违约责任，但不能要求银团中的其他成员银行对此负责。

（2）间接参与。

间接参与是指由一家牵头银行向项目借款人贷款，然后由该银行将参加贷款权分别转让给其他参与行，参与行按照各自承担的贷款数额贷款给项目借款人，贷款工作由牵头银行负责管理。牵头银行在与项目借款人签订借贷协议后，可以采用不同的法律方式将参加贷款权授予其他参与行。在欧洲货币市场上，银团贷款最常见的方式是更新、代理、从属贷款和让与。

① 更新。更新是指在项目借款人同意的前提下，牵头银行的权利和义务转让给参与行，原来项目借款人和牵头行之间的债权债务关系即告终止，变更为项目借款人与参与行之间的债权债务关系。但在银团贷款中，采用更新方式来授予参加贷款权的情况并不多见，一则因为采用更新的成本高；二则因为不符合授予参加贷款权的一个主要目的，即无须通知借款人或无须让借款人参与就可把贷款权授予其他贷款人。

② 代理。这是英美等国所承认的方式，其具体做法是：银团成员在签署借贷协议之前指定该牵头银行为代理人，由牵头银行作为银团其他成员的代理人同项目借款人签订借贷合同，但不向借款人披露其代理人的身份。当项目借款人发现这种代理关系后，可以要求牵头银行提供贷款，也可以直接要求参与银行提供贷款。

③ 从属贷款。从属贷款是指参与行直接给牵头银行贷款，再由牵头银行贷款给项目借款人。但是参与行的贷款收回，只能来自项目借款人的还本付息，而不能来自牵头银行的其他资金。换言之，当项目借款人破产时，牵头行不能从借款人处收回贷款，参与行向牵头行发放的贷款也不可能收回。显然，在从属贷款方式下，参与行不能取得对项目借款人的直接请求权，因为项目借款人是直接从牵头行取得贷款、直接向牵头行还本付息的，而不是直接从参与行取得贷款，所以亦无义务向其还本付息。

④ 让与。让与是指牵头行将其与项目借款人订立的借贷协议中的一部分贷款义务及其权利转让给其他参与行。通过让与方式取得参加贷款权的银行可以获得对项目借款人的直接请求权，让与的这一特点对于项目借款人来说是不利的。同时在

一些国家法律规定中，让与必须取得项目借款人的同意，在操作上是比较麻烦的。因此让与这种方式在银团贷款中也不多见。

3. 银团贷款的特点

（1）借款货币的选择余地大。项目借款人可以根据项目的性质、现金流量的来源和货币种类，在辛迪加组织内，选择最适当的借款货币结构，便于事先估计货币风险，加强对工程的成本核算工作。

（2）参与银团贷款的银行通常是在国际上具有一定信誉和经验的银行，具有理解和参与复杂项目融资结构并承担其中的信用风险的能力。

（3）借款的提款与还款方式都较灵活，因为它无须当地政府的批准，可根据议定的时间与工程建设的需要，随时提取资金。

（4）贷款的使用方向没有任何限制，项目借款人可通过招标向第三国购买机器设备、商品、原材料或劳务。

（5）银团贷款的成本较高。一是因为银团贷款采用的是市场浮动利率，一般每半年调整一次。在大多数的银团贷款中，利率一般都是以伦敦同业拆放利率为基础，考虑一定的加息率而计取。二是因为其包含较高的管理费、代理费、杂费和承诺费等，上述费用年费率之和为 1.5%~2%。

（三）出口信贷及外国政府贷款

1. 出口信贷

（1）出口信贷的定义及特点。

出口信贷是项目融资来源的重要渠道，是一些国家为支持和扩大本国商品的出口，加强国际竞争力，对本国的出口给予利息贴补并提供信贷担保的方法，鼓励本国的银行对本国出口商或外国进口商（或其银行）提供利率较低的贷款，以解决本国出口商资金周转困难，或满足外国进口商对本国出口商支付货款需要的一种有效手段。

出口信贷融资具有以下特点：

① 贷款的使用是有限制的。一般是用来购买提供贷款国的大中型机械设备等出口货物，不得进口原材料和消费品等。

② 贷款期限为中长期。对于发达国家的贷款期多为 5 年，对发展中国家的贷款期多为 10 年。

③ 贷款金额的比例一般不超过商品购买合同金额的 85%。

④ 贷款利率一般低于国际金融市场上的利率。银行提供的低利息贷款与市场利率的差额则由出口国政府机构或官方出口信贷机构补贴。

⑤ 具有信贷保险。出口信贷中存在较高的政治风险和商业风险，私人保险公司一般不愿意承保，只得由出口信贷机构或政府机构承保，这也是商业银行提供出口信贷的必要条件。出口信贷保费由借款者承担，但在具体操作中，出口商一般会把保费折入货价。

（2）出口信贷的主要类型。

出口信贷主要有买方信贷、卖方信贷和福费廷等。

① 买方信贷。买方信贷是出口商所在地银行为促进本国商品的出口，而对国外进口商（或其银行）所发放的一种贷款。从国际范围来看，买方信贷使用更为广泛些，特别是把贷款发放给进口商所在地银行再转贷给进口商的买方信贷使用得更为广泛。

② 卖方信贷。卖方信贷是出口商所在地有关银行，为便于该国出口商以延期付款形式出口商品而给予本国出口商的一种贷款。出口商向银行借取卖方信贷后，其资金得以融通，便可允许进口商延期付款，具体为：进出口商签订合同后，进口商先支付10%~15%的定金；在分批交货验收和保证期满时，进口商再分期付给10%~15%的货款，其余70%~80%的货款在全部交货后若干年内分期偿还，并支付延期付款期间的利息。

③ 福费廷。福费廷是专门的代理融资技术。一些大型资本货物，如在大型水轮机组和发电机组等设备的采购中，由于从设备的制造、安装到投产需要多年时间，进口商往往要求延期付款，按项目的建设周期分期偿还。出口商若在市场上筹集资金，一方面遇到成本太高的困难；另一方面遇到国家风险。为了鼓励设备出口，几家出口商所在地银行专门开设了针对大型设备出口的特殊融资：出口商把经进口商承兑的、期限在半年以上到5~6年的远期汇票，无追索权地出售给出口商所在地的银行，出口商提前取得现款。为了保证在进口商不能履行义务的情况下，出口商也能获得货款，出口商要求进口商承兑的远期汇票附有银行担保。

2.外国政府贷款

外国政府贷款是一国政府利用国家的财政资金向另一国政府提供的优惠贷款。政府贷款一般是两国政府间的双边援助贷款，是国家资本输出的一种形式，具有以下特点：

（1）贷款期限长、利率低。

贷款期限一般为10~30年，有的长达50年，利率一般在1%~3%，有的优惠贷款甚至是无息的。

（2）贷款专款专用。

一般规定贷款必须用于购买提供贷款国家的资本货物和技术装备，同时还规定贷款必须用于借款国的基础设施、基础工业、农业、公共设施、福利设施和卫生等领域的大型开发项目。

（3）贷款规模不会太大。

政府贷款受贷款国国民生产总值、财政收支与国际收支状况的制约，其规模不会太大，而且一般在两国政治外交关系良好的情况下才会提供。

政府贷款发放的过程中，为了提高本国货物、技术和劳务的国际竞争力，外国政府通常将政府贷款（或赠款）与出口信贷结合起来使用，形成了一种混合贷款的模式。混合贷款的处理方式习惯上有两种：一种是借贷双方分别签署政府贷款（或赠款）和出口信贷两个贷款协议；另一种是借贷双方签署一个贷款协议，即将一定比例的政府贷款和一定比例的出口信贷混合起来，然后计算出一个混合利率和一个组合还款期作为签订协议的依据。

（四）多边金融机构贷款

利用多边金融机构贷款是大型工程项目筹措建设资金的一个重要的渠道。多边金融机构包括：世界银行集团、国际货币基金组织等全球性金融机构和亚洲开发银行、非洲开发银行和泛美开发银行等区域性金融机构。

我国工程项目，尤其是在基础设施项目融资中，以利用世界银行集团和亚洲开发银行的贷款居多。世界银行集团主要由国际复兴开发银行及其两个附属机构——国际开发协会和国际金融公司组成。国际复兴开发银行（简称世界银行）提供的贷款为硬贷款，其贷款对象主要为会员国政府，若借款人是国有企业和私营企业，则必须要有该国政府的担保，贷款期限为15~20年；国际开发协会提供的贷款为软贷款，其贷款对象为经济欠发达国家的政府，一般规定若非特别必要，贷款不允许下放到负有实施项目责任的主体，贷款期限为20~30年；国际金融公司主要是向会员国，特别是发展中国家的私营企业提供资金，形式是贷款或参股，不需要政府担保；每笔资金为200万~400万美元，贷款期限为5~15年，执行的是商业利率。

亚洲开发银行的贷款对象是亚太区域发展中成员国，主要用于农业、能源、运输、通信和供水等部门。其贷款分两种：一种是普通贷款，主要是提供给经济状况较好的成员国，偿还期为10~25年，宽限期为2~7年，实行浮动利率制，利率半年调整一次；二是优惠贷款，主要是提供给较贫穷的低收入成员国，贷款不计利息，只收1%的手续费。

三、债券融资

随着金融市场和债券市场的蓬勃发展，债券融资也成为项目融资中不可忽视的资金来源，在项目资金构成中的比例呈逐步增加之势。

（一）债券的分类

债券的分类方式主要有以下几种：

1.按照发行主体的不同，债券分为政府债券、公司债券和金融债券等

（1）政府债券。

政府债券亦称公债，是由中央政府或地方政府发行的债券。中央政府发行的债券又叫国债，发债所筹资金主要用于国家经济建设或弥补国家财政预算收支差额。地方政府所筹资金一般用于当地市政建设，故而又称为市政债券。目前由于《中华人民共和国预算法》的限制，尚不允许地方政府发行市政债券，但在实践中采取了某种变通方式，即成立城市建设投资有限公司，由城市建设投资有限公司作为发行人发行公司债券，所筹得的资金主要用于市政设施建设。由于政府债券是以政府税收收入作为还本付息的保证，因此其利率比其他债券低，尤其是国债，素有"金边

债券"之称。

（2）公司债券。

广义的公司债券泛指所有工商企业发行的债券，而狭义的公司债券仅指公司制企业发行的债券。公司债券的利率视发行主体的资信而定，但总的来说，其利率一般高于其他债券。

（3）金融债券。

由银行和非银行金融机构所发行的债券称为金融债券。但在一些国家如美国、英国等，将金融机构发行的债券全部并入公司债券，而无金融债券一说。金融债券的资信通常高于其他非金融机构发行的债券，违约风险相对较小，因此其利率一般介于上述两种债券之间。

2.按照利息支付方式的不同，债券可分为附息票债券和贴现债券

（1）附息票债券。

债券上附有息票，持券人凭从债券上剪下来的息票领取利息的债券称为附息票债券。通常息票上标有各期的利息额、支付利息的期限及债券号码等内容。由于凭息票就可领取利息，息票因而分离出来成为一种有价证券，可以转让，但是在息票到期之前，持票人不能要求兑付。

（2）贴现债券。

贴现债券又叫无息票债券或零息票债券，是指发行时以低于债券面值的价格发行，到期按面值兑付，发行价与债券面值之间的差额即为债券的利息。

3.按照发行人和发行市场是否在一国国境内，债券可分为本国债券和国际债券

（1）本国债券。

发行人和债券发行市场在一国国境内的债券称为本国债券。

（2）国际债券。

发行人和债券发行市场不在一国国境内的债券称为国际债券。而按照债券标价的货币是否与债券发行市场所在国的货币币种相同，国际债券又可进一步分为外国债券和欧洲债券。

①外国债券是指外国债券发行人在东道国市场，以东道国货币标价发行的债券。

比如中国项目公司在纽约发行的美元债券即是外国债券，通常称为"扬基债券"。目前，项目融资中常用的外国债券还有日本的武士债券和私募债券、德国的马克外国债券和瑞士的外国债券，上述债券的期限通常为7~10年，甚至达10年以上。2005年，我国政府批准亚洲开发银行和国际金融公司在中国境内发行人民币债券，即熊猫债券，发行所得资金将用于境内的企业或项目融资。

②欧洲债券是指外国债券发行人在东道国使用该国以外的货币标价发行的债券。

如中国项目公司在纽约发行的英镑债券即是欧洲债券。目前，项目融资中常用的欧洲债券有欧洲美元债券、欧洲日元债券、欧洲马克债券等。通过发行欧洲债券筹措资金，具有发行手续简便、发行时间短、发行数额大、发行成本较低且可筹措

多种货币资金的特点。

4.按照利率在偿还期内变动与否，债券可分为固定利率债券和浮动利率债券

（1）固定利率债券。

发行时规定利率在整个偿还期内不变的债券称为固定利率债券。该种债券一般每半年或一年支付利息1次，本金在兑付日偿还。

（2）浮动利率债券。

浮动利率债券在发行时规定债券利率可以按既定的定价公式和定价周期定期调整。通常情况下，每3~6个月调整1次，利率为LIBOR或美国财政部债券利率与一定贴水之和。

项目融资中，利用发行债券的方式筹措资金时，需根据项目具体情况和金融市场的要求确定具体的债券形式。

（二）债券融资的优缺点

1.债券融资的优点

对于债券发行人而言，债券融资具有下列优点：

（1）融资成本较低。发行债券融资的成本要比股票融资的成本低。这是因为债券发行费用较低，其利息允许在所得税前支付，可以享受扣减所得税的优惠。所以，企业实际上负担的债券成本一般低于股票成本。

（2）保障股东控制权。债券持有人无权干涉企业的管理事务，因此发行企业债券不会像增发股票那样可能会分散股东对企业的控制权。

（3）发挥财务杠杆作用。不论企业盈利水平如何，债券持有人只收取固定的利息，更多的收益可用于分配给股东，或留归企业以扩大经营。

（4）便于调整资本结构。企业通过发行可转换债券，或在发行债券时规定可提前赎回债券，有利于企业主动地、合理地调整资本结构，确定负债与资本的合理比率。

2.债券融资的缺点

对债券发行人而言，债券融资有下列缺点：

（1）可能产生财务杠杆负效应。债券必须还本付息，是企业固定的支付费用。随着这种固定支出的增加，企业的财务负担和破产的可能性增大。一旦企业资产收益率下降到债券利率之下，就会产生财务杠杆的负效应。

（2）可能使企业总资金成本增大。企业财务风险和破产风险会因其债务的增加而上升，这些风险的上升又导致企业债券成本、权益资金成本上升，从而增加了企业总资金成本。

（3）经营灵活性降低。在债券合同中，各种保护性条款使企业在股息策略融资方式和资金调度等多方面受到制约，经营灵活性降低。

因此，进行债券融资时，必须综合权衡其优缺点，认真考虑以下几个方面：

（1）债券对资金市场的影响，对资金成本的影响。

（2）债券使财务杠杆增大后，对权益资金收益率的影响，对股东控制权的

影响。

　　（3）企业是否有足够的收益能力确保应付债券的还本付息。

　　（4）市场利率变动对债券发行和收回所产生的影响。

　　（5）债券契约中各种限制性条款对企业经营和财务活动的制约情况。

第四节　小结

　　本章的学习主要是在区分项目融资资金构成的基础上，详细了解股本资金、准股本资金和债务资金的具体筹措方式。

　　投资者增加股本资金的投入可以增强项目的经济强度，提高项目的风险承受能力，从而为债务资金提供了安全保障。在当前实践中，股本资金的筹措方式主要有利用投资者直接投资，发行股票和利用产业资金，以及较具特色的股本资金替代形式——贷款担保。新成立的项目公司直接上市融资并不容易，通常是通过买壳上市来实现股票融资，而贷款担保多数情况是作为项目实际投入的股本资金的一种补充。只有在项目具备很好的经济强度，同时承诺担保负责方本身具有很高的政治、商业信誉的双重条件下的项目融资结构，才有可能以贷款担保形式100%或者接近100%地替代项目投资者实际的股本资金投入。

　　准股本资金是指在本金偿还顺序上先于股本资金但落后于高级债务和担保债务的从属性债务。高级贷款人在计算项目的债务股本比率时通常将准股本资金当作股本资金。项目投资者乐于提供准股本资金的原因在于：与股本资金相比，准股本资金有回报率相对稳定、投资者在利益分配上所受到的限制较少和有利于项目公司形成较为灵活的税务结构等好处。在项目融资的实践中，常见的准股本资金投入形式有无担保贷款、零息债券、可转换债券、附有认股权证的债券和贷款担保等。

　　银行等金融机构贷款是项目债务资金的主要来源。按照提供贷款主体和资金提供者性质的不同，可区分为商业银行贷款、银团贷款、出口信贷、外国政府贷款和多边金融机构贷款。

　　随着资本市场的完善和发展，债券融资在项目债务资金筹措中的地位越来越重要。

关键概念

　　资金结构　股本资金　准股本资金　债务资金　贷款融资

复习思考题

　　1.项目融资中的资金主要由哪些部分构成？

　　2.产业基金的主要参与人有哪些？

3. 项目公司发行股票筹措资金存在哪些障碍？如何解决？

4. 确定项目资金结构时的主要考虑因素有哪些？

5. 总股本资金筹集的主要方式有哪些？

6. 债务资金的筹集主要从哪些方面入手？

7. 债券的基本分类方法有哪些？

8. 债券融资的优缺点有哪些？

个案分析　澳大利亚-日本海底通信光缆项目

澳大利亚-日本海底通信光缆项目的设想于1997年提出。该项目由两条12 700千米长的光缆组成，设计能力为640千兆字节/秒，总投资5.2亿美元，采用项目融资筹集大部分资金，于2001年6月建成投入服务。初期为40千兆字节/秒，以后根据用户的要求逐步增加，以满足市场需求。

考虑到建设成本和减少光缆在浅海遭受破坏而失效的风险，澳大利亚-日本海底通信光缆系统的主缆为两条光缆包在一起的单缆，而在靠近悉尼、关岛、东京与名古屋的浅海处采用分叉的双缆，1999年Telstra公司、Teleglobe公司和日本电信公司签订谅解备忘录，形成合作伙伴关系，成立澳大利亚-日本海底光缆有限公司，进行项目开发并安排融资。潜在的投资人有AT&T公司、NTT公司和MCI World Com公司。

1. 资金结构

项目资金由15%的股本资金和85%的债务资金构成。债务资金分为两部分：一部分是以预售合同为基础的贷款，另一部分是以潜在的市场需求为基础的贷款。贷款是由银团提供的银团贷款。

澳大利亚-日本海底光缆项目提供岸到岸的通信服务，其用户为电信经营商。项目的一部分通信容量由项目主办人购买自用，其余部分在市场上销售。此外，项目公司签订一系列合同，如设备供应协议、施工协议和贷款协议。项目融资结构如6-1图所示。

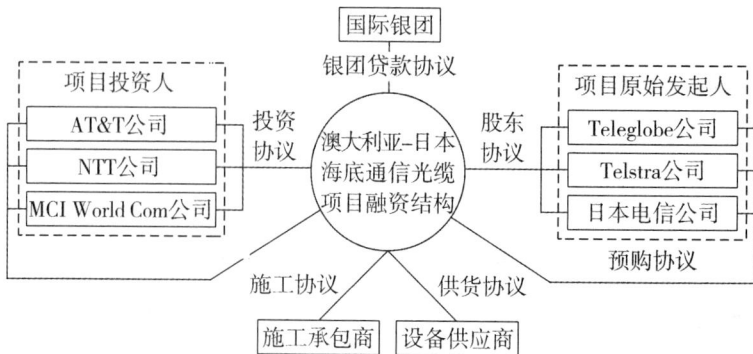

图6-1　澳大利亚-日本海底通信光缆项目融资结构

2.案例评析

该项目的最大特点是贷款分为两种：一种贷款以预售合同作为抵押，市场需求风险较小，贷款利率较低；另一种贷款以潜在的市场需求为基础，市场需求风险较大，贷款利率较高。这种安排有效地降低了融资成本。

资料来源　叶苏东. 项目融资：理论、案例与实务［M］. 2版. 北京：清华大学出版社，北京交通大学出版社，2010.

第七章

项目融资模式（上）

学习目标

通过本章的学习，掌握项目融资模式的设计原则；了解有代表性的项目融资模式；明确各项目融资模式的适用条件和适用范围；熟悉融资模式的演化和发展。

第一节　项目融资模式的设计原则

项目融资模式是指项目法人取得资金的具体形式。资金从哪里来和如何取得，既有区别又有联系。一定的融资模式，一般只适用于某一特定的融资渠道，但同一渠道的资金，往往可采用不同方式取得，而同一融资方式又往往适用于不同的融资渠道。项目融资模式是项目融资整体结构组成中的核心部分，是对项目融资各要素的综合。设计项目融资模式，实际上是对项目融资要素的具体组合和构造。设计项目的融资模式，首先需要确定好设计原则，并与项目投资结构的设计同步考虑，在项目的投资结构确定下来之后，进一步细化完成融资模式的设计工作。

一、有限追索原则

实现融资对项目投资者的有限追索，是设计项目融资模式的基本原则之一。追索的形式和追索的程度，既取决于贷款银行对一个项目风险的评价以及该项目融资结构的设计，又取决于该项目所处行业的风险系数、投资规模、投资结构、项目开发阶段、项目经济强度、市场安排以及投资者的组成、财务状况、生产技术管理、市场销售能力等多方面的因素。条件基本相同的项目，如果上述因素有程度上的差异，项目融资的追索形式或追索程度也会有相应变化。

按照有限追索原则，在融资过程中为了限制融资对投资者的追索责任，需要考虑三个方面的问题：

（1）融资项目的经济强度在正常情况下必须足以支持融资的债务偿还。

（2）必须能够找到强有力的来自投资者以外的信用支持。

（3）融资结构的设计必须做出适当的技术性处理，如提供必要的担保等。

二、项目风险分担原则

保证投资者不承担项目的全部风险责任也是项目融资模式设计的一条基本原则，而要做到这一点，就需要在投资者、贷款银行以及其他与项目利益有关的第三方之间合理有效地划分项目的风险，力争实现对投资者的最低债务追索。前面相关章节的分析已经表明，项目不同运行阶段中的各种性质的风险都有可能通过合理的融资结构设计将其分散，例如，项目建设中投资者可能需要承担全部的项目建设期和试生产期风险，但是在项目建成投产以后，投资者所承担的风险责任将被限制在一个特定的范围内，比如投资者可能只需要以购买项目全部或者绝大部分产品的方式承担项目的市场风险，而贷款银行则可能同样需要承担项目的一部分经营风险。这是因为即使投资者或项目以外的第三方产品购买者以长期协议的形式承购了全部项目产品，对贷款银行而言，也存在着国际市场产品价格过低导致项目现金流量不足和项目产品购买者不愿意或者无力继续执行产品销售协议造成项目产品销售不畅等潜在的风险。项目风险的分担同样需要考虑投资结构的支持。例如，在合资项目中，主要投资者可通过引入一些小股东（投资者）的方式保证一部分项目产品的销售，可以起到很好的分担市场风险的作用。

三、成本降低原则

一般来讲，项目融资涉及的投资数额大，资本密集程度高，运作的周期也长，因此，在融资项目设计与实施的过程中应该考虑的一个重要方面就是如何降低成本的问题，这里最主要的是一些经济手段的运用。比如，世界上多数国家的税法都对企业税务减免问题有相应的规定，但是税务减免不是无限期的（个别国家例外），短则只有3~5年，长的也就10年左右时间。同时，许多国家政府为了发展经济还制定了一系列的投资鼓励政策，并且其中很多政策也通过税前税后的规定与项目的纳税基础紧密联系起来，因此，投资者完全可以利用这些税务减免的手段来降低项目的投资成本和融资成本。除此之外，降低成本还可从项目的投资结构和融资结构两个方面入手：一是完善项目投资结构设计，增强项目的经济强度，降低项目风险，减少债务资金成本；二是要合理选择，科学确定融资渠道，优化资金结构和融资渠道配置，降低项目的融资成本。

四、完全融资原则

现实经济运行中，任何项目的投资，包括采用项目融资方来安排资金的项目都需要投资者在项目运作中注入一定数量的股本资金作为对项目开发的支持。但项目融资过程中，股本资金的进入方式比传统的公司融资要灵活很多。投资者股本资金的注入完全可以考虑以担保存款、信用证担保等非传统形式来完成，这可以看作是对传统资金注入方式的一种替代，投资者据此来实现项目100%融资的目标要求。而要做到这一点，就需要在设计项目融资结构的过程中，充分考虑如何最大限度地控制项目的现金流量，保证现金流量不仅可以满足项目融资结构中正常债务部分的融资要求，而且可以满足股本资金部分的融资要求。项目现金流量的充足程度是贯彻这一原则的基础。

五、近期融资与远期融资相结合的原则

综观世界各国项目融资的情况可以看出，项目融资一般都是7~10年的中长期贷款，期限最长的可以达到20年左右。而在投资过程中，有的投资者愿意接受长期的融资安排，有的投资者考虑更多的则是近期融资的需要，他们选用项目融资方式是出于对某个国家或某个投资领域不十分熟悉，对项目的风险及未来发展没有十分的把握而采取的一种谨慎策略，或者是出于投资者在财务、会计或税务等方面的特殊考虑而采取的一种过渡性措施。在此背景下，其融资战略只能是一种短期战略。在项目运行中如果采用项目融资方式的各种决定因素变化不大，就可以长期地保持这种项目融资的结构；一旦这些因素朝着有利于投资者的方向发生较大的变化，他们就会希望重新安排融资结构，放松或取消银行对投资者的种种限制，降低融资成本，这就是在项目融资中经常会遇到的"重新融资问题"。这也是投资者基于经济利益因素而做出的正确选择。基于这一原因，在设计项目融资结构时，投资者需要明确选择项目融资方式的目的以及对重新融资问题是如何考虑的，为尽可能地把近期融资与远期融资结合起来，不同的项目融资结构在重新融资时的难易程度是有所区别的，有些结构比较简单，有些结构相对复杂，项目融资模式的设计必须充分考虑这一问题。

六、表外融资原则

项目融资过程中的表外融资就是非公司负债型融资。实现公司资产负债表外融资，是一些投资者运用项目融资方式的重要原因之一。虽然通过设计项目的投资结构，在一定程度上也可以做到不将所投资项目的资产负债与投资者本身公司的资产负债表合并，但在多数情况下这种安排只对共同安排融资的合资项目中的某一个投资者而言是有效的。如果是投资者单独安排融资，情况就会变得复杂，一些管理上的混淆就会出现，因此，必须通过项目融资模式的合理设计来解决这一问题。例如，在项目融资中可以把一项贷款或一项为贷款提供的担保设计成为"商业交易"

的形式，按照商业交易来处理，既实现了融资的安排，也达到了不把这种贷款或担保列入投资者的资产负债表的目的。因为商业交易在国际会计制度中，是不必进入资产负债表的。再比如 BOT 项目融资模式，政府以"特许权合约"为手段利用私人资本和项目融资兴建本国的基础设施，一方面达到了改善本国基础设施状况的目的；另一方面又有效地减少了政府的直接对外债务，避免了政府所承担的义务以债务形式出现。

七、融资结构最优化原则

所谓融资结构是指融通资金的各组成要素，如资金来源、融资方式、融资期限、利率等的组合和构成。要做到融资结构的优化，需把握的基本点是：以融资需要的资金成本和筹资效率为标准，力求融资组成要素的合理化、多元化，即筹资人应避免依赖于一种融资方式、一个资金来源、一种货币资金、一种利率和一种期限的资金，而应根据具体情况，从筹资人的实际资金需要出发注意内部筹资与外部筹资、国内筹资与国际筹资相结合、长期筹资与短期筹资、直接融资与间接融资相结合，以提高筹资的效率与效益，降低筹资成本，减少筹资风险。具体而言，这一原则包括以下几个方面：

1. 融资方式种类结构优化

一般来讲，融资有多种方式，各有各的优点和不足，筹资人必须适当选择，如股权融资与债务融资的适当组合等，以确立最合适的融资模式，使资金来源多元化，使资本结构优化。

2. 融资成本优化

筹资人在选择融资方式的同时，要熟悉各种不同类型金融市场的性质和业务活动，以便能从更多的资本市场上获得资金来源。在同一市场上应向多家融资机构洽谈融通资金，增加自己的选择余地。要贯彻择优的原则，争取最低的筹资成本，降低融资成本。

3. 融资期限结构优化

要保持一个相对平衡的债务期限结构，尽可能使债务与清偿能力相适应，体现均衡性，具体做法是：一是要控制短期债务。短期债务通常应主要用于融通贸易支付，或短期头寸调剂，对短期融资应严格限制其用途，如果把短期融资用于抵付长期债务的本息偿付，则债务结构必然恶化，因此，通常把短期债务控制在总债务的20%以内比较合适。二是债务融资偿还期与筹资人投资回收期衔接。三是应尽量将债务的还本付息时间比较均衡地分开，以避免在个别年份或若干年度内出现"偿债高峰"期。四是融资利率结构优化。一般来说，筹集固定利率贷款或债务比较有利。如果浮动利率贷款金额或债券规模过大，一旦金融市场利率上扬，并在相当长的时间内居高不下，则债务的利息负担将会增加，导致清偿困难。在选择利率的具体方式时，基本原则是：当资本市场利率水平相对比较低，且有上升趋势时，应尽量争取以固定利率融资以避免利率升高可能带来的损失；反之，当市场利率处于相对比较高的水平，且有回落趋势时，就应考虑用浮动利率融资。应注意到，固定利率资金具有风险小但灵活性较差的特点，而浮动利率资金具有灵活性强但风险较大的特点。五是融资货币币种结构优化。融入资金的币种应能与筹资项目未来收入的币种相吻合，即现在所筹集的资金货币就是将来的还款货币。一般来说，融资货币应尽可能提高融入软货币的比重，以避免融入硬货币币值提高造成的损失，而争取获得融入软货币币值降低的收益。但究竟用软币有利，还是硬币有利？或者软硬搭配有利？这还得按实际情况具体选择，不能单纯以融资谈判时货币市场汇率行情为依据。筹资人应注意研究国际金融市场汇率的变化趋势，将汇率与利率因素两者结合考虑，将不同货币的利率幅度，以及不同货币汇率变化可能造成的影响综合考虑，权衡利弊得失，尤其是在筹集中长期资金时，更要把握未来较长时期内融入货币的利率和汇率走势。六是筹资方式可转换性原则。公司在筹集资金时，应充分考虑筹资调整弹性，即筹集方式相互转换的能力。应选择转换能力较强的筹资方式，以避免或降低风险。一般来说，短期筹资转换能力较强，但期限短，在面临风险时，可及时采用其他筹资方式。在长期筹资时，可发行可转换优先股和可转换债券，尤其是使用可转换债券，既能增加股本，又可提高股本收益率。总之，公司不能过度依赖某一筹资方式或几个筹资渠道，而要采取多元化、分散化的筹资方式，增强筹资转换能力，降低风险。

第二节　直接融资模式

项目直接融资模式是指由项目投资者直接安排项目的融资，并直接承担起融资安排中相应的责任和义务的一种方式，从理论上讲是结构最简单的一种项目融资模式。当投资者本身的公司财务结构良好并且合理时，这种模式比较合适。对于资信状况良好的投资者，直接融资方式可以获得成本相对较低的贷款，因为资信良好的公司信誉对贷款银行来说就是一种担保。但在投资者使用直接融资方式的过程中，需要注意的是如何限制贷款银行对投资者的追索权利问题。贷款由投资者申请并直接承担其中的债务责任，在法律结构上会使实现有限追索变得相对复杂，并使项目贷款很难安排成为非公司负债型的融资。投资者直接安排项目融资的模式，在投资者直接拥有项目资产并直接控制项目现金流量的非公司型合资结构中比较常用，并且，这种融资模式有时也是为一个项目筹集追加资本金时所能够使用的唯一方法。因为大多数的非公司型合资结构不允许以合资结构或管理公司的名义举债。直接融资模式也有其优点，主要体现在：

（1）采用直接融资模式，投资者可根据其投资战略的需要，灵活地安排融资结构。如选择合理的融资结构及融资方式，确定合适的债务比例，灵活运用投资信誉等，这就给了投资者更为充分的余地。

（2）运用直接融资模式能在一定程度上降低融资成本，由于采用直接融资模式时投资者可以直接拥有资产并控制项目现金流量，这就使投资者直接安排项目融资时，可以比较充分地利用项目的税收减免等条件，以降低融资成本。

一、直接融资模式的运作

直接融资模式在结构安排上主要有两种操作思路。

（一）由投资者面对同一贷款银行和市场直接安排融资

在这一融资模式中，首先，投资者根据合资协议组成非公司合资结构，并按照投资比例合资组建一个项目管理公司负责项目的建设和生产经营，项目管理公司同时也作为项目发起人的代理人负责项目的产品销售。项目管理公司的这两部分职能分别通过项目的管理协议和销售代理协议加以规定和实现。其次，根据合资协议规定，发起人分别在项目中投入相应比例的自有资金，并统一筹集项目的建设资金和流动资金，但是由每个发起人单独与贷款银行签署协议。在建设期间，项目管理公司代表发起人与工程公司签订工程建设合同，监督项目的建设，支付项目的建设费用。在生产经营期间，项目管理公司负责项目的生产管理，并作为发起人的代理人销售项目产品。最后，项目的销售收入将首先进入一个贷款银行监控下的账户，用于支付项目的生产费用和资本再投入，偿还贷款银行的到期债务，最终，按照融资协议的规定将盈余资金返还给发起人。

（二）由投资者各自独立地安排融资和承担市场销售责任

在这一融资模式中，两个投资者组成非公司型合资结构，投资于某一项目，并由投资者而不是项目管理公司组织产品销售和债务偿还。首先，项目发起人根据合资协议投资合资项目，任命项目管理公司负责项目的建设生产管理。然后，发起人按照投资比例，直接支付项目的建设费用和生产费用，根据自己的财务状况自行安排融资。项目管理公司代表发起人安排项目建设，安排项目生产，组织原料供应，并根据投资比例将项目产品分配给项目发起人。最后，发起人以"或付或取"合同的规定价格购买项目产品，其销售收入根据与贷款银行之间的现金流量管理协议进入贷款银行监控账户，并按照资金使用优先序列的原则进行分配。

二、直接融资模式的特点

任何一种融资模式在满足投资者某些方面需要的同时，难免会存在某些方面的缺憾。直接融资模式也是既有其优点，也有其不足。直接融资的优点主要体现在：一是选择融资结构及融资方式比较灵活。发起人可以根据不同需要在多种融资模式、多种资金来源方案之间充分加以选择和合并，比如资信较好的公司可以很便宜地融通到资金，而对于一些小公司却必须付出很高的融资成本。二是债务比例安排比较灵活。发起人可以根据项目的经济强度和本身资金状况较灵活地安排债务比例。三是可以灵活运用发起人在商业社会中的信誉。同样是有限追索的项目融资，信誉越好的发起人就可以得到越优惠的贷款条件。

直接融资模式的不足之处主要表现在将融资结构设计成有限追索时比较复杂：一是如果组成合资结构的投资者在信誉、财务状况、市场销售和生产管理能力等方面不一致，就会增加项目资产及现金流量作为融资担保抵押的难度，从而在融资追索的程度和范围上会显得比较复杂。二是在安排融资时，需要注意划清投资者在项目中所承担的融资责任和投资者其他业务之间的界限，这一点在操作上更为复杂。三是通过投资者直接融资很难将融资安排成为非公司负债型的融资形式，也就是说在安排成有追索的融资时难度很大。

第三节　杠杆租赁融资模式

杠杆租赁属于融资租赁的一种，既可为整个项目安排融资，亦可用来安排债务资金作为整个项目融资的一个组成部分。杠杆租赁融资模式是指在项目投资者的要求下，资产出租人以租赁费优先获得权的转让和租赁资产的抵押向贷款人取得贷款，购买项目资产，然后租赁给资产承租人，即项目投资者，资产承租人以项目营运收入支付租赁费而获取资产使用权的一种融资模式。资产出租人和贷款银行的收入以及信用保证主要来自该租赁项目的税务优惠、租赁费、项目的资产以及对项目现金流量的控制。显然，对资产出租人而言，杠杆租赁融资模式是一种无追索或有限追索的资金融通方式。

一、杠杆租赁项目的参与主体

杠杆租赁项目的融资模式中资产出租人的收益在很大程度上来自项目加速折旧和利息支出的税务扣减，因此融资结构设计时不仅需要以项目自身经济强度特别是现金流量状况作为主要参考依据，而且也需要将项目的税务结构作为一个重要组成部分加以考虑。也就是说，杠杆租赁租赁模式通常比其他项目融资模式结构要复杂些。一般而言，杠杆租赁融资模式的参与者主要包括：资产出租人、贷款人、资产承租人和杠杆租赁经理人。

（一）资产出租人

资产出租人通常是由专业租赁公司、银行和其他金融机构等股本参加者（至少有两个）组成的合伙制结构。合伙制结构为杠杆租赁结构提供股本资金，安排债务融资，享受项目结构中的税务好处，出租项目资产收取租赁费，在支付到期债务、税收和其他管理费用后取得相应的股本投资收益。

（二）贷款人

贷款人即债务参加者，为普通银行和金融机构，以对股本参加者无追索权的形式向融资项目提供60%~80%的建设和开发资金，在债务偿还前享有优先取得租赁费的权利。

（三）资产承租人

资产承租人是项目的主办人和真正的投资者，拥有项目的使用权。由于在杠杆租赁项目的建设期和生产前期，资产出租人可以吸收项目的税务亏损，并将部分扣税好处转让给承租人，所以与其他融资模式相比，项目投资者可以获得较低的融资成本。由于杠杆租赁结构的复杂性，并不是任何人都可以组织起以杠杆租赁为基础的项目融资。因此，项目资产承租人本身的资信状况是该方式能否得以实现的关键。

（四）杠杆租赁经理人

杠杆租赁经理人相当于融资顾问的角色，主要由投资银行担任，其任务是设计杠杆租赁融资结构，并与各方谈判组织融资结构中的股本参加者和债务参加者，安排项目的信用保证结构。若融资安排成功，杠杆租赁经理人就代表股本参加者监督管理杠杆租赁项目的日常运行及项目资产承租人的现金流量，并收取管理费作为报酬。

二、杠杆租赁项目融资的运作

杠杆租赁融资模式的运作程序主要包括以下步骤：

（1）项目投资者确定或参加一个项目的投资，并设立项目公司或专设公司。

（2）项目投资者将项目资产及其在投资结构中的全部权益转让给资产出租人，并提供具有"无论提货与否均需付款"或"提货与付款"性质的产品承购协议。资产出租人——合伙制结构通过转让销售合同、应收款形式和建立项目现金流量控制账户形式获得担保，将融资安排成有限追索形式，同时与项目公司或专设公司签订项目租赁协议。

（3）项目建设期，项目投资者为融资安排提供完工担保，承担项目的全部责任。合伙制结构的项目从贷款人和股本参加者处获得项目建设费用和流动资金，与工程承包公司签订工程建设合同，支付项目的建设费用。

（4）项目经营阶段，项目公司在拥有项目资产使用权的基础上进行生产经营，并按租赁协议逐年支付租赁费。杠杆租赁经理人按照生产费用、项目资本性开支、杠杆租赁经理人的管理费、到期债务偿还、股东投资收益等先后顺序分配和使用项目现金流量。

（5）租赁期末，项目投资者的一个相关公司需要以事先商定的价格将项目的资产购买回去。但该相关公司不能是投资者本人或其设立的项目公司，否则此项交易的性质变为委托购买，不能享受杠杆租赁融资中的税务好处。

三、杠杆租赁融资模式的主要特点

采用杠杆租赁结构进行项目融资安排时，应注意其优势、劣势和操作关键。

（一）杠杆租赁融资模式的优势

与其他项目融资方式相比，杠杆租赁模式具有以下优势：

（1）融资成本较低。由于杠杆租赁融资通常能够得到税收和政策上的优惠，因而可以降低融资成本。在杠杆租赁融资结构中，出租人通常可以获得投资税务抵免、加速折旧等好处，这些税务好处可以作为补偿股本参加者的股本资金投资收益的一个重要组成部分，使项目投资者获得较低的融资成本。另外，在一些国家，如果租赁的设备为新技术、新设备，符合政府产业政策的要求，可享受到政府的融资优惠和信用保险。比如政府为租赁公司提供低息贷款，并在承租人无法交付租金时，向租赁公司赔偿部分租金以分担其风险和损失。这样，金融租赁公司就可以将这些优惠以较低租金的形式分配给承租人一部分。

（2）易实现完全融资。在一般项目融资中，项目发起人总是要提供一定比例的股本资金，以增强贷款人提供有限追索性贷款的信心。在杠杆租赁融资模式中，由债务参加者和股本参加者所提供的资金构成了被出租项目的全部或大部分建设费用或者购买价格，因此很可能全部解决项目所需资金或设备问题，而不需要项目投资者进行任何股本投资，即实现100%的融资。

（3）不直接拥有但仍控制项目资产。根据金融租赁协议，作为承租人的项目公司拥有租赁资产的使用权、经营权、维护和维修权等，因此金融租赁项下的资产甚至通常被视为由项目投资者完全所有、由银行融资的资产。

（二）杠杆租赁融资模式的劣势

与其他项目融资模式相比，杠杆租赁模式的主要缺陷是融资结构、法律关系和操作管理非常复杂，这种复杂性导致了以下两方面的问题：

（1）由于杠杆租赁融资模式结构相当复杂，所以组织成功也相当困难。并不是任何人都可以组织起以杠杆租赁为基础的项目融资，项目资产承租人本身的资信状况是一个相当关键的评判指标。

（2）同样，杠杆租赁融资结构的复杂性，导致不易对融资进行重新安排。因此，项目投资者在选择杠杆租赁项目融资模式时值得注意的一点是，杠杆租赁融资模式一经确定，重新安排融资的可能性以及重新融资的可选择余地就变得很小。

（三）运用杠杆租赁融资模式的关键问题

（1）税务结构。资产出租人和贷款银行的收益以及信用保证主要来自结构中的税务好处、租赁费用、项目资产以及对项目现金流量的控制，因此项目的税务结构以及税务扣减的数量和有效性是杠杆租赁融资模式的关键。一些国家对于杠杆租赁的使用范围和税务扣减有很具体的规定和限制，并且可能根据情况有所变化，在设计融资结构时需要掌握当地法律和具体的税务规定。如美国规定只有在"真实租赁"条件下，出租人才能享受税收优惠，并且对投资税务抵免、加速折旧等制度进行了多次修改。通常，融资结构中的贷款银行不承担任何税务政策变化的风险，并要求项目资产承租人补偿由此造成的税务损失。因此，资产承租人在融资结构最后确定之前，最好申报有关税务部门以获得批准。

（2）合伙制金融租赁公司。通常，大型工程项目的资产和设备由许多租赁公司分别购置和出租，而大多数情况下是这些租赁公司组成一个新的合伙制结构来共同完成对某一项目的租赁业务。对于一些大的工程项目，任何一个租赁机构都很难大到足以吸纳所有的税务好处。因此，在这类租赁业务中，只有合伙制结构能够真正完全获得融资租赁中的税务好处，成立合伙制结构的金融租赁公司是杠杆租赁融资模式的另一个关键点。

第四节　生产支付融资模式

一、生产支付融资模式的概念

生产支付融资模式是指建立在贷款银行从项目中购买某一特定矿产资源储量的全部或部分未来销售收入权益的基础上的融资安排。根据"生产支付协议"，贷款银行远期购买项目全部或一定比例的资源储量或未来生产的资源性产品产量，这部分资源储量或产量的收益将作为项目融资的主要偿债资金来源。因此，生产支付的融资安排是贷款银行通过直接拥有项目的产品和销售收入，而不是通过抵押或权益转让的方式来实现的。

生产支付融资模式是项目融资的早期模式之一，起源于20世纪50年代美国的石油、天然气项目的融资安排，后被广泛地运用到各种矿产资源开发项目中。一般来说，生产支付融资模式适用于资源储量已经探明，并且项目生产的现金流量能够比较准确预测的资源开发项目。

二、生产支付融资模式的运作

生产支付融资模式的基本运作思路具体为：

（1）贷款银行或项目投资者建立一个"融资中介机构"，由该机构与项目公司签订"生产支付协议"（有时还要签订"销售代理协议"），从项目公司购买一定比例的项目资源储量或未来生产的资源性产品的产量，作为项目融资的基础。

（2）根据生产支付协议，融资中介机构以支付产品"购货款"的形式为项目公司融资，提供项目的建设和资本投资资金，而项目公司则承诺按照一定的价格计算公式安排生产支付。产品的定价要在产品本身价格的基础上考虑到"利息"因素。同时，融资中介机构要求以项目固定资产抵押和完工担保作为项目融资的信用保证。

（3）融资中介机构以生产支付协议规定的产品销售收入权益为抵押，从贷款银行处获得用于向项目公司支付购买协议规定比例或数量的资源性产品的资金。

（4）在项目进入生产期后，如果签订了销售代理协议，项目公司将作为融资中介机构的代理销售其产品，销售收入直接进入融资中介机构用以偿还债务；若没有销售代理协议，则融资中介机构要在市场上直接销售产品或销售给项目公司或其他相关公司，以销售收入偿还从贷款银行处借入的"购货款"。

实际上，生产支付融资模式中贷款银行也可以直接安排融资而不利用融资中介机构。但是，利用融资中介机构有利于贷款银行将一些由于直接拥有资源或产品而引起的责任和义务（例如环境保护责任）限制在融资中介机构内，并且在信用保证结构上，利用融资中介机构比直接安排融资时简单。因此，生产支付融资在大多数情况下都会设立一个融资中介机构。

三、生产支付融资模式的特点

（1）信用保证结构较其他融资方式独特。

生产支付的融资安排是建立在贷款银行购买某一特定矿产资源储量的全部或部分未来销售收入权益的基础上的。在这一安排中，提供融资的贷款银行从项目中购买到一个特定份额的生产量，这部分生产量的收益也就成为项目融资的主要偿债资金来源。因此，生产支付是通过直接拥有项目的产品和销售收入，而不是通过抵押或权益转让的方式来实现融资的信用保证。对于资源属于国家所有、投资者只能获得资源开采权的国家和地区，生产支付的信用保证主要通过购买项目未来生产的现金流量，加上资源开采权和项目资产的抵押来实现。

（2）融资容易被安排成为无追索或有限追索的形式。

由于所购买的资源储量及其销售收益被作为生产支付融资的主要偿债资金来源，而融资的数量取决于生产支付所购买的那一部分资源储量的预期收益在一定利率条件下贴现出来的资金现值，所以贷款的偿还非常可靠，融资比较容易被安排成为无追索或有限追索的形式。在生产支付融资安排中，如何计算所购买的资源储量的现值是一个关键且复杂的问题。它需要考虑资源总量、资源价格、生产计划、通货膨胀率、汇率、利率及资源税等一系列相关因素来合理确定。

（3）在生产支付融资中，贷款银行一般只为项目的建设和资本费用提供融资，而不承担项目生产费用的贷款，并且要求项目投资者提供最低生产量、最低产品质量标准等方面的担保。

作为一种自我摊销的融资方式，生产支付融资通过购买一定的项目资源产量安排融资，可较少地受到常规的债务比例或租赁比例的限制，增强了融资的灵活性，但进行生产支付融资时，会受到项目的资源储量和经济生命周期等因素的限制。另外，项目投资者和经营者的素质、资信、技术水平和生产管理能力也是进行生产支付融资模式设计时不容忽视的重要方面。

第五节 以"设施使用协议"为基础的融资模式

一、以"设施使用协议"为基础的融资模式的概念

以"设施使用协议"为基础的项目融资模式是指围绕着一个工业设施或者服务性设施的使用协议作为主体安排项目融资。这种"设施使用协议"在工业项目中也称为"委托加工协议"，是指在某种工业设施或服务性设施的提供者和这种设施的使用者之间达成的一种具有"无论提货（使用）与否均需付款"性质的协议。以"设施使用协议"为基础的融资模式，主要应用于石油、天然气管道项目，发电设施，某种专门产品的运输系统以及港口、铁路设施等带有服务性质的项目。20世纪80年代以来，由于在很长一段时期内，国际原材料市场不景气导致与原材料有关的项目投资风险过高，包括发达国家在内的公司、财团对这一领域的新项目投资都持相当谨慎的态度，因此这种融资模式开始被引入工业项目中。

二、以"设施使用协议"为基础的融资模式的运作

利用"设施使用协议"安排项目融资，其成败的关键在于项目设施的使用者能否提供一个强有力的具有"无论提货（使用）与否均需付款"性质的承诺。这种承诺要求项目设施的使用者，在项目融资期间，不管是否真正地利用了项目设施所提供的服务，都得向设施的提供者无条件地定期支付预先确定数额的项目设备费。在项目融资中，这种无条件承诺的合约权益将被转让给提供贷款的银行，和项目投资者提供的完工担保一同构成项目信用保证结构的主要组成部分。

三、以"设施使用协议"为基础的融资模式的特点

（1）在投资结构的选择上比较灵活，既可采用公司型合资结构，也可采用契约型合资结构和合伙制结构，按照项目性质、项目投资者和设施使用者的类型及融资、税务方面的要求，设计相应的投资结构。

（2）适用于基础设施项目。使用该融资模式时，项目的投资者可以利用与项目利益有关的第三方，即项目设施使用者的信用来安排融资，分散风险，节约初始资金的投入，因而特别适用于资本密集、收益相对较低但相对稳定的基础设施项目。

（3）采用该种模式进行的项目融资活动，在税务结构处理上比较谨慎。这突出表现在虽然国际上有些项目将拥有设施使用协议的公司利润水平安排在损益平衡点上，以达到转移利润的目的，但有些国家的税务制度在这方面有一定的规制要求。

第六节 小结

本章主要在明确项目融资模式设计原则的前提下，介绍几种基础的、常见的项目融资模式。

融资模式是指项目法人取得资金的具体形式。资金从哪里来和如何取得，既有区别又有联系。一定的融资模式，一般只适用于某一特定的融资渠道，但同一渠道的资金，往往可采用不同方式取得，而同一融资方式又往往适用于不同的融资渠道。项目融资模式是项目融资整体结构组成中的核心部分，是对项目融资各要素的综合，所以设计项目融资的模式，实际上是对项目融资要素的具体组合和构造。设计项目的融资模式，首先需要确定好设计原则，并同步考虑对项目投资结构的设计，在项目的投资结构确定下来之后，进一步细化并完成融资模式的设计工作。项目融资模式的设计原则包括有限追索等七个原则。

项目直接融资模式是指由项目投资者直接安排项目的融资，并直接承担起融资安排中相应的责任和义务的一种方式，从理论上讲是结构最简单的一种项目融资模式。

杠杆租赁融资模式是指在项目投资者的要求下，资产出租人以租赁费优先获得权的转让和租赁资产的抵押向贷款人取得贷款，购买项目资产，然后租赁给资产承租人，即项目投资者，资产承租人以项目营运收入支付租赁费而获取资产使用权的一种融资模式。

生产支付融资模式是指建立在贷款银行从项目中购买某一特定矿产资源储量的全部或部分未来销售收入权益的基础上的融资安排。生产支付的融资安排是贷款银行通过直接拥有项目的产品和销售收入，而不是通过抵押或权益转让的方式来实现的。

以"设施使用协议"为基础的项目融资模式是指围绕着一个工业设施或者服务性设施的使用协议作为主体安排项目融资。这种"设施使用协议"在工业项目中也称为"委托加工协议"，是指在某种工业设施或服务性设施的提供者和这种设施的使用者之间达成的一种具有"无论提货（使用）与否均需付款"性质的协议。

关键概念

项目融资模式　直接融资模式　杠杆租赁融资模式　生产支付融资模式　以"设施使用协议"为基础的融资模式

复习思考题

1. 简析各种融资模式运作的限制条件。
2. 比较生产支付融资模式和以"设施使用协议"为基础的融资模式的异同。

3.简析中国推行以"设施使用协议"为基础的融资模式的主要障碍。

4.项目融资模式的设计原则有哪些？

5.简析直接融资模式的运作机理及其优缺点。

6.杠杆租赁融资模式操作中需要注意哪些问题？

7.生产支付融资模式的特点是什么？

8.以"设施使用协议"为基础的融资模式有何特点？

个案分析　澳大利亚波特兰铝厂项目融资

一、项目背景

波特兰铝厂位于澳大利亚维多利亚州的港口城市波特兰，于1984年开始建设，1988年9月全面建成投产。波特兰铝厂由电解铝生产线、阳极生产、铝锭浇铸、原材料输送及存储系统、电力系统等几个主要部分组成，其中核心的铝电解部分采用的是美国铝业公司20世纪80年代的先进技术，建有两条生产线，整个生产过程通过计算机进行严格控制。该厂每年可生产铝锭30万吨，是当时世界上技术先进、规模大的现代化铝厂之一。1985年6月，美国铝业澳大利亚公司（简称"美铝澳公司"）邀请中国国际信托投资公司（简称"中信公司"）投资波特兰铝厂。经过1年的投资论证、可行性研究、收购谈判、项目融资等阶段的紧张工作，中信公司在1986年8月成功地投资了波特兰铝厂，持有项目10%的资产，每年可获得产品3万吨铝锭。中信公司成立了中信澳大利亚有限公司（简称"中信澳公司"），代表总公司管理项目的投资、生产、融资、财务和销售，承担总公司在合资项目中的经济责任。

二、项目融资结构

（一）波特兰铝厂的投资结构

波特兰铝厂采用的是非法人式契约型投资结构。该投资结构在中信公司决定参与之前就已经由其他投资者通过谈判建立起来。因此，对于中信公司来说，在决定是否投资时，没有决策投资结构的可能，能做的只是在已有的投资结构基础上尽量加以优化：第一，确认参与该投资结构是否可以实现中信公司的投资战略目标；第二，在许可的范围内，就合资协议的有关条款加以谈判以争取较为有利的参与条件。

（二）中信澳公司在波特兰铝厂投资中所采用的融资模式

中信公司所聘请的融资顾问在现有的非法人式契约型投资结构下，基于中信澳公司成立初期为一"空壳公司"，不能充分利用投资初期每年可得到的减税优惠和税务亏损的考虑，建议中信澳公司在波特兰铝厂投资中采用有限追索的杠杆租赁项目融资模式，期限为12年，该建议被中信公司采纳。

1.项目股本参与银团

由5家澳大利亚主要银行组成的特殊合伙制结构，以及其所任命的波特兰项目代理公司是杠杆租赁中的股本参与者，是10%波特兰铝厂资产的法律持有人和杠杆租赁结构的出租人。特殊合伙制结构是专门为波特兰铝厂项目的有限追索杠杆租赁结构组织起来的，负责为中信澳公司在波特兰铝厂项目中10%的投资提供股本资金（为项目建设资金投资的1/3）和安排债务资金。股本参与银团直接享有项目结构中来加速折旧以及贷款利息等方面的巨额税务好处，并通过与中信澳（波特兰）公司签署的资产租赁协议（或称委托加工协议），将项目资产出租给中信澳（波特兰）公司生产电解铝。股本参与银团通过租赁费收入支付项目的资本开支、到期债务、管理费用、税收等。股本参与银团在波特兰项目中不直接承担任何的项目风险或中信公司的信用风险。这些风险由项目债务参与银团以银行信用证担保的方式承担。

2.项目债务参与银团

项目债务资金结构由两个部分组成：比利时国民银行和项目债务参与银团。全部的债务资金贷款（占项目建设资金投资的2/3）是由比利时国民银行提供的。但是比利时国民银行并不承担任何的项目信用风险（全部风险由项目债务参与银团以银行信用证的形式承担），因而比利时国民银行并不是杠杆租赁结构中真正意义上的"债务参与者"。杠杆租赁结构中真正的"债务参与者"是由澳大利亚、日本、美国、欧洲等国家和地区的9家银行组成的贷款银团。贷款银团以银行信用证的方式为股本参与银团和比利时国民银行提供信用担保，承担全部的项目风险。而比利时国民银行的作用是为项目提供无须交纳澳大利亚利息预提税的贷款。以上股本参与银团、债务参与银团以及实际债务资金提供者——比利时国民银行组成了波特兰铝厂项目融资中具有特色的一种资金结构，为全部项目投资提供了96%的资金，基本上实现了100%的融资。

3.项目资产承租人

中信澳公司全资拥有的中信澳（波特兰）公司是杠杆租赁结构中的资产承租人。中信澳（波特兰）公司通过一个12年期的租赁协议，从项目代理公司手中获得10%的波特兰铝厂项目资产的使用权。根据融资安排，在12年融资期限结束时，中信澳（波特兰）公司可以通过期权安排，收购股本参与银团在项目中的资产权益，成为10%波特兰铝厂资产的法律持有人。由于融资的有限追索性质，中信澳（波特兰）公司的现金流量处于融资经理人的监控之下，用来支付生产成本、租赁费等经营费用，并在满足了留置一定资金的条件下，可以用利润的形式返还给股东——中信澳公司。

4.项目融资经理人

美国信孚银行澳大利亚分行在有限追索的杠杆租赁融资结构中扮演了4个方面的重要角色：第一，作为中信公司的融资顾问，负责组织了这个难度极高的项目融资结构；第二，在融资结构中承担了杠杆租赁经理人的角色，代表股本参与银团处理一切有关特殊合伙制结构以及项目代理公司的日常运作；第三，担任了项目债务参与银团的主要经理人；第四，分别参与了股本参与银团和债务参与银团，承担了贷款银行的角色。

（三）融资模式中的信用保证结构

作为一个有限追索的项目融资，项目投资者所承担的债务责任以及所提供的信用支持表现在3个方面：

1. "提货与付款"形式的市场安排

中信澳公司通过与中信澳（波特兰）公司签署一项与融资期限相同的"提货与付款"形式的长期产品购买协议，保证按照国际市场价格购买中信澳（波特兰）公司生产的全部项目产品，降低了项目贷款银团的市场风险。但是由于中信澳公司与中信澳（波特兰）公司一样均为"空壳公司"，所以贷款银行要求中信公司对中信澳公司与中信澳（波特兰）公司之间的"提货与付款"协议提供担保。

2. "项目完工担保"和"项目资金缺额担保"

中信公司在海外的一家国际一流银行中存入一笔固定金额（为项目融资总金额的10%）的美元担保存款，作为项目完工担保和资金缺额担保的准备金。在项目建设费用超支和项目现金流量出现缺额时，根据一定的程序，项目融资经理人可以动用担保存款。但是这个担保是有限的，其限额为担保存款的本金和利息。

3. 中信公司在项目中的股本资金投入

中信公司以大约为项目建设总金额4%的资金购买了特殊合伙制结构发行的与融资期限相同的无担保零息债券，成为中信公司在项目中的实际股本资金投入。虽然资金额很少，但作为项目投资的一种实际投入，可以给贷款银团一种良好的心理感受。

（四）简评

通过国际投行的精心设计，中信公司既确定了一个合理的投资结构，又安排了一个可行的融资模式，这为后续项目的成功打下了良好的基础。

资料来源　张极井. 项目融资［M］. 北京：中信出版社，2003.

第八章

项目融资模式（中）

学习目标

通过本章的学习，掌握PPP模式的概念、PPP模式和相关概念的界定、PPP模式的主要类型、PPP模式的应用范围和应用价值、PPP模式的运作程序、物有所值评价、财政承受能力分析、PPP项目实施方案编制和BOT模式；了解PPP项目采购方式。

第一节　PPP模式概述

一、PPP模式的起源与发展

私营部门参与提供基础设施有着相当长的历史。早在19世纪，英国工程师查德威克就提出了在地方污水处理和卫生服务方面，可以采用特许经营权的方式改进效率，这是较早的合同管理的思想，也是PPP模式的雏形。从那时起，各国在提供基础设施服务的过程中，制度变迁非常频繁，经历了从"私有化"到"国有化"，再到"公私合作"的过程。

PPP作为一个专业术语源于美国，最初专指公共与私人部门联合为教育项目筹资。在20世纪50年代，PPP扩展到为公共事业筹资，60年代又扩展到城市改造的公私合资。

一般来说，大多数学者认为现代的PPP模式产生于20世纪80年代末和90年代初的英国，并在澳大利亚、加拿大和许多欧洲国家得到广泛的应用。

20世纪80年代，英国的公共政策严格限制在公共基础设施建设中使用私人融资，以避免放松政府对整个公共财政的约束。但这种政策一实行就暴露出一些弊端，其直接结果是一些重要基础设施投资完全无法进行。1992年，英国政府开始实行"私人融资计划"（PFI），当时的财政大臣肯尼斯·克拉克首次提出这一概念，并于1993年出版了手册《新突破》，其副标题是"面向公共部门和私人部门之间的新型伙伴关系"，从此废除了最初严格限制私营资本进入公共领域融资的规定，为私营部门参与政府融资消除了政策和法律的障碍。在过去三十多年中，英国政府通过改革向公众提供公共服务的方式，利用由私人投资的商业服务公司或机构在金融、设计、管理等方面的技术和经验为公共领域提供更好的服务。

在英国，PPP模式已经不同程度地应用在交通、教育、监狱和医疗等领域，甚至在国防建设上也采用了PPP模式。从项目构成来看，PPP模式主要用在交通、医疗、教育、国防项目及其他项目上，包括监狱、环境、休闲等。英国75%的政府管理者认为：PPP模式下的工程达到和超过价格与质量关系的要求，可节省17%的资金；80%的工程项目按规定工期完成，常规招标项目按期完成的只有30%；20%未按期完成的，拖延时间最长没有超过4个月。同时，80%的工程耗资均在预算之内，而一般传统招标方式只能达到25%水平；20%超过预算的项目是因为政府提出调整工程方案。

20世纪90年代以来，PPP模式为世界许多国家所青睐，全球PPP项目的总规模不断跃升，应用范围已经遍布公共管理的诸多领域。特别是近年来，为促进各级政府部门更多、更好地应用PPP模式，发达国家纷纷成立国家级的PPP专业管理与推广机构，这既是应对全球经济复苏疲软的实质性措施，也有效提升了本国经济与社会基础设施水平，从而将PPP模式在全球的发展推入具有系统化组织保障的新阶段。

根据PPP市场成熟度由高到低来划分，开展应用PPP模式的国家大致可以分为三类：第一类包括英国、澳大利亚，其公私合作的复杂程度和活动程度最高；第二类包括荷兰、意大利、新西兰、爱尔兰、法国、加拿大、美国、日本、德国等国家，其公私合作的复杂程度和活动程度较高，故PPP的市场成熟度较高；第三类包括印度、俄罗斯、匈牙利、捷克、比利时、南非、丹麦、巴西等国家，其公私合作的复杂程度和活动程度较低，故PPP的市场成熟度较低。

各国和各部门关于PPP模式的定义不尽相同，存在多个PPP的统计口径和统计数据，很难估计PPP项目的总价值。

20世纪80年代，中国开始尝试引进外资进行基础设施建设。1984年6月，作为世界银行支持下的国家计委（现国家发展和改革委员会）四个试点项目之一，广东省深圳沙角B电厂正式签署合作协议。1995年5月，广西来宾B电厂项目由国家发展和改革委员会批准立项，作为BOT试点项目。此后，全国各地以BOT、TOT、BT等形式建设了一批基础设施项目。这个阶段PPP项目的特征是重视引进外资，各地方政府通过向投资者承诺固定回报率以降低其投资风险，吸引更多外资，地方政府主动承担了大量的市场风险。受1997年年底开始的亚洲金融危机的冲击，这一波以外商为主体的BOT项目改革试点逐渐平息。一方面，这是因为项目市场环境发生了变化——为了应对金融危机，国家实施了积极的财政政策，将大量国债资金投放于BOT项目比较多的公路项目，而BOT项目较多的电力市场，也在政府"强电政策"的推动下很快趋于饱和；另一方面，已经开始运营的项目大多遇到了麻烦，中央政府出台一些法规授意清理"固定投资回报率"项目，要求采取改、购、转、撤四种方法对设定固定回报率的项目进行更正，这一时期很多项目被清理。

从1999年开始，一些环保项目开始采用PPP模式，以后逐渐在城市供水、节水、供气、公共交通、排水、污水处理、道路、桥梁、市政设施、市容环境卫生、垃圾处理和城市绿化等各个领域展开。这一阶段PPP模式的显著特点是从单纯吸引外商投资转为以国内企业为主。2000年起，中国政府全面推行基础设施市场化改革，主要表现在两方面：一方面，所有基础设施都向投资者开放，不仅对外资开放，也对国内民间资本开放；另一方面，不仅新建项目市场化，而且积极鼓励存量企业引入竞争，进行改制，从而实现投资主体多元化。在这样的背景下，各地方政府纷纷开展PPP模式改革。

2002年年底，建设部（现住房和城乡建设部）印发了《关于加快市政公用行业市场化进程的意见》，明确提出建立政府特许经营制度。2004年，建设部颁发了《市政公用事业特许经营管理办法》，鼓励社会资金和外国资本以多种形式参与基础设施建设；2005年，《国务院关于鼓励支持和引导个体私营等非公有制经济发展的若干意见》正式以国家政策形式允许非国有资本进入垄断行业和领域，允许非国有资本进入基础设施领域。

2010年，国务院出台了《关于鼓励和引导民间投资健康发展的若干意见》，明确规定了民营资本参与的范围，"对于可以实行市场化运作的基础设施、市政工程和其他公共服务领域，应鼓励和支持民间资本进入"。2012年，铁道部、能源部、交通部、银监会、卫生部、国资委、证监会等部委纷纷出台了鼓励引导民间资本的政策措施。其中交通部进一步鼓励民间资本进入交通运输领域；铁道部出台关于鼓励和引导民间资本投资意见；卫生部规定社会资本可以自主申办营利性医疗机构；国资委积极推动民资设立PE基金参与国企改制重组；证监会大力鼓励民间资本参股证券公司；银监会制发了关于鼓励和引导民间资本进入银行业的实施意见；国家能源局颁布了民间资本投资能源领域实施意见。

2014年12月，财政部出台了《政府和社会资本合作模式操作指南》，列出了示范项目名单。财政部成立了政府和社会资本合作（PPP）中心。国家发展和改革委员会出台了《关于开展政府和社会资本合作的指导意见》以及《政府和社会资本合作项目通用合同指南》，为规范和推广PPP模式提供了重要的基础。此后，银保监会、证监会等相关部委出台一系列配套文件，PPP模式迎来了新的发展阶段。

二、PPP模式的定义

PPP是英文"Public-Private-Partnerships"的简写，中文可以译为"政府与社会资本合作模式""公私合作制""公私伙伴关系""公私合作伙伴关系""公私合营""公私合伙制""政府民间合作制""公私协力制"等。虽然私营资本参与基础设施服务的供给已有很长历史，但PPP术语的使用不过是最近二十几年的事情。不同的国家、国际组织、投资机构、金融机构、专家学者、实务操作者、中介咨询机构等对PPP模式都有不同的理解，所以关于PPP模式的解释较多。以下列举具有代表性的PPP模式的定义。

联合国发展计划署（1998）曾给出过定义：PPP模式是指政府、营利性企业和非营利性企业基于某个项目而形成的相互合作关系的形式。通过这种合作形式，合作各方可以达到比预期单独行动更有利的结果。合作各方参与某个项目时，政府并不是把项目的责任全部转移给私人企业，而是由参与合作的各方共同承担责任和融资风险。

美国国家PPP委员会认为，PPP是介于外包和私有化之间并结合了两者特点的一种公共产品提供方式，它充分利用私人资源进行设计、建设、投资、经营和维护公共基础设施，并提供相关服务以满足公共需求。

联合国培训研究院认为，PPP模式涵盖了不同社会系统倡导者之间的所有制度化合作方式，目的是解决当地或区域内的某些复杂问题。PPP模式包含两层含义：一是为满足公共产品需要而建立的公共和私人倡导者之间的各种合作关系；二是为满足公共产品需要，公共部门和私人部门建立伙伴关系进行的大型公共项目的实施。

欧盟委员会认为，PPP模式是指公共部门和私人部门之间的一种合作关系，其目的是提供传统上由公共部门提供的公共项目或服务。

加拿大国家PPP委员会对PPP模式的定义：它是公共部门和私人部门之间的一种合作经营关系，建立在双方各自经验的基础上，通过适当的资源分配、风险分担和利益共享机制，最好地满足事先清晰界定的公共需求。

美国的萨瓦斯（2002）将PPP模式界定为政府和私人部门之间的多样化安排，其结果是部分或传统上由政府承担的公共活动由私人部门来承担。

财政部（2014）对PPP模式的定义为：政府和社会资本合作模式是在基础设施及公共服务领域建立的一种长期合作关系。通常模式是由社会资本承担设计、建设、运营、维护基础设施的大部分工作，并通过"使用者付费"及必要的"政府付费"获得合理投资回报；政府部门负责基础设施及公共服务价格和质量监管，以保证公共利益最大化。这里的社会资本是指已建立现代企业制度的境内外企业法人，但不包括本级政府所属融资平台公司及其他控股国有企业。

国家发改委（2014）对PPP模式的定义为：政府和社会资本合作模式是指政府为增强公共产品和服务供给能力、提高供给效率，通过特许经营、购买服务、股权合作等方式，与社会资本建立的利益共享、风险分担及长期合作关系。

国内一些学者如王灏、王守清等人在他们的著作中也有对 PPP 的定义，感兴趣的读者可参考有关资料，这里不再赘述。

PPP 模式是一个意义非常宽泛的概念，由于各国的意识形态不同，对 PPP 模式的确切内涵达成共识是非常困难的。德国学者 Norbert Portz 甚至认为"试图去总结 PPP 是什么或者应该是什么几乎没有任何意义，它没有固定的定义，并且也很难去考证这个含义模糊的英文单词的起源，PPP 的确切含义要根据不同的案例来确定"。

归纳以上各有关机构及专家的观点，可以发现，PPP 模式的概念具有以下特点：第一，PPP 模式是多方参与的活动，其中一方是政府；第二，合作各方建立长期的合作伙伴关系；第三，合作方式多种多样，具有灵活性；第四，合作的目标用于提供基础设施服务（或者称为公共产品服务）；第五，合作的目的是共赢，强调利益共享，风险共担。

综合分析国内外各种参考文献，并结合我国的具体国情，本书认为，PPP 模式是公共部门（政府）与私人部门（社会资本）合作市场化运营基础设施的一种制度安排。具体来说，在该模式下，为了完成提供基础设施服务，通常需要政府与企业签订正式的协议，明确双方权利和义务，达成长期伙伴关系，共同行使权利，共同承担风险，共同分享利益。

PPP 模式是一个宽泛的概念，依具体项目不同，合作的方式也不尽相同。通过这种合作形式，合作各方可以达到比预期单独行动更为有利的结果；政府方面可以减轻财政压力，解决基础设施建设资金不足的问题，提高基础设施服务效率，而企业则可以降低投资风险并从中获得回报。

从 PPP 模式在国外的起源和发展来看，PPP 模式应该是在传统由政府提供服务的基础设施领域引入私营企业，但我国的 PPP 实践表明，参与者既有国有企业，也有私营企业、混合所有制企业、外资企业以及其他主体，所以，我们将 PPP 模式定义为引入社会资本的一种方式。

三、PPP 模式与相关概念

（一）PPP 模式和 BOT 模式

PPP 模式是公共部门（政府）与私人部门（社会资本）合作市场化运营基础设施的一种制度安排。BOT 实质上是公共部门（政府）与私人部门（社会资本）合作经营基础设施项目的一种特殊运作模式，这一模式强调特许经营权（BOT 亦称为特许经营项目融资），强调承包商负责筹资-建设-维护及运营，BOT 项目一般能产生一定的收益，通过收费弥补投资，获得收益。所以，PPP 不是和 BOT 等方式相对立的模式，也不是对 BOT 等方式的替代，PPP 包括 BOT、TOT、ROT 等方式，PPP 是私人部门（我国为社会资本）参与此前由公共部门独家垄断经营的各项事宜的各种合作关系的总称，至于具体的合作关系的内容，则需要视具体环境和具体项目而定。

（二）PPP模式和PFI模式

PFI（Private Finance Initiative），可译为"私人融资倡导"或"私人主动融资"等。PFI的概念最先在英国提出，常常作为英国一种特定的政策提法。在1979年的大选中，撒切尔夫人带领的保守党获胜，英国政府致力于私人参与公共部门活动，最初的焦点是将服务业的运营向外发包给私人部门。1992年，保守党政府推出了PFI，旨在促使中央政府和地方当局方面都进一步加强公共部门与私人部门的合作伙伴关系。1997年工党上台，工党政府继续推进PFI。

所谓PFI模式，简言之是这样一个过程：政府部门发起项目，由私人部门进行项目建设-运营，并按事先的规定提供所需的服务。政府采用PFI目的在于获得有效的服务，而并非旨在最终的建筑的所有权。在PFI下，公共部门在合同期限内因使用承包商提供的设施而向其付款。在合同结束时，有关资产的所有权或者留给私人部门承包商，或者交回公共部门，取决于原始合同条款规定。

从PFI的内涵来看，主要包括四个方面：

第一，在公共服务提供方面，最大限度地利用私人部门的专业性、创造性、技术力和管理运营能力。

第二，由私人部门来进行公共产品的设计、资金投入、建设以及运营。

第三，不是由公共部门直接提供公共设施的资产，而是购买私人部门提供的公共服务。

第四，公共部门仅限于政策计划的制订。

PFI模式的一个基本特点：私人部门设计、私人部门融资、私人部门建设和运营。

在英国以PFI为方案的项目已经越来越多，涉及几乎所有公共领域，如桥梁、道路、电力、铁路、监狱、国家医院、学校（包括IT体系）、政府机关的建筑物、上下水道、国防的相关设施（通信、训练设施）、社会保障的支付体系、政府机关的IT体系等。在这些领域，公共资本退出而私人资本介入，政府购买私人部门提供的公共服务。在政府固定预算的范围内，在现有的税收条件下，提供低成本高质量的公共产品是PFI追求的唯一目标。PFI的着眼点在于公共服务的私人提供。PFI强调的重点是私人投资活动的政府预算外优势，即在社会福利事业中，采取私人投资可以走出政府预算的限制。

PFI在整个英国实施了很多年以后，针对PFI模式存在的可融资性偏低、透明度和灵活性不足等问题，英国政府希望创新合作方式，减轻财政负担，在改进PFI模式的基础上，2012年12月英国财政部正式推出PF2。

PF2模式的创新性体现在三个方面：一是提高政府资本金比例，政府以小股东身份参与项目，并将项目的融资限额从90%降至80%，抑制过度投机行为；二是改进招标流程，提高项目招标效率；三是提高信息透明度，满足公众对项目的信息需求。通过PF2的优化，公共部门和私人部门之间基本形成了风险共担、收益共享的长期稳定的公私合作关系。近年来，LEP（Local Enterprise Partnership）又开始超越PF2成为地方政府基础设施投融资和城市更新的主力。

PFI可以理解为PPP模式在英国的发展，其含义与狭义的PPP模式概念非常类似，只不过PFI更强调私人部门的资本投入。PFI也是一个概念范畴，它包括DBFO（Design Build Finance and Operate）、BTO（Build Transfer Operate）、BOO（Build Own Operate）等多种模式。由于英国的PFI主要以DBFO方式实现，因而在某些文献中PFI特指DBFO模式。欧洲国家的PPP方案主要参考英国的PFI模式和法国的Concession模式。

（三）PPP模式和Concession

Concession，可译为基础设施特许经营。特许经营源于法国，在法国具有很长的历史，其含义同样也有广义和狭义之分。广义的特许经营与狭义的PPP概念完全相同，是指一系列特许经营方式的总称；狭义的特许经营专指"场域特许经营"或"特许租赁经营"，法语用"affermage"来表示。

特许经营权通过竞争招标授予，它可以应用于新设施的建设，也可以应用于已有设施的更新、升级和扩建等。特许经营权的合同期限一般长达20年到30年，在此期间私人部门负责投资、建设、经营和维护公共设施，但整个过程中，包括已有设施和私人部门新建设的设施在内的全部资产归公共部门拥有，特许经营不涉及产权转移。天则公用事业研究中心认为"这一点很重要，如果私人部门是资产的拥有者，那就不能叫特许经营者，因为他的经营没有时间的限制，也没有产权移交的问题"。公共部门需要做的是监督私人部门在特许期内使用和维护设施妥当，确保特许期结束后全部设施能较为完整地交还公共部门。

由于英国PFI模式的成功，从2004年开始，法国开始借鉴英国PFI/PF2模式的经验，通过立法要求在政府付费类社会公共项目领域实行政府与私人部门签署合作伙伴合同（Contract of Partnership，简称CP，类似英国的PFI）。随着该模式的逐步成熟，合同数量不断增加，到2015年2月，法国已经签订了548项合同，合同金额超过120亿欧元。经过多年的发展实践，法国形成了以"特许经营+CP合同"为特色的PPP模式，但特许经营模式是更具特色的法国模式，Concession可以看成法国PPP的一种形式。

（四）PPP模式和项目融资

项目融资是一种融资模式，这种模式强调"以项目的资产、预期收益或权益作抵押取得的一种无追索权或有限追索权的融资"。PPP模式是一种基础设施或公共服务的提供方式，也有的学者称为建设开发模式或者项目管理模式，PPP强调"公共部门和私人部门之间的合作经营关系，双方风险分担和利益共享机制"。

采用PPP模式的项目涉及融资问题，虽然目前大多数项目采用项目融资方式筹集资金，但也可采用公司融资以及其他方式。例如，澳大利亚兴起的融资方牵头的做法，投资银行在项目公司中占有100%的股份，负责在资本市场的证券发行以及合同项下所有的权利和义务。所以，项目融资和PPP模式是涉及不同学科领域的两个概念范畴。

虽然PPP模式并不完全等同于项目融资，但是目前大多数PPP项目采用项目融资方式筹集大部分（70%~80%）项目资金，项目融资已经成为PPP项目的支柱。基于此，我们把PPP模式列到项目融资模式下，学习项目融资需要掌握PPP模式的相关知识。

四、PPP模式的主要类型

在不同的国家，PPP模式的实践不同，PPP模式研究的侧重点不同，对PPP模式的分类也各不相同。关于PPP模式的分类，有十几种之多。以下分析有代表性的几种分类方法。

（一）世界银行的观点

世界银行从资产所有权、经营权、投资关系、商业风险和合同期限等角度，将PPP模式分为服务外包、管理外包、租赁、特许经营、BOT/BOO和剥离六种模式（见表8-1）。

表8-1　　　　　　　　　　世界银行的PPP模式分类

PPP Option（PPP类型）	Assets Ownership（产权）	O&M（经营和维护）	Investment（投资）	Commercial Risk（商业风险）	Duration（合同期限）
Service Contract（服务外包）	公共部门	公共部门和私人部门	公共部门	公共部门	1~2年
Management Contract（管理外包）	公共部门	私人部门	公共部门	公共部门	3~5年
Lease（租赁）	公共部门	私人部门	公共部门	共同分担	8~15年
Concession（特许经营）	公共部门	私人部门	私人部门	私人部门	25~30年
BOT/BOO	私人部门和公共部门	私人部门	私人部门	私人部门	20~30年
Divestiture（剥离）	私人部门，或私人部门和公共部门	私人部门	私人部门	私人部门	永久

资料来源　The World Bank.Selecting an option for private sector participation［R］. 1997.

（二）英国政府的观点

根据Bing Li（2003）的描述，英国政府总共界定了八种PPP模式：

（1）国有资产出售。政府把过多的国有资产出售给私人企业。

（2）扩大产品市场。政府通过与私人企业合作，把私人企业的技术和资金引入国有项目中，从而提高其运营效率，提高市场竞争力，扩大市场份额。

（3）国有股份出让。通过合作设立新公司或商业拍卖的形式实现国有股份向私人企业的转让。

（4）成立合伙制公司。使私人企业在国有经济中拥有一定所有权，但要通过立法、制定规章制度等形式保护公共利益。

（5）私人主动融资（PFI）。

（6）风险共担。把公共所有的资产和资源与私人企业资产和资源进行有效整合，实行共同管理，共担风险，共享收益。

（7）合伙投资。公共部门参与到私人企业的投资基金中去，以使得公共部门享有收益分配权。

（8）权力共享。私人企业参与制定或改变项目发展的对策方针，这样有助于提高决策的正确性。

（三）美国学者萨瓦斯的观点

萨瓦斯在《民营化与公私部门的伙伴关系》中，从建设新的基础设施还是扩建和改造原有的基础设施的角度说明了PPP的主要运作方式（见表8-2）。

表8-2 PPP的模式

基础设施类型	模式	描述
现有基础设施	出售	私营企业收购基础设施，在特许权下经营并向用户收取费用
	租赁	政府将基础设施出租给私营企业，私营企业在特许权下经营并向用户收取费用
	运营和维护（O&M）	私营企业经营和维护政府拥有的基础设施，政府向该私营企业支付一定的费用
扩建和改造现有基础设施	租赁-建设-经营（LBO）购买-建设-经营（BBO）	私营企业从政府手中租用或收购基础设施，在特许权下改造、扩建并经营该基础设施；它可以根据特许权向用户收取费用，同时向政府缴纳一定的特许费
	外围建设	私营企业扩建政府拥有的基础设施，仅对扩建的部分享有所有权，但可以经营整个基础设施，并向用户收取费用
新建基础设施	建设-转让-经营（BTO）	私营企业投资建设新的基础设施，建成后把所有权移交给公共部门，然后可以经营该基础设施20～40年，在此期间向用户收取费用
	建设-拥有-经营-转让（BOOT）或建设-经营-转让（BOT）	与BTO类似，不同的是，基础设施的所有权在私营部门20～40年后才转给公共部门
	建设-拥有-经营（BOO）	私营部门在永久性的特许权下，投资兴建、拥有并经营基础设施

资料来源 萨瓦斯.民营化与公私部门的伙伴关系［M］.周志忍，等译.北京：中国人民大学出版社，2002.

（四）我国财政部的运作方式

财政部在 2014 年印发的《政府和社会资本合作模式操作指南（试行）》中指出，项目运作方式主要包括委托运营、管理合同、建设－运营－移交、建设－拥有－运营、转让－运营－移交和改建－运营－移交等。具体运作方式的选择主要由收费定价机制、项目投资收益水平、风险分配基本框架、融资需求、改扩建需求和期满处置等因素决定。各主要类型的含义如下：

（1）委托运营（Operations & Maintenance，O&M），是指政府将存量公共资产的运营维护职责委托给社会资本或项目公司，社会资本或项目公司不负责用户服务的政府和社会资本合作的项目运作方式。政府保留资产所有权，只向社会资本或项目公司支付委托运营费。合同期限一般不超过 8 年。

（2）管理合同（Management Contract，MC），是指政府将存量公共资产的运营、维护及用户服务职责授权给社会资本或项目公司的项目运作方式。政府保留资产所有权，只向社会资本或项目公司支付管理费。管理合同通常作为转让－运营－移交的过渡方式，合同期限一般不超过 3 年。

（3）建设－运营－移交（Build-Operate-Transfer，BOT），是指由社会资本或项目公司承担新建项目设计、融资、建造、运营、维护和用户服务职责，合同期满后项目资产及相关权利等移交给政府的项目运作方式。合同期限一般为 20～30 年。

（4）建设－拥有－运营（Build-Own-Operate，BOO），由 BOT 方式演变而来，二者区别主要是 BOO 方式下社会资本或项目公司拥有项目所有权，但必须在合同中注明保证公益性的约束条款，一般不涉及项目期满移交。

（5）转让－运营－移交（Transfer-Operate-Transfer，TOT），是指政府将存量资产所有权有偿转让给社会资本或项目公司，并由其负责运营、维护和用户服务，合同期满后资产及其所有权等移交给政府的项目运作方式。合同期限一般为 20～30 年。

（6）改建－运营－移交（Rehabilitate-Operate-Transfer，ROT），是指政府在 TOT 模式的基础上，增加改扩建内容的项目运作方式。合同期限一般为 20～30 年。

（五）国家发展和改革委员会的操作模式

按照国家发展和改革委员会 2014 年出台的《关于开展政府和社会资本合作的指导意见》，PPP 操作模式选择如下：

（1）经营性项目。对于具有明确的收费基础，并且经营收费能够完全覆盖投资成本的项目，可通过政府授予特许经营权，采用建设－运营－移交（BOT）、建设－拥有－运营－移交（BOOT）等模式推进。要依法放开相关项目的建设、运营市场，积极推动自然垄断行业逐步实行特许经营。

（2）准经营性项目。对于经营收费不足以覆盖投资成本、需政府补贴部分资金或资源的项目，可通过政府授予特许经营权附加部分补贴或直接投资参股等措施，采用建设－运营－移交（BOT）、建设－拥有－运营（BOO）等模式推进。要建立投资、补贴与价格的协同机制，为投资者获得合理回报积极创造条件。

（3）非经营性项目。对于缺乏"使用者付费"基础、主要依靠"政府付费"回收投资成本的项目，可通过政府购买服务，采用建设-拥有-运营（BOO）、委托运营等市场化模式推进。要合理确定购买内容，把有限的资金用在刀刃上，切实提高资金使用效益。

此外，亚洲开发银行将绩效合同（管理和服务合同）、租赁-运营-转让、建设-拥有-运营-转让、设计-建设-融资-运营，以及各种变形与转让等都视作PPP，但不包括总承包设计和建造合同，其视作公共采购（工程、采购和建造类合同）的一部分，PPP也不包括与性能标准无关的简单服务合同（此类合同更适合外包给私营承包商雇员运作的公共资产），以及完工后延长保证期和/或维修条款大于5年的施工合同（因资产较新，仅需基本维护，因此性能风险最小），PPP亦不包括私有化和剥离运作。联合国培训研究院从狭义的角度将PPP分为Concession、BOT和BOO三类模式。欧盟委员会按照投资关系将PPP分为传统承包、一体化开发和经营、合伙开发三大类。加拿大国家PPP委员会按照转移给私人部门的风险大小将广义PPP细分成了12种模式，等等。

归纳看来，虽然各国的PPP都包含如BOT等一些基本模式，但PPP提供基础设施服务是一种非常灵活的方式，不存在严格的统一的PPP运作方式，各国根据自己的实践确定PPP的类型，在具体的项目上可以在PPP的框架下进行模式的创新。

五、PPP模式的应用范围和应用价值

（一）PPP模式的应用范围

尽管政府希望借助PPP模式来提供基础设施服务，但并不是所有的项目都适合PPP模式。

在欧洲尤其是英国，PPP适用的领域涉及交通运输、公共服务、燃料和能源、公共秩序、环境和卫生、娱乐和文化、教育和国防等。在大多数国家，PPP模式主要适用基础设施建设领域，包括收费公路、铁路、桥梁、地铁、轻轨系统、机场设施、隧道、电厂、电信设施、学校建筑、医院、监狱、污水和垃圾处理等。

按照国家发展和改革委员会发布的《关于开展政府和社会资本合作的指导意见》，PPP模式主要适用于政府负有提供责任又适宜市场化运作的公共服务、基础设施类项目。燃气、供电、供水、供热、污水及垃圾处理等市政设施，公路、铁路、机场、城市轨道交通等交通设施，医疗、旅游、教育培训、健康养老等公共服务项目，以及水利、资源环境、生态保护和产业新城等项目均可推行PPP模式。各地的新建市政工程以及新型城镇化试点项目，应优先考虑采用PPP模式建设。

财政部印发的《政府和社会资本合作模式操作指南（试行）》认为，投资规模较大、需求长期稳定、价格调整机制灵活、市场化程度较高的基础设施及公共服务类项目，适宜采用政府和社会资本合作模式。财政部门（政府和社会资本合作中心）应负责向交通、住建、环保、能源、教育、医疗、体育健身和文化设施等行业

主管部门征集潜在政府和社会资本合作项目。行业主管部门可从国民经济和社会发展规划及行业专项规划中的新建、改建项目或存量公共资产中遴选潜在项目。

从财政部的全国 PPP 综合信息平台项目管理库来看，PPP 主要应用在能源、交通运输、水利建设、生态建设和环境保护、农业、林业、科技、保障性安居工程、医疗卫生、养老、教育、文化、体育、市政工程、政府基础设施、城镇综合开发、旅游、社会保障等方面。

归纳看来，PPP 模式最初应用最多的领域是硬经济基础设施（如公路、铁路、桥梁、电力、隧道等），在硬经济基础设施领域，PPP 模式已经有了较好的成功经验（如我国的 BOT 项目），随后 PPP 模式逐步推广到硬社会基础设施（如供水、污水处理、医院、学校、监狱、城市改造等）。在英国和澳大利亚等国家，软经济基础设施（职业培训、研究开发等）和软社会基础设施（社会福利、安全保障等）也已开始运用 PPP 模式。也就是说，PPP 模式可以运用在宽口径的基础设施领域。

由于 PPP 项目运作复杂，绝大部分的 PPP 项目在融资时采用项目融资方式，融资成本较高，通常认为 PPP 模式不适合小型项目（但我国也有小型项目的成功案例）。在英国，2003 年 7 月的财政审查决定对项目成本小于 2 000 万英镑的项目不再实行 PFI，理由是投标成本和合同成本太高致使项目失去实行 PFI 的价值。PPP 模式既可以涉及新建与维护基础建设设施，也可以管理公共领域现有资产（现有项目）。

（二）PPP 模式的应用价值

PPP 模式是多方参与、结构复杂，并在政府监督下商业化运营基础设施的一种制度安排，公共部门与私人部门（社会资本）发挥各自优势来提供基础设施服务，共同分担风险，分享收益。私人部门出于趋利性，自然愿意进入基础设施服务这样一个投资风险相对较小、收入稳定的领域。但公共部门为什么将私人部门（社会资本）引入基础设施服务提供领域呢？PPP 模式的应用能够带来哪些好处？PPP 模式的应用价值主要体现在以下两个方面：

（1）经济方面的价值。

① 实现资金的最佳使用价值。资金最佳使用价值（VFM）也称物有所值，是指"为满足用户要求的整个寿命期成本和质量（或者用途适应性）的最优组合"。依据英国的实践经验，项目经理普遍认同的 PPP 模式提高资金使用价值的决定因素有六个：风险转移、合同的长期性（包括全寿命周期成本）、产品说明书的使用、竞争、绩效评估与激励以及私人部门的管理技能。其中，竞争和风险转移被视为最重要的因素。PPP 模式有利于最大限度地实现资金的使用价值，原因在于它可以通过私人合作者的竞争性选择来增加基础设施领域的竞争，可以通过招标采购到性价比最高的基础设施服务，可以通过严格的经济评估技巧将部分风险转移给能够更好控制那些风险的私人部门，可以利用私人部门的专业知识和创新能力提供质量更高、更有效率的服务等。

② 合理的风险分担。在传统的基础设施提供中，基础设施建设、融资、运营的风险由公共部门承担。在PPP模式下，私人部门参与分担了原先由公共部门承担的部分风险。PPP模式风险分担的原则并不是把所有的风险转移给私人部门，而是由最适合管理的一方进行管理。如果把风险整体转移给私人部门，私人主体会收取更多的费用，增加不必要的成本。合理的风险分担和管理是PPP模式成功的关键。通常认为，私人部门在成本超支、延期完工、降低运营成本等方面的管理更具有优势，这些风险，应该转移给私人部门承担。风险的转移有利于刺激项目公司强化项目管理和保证服务质量，在提高经营业绩的同时将成本降至最低，可以实现最佳经济效益和资金价值，同时也可以使公共部门集中精力专注于执行其基本的职能，如确定基础设施的规划、制定服务标准等，从而更好实现公共部门管理的目标。

③ 整体考虑项目全寿命周期成本。传统的基础设施提供方式是将设计、建造、融资、运营和维护分离开，目前典型PPP模式的突出特征是将设计、建造、融资、运营和维护捆绑在一起。由于每一阶段都涉及不同的专业，私人主体通常的做法是成立一个项目公司，由其运作这一特定项目。这样安排的好处有：一是使公共部门和私人部门责任的划分更为简单和清晰，可以避免在项目运作中产生争议；二是一体化开发项目有利于整体考虑项目全寿命周期成本，提高经济效益。所谓全寿命周期成本是指在项目设计、开发、建造、运营、维护和报废等过程中发生的费用，它的一级构成包括建设成本和使用成本。如果只重视建设成本管理，一味追求最低建设费用，看起来似乎节省了建设费用，但工程本身质量不高，投入运营后使用效果不好，反而会增加维护成本。其结果不是节约而是浪费了资源。PPP模式的制度设计可以使私人部门考虑项目全寿命周期成本，不仅强调设计和施工的成本管理，而且重视运行和维护的成本管理，追求整体的投资效益，降低了出现惊人运营费用的风险。

④ 减轻政府财政负担。财政资金是基础设施投资的传统资金来源，从目前的情况来看，财政资金直接承担基础设施建设的能力是有限的。众所周知，基础设施项目的投资总额巨大，如果全部由政府财政来支撑，政府将不堪重负。财政支出用于基础设施投资很难满足它的增长需求。如果由政府融资，会引发潜在金融体系和财政负债风险。而通过PPP模式，进行基础设施项目建设，可以弥补财政资金不足的缺陷，缓解政府的财政压力。但是，需要注意的是，减轻政府财政负担不应成为引入和施行PPP模式的首要原因，因为私人部门的投入最终需要政府或消费者通过某种方式偿还。

⑤ 提高基础设施服务水平。政府部门在提供基础设施服务时所表现出来的低效率是世界性难题。在政府直接提供的情况下，公共部门的绩效衡量通常偏重政治标准或社会公正标准，而在PPP模式下，一方面，政府采用竞争性的方式选择私人投资主体，通过投资者之间的竞争，政府可以选择在经营和管理水平、技术水平上具有优势的私人投资者。通过竞争参与公共项目的私人主体会主动地按照效率标准来提供公共服务。在项目公司成立以后，投资者以营利为目的，采用先进的管理模

式，控制成本，降低风险，提高建设和服务质量，精心经营以提高项目的收益，这些为服务水平的提升提供了客观的支持。另一方面，公共部门也可以通过设置更高的服务和质量标准，并确保这些标准得到执行来获得公众的政治支持。以提供服务的标准来支付服务费用保证了基础设施服务水平提高。由于摆脱了官僚化作风和政治干涉的束缚，合作各方的运作要比单独的政府部门运作更灵活、更有效。

（2）社会效益方面的价值。

① 有利于转换政府职能。PPP模式通过引入市场竞争机制，让政府在市场中进行磨砺，改变传统的基础设施管理机制，努力提高自身的效率。政府从繁重的事务中解放出来，从过去的基础设施服务的提供者转变为监管者，从而减轻自身压力。政府的管理人员受企业管理人员的自立、创新、勤奋、团结和谨慎等优秀品质的影响，逐步改变原有的管理观念，增强处理问题的能力。这一过程将逐渐改变政府的决策方式，提高政府的活力。

② 有利于获得私人部门的先进技术和管理经验。PPP模式在基础设施提供中引入私人资本。一方面，以营利为目的的私人企业拥有更为先进的管理方法和丰富的管理经验，因而在项目建设中更愿意运用新技术新工艺，提高基础设施项目的建设质量。另一方面，私人部门在资金使用上更有效率。私人部门在项目运作中不受政府采购条款的制约，管理费用相对较低，在规划和建设中更加灵活，能以更低的成本满足项目的要求。同时，私人部门对资金使用的控制更为严格，可以有效地避免政府在项目建设中产生的寻租和腐败行为。另外，如果在PPP项目中引入外国企业，则可以更好地促进外国投资者向国内的基础设施部门转移技术。

③ 有利于项目提前投入使用，改善投资环境，解决就业压力。私人部门在强化项目建设、融资、运营统筹规划的同时，也加快了基础设施建设速度，使得建设周期大大缩减，项目能够提前投入使用。良好的基础设施能够改善投资环境，吸引投资资金，进而促进经济增长，增加就业。一般来说，投资增加，就业增加；投资规模越大，就业机会就越多。

④ 更有利于环保。传统的基础设施采购通常把建设、维护和设施管理等合同分开，而在PPP模式下，这些职能被结合在一起，统一归一家项目公司管理。长期合作框架下的这种利益激励使项目公司的思路不再局限于设计建设阶段，而是综合考虑如经营成本、处理成本以及最初的建设成本等各方面成本。如果某些项目虽然建设成本较高，但运营维护成本较低，项目公司就可能在项目设计建设阶段投入更多资源，建设节能降耗的项目，在不降低资金使用价值的情况下，减少浪费，满足环境保护方面的要求。

需要注意的是，PPP模式所具有的这些经济方面和社会效益方面的价值，必须经过严密的计划、严谨的评估、严格的执行才能取得。在现实中，如果使用不当，也会面临很大的风险，如政府失去控制权、使用者支付费用增加、选择程序中的不公平等。此外，PPP模式只是提供基础设施服务众多方式中的一种，基础设施的公共产品属性决定了政府在其中具有不可替代的作用。

第二节   PPP模式运作程序

各种类型的PPP项目运作程序是不完全相同的，世界各国的政治体制不同、制度禀赋不同，PPP项目的运作程序也不完全相同。根据我国的管理体制，按照财政部印发的《政府和社会资本合作模式操作指南（试行）》，现将PPP项目的一般运作程序介绍如下。

一、项目识别

PPP项目可以由政府或社会资本发起，以政府发起为主。财政部门（政府和社会资本合作中心）会同行业主管部门，对潜在政府和社会资本合作项目进行评估筛选，确定备选项目。

财政部门（政府和社会资本合作中心）应根据筛选结果制订项目年度和中期开发计划。对于列入年度开发计划的项目，项目发起方应按财政部门（政府和社会资本合作中心）的要求提交相关资料。新建、改建项目应提交可行性研究报告、项目产出说明和初步实施方案；存量项目应提交存量公共资产的历史资料、项目产出说明和初步实施方案。

财政部门（政府和社会资本合作中心）会同行业主管部门，从定性和定量两方面开展物有所值评价工作。定量评价工作由各地根据实际情况开展。定性评价重点关注项目采用政府和社会资本合作模式与采用政府传统采购模式相比能否增加供给、优化风险分配、提高运营效率、促进创新和公平竞争等。定量评价主要通过对政府和社会资本合作项目全生命周期内政府支出成本现值与公共部门比较值进行比较，计算项目的物有所值量值，判断政府和社会资本合作模式是否降低项目全生命周期成本。

为确保财政中长期可持续性，财政部门应根据项目全生命周期内的财政支出、政府债务等因素，对政府付费或政府补贴的项目开展财政承受能力论证，每一年度全部PPP项目需要从预算中安排的支出责任，占一般公共预算支出比例应当不超过10%。

二、项目准备

县级（含）以上地方人民政府可建立专门协调机制，主要负责项目评审、组织协调和检查督导等工作，实现简化审批流程、提高工作效率的目的。

政府或其指定的有关职能部门或事业单位可作为项目实施机构，负责项目准备、采购、监管和移交等工作。

项目实施机构应组织编制项目实施方案，主要包括以下内容：（1）项目概况。（2）风险分配基本框架。（3）项目运作方式。（4）交易结构。（5）合同体系。（6）监管架构。（7）采购方式选择。

　　财政部门（政府和社会资本合作中心）应对项目实施方案进行物有所值和财政承受能力验证，通过验证的，由项目实施机构报政府审核；未通过验证的，可在实施方案调整后重新验证；经重新验证仍不能通过的，不再采用PPP模式。

三、项目采购

　　PPP项目采购方式主要有公开招标、邀请招标、竞争性谈判、竞争性磋商和单一来源采购，具体步骤及内容参见本章第六节。

四、项目执行

　　项目实施机构和财政部门（政府和社会资本合作中心）应监督社会资本按照采购文件和项目合同约定，按时足额出资设立项目公司。

　　项目融资由社会资本或项目公司负责。社会资本或项目公司应及时开展融资方案设计、机构接洽、合同签订和融资交割等工作。财政部门（政府和社会资本合作中心）和项目实施机构应做好监督管理工作，防止企业债务向政府转移。

　　社会资本或项目公司未按照项目合同约定完成融资的，政府可提取履约保函直至终止项目合同；遇系统性金融风险或不可抗力的，政府、社会资本或项目公司可根据项目合同约定协商修订合同中相关融资条款。

　　当项目出现重大经营或财务风险，威胁或侵害债权人利益时，债权人可依据与政府、社会资本或项目公司签订的直接介入协议或条款，要求社会资本或项目公司改善管理等。在直接介入协议或条款约定期限内，重大风险已解除的，债权人应停止介入。

　　项目合同中涉及的政府支付义务，财政部门应结合中长期财政规划统筹考虑，纳入同级政府预算，按照预算管理相关规定执行。财政部门（政府和社会资本合作中心）和项目实施机构应建立政府和社会资本合作项目政府支付台账，严格控制政府财政风险。在政府综合财务报告制度建立后，政府和社会资本合作项目中的政府支付义务应纳入政府综合财务报告。

　　项目实施机构应根据项目合同约定，监督社会资本或项目公司履行合同义务，定期监测项目产出绩效指标，编制季报和年报，并报财政部门（政府和社会资本合作中心）备案。

　　政府有支付义务的，项目实施机构应根据项目合同约定的产出说明，按照实际绩效直接或通知财政部门（政府和社会资本合作中心）向社会资本或项目公司及时足额支付。设置超额收益分享机制的，社会资本或项目公司应根据项目合同约定向政府及时足额支付应享有的超额收益。

　　项目实际绩效优于约定标准的，项目实施机构应执行项目合同约定的奖励条款，并可将其作为项目期满合同能否展期的依据；未达到约定标准的，项目实施机构应执行项目合同约定的惩处条款或救济措施。

社会资本或项目公司违反项目合同约定，威胁公共产品和服务持续稳定安全供给，或危及国家安全和重大公共利益的，政府有权临时接管项目，直至启动项目提前终止程序。

政府可指定合格机构实施临时接管。临时接管项目所产生的一切费用，将根据项目合同约定，由违约方单独承担或由各责任方分担。社会资本或项目公司应承担的临时接管费用，可以从其应获终止补偿中扣减。

在项目合同执行和管理过程中，项目实施机构应重点关注合同修订、违约责任和争议解决等工作。（1）合同修订。按照项目合同约定的条件和程序，项目实施机构和社会资本或项目公司可根据社会经济环境、公共产品和服务的需求量及结构等条件的变化，提出修订项目合同申请，待政府审核同意后执行。（2）违约责任。项目实施机构、社会资本或项目公司未履行项目合同约定义务的，应承担相应违约责任，包括停止侵害、消除影响、支付违约金、赔偿损失以及解除项目合同等。（3）争议解决。在项目实施过程中，按照项目合同约定，项目实施机构、社会资本或项目公司可就发生争议且无法协商达成一致的事项，依法申请仲裁或提起民事诉讼。

项目实施机构应每3～5年对项目进行中期评估，重点分析项目运行状况和项目合同的合规性、适应性和合理性；及时评估已发现问题的风险，制定应对措施，并报财政部门（政府和社会资本合作中心）备案。

政府相关职能部门应根据国家相关法律法规对项目履行行政监管职责，重点关注公共产品和服务质量、价格和收费机制、安全生产、环境保护和劳动者权益等。

社会资本或项目公司对政府职能部门的行政监管处理决定不服的，可依法申请行政复议或提起行政诉讼。

政府、社会资本或项目公司应依法公开披露项目相关信息，保障公众知情权，接受社会监督。

社会资本或项目公司应披露项目产出的数量和质量、项目经营状况等信息。政府应公开不涉及国家秘密、商业秘密的政府和社会资本合作项目合同条款、绩效监测报告、中期评估报告和项目重大变更或终止情况等。

社会公众及项目利益相关方发现项目存在违法、违约情形或公共产品和服务不达标准的，可向政府职能部门提请监督检查。

五、项目移交

项目移交时，项目实施机构或政府指定的其他机构代表政府收回项目合同约定的项目资产。

项目合同中应明确约定移交形式、补偿方式、移交内容和移交标准。移交形式包括期满终止移交和提前终止移交；补偿方式包括无偿移交和有偿移交；移交内容包括项目资产、人员、文档和知识产权等；移交标准包括设备完好率和最短可使用年限等指标。

采用有偿移交的，项目合同中应明确约定补偿方案；没有约定或约定不明的，项目实施机构应按照"恢复相同经济地位"原则拟订补偿方案，报政府审核同意后实施。

项目实施机构或政府指定的其他机构应组建项目移交工作组，根据项目合同约定与社会资本或项目公司确认移交情形和补偿方式，制订资产评估和性能测试方案。

项目移交工作组应委托具有相关资质的资产评估机构，按照项目合同约定的评估方式，对移交资产进行资产评估，作为确定补偿金额的依据。

项目移交工作组应严格按照性能测试方案和移交标准对移交资产进行性能测试。性能测试结果不达标的，移交工作组应要求社会资本或项目公司进行恢复性修理、更新重置或提取移交维修保函。

社会资本或项目公司应将满足性能测试要求的项目资产、知识产权和技术法律文件，连同资产清单移交项目实施机构或政府指定的其他机构，办妥法律过户和管理权移交手续。社会资本或项目公司应配合做好项目运营平稳过渡相关工作。

项目移交完成后，财政部门（政府和社会资本合作中心）应组织有关部门对项目产出、成本效益、监管成效、可持续性、政府和社会资本合作模式应用等进行绩效评价，并按相关规定公开评价结果。评价结果作为政府开展政府和社会资本合作管理工作决策参考依据。

PPP项目操作流程如图8-1所示。

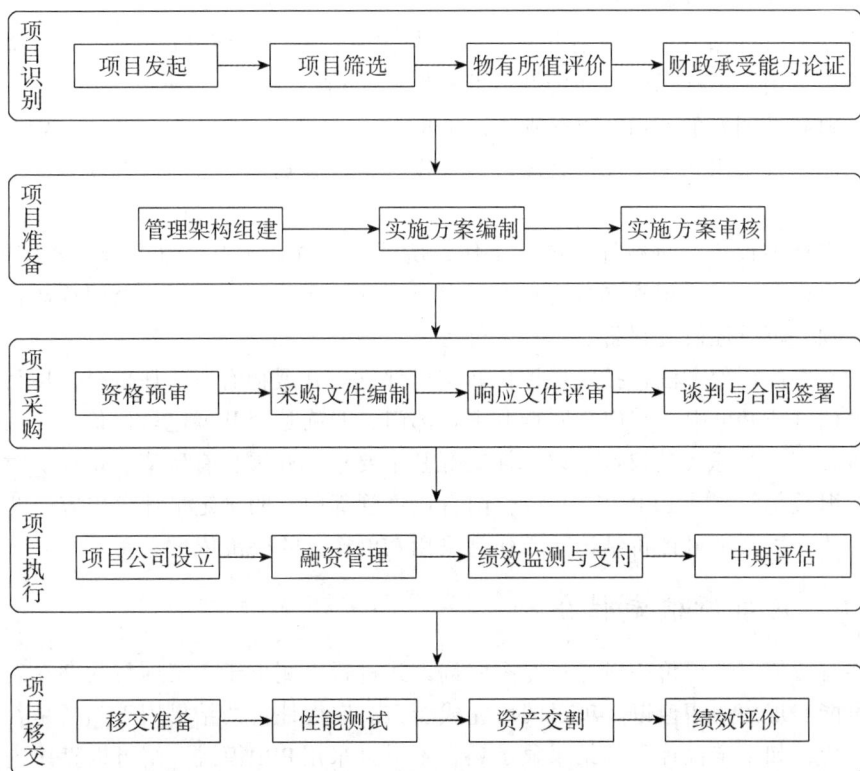

资料来源　《政府和社会资本合作模式操作指南（试行）》（财金〔2014〕113号）。

图8-1　PPP项目操作流程

第三节　物有所值评价

按照财政部印发的《政府和社会资本合作模式操作指南（试行）》，PPP项目识别阶段包含项目发起、项目筛选、物有所值评价和财政承受能力论证。财政部门（政府和社会资本合作中心）会同行业主管部门，从定性和定量两方面开展物有所值评价工作。现阶段以定性评价为主，鼓励开展定量评价，定量评价工作由各地根据实际情况开展。

一、物有所值评价的内涵

物有所值（VFM）一词最早出现在英国。国际上没有关于VFM的统一定义。VFM评价是国际上普遍采用的一种评价传统上由政府提供的公共产品和服务是否可运用PPP模式的评估体系，旨在实现公共资源配置利用效率最优化。

不同国家的VFM评价体系不同，但具有共同的评估标准，主要有：支付能力、风险竞争和分摊。评价指标为最优风险转移、有效的公共服务、公共基金的利用率、创新设计、充分利用私人部门。

根据财政部印发的《政府和社会资本合作模式操作指南（试行）》，VFM是指一个组织运用其可利用资源所能获得的长期最大利益。

在财政部印发的《PPP物有所值评价指引（试行）》中，物有所值（VFM）评价是判断是否采用PPP模式代替政府传统投资运营方式提供公共服务项目的一种评价方法。

物有所值评价要进行评价准备工作，所涉及的资料主要有（初步）实施方案、项目产出说明、风险识别和分配情况、存量公共资产的历史资料、新建或改扩建项目的（预）可行性研究报告、设计文件等。

物有所值评价方法包括定性评价和定量评价。开展物有所值评价时，项目本级财政部门（或PPP中心）应会同行业主管部门，明确是否开展定量评价，并明确定性评价程序、指标及其权重、评分标准等基本要求。开展物有所值定量评价时，项目本级财政部门（或PPP中心）应会同行业主管部门，明确定量评价内容、测算指标和方法，以及定量评价结论是否作为采用PPP模式的决策依据。

二、物有所值定性分析

物有所值定性评价一般通过专家咨询方式进行，侧重于考察项目的潜在发展能力、可能实现的期望值以及项目的可完成能力。定性评价的结果用于判断是否需要定量评价，如果定性评价的结果显示项目不适合采用PPP模式，则可以直接进行传统采购模式的决策，不需要定量评价。

（一）定性评价内容

定性评价指标包括全生命周期整合程度、风险识别与分配、绩效导向与鼓励创新、潜在竞争程度、政府机构能力、可融资性六项基本评价指标。具体内容如下：

（1）全生命周期整合程度：主要考核在项目全生命周期内，项目设计、投融资、建造、运营和维护等环节能否实现长期、充分整合。

（2）风险识别与分配：主要考核在项目全生命周期内，各风险因素是否得到充分识别并在政府和社会资本之间进行合理分配。

（3）绩效导向与鼓励创新：主要考核是否建立以基础设施及公共服务供给数量、质量和效率为导向的绩效标准和监管机制，是否落实节能环保、支持本国产业等政府采购政策，能否鼓励社会资本创新。

（4）潜在竞争程度：主要考核项目内容对社会资本参与竞争的吸引力。

（5）政府机构能力：主要考核政府转变职能、优化服务、依法履约、行政监管和项目执行管理等能力。

（6）可融资性：主要考核项目的市场融资能力。

项目本级财政部门（或PPP中心）会同行业主管部门，可根据具体情况设置补充评价指标。补充评价指标主要是六项基本评价指标未涵盖的其他影响因素，包括项目规模大小、预期使用寿命长短、主要固定资产种类、全生命周期成本测算准确性、运营收入增长潜力、行业示范性等。

（二）定性评价要求

（1）指标权重。在各项评价指标中，六项基本评价指标权重为80%，其中任一指标权重一般不超过20%；补充评价指标权重为20%，其中任一指标权重一般不超过10%。

（2）指标评分等级与标准。每项指标评分分为五个等级，即有利、较有利、一般、较不利、不利，对应分值分别为100~81、80~61、60~41、40~21、20~0分。

项目本级财政部门（或PPP中心）会同行业主管部门，按照评分等级对每项指标制定清晰准确的评分标准。

（3）专家要求。定性评价专家组包括财政、资产评估、会计、金融等经济方面专家，以及行业、工程技术、项目管理和法律方面专家等。

（4）专家组会议。专家组会议基本程序如下：专家在充分讨论后按评价指标逐项打分，专家打分表见表8-3；按照指标权重计算加权平均分，得到评分结果，形成专家组意见。

（三）定性评价结论

项目本级财政部门（或PPP中心）会同行业主管部门根据专家组意见，得出定性评价结论。原则上，评分结果在60分（含）以上的，通过定性评价；否则，未通过定性评价。

表8-3 物有所值定性评价专家打分表

指标		权重	评分
基本指标	全生命周期整合程度		
	风险识别与分配		
	绩效导向与鼓励创新		
	潜在竞争程度		
	政府机构能力		
	可融资性		
	基本指标小计	80%	—
补充指标			
	补充指标小计	20%	—
合计		100%	

专家签字： 年 月 日

三、物有所值定量分析

(一) 定量评价的概念

物有所值定量评价是比较PPP模式的总收益和总成本与传统公共采购模式的总收益和总成本，看哪种采购模式总成本低而总收益高。

实践中，一般假设不管采用哪种采购模式，都将得到相同的产出、效果和影响（如财务效益和社会经济效益），即定量评价建立在产出价格相同的基础上。基于这一假设，只需要比较不同采购模式下的净成本现值，净成本现值小的采购模式物有所值。

根据国际经验，PPP项目的定量评价有两种不同的概念与计算方法：

（1）对项目采用传统模式下的全寿命周期成本，即公共部门参考标准（Public Sector Comparator，PSC），与采用PPP模式下的全寿命周期成本（Life Cycle Cost，LCC，指一个建构筑物系统在一段时间内拥有、运行、维护和拆除的总成本，通常由建设成本、建设期利息、运营管理费用、税金和风险控制成本构成）进行对比衡量，两者的差额部分体现的就是物有所值（VFM），即 VFM=PSC-LCC，这里的 LCC 值包含政府部门和私人部门两部分的成本。

（2）在假定采用 PPP 模式与政府传统投资方式产出绩效相同的前提下，通过对 PPP 项目全生命周期内政府方净成本的现值（PPP 值）与公共部门比较值（PSC 值）进行比较，判断 PPP 模式能否降低项目全生命周期成本，即 VFM=PSC-PPP，这里的 PPP 值只包含政府部门的成本。我国采用这种方法。

（二）定量评价的计算公式

VFM=PSC-PPP

PSC 值是指在项目全寿命周期内，政府采用传统采购模式与 PPP 项目产出说明相同的公共产品和服务的全部成本的现值。

PSC 值是以下三项成本的全生命周期现值之和：

（1）参照项目的建设和运营维护净成本；

（2）竞争性中立调整值；

（3）项目全部风险成本。

参照项目可根据具体情况确定为：

（1）假设政府采用现实可行的、最有效的传统投资方式实施的、与 PPP 项目产出相同的虚拟项目；

（2）最近五年内，相同或相似地区采用政府传统投资方式实施的、与 PPP 项目产出相同或非常相似的项目。

建设净成本主要包括参照项目设计、建造、升级、改造、大修等方面投入的现金以及固定资产、土地使用权等实物和无形资产的价值，并扣除参照项目全生命周期内产生的转让、租赁或处置资产所获的收益。

运营维护净成本主要包括参照项目全生命周期内运营维护所需的原材料、设备、人工等成本，以及管理费用、销售费用和运营期财务费用等，并扣除假设参照项目与 PPP 项目付费机制相同情况下能够获得的使用者付费收入等。

竞争性中立调整值主要是采用政府传统投资方式比采用 PPP 模式实施项目少支出的费用，通常包括少支出的土地费用、行政审批费用、有关税费等。

项目全部风险成本包括可转移给社会资本的风险承担成本和政府自留风险的承担成本，参照财政承受能力论证有关规定测算。政府自留风险承担成本等同于 PPP 值中的全生命周期风险承担支出责任，两者在 PSC 值与 PPP 值比较时可对等扣除。

在实际工作中，计算 PSC 值的难点主要在于：传统政府投资运营方式运作的项目数据很难得到，同时竞争性中立调整值和风险成本的定量化测算也需要大量数据支撑，尤其是竞争性中立调整值，还应包括公共服务的提供主体因所有制差异产生的行为差异导致的成本差异，其客观数据基本不可得。

PPP 值是指政府采用 PPP 模式实施项目并达到产出说明要求所应承担的全寿命周期净成本和自留风险承担成本之和的净现值。PPP 值可等同于 PPP 项目全生命周期内股权投资、运营补贴、风险承担和配套投入等各项财政支出责任的现值，参照财政承受能力论证及有关规定测算。

（三）定量评价的结论

VFM≥0，PPP值小于或等于PSC值的，认定为通过定量评价；VFM<0，PPP值大于PSC值的，认定为未通过定量评价。

通过物有所值评价，是财政承受能力论证的前提条件。

（四）物有所值评价主要参数及要素的确定

（1）折现率。物有所值评价计算中需要事先确定折现率，常见的折现率确定方法主要有：加权平均资金成本法、资本资产定价模型法、行业平均资产收益率法和无风险收益率法等。

加权平均资金成本法是PPP项目常用的一种方法，即将每种资本的成本乘以该种资本占总资本的比重，进行汇总。例如，项目资本金为30%，其余70%为银行借款，5年期银行借款利率为5%，股权投资收益率为8%，则加权平均资金成本=折现率=8%×30%+5%×70%=5.9%。

资本资产定价模型法，如本书第十章所述，在实践中较少使用。

行业平均资产收益率法可参考国家发展和改革委员会和住建部下发的《建设项目经济评价方法与参数》中的行业平均基准收益率。

无风险收益率法通常使用同期限的政府债券利率。目前，国内主要参照财政部印发的《政府和社会资本合作项目财政承受能力论证指引》。年度折现率应考虑财政补贴支出发生年份，并参照同期地方政府债券收益率合理确定；折现期应为项目的全寿命周期。

（2）风险分配与量化。PSC值的计算需要确定可转移给社会资本的风险承担成本和政府自留风险的承担成本，因此，在PPP项目物有所值评价中，要进行风险分配与量化。

我国目前的风险分配通常是由政府承担法律、政策和最低需求等风险，社会资本承担设计、建造、运营、财务等风险，不可抗力风险双方共担。

根据《政府和社会资本合作项目财政承受能力论证指引》，风险量化可采用比例法、情景分析法及概率法进行测算。

比例法是在各类风险支出数额和概率难以进行准确测算的情况下，可以按照项目的全部建设成本和一定时期内的运营成本的一定比例确定风险承担支出。由于项目的各类风险支出金额和概率难以准确估算，我国目前一般采用比例法对风险承担成本进行定量，操作简单，但准确率不高。按照风险是否可以通过一定措施进行转移可划分为可转移风险、可分担风险以及不可转移分担风险三种。可转移风险是指事先通过一定的合同、保险以及风险交易工具等手段将项目风险转移给第三方的风险。在PPP项目中主要包括项目建设期间可能发生的组织机构、施工技术、工程、投资估算、资金、市场、财务等风险，项目公司通过参加商业保险后，风险大部分可以有效转移。在实际计算中，一般可转移风险占风险承担成本的80%左右，不可转移风险占20%左右。风险承担成本占项目全部建设成本的5%左右。可分担风险是指由政府和社会资本共同分担的风险，包括项目建设和运营期间可能发生的政治法律风险、自然灾害风险等不可抗力风险。应当在合同中事先约定可分担风险的比例以及政府和社会资本各自分担的比例。不可转移分担风险是指事先不能通过一定的合同、保险以及风险交易工具等手段将项目风险转移或分担给第三方的风险。其主要包括项目运营期间受消费物价指数、劳动力市场指数等影响可能发生的价格调整和利润等。

情景分析法是在各类风险支出数额可以进行测算，但出现概率难以确定的情况下，可针对影响风险的各类事件和变量进行"基本"、"不利"及"最坏"等情景假设，测算各类风险发生带来的风险承担支出。计算公式为：风险承担支出金额=基本情景下财政支出金额×基本情景出现的概率+不利情景下财政支出金额×不利情景出现的概率+最坏情景下财政支出金额×最坏情景出现的概率。

概率法是在各类风险支出数额和发生概率均可进行测算的情况下，可将所有可变风险参数作为变量，根据概率分布函数，计算各种风险发生带来的风险承担支出。

确定可转移风险成本时，需要比较完备的当前和历史数据作为估算基础。由于不同国家对于相关数据的参考和采用程度不同，因此各国对转移风险的估计值也有所不同，英国平均转移风险成本占项目总投资的10%~15%，平均值为12%，我国可转移风险成本一般占项目总成本的14%~17%。

（3）合理利润率。对于政府付费和可行性缺口补助项目，合理利润率的大小影响项目运营补贴支出的数额，政府对项目的运营补贴支出是PPP值的重要组成部分，因此，确定PPP值，应考虑合理利润率的大小。

合理利润率应以商业银行中长期贷款利率水平为基准，充分考虑可用性付费、使用量付费、绩效付费的不同情景，结合风险等因素确定。

（4）定价调价机制。对于可行性缺口补助项目，运营补贴支出的大小受使用者付费数额的影响，而使用者付费数额受定价调价机制的影响，因此，计算PPP值时需要考虑定价调价机制。

PPP项目产品或服务定价影响因素主要有：投资额、投资收益率、需求量、经营成本、通货膨胀率、利率、汇率、特许经营期、政府的补贴和优惠政策、替代品的竞争等。

PPP项目产品或服务应预先设定调价机制，确定调价方式、调价公式等。

四、物有所值评价报告内容

（一）项目基础信息

其主要包括项目概况、项目产出说明和绩效标准、PPP运作方式、风险分配框架和付费机制等。

（二）评价方法

其主要包括定性评价程序、指标及权重、评分标准、评分结果、专家组意见以及定量评价的 PSC 值、PPP 值的测算依据、测算过程和结果等。

（三）评价结论

其分为"通过"和"未通过"。

（四）附件

通常包括（初步）实施方案、项目产出说明、可行性研究报告、设计文件、存量公共资产的历史资料、PPP 项目合同、绩效监测报告和中期评估报告等。

第四节　财政承受能力论证

一、财政承受能力论证的含义

财政承受能力论证是指识别、测算 PPP 项目的各项财政支出责任，科学评估项目实施对当前及今后年度财政支出的影响，为 PPP 项目财政管理提供依据。

财政承受能力论证包括财政支出能力评估以及行业和领域平衡性评估。

（1）财政支出能力评估，是根据 PPP 项目预算支出责任，评估 PPP 项目实施对当前及今后年度财政支出的影响。

（2）行业和领域均衡性评估，是根据 PPP 模式适用的行业和领域范围，以及经济社会发展需要和公众对公共服务的需求，平衡不同行业和领域 PPP 项目，防止某一行业和领域 PPP 项目过于集中。

在实际计算时，首先进行财政支出能力评估。若财政支出能力评估未通过，则不需要进行行业和领域平衡性评估；若财政支出能力评估通过，则进行行业和领域平衡性评估。

只有当财政支出能力评估和领域平衡性评估均通过时，PPP 项目财政承受能力评估才能通过。

财政承受能力论证的结论分为"通过论证"和"未通过论证"。"通过论证"的项目，各级财政部门应当在编制年度预算和中期财政规划时，将项目财政支出责任纳入预算统筹安排。"未通过论证"的项目，则不宜采用 PPP 模式。

"通过论证"且经同级人民政府审核同意实施的 PPP 项目，各级财政部门应当将其列入 PPP 项目目录，并在编制中期财政规划时，将项目财政支出责任纳入预算统筹安排。

财政部门（或 PPP 中心）应当会同行业主管部门，共同开展 PPP 项目财政承受能力论证工作，必要时可通过政府采购方式聘请专业中介机构协助。

各级财政部门（或 PPP 中心）负责组织开展行政区域内 PPP 项目财政承受能力论证工作。省级财政部门负有汇总统计行政区域内的全部 PPP 项目财政支出的责任，对财政预算编制、执行情况实施监督管理。

每一年度全部 PPP 项目需要从预算中安排的支出责任，占一般公共预算支出比例应当不超过 10%。省级财政部门可根据本地实际情况，因地制宜确定具体比例，并报财政部备案，同时对外公布。

财政承受能力论证是 PPP 项目入库和实施的前提条件。各级财政部门要对本地区拟实施的 PPP 项目出具财政承受能力论证报告审核意见，方可纳入 PPP 项目开发目录管理，即 PPP 项目入库。

财政承受能力论证只在政府付费和可行性缺口补助这两种付费模式下进行论证。对 PPP 项目进行财政承受能力论证，是财政安排 PPP 项目财政支出责任预算的重要依据。

二、财政支出责任测算

PPP 项目全生命周期过程的财政支出责任，主要包括股权投资、运营补贴、风险承担、配套投入等。财政支出责任测算的具体内容根据实际 PPP 项目而异。

（1）股权投资的测算。股权投资支出责任是指在政府与社会资本共同组建项目公司的情况下，政府承担的股权投资支出责任。如果社会资本单独组建项目公司，政府不承担股权投资支出责任。

股权投资支出应当依据项目资本金要求以及项目公司股权结构合理确定。股权投资支出责任中的土地等实物投入或无形资产投入，应依法进行评估，合理确定价值。计算公式为：

股权投资支出=项目资本金×政府占项目公司股权比例

例：某市拟采用 PPP 模式建设公路，项目预计总投资 10 亿元，项目资本金比例为 30%，政府出资比例为 10%，则项目股权投资支出为 10×30%×10%=0.3（亿元）。

（2）运营补贴支出的测算。运营补贴支出责任是指在项目运营期间，政府承担的直接付费责任。在不同付费模式下，政府承担的运营补贴支出责任不同。政府付费模式下，政府承担全部运营补贴支出责任；在可行性缺口补助模式下，政府承担部分运营补贴支出责任；在使用者付费模式下，政府不承担运营补贴支出责任。

运营补贴支出应当根据项目建设成本、运营成本及利润水平合理确定，并按照不同付费模式分别测算。

对政府付费模式的项目，在项目运营补贴期间，政府承担全部直接付费责任。

政府每年直接付费数额包括社会资本方承担的年均建设成本（折算成各年度现值）、年度运营成本和合理利润。计算公式为：

$$当年运营补贴支出数额 = \frac{项目全部建设成本 \times (1 + 合理利润率) \times (1 + 年度折现率)^n}{财政运营补贴周期(年)} +$$

$$年度运营成本 \times (1 + 合理利润率)$$

对可行性缺口补助模式的项目，在项目运营补贴期间，政府承担部分直接付费责任。政府每年直接付费数额包括社会资本方承担的年均建设成本（折算成各年度现值）、年度运营成本和合理利润，再减去当年使用者付费的数额。计算公式为：

$$当年运营补贴支出数额 = \frac{项目全部建设成本 \times (1 + 合理利润率) \times (1 + 年度折现率)^n}{财政运营补贴周期(年)} +$$

$$年度运营成本 \times (1 + 合理利润率) - 当年使用者付费数额$$

式中：n代表折现年数；

财政运营补贴周期指财政提供运营补贴的年数；

年度折现率的计算同物有所值评价，考虑财政补贴支出发生年份，并参照同期地方政府债券收益率合理确定；

合理利润率应以商业银行中长期贷款利率水平为基准，充分考虑可用性付费、使用量付费、绩效付费的不同情景，结合风险等因素确定。

在当前实践中，资本金的合理利润率一般为8%～12%。在计算运营补贴支出数额时，应当充分考虑定价和调价机制的影响。

（3）风险承担支出的测算。风险承担支出责任是指项目实施方案中政府承担风险带来的财政或有支出责任。通常由政府承担的法律风险、政策风险、最低需求风险以及因政府方原因导致项目合同终止等突发情况，会产生财政或有支出责任。风险承担支出应充分考虑各类风险出现的概率和带来的支出责任，可采用比例法、情景分析法及概率法进行测算。如果PPP合同约定保险赔款的第一受益人为政府，则风险承担支出应为扣除该等风险赔款金额的净额。风险承担支出的测算参见物有所值评价。

（4）配套投入支出的测算。配套投入支出责任是指政府提供的项目配套工程等其他投入责任，通常包括土地征收和整理、建设部分项目配套措施、完成项目与现有相关基础设施和公用事业的对接、投资补助、贷款贴息等。配套投入支出应依据项目实施方案合理确定。

配套投入支出责任应综合考虑政府拟提供的其他投入总成本和社会资本方为此支付的费用。配套投入支出责任中的土地等实物投入或无形资产投入，应依法进行评估，合理确定价值。计算公式为：

配套投入支出数额=政府拟提供的其他投入总成本-社会资本方支出的费用

三、财政承受能力论证操作流程

财政承受能力论证主要包括责任识别、支出测算、能力评估和信息披露四个步骤，详细流程如下：

（1）责任识别。在进行财政承受能力论证时，首先要对政府在PPP项目中承担的财政支出责任进行论证。财政支出责任主要包括股权投资、运营补贴、风险承担、配套投入等。不同项目，政府承担的财政支出责任是不同的，应根据实际情况进行责任识别。

（2）支出测算。在识别PPP项目对项目全生命周期过程的财政支出责任后，分别对各财政支出责任进行测算。在实际测算时应当结合PPP项目所处的行业与具体的投融资方案，选取正确的测量方法，尤其在测算风险承担支出时，要明确项目风险的种类与对应的承担主体与承担比例，然后选择适当的测算方法，测算相应的数值。

（3）能力评估。财政部门（或PPP中心）识别和测算单个项目的财政支出责任后，汇总年度全部已实施或拟实施的PPP项目，进行财政承受能力评估。每一年度全部PPP项目需要从预算中安排的支出责任，占一般公共预算支出比例应当不超过10%。在进行财政支出能力评估时，未来年度一般公共预算支出数额可参照前5年相关数额的平均值及平均增长率计算，并根据实际情况进行适当调整。在PPP项目正式签订合同时，财政部门（或PPP中心）应当对合同进行审核，确保合同内容与财政承受能力论证保持一致，防止因合同内容调整导致财政支出责任出现重大变化。

（4）信息披露。省级财政部门应当汇总区域内的项目目录，及时向财政部报告，财政部通过统一信息平台（PPP中心网站）发布。

第五节　PPP项目实施方案

一、PPP项目实施方案编制

在PPP项目准备阶段，项目方需要编制PPP项目实施方案（也可以同步编制可行性研究报告）。项目实施方案一般包括项目概况、风险分担与利益共享、项目运作方式、交易结构、合同体系、监管架构和采购方式选择等。

（1）项目概况。项目概况主要包括基本情况、经济技术指标和项目公司股权情况等。

基本情况主要明确项目提供的公共产品和服务内容、项目采用PPP模式运作的必要性和可行性，以及项目运作的目标和意义。

经济技术指标主要明确项目区位、占地面积、建设内容或资产范围、投资规模或资产价值、主要产出说明和资金来源等。

项目公司股权情况主要明确是否要设立项目公司以及公司股权结构。

（2）风险分担与利益共享。按照风险分配优化、风险收益对等和风险可控等原则，综合考虑政府风险管理能力、项目回报机制和市场风险管理能力等要素，在政府和社会资本间合理分配项目风险。

（3）项目运作方式。项目运作方式主要包括委托运营、管理合同、建设-运营–移交、建设–拥有–运营、转让–运营–移交和改建–运营–移交等。

具体运作方式的选择主要由收费定价机制、项目投资收益水平、风险分配基本框架、融资需求、改扩建需求和期满处置等因素决定。

（4）交易结构。交易结构主要包括项目投融资结构、回报机制和相关配套安排。

项目投融资结构主要说明项目资本性支出的资金来源、性质和用途，项目资产的形成和转移等。

项目回报机制主要说明社会资本取得投资回报的资金来源，包括使用者付费、可行性缺口补助和政府付费等支付方式。

相关配套安排主要说明由项目以外相关机构提供的土地、水、电、气和道路等配套设施和项目所需的上下游服务。

（5）合同体系。合同体系主要包括项目合同、股东合同、融资合同、工程承包合同、运营服务合同、原料供应合同、产品采购合同和保险合同等。项目合同是其中最核心的法律文件。

项目边界条件是项目合同的核心内容，主要包括权利义务、交易条件、履约保障和调整衔接等边界。

权利义务边界主要明确项目资产权属、社会资本承担的公共责任、政府支付方式和风险分配结果等。

交易条件边界主要明确项目合同期限、项目回报机制、收费定价调整机制和产出说明等。

履约保障边界主要明确强制保险方案以及由投资竞争保函、建设履约保函、运营维护保函和移交维修保函组成的履约保函体系。

调整衔接边界主要明确应急处置、临时接管和提前终止、合同变更、合同展期、项目新增改扩建需求等应对措施。

（6）监管架构。监管架构主要包括授权关系和监管方式。授权关系主要是政府对项目实施机构的授权，以及政府直接或通过项目实施机构对社会资本的授权；监管方式主要包括履约管理、行政监管和公众监督等。

（7）采购方式选择。项目采购应根据《中华人民共和国政府采购法》及相关规章制度执行，采购方式包括公开招标、竞争性谈判、邀请招标、竞争性磋商和单一来源采购。项目实施机构应根据项目采购需求特点，依法选择适当采购方式。

二、PPP项目实施方案审核

财政部门（政府和社会资本合作中心）应对项目实施方案进行物有所值和财政承受能力验证，通过验证的，由项目实施机构报政府审核；未通过验证的，可在实施方案调整后重新验证；经重新验证仍不能通过的，不再采用PPP模式。

第六节　PPP项目采购

PPP项目采购，是指政府为达成权利义务平衡、物有所值的PPP项目合同，遵循公开、公平、公正和诚实信用原则，按照相关法规要求完成PPP项目识别和准备等前期工作后，依法选择社会资本合作者的过程。

一、PPP项目采购一般步骤

（1）资格预审。项目实施机构应根据项目需要准备资格预审文件，发布资格预审公告，邀请社会资本和与其合作的金融机构参与资格预审，验证项目能否获得社会资本响应和实现充分竞争，并将资格预审的评审报告提交财政部门（政府和社会资本合作中心）备案。

项目有3家以上社会资本通过资格预审的，项目实施机构可以继续开展采购文件准备工作；项目通过资格预审的社会资本不足3家的，项目实施机构应在实施方案调整后重新组织资格预审；项目经重新资格预审合格社会资本仍不够3家的，可依法调整实施方案选择的采购方式。

资格预审公告应包括项目授权主体、项目实施机构和项目名称、采购需求、对社会资本的资格要求、是否允许联合体参与采购活动、拟确定参与竞争的合格社会资本的家数和确定方法，以及社会资本提交资格预审申请文件的时间和地点。提交资格预审申请文件的时间自公告发布之日起不得少于15个工作日。

（2）采购文件编制。项目采购文件应包括：采购邀请、竞争者须知（包括密封、签署、盖章要求等）、竞争者应提供的资格、资信及业绩证明文件、采购方式、政府对项目实施机构的授权、实施方案的批复和项目相关审批文件、采购程序、响应文件编制要求、提交响应文件截止时间、开启时间及地点、强制担保的保证金交纳数额和形式、评审方法、评审标准、政府采购政策要求、项目合同草案及其他法律文本等。

采用竞争性谈判或竞争性磋商采购方式的，项目采购文件除上述规定的内容外，还应明确评审小组根据与社会资本谈判情况可能实质性变动的内容，包括采购需求中的技术、服务要求以及合同草案条款。

（3）响应文件评审。评审小组由项目实施机构代表和评审专家共5人以上单数组成，其中评审专家人数不得少于评审小组成员总数的2/3。

评审专家可以由项目实施机构自行选定，但评审专家中应至少包含1名财务专家和1名法律专家。项目实施机构代表不得以评审专家身份参加项目的评审。

（4）谈判与合同签署。项目实施机构应成立专门的采购结果确认谈判工作组。按照候选社会资本的排名，依次与候选社会资本及与其合作的金融机构就合同中可变的细节问题进行合同签署前的确认谈判，率先达成一致的即为中选者。确认谈判不得涉及合同中不可谈判的核心条款，不得与排序在前但已终止谈判的社会资本进行再次谈判。

确认谈判完成后，项目实施机构应与中选社会资本签署确认谈判备忘录，并将采购结果和根据采购文件、响应文件、补遗文件和确认谈判备忘录拟定的合同文本进行公示，公示期不得少于5个工作日。合同文本应将中选社会资本响应文件中的重要承诺和技术文件等作为附件。合同文本中涉及国家秘密、商业秘密的内容可以不公示。

公示期满无异议的项目合同，应在政府审核同意后，由项目实施机构与中选社会资本签署。

需要为项目设立专门项目公司的，待项目公司成立后，由项目公司与项目实施机构重新签署项目合同，或签署关于承继项目合同的补充合同。

二、PPP项目采购方式

PPP项目采购方式包括公开招标、邀请招标、竞争性谈判、竞争性磋商和单一来源采购。项目实施机构应当根据PPP项目的采购需求特点，依法选择适当的采购方式。

（一）公开招标

项目实施机构先设计好项目实施方案，测算出项目投入和产出，通过物有所值评价、财政承受能力论证后，以公开招标的方式向全社会公开招募有意向的社会资本，然后按照《中华人民共和国招标投标法》《中华人民共和国政府采购法》等相关规定程序选定社会投资人。

公开招标是指招标采购单位依法以招标公告的方式邀请不特定的供应商参加投标。公开招标主要适用于采购需求中核心边界条件和技术经济参数明确、完整、符合国家法律法规及政府采购政策，且采购过程中不作更改的项目。

具有良好收益回报、收益回报简单的PPP项目，如自来水、污水及垃圾处理、地下停车场等项目可以采用公开招标方式。其优点是可以简单、直接、快速寻找到社会资本。缺点是由于招标程序严格，发布公开招标公告后，招标人不得单独或私下接洽意向投资人，在项目情况了解不足的情况下，前来竞标的社会投资人可能很少或没有，造成流标，浪费时间。而且，公开招标程序一旦实施，社会投资人的选择必须按照程序执行，否则招标人可能无法选择到适合本项目的社会资本。

（二）邀请招标

邀请招标，是指招标采购单位依法从符合相应资格条件的供应商中随机邀请3家以上的供应商，并以投标邀请书的方式邀请其参加投标。邀请招标也称有限竞争招标，是一种由招标人选择若干供应商或承包商，向其发出投标邀请，由被邀请的供应商、承包商投标竞争，从中选定中标者的招标方式。

具有特殊性，只能从有限范围的供应商处采购的项目，或者采用公开招标方式的费用占政府采购项目总价值比例过大的，可以采取邀请招标方式。

（三）竞争性谈判

根据财政部颁布的自 2014 年 2 月 1 日起施行的《政府采购非招标采购方式管理办法》，竞争性谈判是指谈判小组与符合资格条件的供应商就采购货物、工程和服务事宜进行谈判，供应商按照谈判文件的要求提交响应文件和最后报价，采购人从谈判小组提出的成交候选人中确定成交供应商的采购方式。

符合下列情形之一的采购项目，可以采用竞争性谈判方式采购：①招标后没有供应商投标或者没有合格标的，或者重新招标未能成立的；②技术复杂或者性质特殊，不能确定详细规格或者具体要求的；③非采购人所能预见的原因或者非采购人拖延造成采用招标所需时间不能满足用户紧急需要的；④因艺术品采购、专利、专有技术或者服务的时间、数量事先不能确定等原因不能事先计算出价格总额的。

（四）竞争性磋商

根据财政部 2014 年 12 月 31 日印发的《政府采购竞争性磋商采购方式管理暂行办法》，竞争性磋商采购方式，是指采购人、政府采购代理机构通过组建竞争性磋商小组与符合条件的供应商就采购货物、工程和服务事宜进行磋商，供应商按照磋商文件的要求提交响应文件和报价，采购人从磋商小组评审后提出的候选供应商名单中确定成交供应商的采购方式。

符合下列情形的项目，可以采用竞争性磋商方式开展采购：①政府购买服务项目；②技术复杂或者性质特殊，不能确定详细规格或者具体要求的；③因艺术品采购、专利、专有技术或者服务的时间、数量事先不能确定等原因不能事先计算出价格总额的；④市场竞争不充分的科研项目，以及需要扶持的科技成果转化项目；⑤按照招标投标法及其实施条例必须进行招标的工程建设项目以外的工程建设项目。

（五）单一来源采购

根据财政部 2014 年 2 月 1 日起施行的《政府采购非招标采购方式管理办法》，单一来源采购是指采购人从某一特定供应商处采购货物、工程和服务的采购方式。

按照《中华人民共和国政府采购法》，符合下列情形之一的货物或者服务，可以采用单一来源方式采购：①只能从唯一供应商处采购的；②发生了不可预见的紧急情况不能从其他供应商处采购的；③必须保证原有采购项目一致性或者服务配套的要求，需要继续从原供应商处添购，且添购资金总额不超过原合同采购金额 10% 的。

第七节　BOT模式

一、BOT的含义

BOT是英文Build-Operate-Transfer的缩写，可译为"建设-经营-移交"。在国际项目融资领域，BOT模式通常是指政府部门通过特许权协议，授权项目发起人或项目公司进行项目的设计、融资、建设、经营和维护，在规定的特许期内向使用者收取费用，由此回收项目的投资、经营、维护等成本，并获得合理的回报，特许期满后，将项目无偿移交给政府或政府指定部门的方式。

1984年，土耳其时任总理奥扎尔首次提出了BOT这一术语，但实际上BOT模式已有上百年的历史，主要应用于矿产、石油、天然气等自然资源的开发项目。特别是近30年来，世界各国尤其是发展中国家越来越关注BOT模式，它已成为国际上流行的为大型基础设施项目建设而采取的一种新型方式。具有代表性的项目包括：世界上第一个BOT项目——土耳其的火力发电厂；国际上公认的第一个成功的BOT项目——菲律宾的诺瓦斯塔电厂；世界上第一个移交成功的BOT项目——中国的沙角B电厂；世界上最大的BOT项目——英法之间的海底隧道；中国第一个国家批准的BOT项目——广西来宾电厂B厂；马来西亚的南北高速公路；泰国的曼谷公路和轻轨；澳大利亚悉尼隧道；英国的曼彻斯特轻轨等。

二、BOT的主要形式

BOT是PPP应用最多的模式。在实践中，BOT因运作的时间、地点、外部条件及政府的要求不同，也出现许多派生形式。在国际项目融资领域，BOT也是一个宽泛的概念，包括各种运作形式。

世界银行在《1994年世界发展报告》中指出，BOT有三种具体形式：

（1）标准BOT。建设-经营-移交，这是BOT的典型形式。

（2）BOOT（Build-Own-Operate-Transfer），即"建设-拥有-经营-移交"。它是指承包商融资建设基础设施项目，项目建成后，在规定的期限内拥有所有权并进行经营，特许经营期满后将项目移交给政府。BOOT与BOT的区别主要有：一是所有权的区别。采用BOT方式的项目建成后，承包商只拥有所建项目的经营权；而在BOOT方式下，项目建成后，在规定的期限内承包商既拥有项目的经营权，也有项目的所有权。二是时间上的差别。采取BOT方式，从项目建成到移交给政府的时间通常比BOOT方式更短。

（3）BOO（build-Own-Operate），即"建设-拥有-经营"。它是指承包商建设并经营基础设施项目，但并不在一定时期后将此基础设施移交给政府机构。BOT和BOO两者之间的最主要区别在于：在BOT方式下，项目公司在特许经营期后必须将项目移交给政府；而在 BOO 方式下，项目公司有权不受时间限制经营所建的项目，即项目的所有权不再还给政府。

此外，一般认为下列形式也属于 BOT。

（1）BTO（Build-Transfer-Operate），即"建设-移交-经营"。它是指承包商建设基础设施项目，在项目完成后令其移交，然后进行经营和维护。

（2）BLT（Build-Lease-Transfer），或者 BRT（Build-Rent-transfer）即"建设-租赁-移交"。它是指项目完工后在一定时期内出租给第三方（或者政府），以租金方式收回工程投资和赚取合理利润，在特许期后，再将所有权移交给政府或者所属机构的形式。

（3）BT（Build-Transfer），即"建设-移交"。它是指项目建成后即移交给政府，政府按协议向项目发起人支付项目总投资和合理的回报。此模式适合于出于安全和战略考虑的必须由政府直接运营的项目或者无法进行收费的项目。目前，我国禁止使用 BT 模式。

（4）TOT（Transfer-Operate-Transfer），即"移交-经营-移交"。它是指政府机构将已建设好的项目的产权和经营权，在一定期限内移交给承包商，由其运营管理，承包商在约定的期限内通过经营收回全部投资和合理的利润，在合约期满后，再将项目交回政府机构。如果是有偿转让，则为 SOT（Sold-Operate-Transfer）模式。

（5）DBFO（Design-Build-Finance-Operate），即"设计-建设-融资-经营"。它是指从项目的设计开始就特许给私营机构，直到项目经营期满收回投资，取得投资效益。项目公司只有经营权，没有所有权。

除上述形式外，还有 ROT、OBOM、BOOST、BOOS、BOD 等形式。

三、BOT 项目的本质特征

（一）BOT 项目是一种特许权项目

BOT 方式最适合用于基础设施项目和资源开发项目。在大多数国家，基础设施和资源开发项目的所有权为国家所有，采用 BOT 方式的最显著特点是政府把建设和经营的特许权授予有关方，但政府拥有终极所有权。从各国实际情况看，特许期一般为 10～30 年，特许经营期满后，承包商将项目移交给政府。

（二）BOT 项目具有狭义项目融资的典型特征

大多数 BOT 项目是利用项目本身的资产和项目的经济强度进行融资，债权人对项目发起人的其他资产仅有有限的追索权或者没有追索权。贷款人只考虑项目本身是否可行以及项目的现金流和收益能否偿还贷款，换言之，项目建成投入使用后所产生的现金流量是偿还贷款的唯一来源。项目的融资负债比例较高，风险也高，融资成本较高，融资结构复杂，一般为中长期融资。

四、BOT模式的主要优缺点

BOT模式具有其他方式不具备的优点，当然它也存在缺点，具体如下：

（1）对于政府而言，BOT模式的主要优点有：①拓宽资金渠道，有利于引进外资和国内民间资本，减少政府的财政支出，减轻政府债务负担；②加快发展基础设施，更好地满足社会公众的需要；③降低政府的风险（大部分风险转移给项目公司）；④发挥社会资本的能动性和创造性，引进先进的技术和管理经验，提高基础设施的供给效率。其主要缺点有：①需要承担一定政治、外汇等风险；②在特许权规定的期限内，失去了对项目所有权及经营权的控制。

（2）对社会资本而言，BOT模式的主要优点有：①创造参与基础设施建设和经营的机会，有利于开拓业务，扩大规模；②利用各种优惠政策，可以减少资本金支出。其主要缺点有：①投资数额大，投资回收期长；②合同文件繁多、复杂，前期工作时间长。

五、特许经营期与收费设计

BOT模式运作复杂，环节多，其中比较重要的是特许经营期设计与收费设计。

（一）特许经营期设计

项目的生命周期可以分为建设期和运营期，特许经营期是项目生命周期的一部分。特许经营期设计涉及两个核心要素：一是特许经营期的结构；二是特许经营期的长度。

特许经营期结构设计可以采用单时段的特许经营期和双时段的特许经营期。单时段的特许经营期是把建设期和运营期合在一起，双时段的特许经营期是把建设期和运营期分开。选择单时段或者双时段的特许经营期要考虑项目施工难度和收入风险等因素的影响。施工简单、完工风险较小的项目，用单时段或者双时段的特许经营期差别不大。施工复杂、完工风险较大的项目，因为建设期的工期存在不确定性，为避免对项目现金流量的影响，可以采取双时段的特许经营期。如果预期项目的市场风险较大，影响项目的收益，为了回收成本，获得合理收益，也可以采取双时段的特许经营期。

特许经营期越长，项目获得收益的时间越长。特许经营期可以分为固定长度和可变长度。常见的项目特许经营期是固定的，如大连湾海底隧道和光明路延伸工程项目特许经营期是固定的25年。根据项目的情况，也可以采取可变长度的特许经营期，如中国香港西海港隧道项目采用双时段特许经营期，建设期为可变长度，运营期为固定30年。

（二）收费设计

BOT模式主要运用在基础设施和公共事业领域，项目生产的产品和提供的服务无法通过市场定价，需要政府规制。收费的合理与否直接影响项目的收益和还贷能力。收费设计涉及因素较多，主要有两方面：一是基本收费的高低和形式；二是调价机制。

基本收费的高低和特许经营期密切相关，特许经营期长，收费可以低些；特许经营期短，项目公司为了偿还债务，收回投资，获得合理利润，需要提高收费。基本收费的形式有水平、递增和递减，其主要差别在于现金流量在特许经营期内的分布不同，根据具体项目的不同而选择。

BOT项目特许经营期较长，在这么长的时间内，项目的原材料、人工以及其他内外部环境都可能发生变化，所以在签署特许经营协议时，要建立收费调价机制，以降低通货膨胀、原材料及燃料价格、需求、汇率等因素对项目的影响。比较合理的降低通货膨胀影响的调价方法是与价格指数挂钩，如与CPI或者PPI挂钩，设计时要考虑具体行业的通货膨胀情况，并且涨价的幅度要小于价格指数的增长幅度，督促项目公司提升效率，使消费者受益。为了降低原材料及燃料价格波动带来的影响，可以采用谈判方式来确定单位产品原材料及燃料消耗定额，按照市场价格计算出这部分成本，并与产品的价格挂钩。如果项目的产品或服务直接面向广大用户，应和政府谈判确定调价范围和调价系数，以此来降低需求波动带来的影响。降低汇率波动带来的影响，可以让产品的价格与汇率挂钩，但由于汇率经常变动，故需要事先确定调整时间、参考汇率和调整范围。

第八节　小结

PPP模式是公共部门（政府）与私人部门（社会资本）合作市场化运营基础设施的一种制度安排。具体来说，在该模式下，为了完成提供基础设施服务，通常需要政府与企业签订正式的协议，明确双方权利和义务，达成长期伙伴关系，共同行使权利，共同承担风险，共同分享利益的方式。PPP模式是一个宽泛的概念，依具体项目不同，合作的方式也不同。通过这种合作形式，合作各方可以达到与预期单独行动相比更为有利的结果；政府可以减轻财政压力，解决基础设施建设资金不足的问题，提高基础设施服务效率，而企业则可以降低投资风险并从中获得回报。

一般来说，大多数学者认为现代的PPP模式产生于20世纪80年代末和90年代初的英国，并在澳大利亚、加拿大和许多欧洲国家得到广泛的应用。

PPP不是和BOT等方式相对立的模式，也不是对BOT等方式的替代，PPP包括BOT、TOT、ROT等方式。PFI模式是这样一个过程：政府部门发起项目，由私人部门进行项目建设和运营，并按事先的规定提供所需的服务。PFI可以理解为PPP模式在英国的发展，其含义与狭义的PPP模式概念非常类似，只不过PFI更强调私人部门的资本投入。Concession可译为基础设施特许经营，可以看作法国的PPP。项目融资和PPP模式是涉及不同学科领域的两个概念范畴，目前大多数PPP项目采用项目融资方式筹集大部分（70%~80%）项目资金。

财政部的项目运作方式主要包括委托运营、管理合同、建设-运营-移交、建设-拥有-运营、转让-运营-移交和改建-运营-移交等。具体运作方式的选择主要由收费定价机制、项目投资收益水平、风险分配基本框架、融资需求、改扩建需求和期满处置等因素决定。

PPP模式主要适用于政府负有提供责任又适宜市场化运作的公共服务、基础设施类项目。燃气、供电、供水、供热、污水及垃圾处理等市政设施，公路、铁路、机场、城市轨道交通等交通设施，医疗、旅游、教育培训、健康养老等公共服务项目，以及水利、资源环境和生态保护等项目均可推行PPP模式。

PPP模式的应用价值主要有经济方面的价值和社会效益方面的价值。

PPP项目的一般运作程序如下：项目识别、项目准备、项目采购、项目执行和项目移交。

物有所值评价是判断是否采用PPP模式代替政府传统投资运营方式提供公共服务项目的一种评价方法。物有所值评价方法包括定性评价和定量评价。我国现阶段以定性评价为主，鼓励开展定量评价，定量评价工作由各地根据实际情况开展。物有所值定性评价一般通过专家咨询方式进行，侧重于考察项目的潜在发展能力、可能实现的期望值以及项目的可完成能力。定性评价的结果用来判断是否需要定量评价，如果定性评价的结果显示项目不适用采用PPP模式，则可以直接进行传统采购模式的决策，不需要定量评价。物有所值定量评价是比较PPP模式的总收益和总成本与传统公共采购模式的总收益和总成本，看哪种采购模式总成本低而总收益高。

财政承受能力论证是指识别、测算PPP项目的各项财政支出责任，科学评估项目实施对当前及今后年度财政支出的影响，为PPP项目财政管理提供依据。财政承受能力评估包括财政支出能力评估以及行业和领域平衡性评估。财政支出能力评估，是根据PPP项目预算支出责任，评估PPP项目实施对当前及今后年度财政支出的影响；行业和领域均衡性评估，是根据PPP模式适用的行业和领域范围，以及经济社会发展需要和公众对公共服务的需求，平衡不同行业和领域PPP项目，防止某一行业和领域PPP项目过于集中。在实际计算时，首先进行财政支出能力评估，若财政支出能力评估未通过则不需要进行领域平衡性评估；若财政支出能力评估通过，则再进行领域平衡性评估。只有当财政支出能力评估和领域平衡性评估均通过时，PPP项目财政承受能力评估才能通过。PPP项目全生命周期过程的财政支出责任，主要包括股权投资、运营补贴、风险承担、配套投入等。

PPP项目实施方案一般包括项目概况、风险分担与利益共享、项目运作方式、交易结构、合同体系和监管架构等。

PPP项目采购，是指政府为达成权利义务平衡、物有所值的PPP项目合同，遵循公开、公平、公正和诚实信用原则，按照相关法规要求完成PPP项目识别和准备等前期工作后，依法选择社会资本合作者的过程。PPP项目采购方式包括公开招标、邀请招标、竞争性谈判、竞争性磋商和单一来源采购。

BOT译为"建设-经营-移交"。BOT是PPP应用最多的模式。BOT形式主要有

BOT、BOOT、BOO、BTO、BLT、BT、TOT和DBFO等。BOT项目本质上是一种特许权项目，具有狭义项目融资的典型特征。BOT模式之所以被许多国家大力应用，是因为它具有其他方式不具备的优点，当然它也存在缺点。BOT模式比较重要的是特许经营期设计与收费设计。

延伸阅读

关键概念

PPP模式　　BOT模式　　ABS模式　　PFI模式　　Concession模式　　委托运营模式
管理合同模式　　TOT模式　　物有所值评价　　财政承受能力论证

复习思考题

1. PPP模式和BOT模式是怎样的关系？

2. PPP模式和PFI模式是怎样的关系？

3. PPP模式和项目融资是怎样的关系？

4. PPP模式的主要运作方式有哪些？

5. 简述PPP模式的主要应用范围。

6. 简述PPP模式的主要应用价值。

7. 简述我国PPP项目的一般运作程序。

8. 物有所值定性评价的主要指标有哪些？

9. 如何进行物有所值定量评价？

10. 如何进行财政支出责任测算？

11. PPP项目实施方案的主要内容有哪些？

12. 简述PPP项目采购的一般步骤。

13. PPP项目的采购方式有哪几种？

14. BOT项目的本质特征是什么？

15. 如何进行特许经营期设计？

个案分析　　大连湾海底隧道及光明路延伸工程PPP项目财政承受能力论证

一、项目概况

（一）项目名称

大连湾海底隧道及光明路延伸工程政府与社会资本合作项目（以下简称本项目）。

（二）实施单位

根据大连市政府安排，本项目由市政府授权委托大连市城市建设管理局作为项目实施单位。

（三）工程概况

本项目包括两个子项工程，分别为大连湾海底隧道和光明路延伸工程，两个子项工程将分别作为独立的工程建设项目，分别履行基本建设前期报批工作。两个子项工程均已列入辽宁省第一批PPP项目库，大连湾海底隧道项目已经列入国家发改委、财政部PPP项目库。

1.大连湾海底隧道建设工程

建设规模与标准：工程北起梭鱼湾20号路，南至人民路，主线全长5 098.23米。其中，接线道路长299.23米、沉管海底隧道长3 040米、明挖暗埋隧道长1 379米（包括北岸长187米、南岸长1 192米）、敞开段长380米（包括北岸长180米、南岸长200米）。全线设置3对匝道，其中北岸设置一对双车道匝道接梭鱼湾20号路，南岸在中信海港城西侧设置一对双车道匝道接民主广场方向、在港隆西路港湾桥西侧设置一对双车道匝道接港湾广场方向；匝道全长2 260.93米，其中明挖暗埋隧道长1 389.93米、敞开段长455米、地面道路长416米。人民路设置下穿港隆西路的地道，使人民路和港隆西路交叉口形成部分互通式立交，地道暗埋段长162米、敞开段长263米。道路按双向六车道城市主干道等级设计，设计速度为主线60千米/小时、匝道40千米/小时。

主要建设内容：新建道路工程、海底沉管隧道工程、陆域段隧道工程、供电照明工程、通风、消防、排水及市政基础设施管网工程、交通工程及交通监控中心、绿化工程等。

工程投资及工期：估算总投资96.64亿元，其中建安工程费60.90亿元，工程其他费用5.46亿元，预备费6.64亿元，征地补偿费23.62亿元，铺底流动资金200万元。项目总建设工期计划50个月。

2.光明路延伸工程

建设规模与标准：工程南起梭鱼湾20号路，顺接大连湾海底隧道工程北岸接线道路，北至201国道，包括光明路主线、近期临时绕行路线、东方路延伸线、中华路主线、东方路立交、中华路立交、振连路立交、201国道立交。光明路延伸工程主线全长6.9千米，包括四段：东方路以南双向六车道，东方路—振连路双向八车道，振连路—201国道双向六车道，201国道以北双向四车道。另外，本项目还包括近期临时绕行路线1.5千米、双向四车道，东方路延伸线3.47千米、双向六车道，中华路主线1.08千米、双向六车道。工程全线按城市主干道等级设计，光明路主线、东方路、中华路设计速度为60千米/小时，临时绕行线设计速度为40千米/小时，立交匝道设计时速为40千米/小时或30千米/小时。

主要建设内容：新建道路工程、市政桥梁工程、跨铁路桥梁工程、地道（东方路C匝道）工程、照明工程、雨水工程、污水工程、交通工程、绿化工程等。

工程投资及工期：估算总投资 65.92 亿元，包括建安工程费 14.82 亿元，工程建设其他费用 5.80 亿元，预备费 2.06 亿元，跨铁路工程估算 3.21 亿元，石化公司生产管线改造费用 1.10 亿元，征地动迁费 38.93 亿元。项目建设工期计划 36个月。

（四）项目公司股权

本项目拟成立专门的项目公司，公司名称暂定为大连湾海底隧道项目有限责任公司（简称项目公司），设定政府方和社会资本在项目公司中的股权比例为 15%：85%，各方按股权比例获得项目公司分红。项目公司注册资本金不低于项目总投资的20%，并根据项目建设进度和融资机构要求及时、足额缴纳。

二、风险识别与分配

（一）风险因素识别

本项目面临的风险包括系统性风险和非系统性风险两大类，系统性风险是指由全局因素引起的、超出项目自身所能控制和避免的风险，非系统性风险是指由微观因素引起的、在项目实施过程中可以自行控制和避免的风险。本项目实施过程中面临的主要风险如下：

1.系统性风险

（1）不可抗力风险。不可抗力风险是指当事人不能预见、不能避免且不能克服的自然事件和社会事件，造成项目失败或收益大幅度减少的风险。本项目主要面临的是地震、海啸等自然灾害风险以及战争、暴乱、罢工等社会风险。

（2）政策风险。政策风险主要来自两个方面：一是国家政策影响区域经济的发展，从而影响项目需求；二是国家由于某种政治、经济政策上的原因，引起PPP项目或市政交通项目建设、运营、管理等方面政策法规的变化，主要包括项目征用（或提前中止）、法律变更、审批变化、税收变更、行业标准调整等。

（3）经济风险。经济风险是指在项目经营过程中，由于经济形势及市场变动直接或间接地造成项目收益受到损失的风险，主要包括经济形势恶化、通货膨胀、利率调整等。

2.非系统性风险

（1）施工风险。施工风险是指在项目施工过程中由于施工工艺不当、安全措施不利、施工方案不合理、应用技术失败等导致工程量增加、投资增加、工期延后给拟建项目带来的风险。本项目作为海底隧道工程，施工环境复杂、地质条件复杂、施工难度较大，在施工过程中可能面临一系列无法预知的风险。

（2）设计风险。设计风险主要是指项目设计方案的可靠性、适用性和经济性方面是否能够满足项目建设目标要求的风险。本项目施工工艺复杂，根据同类项目经验，可能存在前期地质勘察设计与实际施工情况不适应的问题，从而产生项目中断、工期延误、费用增加等风险。

（3）投资控制风险。投资控制风险主要是由于工程方案变动引起的工程量增加、工期延长,以及物价上涨、各种费率提高、项目管理不当等导致项目总投资增加的风险。根据同类项目的经验,由于设计、施工等风险的发生导致项目建设期总投资增加的可能性较大。

(4)管理风险。管理风险主要是指项目组织设置方案不适于项目的建设或营运、项目管理层不能胜任项目的组织与管理等影响项目的效率、成本与进度的风险。

(5)运营维护风险。运营维护风险是指在项目运营过程中,由于运营管理失误或社会经济环境变化,出现经营问题,如维护力度不够、运营费用超支、发生重大事故等,致使项目达不到原定的运营指标。

(6)移交风险。移交风险主要是指由于提前回购双方配合程度、移交资料准备、移交前维护及工程状态保障等原因影响项目交付进度与质量的风险。

(7)其他风险。其他风险主要是指除以上情形之外的一般性风险。

(二)风险分配原则

根据本项目特点,参考类似项目经验,项目风险分配遵循以下原则:

1.由对风险最有控制力的一方承担相应的风险

风险分担的首要原则是承担风险的一方要对该风险最有控制力,也就是风险承担方需处在风险防控的最有利位置,能有效降低风险发生的概率和风险发生时的损失,从而保证控制风险所花费的成本最小;同时由于风险在某一方的控制之下,使其有动力为管理风险而努力,从中获得优势效益。

2.承担风险的一方能够将风险合理转移

风险的承担方应能够有效控制和管理风险,能够把风险合理转移给第三方,如通过签署设计咨询合同、工程建设合同等措施将风险转移给分包商,以及通过保险等方式把风险转移给其他主体,有效减轻和化解风险。

3.承担的风险程度与所得回报相匹配

项目中还存在一些双方都无法控制的风险,如不可抗力风险,这些风险在分配时应综合考虑风险发生的可能性、政府自留风险的成本和社会资本承担风险的意愿及要求的回报金额。

(三)风险分配方案

按照上述风险分配的原则,综合考虑政府风险管理能力、项目回报机制和市场风险管理能力等因素,按照项目实施的时序,在政府和社会资本之间合理分配项目风险(见表8-4)。

三、责任识别

在PPP项目全生命周期过程中,财政支出责任主要包括股权投资支出责任、运营补贴支出责任、风险承担支出责任、配套投入支出责任等。

表8-4　　　　　　　　　　　　　　项目风险分配方案

风险阶段	风险因素	风险来源	风险结果	承担单位
全过程	政治风险	法律与政策稳定性	影响项目的正常进行，项目暂停甚至终止	政府
	经济风险	通货膨胀	物价上涨，成本增加	政府及社会资本
		经济形势恶化	成本增加	政府及社会资本
		利率变化	成本增加或减少	政府及社会资本
前期	社会	公众及相关企业反对	影响项目的正常进行，项目暂停甚至终止	政府
	政策	项目前期审批程序	影响进度	政府
	征地拆迁	征地、拆迁	影响进度，成本增加	政府
	建设条件	水、电、路，建设用地、临时用地	影响进度，成本增加	政府及社会资本
	经济	项目融资	影响进度，成本增加	社会资本
建设期	自然风险	不可抗力	影响进度，成本增加，财产损失	政府及社会资本
		重大地质问题	影响进度，成本增加	政府及社会资本
	经济风险	原材料、人工价格上涨	增加成本	社会资本
		税费政策变化	增加成本	政府
		利率变化	增加成本	社会资本
		设备租赁费价格	增加成本	社会资本
		施工管理费	增加成本	社会资本
	设计风险	设计变更	项目中断，工期延误，费用增加	社会资本
		设计缺陷及错误	工期延误，费用增加	社会资本
	施工风险	工艺不当	进度延误，成本增加	社会资本
		安全措施不利	人员伤亡和财产损失，进度延误	社会资本
		方案不合理	进度延误，成本增加	社会资本
		应用技术失败	影响工期，增加进度协调难度	社会资本
	管理风险	合同管理能力	影响效率、进度	社会资本
		总承包协调	影响效率、进度	社会资本
		分包管理	影响效率、进度、成本	社会资本
		物资管理	影响效率、进度、成本	社会资本
		财务管理	影响效率、成本	社会资本
项目验收	竣工验收	交付延误	影响效率、进度	社会资本
	试运行	不能满足正常运行	影响效率、进度，增加成本	社会资本
	竣工决算	投资增加	影响成本	社会资本
运营维护	运营风险	重大事故及灾难	影响使用，增加成本	政府及社会资本
		维护力度不够	影响使用环境与质量	社会资本
		运营费用超支	影响成本	社会资本
		移交资料准备	影响交付进度	社会资本
		移交前维护及工程状态保障	影响项目质量	社会资本
	经济风险	通货膨胀及人员工资上涨	增加运营成本	政府及社会资本
		利率变化	增加成本	政府

1.股权投资支出责任

股权投资支出责任是指在政府与社会资本共同组建项目公司的情况下,政府承担的股权投资支出责任。

本项目PPP模式采用的融资结构为:项目公司注册资本金不低于项目总投资的20%,其余80%通过银行贷款解决。其中,项目公司投入的20%资本金中,政府部门出资15%,社会资本出资85%。

2.运营补贴支出责任

运营补贴支出责任是指在项目运营期间,政府承担的直接付费责任。

本项目不具备直接向使用者收取通行费的机制,因此采用政府付费模式,政府承担全部直接付费责任。

3.风险承担支出责任

风险承担支出责任是指项目实施方案中政府承担风险带来的财政或有支出责任。

根据本项目风险分配方案,政府的风险承担责任包括政治风险、政策风险、社会风险、征地拆迁风险,以及与社会资本共担的建设条件落实风险、利率风险、不可抗力风险、重大地质问题风险等。

4.配套投入支出责任

配套投入支出责任是指政府提供的项目配套工程等其他投入责任,通常包括土地征收和整理、建设部分项目配套措施、完成项目与现有相关基础设施和公用事业的对接、投资补助、贷款贴息等。

本项目土地费用已纳入建设成本,外部建设条件为现状条件,工程建设所需要的水、电等接入工程以及临时用地等相关建设及投资均纳入项目总投资。政府不提供投资补助、贷款贴息等支出,因此本项目无配套投入支出责任。

四、支出测算

1.股权投资支出

股权投资支出=项目资本金×政府占项目公司股权比例=469 481.34×15%=70 422.20(万元)

2.运营补贴支出

本项目采用政府付费模式,在项目运营补贴期间,政府承担全部直接付费责任。政府每年直接付费项目包括社会资本方承担的年均建设成本(折算成各年度现值)、年度运营成本和合理利润。具体涉及的分解因素包括:

(1)项目全部建设成本。它主要包括设计、施工等方面投入的现金以及固定资产、土地使用权等实物和无形资产。本项目的全部建设成本最终以初步设计阶段的概算批复为准,本阶段暂以海底隧道工程及光明路延伸工程合并可研报告中的投资估算为依据进行财政承受能力论证,即项目总投资为1 762 878万元。

(2)年度运营成本。它主要包括运营期内运营维护所需的原材料、设备、人工等成本,以及管理费用、销售费用、相关税费等。本项目年度运营成本参照可研报告中对于运营维护成本的测算,主要包括动力照明电力费、工资及福利费、日常修理费、大修理费、其他费用等，运营期第一年运营成本为4 122万元。

（3）合理利润率。根据财政部《政府和社会资本合作项目财政承受能力论证指引》（财金〔2015〕21号）第十八条"合理利润率应以商业银行中长期贷款利率水平为基准，充分考虑可用性付费、使用量付费、绩效付费的不同情景，结合风险等因素确定"。现阶段中国人民银行公布的五年以上贷款利率为4.9%，根据项目实际情况并结合风险等因素，经测试选定项目投资合理利润率为8%。

（4）年度折现率。根据财政部《政府和社会资本合作项目财政承受能力论证指引》（财金〔2015〕21号）第十七条"年度折现率应考虑财政补贴支出发生年份，并参照同期地方政府债券收益率合理确定"。经查询，2015年，大连市政府于2015年7月3日发行的10年期固定利率附息式国债（地方政府债）票面利率为3.6%，2015年11月18日发行的10年期固定利率附息式国债（地方政府债）票面利率为3.39%；2015年10月20日我国发行的30年期国债年利率为3.74%，2015年11月23日发行的50年期国债年利率为3.89%。考虑市场因素和经济增长因素，结合市政基础设施行业及本项目情况，本项目折现率选定为3.7%。

3.风险承担支出

项目的风险承担成本可选用概率法、比例法等方法对风险承担成本进行量化。结合本项目实际情况，依据风险分配方案，采用比例法对本项目的风险承担成本进行测算。

根据本实施方案中的风险分配方案，在PPP模式下，政府承担的风险包括可分担风险和自留风险两类，其中：

（1）可分担风险包括建设条件落实风险、利率风险、不可抗力风险、重大地质问题风险，需要由政府和社会资本共同分担。其中：建设条件落实风险、不可抗力风险、重大地质问题风险每年按项目建设投资的1%考虑，政府和社会资本各分担50%，即政府风险承担支出成本为每年8 814万元；政府分担的利率风险每年按当年政府支付运营补贴额的5‰考虑，经测算第一年政府利率风险承担支出成本为593万元。

（2）自留风险为政府需要承担的风险，不可转移和分担，由政府承担风险支出。本项目自留风险包括政治风险、政策风险、社会风险、征地拆迁风险，每年按项目建设投资的5‰及运营补贴支出的1%考虑自留风险，经测算第一年政府自留风险承担支出成本为10 000万元。

4.测算结果

根据上述测算，本项目全生命周期内财政支出总额共计389.74亿元，各年财政支出金额见表8-5。

五、财政承受能力评估

1.大连市近5年市级财政收支情况

2011年到2015年间，大连市市本级一般公共预算收入及支出平均增长率分别为3.2%和14.4%，具体情况见表8-6。

表8-5　　　　　　　　　　　　　**本项目全生命周期内支出测算**　　　　　　　　　单位：万元

年份	2016年	2017年	2018年	2019年	2020年	2021年	2022年	2023年	2024年	2025年
财政支出	15 977	18 898	16 638	18 909	138 019	142 360	146 862	151 531	156 374	161 397
年份	2026年	2027年	2028年	2029年	2030年	2031年	2032年	2033年	2034年	2035年
财政支出	166 606	172 008	177 613	187 415	189 452	195 705	202 189	208 915	233 050	223 128
年份	2036年	2037年	2038年	2039年						
财政支出	230 631	238 415	246 487	258 851						

表8-6　　　　　　　　　　**2011—2015年大连市财政预算收支情况表**　　　　　　金额单位：亿元

年份	公共财政收入	同比增长	公共财政支出	同比增长
2011	242.25	30.20%	289.81	12.70%
2012	249.13	2.80%	355.09	22.60%
2013	283.34	13.70%	458.87	29.20%
2014	296.89	4.70%	482.34	5.10%
2015	274.81	−7.50%	496.18	2.90%

2.项目全生命周期内财政支出预测

根据财政部《政府和社会资本合作项目财政承受能力论证指引》（财金〔2015〕21号）第二十七条"在进行财政支出能力评估时，未来年度一般公共预算支出数额可参照前五年相关数额的平均值及平均增长率计算，并根据实际情况进行适当调整"。近5年，大连市市本级一般公共预算支出的平均增长率为14.4%，但增长速度明显呈现出逐年下降的趋势。综合考虑大连市市本级财政收支的实际情况，以2015年一般公共预算支出为基数，按照年均7%的增长速度测算未来各年度公共财政支出额度。

根据财政部《政府和社会资本合作项目财政承受能力论证指引》（财金〔2015〕21号）第二十五条"每一年度全部PPP项目需要从预算中安排的支出责任，占一般公共预算支出比例应当不超过10%"的要求，计算大连市在本项目全生命周期内用于全部PPP项目的支出上限，具体见表8-7。

表8-7　　　　　　**本项目全生命周期内用于全部PPP项目的支出上限测算**　　　　单位：亿元

年份	2016年	2017年	2018年	2019年	2020年	2021年	2022年	2023年	2024年	2025年
PPP支出上限	53.09	56.81	60.78	65.04	69.59	74.46	79.68	85.25	91.22	97.61
年份	2026年	2027年	2028年	2029年	2030年	2031年	2032年	2033年	2034年	2035年
PPP支出上限	104.44	111.75	119.57	127.94	136.90	146.48	156.73	167.71	179.44	192.01
年份	2036年	2037年	2038年	2039年						
PPP支出上限	205.45	219.83	235.22	251.68						

3.财政承受能力评估

本项目是大连市第一个拟采用PPP模式实施的项目，由于大连市尚未对未来年度拟实施的PPP项目进行统筹规划，因此仅将本项目年度财政支出责任与财政预算支出额度及财政用于PPP项目支出的上限进行比较，具体结果见表8-8、表8-9。

表8-8　　　　　　本项目年度财政支出责任占大连市公共财政支出额度比例

年份	2016年	2017年	2018年	2019年	2020年	2021年	2022年	2023年	2024年	2025年
占预算额度	0.30%	0.33%	0.27%	0.29%	1.98%	1.91%	1.84%	1.78%	1.71%	1.65%
年份	2026年	2027年	2028年	2029年	2030年	2031年	2032年	2033年	2034年	2035年
占预算额度	1.60%	1.54%	1.49%	1.46%	1.38%	1.34%	1.29%	1.25%	1.30%	1.16%
年份	2036年	2037年	2038年	2039年						
占预算额度	1.12%	1.08%	1.05%	1.03%						

表8-9　　　本项目年度财政支出责任占大连市财政用于PPP项目支出上限比例

年份	2016年	2017年	2018年	2019年	2020年	2021年	2022年	2023年	2024年	2025年
占预算额度	3.01%	3.33%	2.74%	2.91%	19.83%	19.12%	18.43%	17.77%	17.14%	16.54%
年份	2026年	2027年	2028年	2029年	2030年	2031年	2032年	2033年	2034年	2035年
占预算额度	15.95%	15.39%	14.85%	14.65%	13.84%	13.36%	12.90%	12.46%	12.99%	11.62%
年份	2036年	2037年	2038年	2039年						
占预算额度	11.23%	10.85%	10.48%	10.28%						

经对比，本项目各年度财政支出责任占大连市公共财政支出比例均较低，最高比例仅为1.98%，远低于《政府和社会资本合作项目财政承受能力论证指引》（财金〔2015〕21号）中关于"每一年度全部PPP项目需要从预算中安排的支出责任，占一般公共预算支出比例应当不超过10%"的要求，因此，该项目处于财政可承受能力范围之内，评价结论为"通过论证"。本案例分析中表格的数据来源可参见表8-10至表8-14。

表8-10　　　　　　　　　　投资计划与资金筹措表　　　　　　　　单位：万元

项目	合计	第1年	第2年	第3年	第4年
一、总投资	1 762 878.00	494 530	514 009	369 599	384 740
1.固定资产投资	1 616 746.00	485 024	485 024	323 349	323 349
2.建设期贷款利息	145 932.00	9 506	28 985	46 250	61 191
3.铺底流动资金	200.00				200.00
二、资金筹措	1 762 878.00	494 530	514 009	369 599	384 740

项目	合计	第1年	第2年	第3年	第4年
1.资本金	469 481.34	106 511	125 990	110 920	126 061
（1）用于工程投资	323 349.34	97 005	97 005	64 670	64 670
（2）用于流动资金	200.00				200
（3）用于建设期贷款利息	145 932.00	9 506	28 985	46 250	61 191
2.银行长期贷款	1 293 396.66	388 019	388 019	258 679	258 679

表8-11　　　　运营成本估算表　　　　单位：万元

序号	项目	合计	运营期																				
			1	2	3	4	5	6	7	8	9	10	11	12	13	14	15	16	17	18	19	20
1	动力、照明电力费	47 340	2 367	2 367	2 367	2 367	2 367	2 367	2 367	2 367	2 367	2 367	2 367	2 367	2 367	2 367	2 367	2 367	2 367	2 367	2 367	2 367
2	工资及福利费	21 476	650	683	717	753	790	830	871	914	960	1 008	1 058	1 111	1 166	1 224	1 286	1 350	1 417	1 488	1 562	1 640
3	日常修理费	15 600	780	780	780	780	780	780	780	780	780	780	780	780	780	780	780	780	780	780	780	780
4	大修理费	22 933										3 640					15 653					3 640
5	其他费用	10 744	325	342	359	376	395	415	436	457	480	504	529	556	583	613	643	676	709	744	781	820
6	运营成本(1+2+3+4+5)	118 093	4 122	4 171	4 223	4 276	4 332	4 392	4 454	4 518	4 587	8 299	4 734	4 814	4 896	4 984	20 729	5 173	5 273	5 379	5 490	9 247

表8-12　　　　股权投资支出　　　　单位：万元

序号	项目	合计	建设期			
			第1年	第2年	第3年	第4年
1	股权投资支出	70 422	15 976.6	18 898.5	16 638	18 909.1
2	股权投资支出现值	65 430	15 689	17 896	15 193	16 651

表8-13　　　　运营补贴支出　　　　单位：万元

序号	项目	合计	运营期																				
			1	2	3	4	5	6	7	8	9	10	11	12	13	14	15	16	17	18	19	20
1	运营补贴支出	3 423 083	118 611	122 888	127 323	131 923	136 694	141 643	146 775	152 097	157 619	167 277	169 284	175 444	181 833	188 459	212 238	202 462	209 855	217 523	225 476	237 657

表8-14　　　　　　　　　　　　　风险承担成本　　　　　　　　　　　　　单位：万元

序号	项目	合计	运营期																			
			1	2	3	4	5	6	7	8	9	10	11	12	13	14	15	16	17	18	19	20
0	风险承担成本	403 922	19 408	19 472	19 539	19 608	19 679	19 753	19 830	19 910	19 993	20 138	20 168	20 260	20 356	20 456	20 812	20 666	20 777	20 892	21 011	21 194
1	可分担中自留风险成本	193 403	9 407	9 429	9 451	9 474	9 498	9 523	9 548	9 575	9 602	9 651	9 661	9 692	9 724	9 757	9 876	9 827	9 864	9 902	9 942	10 003
2	自留风险成本	210 519	10 000	10 043	10 088	10 134	10 181	10 231	10 282	10 335	10 391	10 487	10 507	10 569	10 633	10 699	10 937	10 839	10 913	10 990	11 069	11 191

资料来源　财政部项目库。

第九章

项目融资模式（下）

学习目标

　　通过本章的学习，掌握ABS模式和Reits的概念及运作程序；了解ABS模式和Reits产生和发展的原因；明确ABS模式和Reits与其他融资模式的区别；熟悉ABS模式的适用范围。

第一节　资产证券化概述

一、资产证券化的基本概念

　　一般来讲，证券化是指以证券形式进行的资金筹措。证券化可分为两个层次：融资证券化和资产证券化。融资证券化是指资金短缺者采取发行证券（债券、股票等）的方式在金融市场向资金提供者直接融通资金的过程。融资证券化多为信用融资，只有资信等级较高的公司、企业或政府才能以较低成本采用这种方式融资。习惯上，一般又将融资证券化称为"一级证券化"。

　　资产证券化是指将缺乏流动性但又能产生可预期的稳定现金流的资产汇集起来，通过一定的结构安排对资产中的风险与收益要素进行分离与重组，并加以信用评级和增级，将其转变成可以在金融市场上出售和流通的证券的过程。资产证券化注重资产运作，是在信用融资的基础上发展起来的，故又称为"二级证券化"。

　　资产证券化的含义有广义与狭义之分。广义的资产证券化把有别于间接融资的直接融资全部视为资产证券化；而狭义的资产证券化主要指资产支持证券化。

　　本章所称资产证券化主要指资产支持证券化。其通俗的定义为：资产证券化

（Asset-Backed Securities）是指把缺乏流动性，但具有未来现金流量的资产汇集起来，通过结构性重组，将其转变为可以在金融市场上出售和流通的证券，据以融通资金的过程。

证券化兴起于美国的住宅抵押贷款证券化。当市场积累了不动产抵押贷款债权证券化的大量成功经验后，金融界很自然地将住宅抵押贷款证券化的技巧应用到其他金融资产，创造了很多金融资产种类。资产证券化在广度上不断扩展的同时，在深度上也取得了明显进展，这突出地表现在各国证券化规模的不断扩大上。在资产证券化的发展过程中，资产担保证券成为其发展的主要形式。

二、资产证券化与传统融资方式的区别

作为20世纪70年代的一种金融创新，资产证券化与传统融资方式的区别主要体现在以下三个方面：

（一）资产证券化是一种结构性融资方式

股票或债券的融资是由资金需求者直接发行证券，并不需要其他的组织结构安排。而资产证券化不同，当资金需求者需要融资时，一般要进行两方面的交易结构安排。一是构造一个载体，该载体通常被称为特殊目的载体（SPV），使欲证券化的资产与该资产所有者（即资金需求者）的破产风险相隔离，SPV是资产支持证券的发行主体；二是对资产池的现金流量进行结构性安排，通过必要的信用增级和现金流量的切割、组合，开发适合不同投资者的需求，具有不同风险、收益和期限特征的收入凭证，而不像股票或债券融资，每次的融资工具相对简单，要么为普通股（优先股），要么为债券。

（二）资产证券化是一种表外融资方式

由资产证券化的结构性特征可知，只要达到会计上的资产"真实销售"的标准，利用资产证券技术进行融资就不会增加发行人的负债，它是一种不显示在资产负债表上的融资方式，因此被称为表外融资方式。通过资产证券化，售出的资产被转移到卖方的资产负债表外，卖方的资产中增加了现金，减少了已售资产。销售收入和已售资产价值的差额就是交易损益，如果卖方用销售所得的现金收入来偿还债务，则卖方的资产和负债会同时减少相应的数额。由于资产证券化是在资本没有发生变化的情况下进行的，因此可提高资金需求者的资本充足率，降低资产负债率。这也正是银行热衷于资产证券化的主要原因之一。

（三）资产证券化是一种资产信用融资方式

传统的证券融资方式以公司自身的产权为清偿基础，企业对债券的本息及股票利益的偿付以公司的全部法定财产为界。而资产支持证券本息的偿还不是以公司产权为界，而是以证券化的资产为界，与公司的其他资产不发生联系。因此，投资者在投资时，主要的依据是判定资产池中资产质量、未来现金流量的收益和

风险、交易结构的严谨性和有效性，而原始权益人本身的信用水平被置于相对次要的地位。

三、资产证券化结构中的主要参与人

资产证券化采用的组织形式不同，参与的主体也会有所不同，但一般会涉及以下各方参与人：发起人或原始权益人、服务商、发行人或特殊目的载体、证券承销商、受托管理人、投资者、信用评级机构和信用增级机构等。

（一）发起人或原始权益人

发起人或原始权益人是指拥有一定权益资产的当事人，如拥有项目资产的项目公司、商业银行和保险公司等。

（二）服务商

服务商通常由发起人自身或其指定的银行来承担，它在资产证券化中的主要作用体现在两个方面：一是负责收集权益资产到期的现金流，并催讨过期应收款；二是代替发行人向投资者或投资者的代表——受托人支付证券的本息。

（三）发行人或特殊目的载体

资产担保证券的发行人是一个特殊目的载体，它是专为资产担保证券化而成立的一个机构。在证券化过程中，原始权益人将基础资产组合转让给一家独立的中介机构，即这家独立的中介机构发行资产担保证券，从而达到筹措购买上述资产所需资金的目的。

（四）证券承销商

证券承销商实际上可用两种方式销售证券：一是包销，即证券商从发行人处购买证券，然后再销售给公众，如果卖不完，则必须自己消化；二是代销，即证券商作为发行人的代理人为其寻找更多的购买者，不承担销售完证券的责任。发行人和证券商必须合作，确保发行结构符合法律、会计、税务等制度的要求。

（五）受托管理人

在资产证券化过程中，受托管理人是不可缺少的。受托管理人的主要职责有：一是作为发行人的代理人向投资者发行证券；二是将权益资产的应收款转给投资者，并且在款项转给投资者前有责任对款项进行再投资；三是受托人应对服务商提供的报告进行确认并转给投资者。当服务商不能履行其职责时，受托人应该能够起到取代服务商角色的作用。

（六）投资者

投资者是资产担保证券的最终购买者。目前，资产担保证券的购买者主要为一些机构投资者，如保险公司、养老基金和退休基金等。

（七）信用评级机构

在资产证券化过程中，信用评级机构的主要作用是对将要发行的证券的风险和收益进行评价，给出证券的信用等级，从而为投资者的投资决策提供合理、可靠的依据。国际上著名的信用评级机构除了前述的标准普尔和穆迪外，还有惠誉以及达夫菲尔普斯等。

（八）信用增级机构

信用增级是资产证券化最关键的环节之一，其目的是使一个原本属于投机级证券的信用等级提高到投资级，从而可以进入高档资本市场进行融资，因此找寻一个受到投资者信任的信用增级机构非常重要。信用增级机构可以是政府或政府性质的机构，也可以是商业机构。

四、资产证券化对参与各方的好处

（一）资产证券化对发起人的好处

（1）降低资金成本。资产证券化是一种资产收入导向型的融资方式，通过真实出售和破产隔离的证券化结构设计，再加以信用增级，使得要发行的证券信用级别大大提高，从而降低融资成本。非投资级公司也可以因为信用增级而以投资级利率筹集资金，这一点对于拥有优质资产，但资信不高的项目公司而言，意义是非常重大的。

（2）改善资本结构。多数证券化采用表外融资的处理方法，发起人通过真实出售而不是担保融资的形式，将证券化资产和负债转移到资产负债表外，从而达到改善资产负债表结构的目的。

（3）优化财务状况。由于资产在证券化后可凭借较高的信用级别出售债券，所以融资成本较低。这样在基础资产的收益和资产支持证券的收益之间就会有一个差额收益，而这个收益一般属于发起人。此外，发起人还可以凭借其在资产管理方面的优势充当中介服务商的角色来赚取服务费。由此可见，这种赚取差额收益的能力使资产获利能力增强，优化了项目公司的财务状况。

（二）资产证券化对投资者的好处

（1）资产证券化为机构投资者提供了合规投资选择。资产证券化对那些机构投资者，如养老基金、保险公司、货币市场基金等提供了符合其投资条件的投资选择。

（2）扩大了投资者的投资规模。按照一些国家法律的规定，购买资产抵押证券的资本金保持比例要求，远低于购买其他资产的资本金保持比例要求，这十分有利于机构投资者投资规模的扩大。

（3）丰富了投资者的投资品种。资产担保证券的品种很多，不同等级的证券具有不同的偿付次序，满足了不同投资者对风险和利率的不同偏好。

第二节　ABS模式的基本运作流程

资产证券化的种类不同，证券化交易的流程也就有所不同。但总体来讲，一个完整的交易一般要经过如图9-1所示的环节。

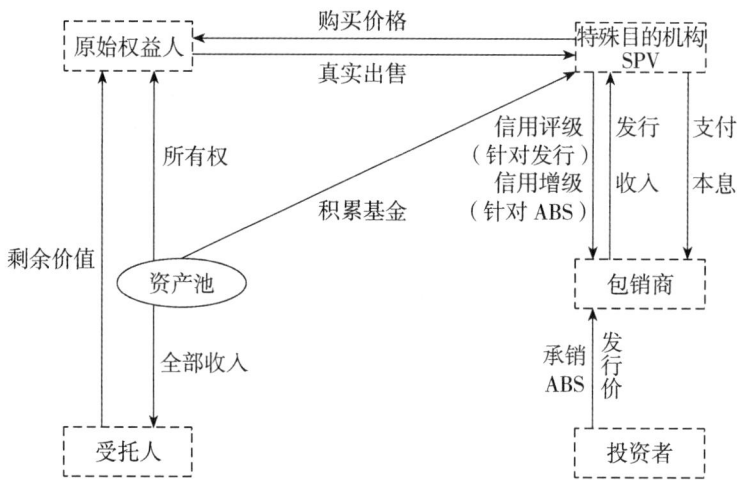

图9-1　资产证券化运作流程图

一、确定证券化资产，组建资产池

首先，原始权益人要在分析自身融资需求的基础上确定资产证券化目标。然后，原始权益人对自己拥有的资产进行清理、估算和考核，根据证券化目标确定一个具体的资产目标。最后，原始权益人将筛选出来的资产汇集成一个资产池。需要注意的是，原始权益人对资产池中的每项资产都必须拥有完整的所有权。

二、设立特殊目的载体SPV

SPV（Special Purpose Vehicle，特殊目的机构）的设立是证券化过程中的关键环节，其目的是最大限度地降低原始权益人的破产风险对证券化的影响，也就是说，原始权益人的破产不会影响到证券化基础资产。对于这一点可以从两个方面理解：一是指SPV本身的不易破产性；二是指将证券化资产从原始权益人那里真实出售给SPV，从而实现了破产隔离。为了达到破产隔离目的，在组建SPV时应遵循以下要求：①债务限制；②设立独立董事；③保持分立性等。

三、资产的真实出售

原始权益人将资产池中的资产转移给SPV是证券化过程中的重要环节。资产从原始权益人转移到SPV手中，在英美法系中叫让渡或让与，在大陆法系中叫债权转让。

转让按是否需要征得债务人的同意、是否要通知债务人，大致分为3种类型：一是协议转让；二是通知转让；三是自由转让。协议转让强调资产的转移必须征得债务人的同意；通知转让并不要求得到债务人的同意，但要求原始权益人在债权转让时必须告知债务人；自由转让则是既不要求得到债务人的同意，也不要求原始权益人在债权转让时告知债务人。无论采取哪一种转让方式，为了避免法律风险、税收和会计处理问题，资产的转让在性质上必须被界定为"真实出售"，否则就不能达到破产隔离的目的。

四、进行信用增级

为吸引投资者并降低融资成本，必须对资产证券化产品进行信用增级，以提高所发行证券的信用等级。信用增级可通过外部增级和内部增级来实现。外部增级是由外部第三方提供的信用增级工具；内部增级是用基础资产产生的现金流来提供。

五、进行信用评级

在资产证券化交易中，信用评级通常分两次进行——初评和发行评级。初评的目的是确定为了达到所需的信用级别必须进行的信用增级水平。在按评级机构的要求进行信用增级之后，评级机构才进行正式的发行评级，并向投资者公布最终评级结果。

证券的信用等级越高，表明证券的风险越低。

六、ABS的发行和交易

信用评级完成并公布结果，同时获得证券监管机构的批准后，SPV将证券交由承销商去销售。证券发行后，就可以在资本市场上进行流通交易。

七、获取证券发行收入，向原始权益人支付购买价格

SPV从证券承销商处获取证券发行收入后，再按资产买卖合同规定的购买价格，把发行收入的大部分支付给原始权益人，实现资产转移。

八、实施资产与资金管理

SPV一般会聘请专门的服务商来对资产池进行管理。服务商的主要任务是对基础资产的日常运营进行管理，收取和记录资产产生的现金收入，并将这些款项存入受托管理人的收款专用账户中。与此同时，受托管理人按约定建立积累基金，以便向投资者按期支付本息。

九、清偿证券

按照证券发行说明书的约定，当证券全部被偿付完毕后，若资产池产生的现金

流还有剩余，那么这些剩余的现金流将在原始权益人和SPV之间按规定进行分配，有时也可以凭这一部分现金流发行剩余权益证券。至此，资产证券化交易的全部过程结束。

第三节 ABS模式运作中的核心问题

ABS项目融资模式的成功运作，一方面，取决于交易过程中的一系列巧妙安排（如"破产隔离"和"信用增级"），从而使其区别于传统的证券交易；另一方面，ABS模式的融资成本的降低还取决于资产担保证券化的会计和税务处理。

一、SPV的组织形式设立问题

从世界上其他国家的实践来看，SPV的设立方式有3种：一是政府组建。政府组建的SPV由于有坚实的政府背景，故在很多情况下享有与私人公司不同的待遇。二是由发起人组建。在这种组建方式下，发起人与SPV之间是母子公司关系，发起人可能对SPV享有特权，从而损害投资者的利益，不利于证券化过程中的资产转移性质被界定为真实出售。三是由独立的第三方组建和拥有。现实中，不管是由哪一方组建，皆要求SPV的设立手续简便，设立成本较低，便于资产担保证券的发行，同时还要考虑法律对证券化税收的规定——避免双重纳税，以及实现破产隔离等。目前，比较常见的SPV组织形式有公司、信托、合伙、基金等。至于具体采用何种组织形式，主要取决于各国的法律、税收和会计制度等因素。

二、破产风险隔离问题

在ABS交易中，使参与各方远离破产风险，是保证投资者收益的关键。

（一）SPV自身破产风险防范

让SPV自身实现破产隔离，国际上比较通行的做法是在法律上对SPV的经营范围、债务等方面进行严格的限制。

1.经营范围的限制

作为一个新成立的经济实体，SPV只能从事同证券化交易有关的业务活动。除交易规定的可进行活动以外，SPV不得进行任何其他经营和投融资活动。

2.债务的限制

SPV除了履行证券化交易中确立的债务和担保义务外，不应再发生其他债务，也不应为其他机构或个人提供担保，除非后来发生的债务满足以下条件之一：

（1）新发行的债券完全从属于先期发行的债券。

（2）新发行债券的信用等级至少不低于先期发行的证券信用等级。

（3）除支付资产担保证券后节余的现金外，新债务的债权人对发行人的资产无追索权，如果新债务得不到偿还，新债务的债权人也不得对发行人提出补偿要求。

3. 独立性要求

为了避免发起人的破产波及资产证券化交易，SPV必须保持其独立性。SPV必须从形式上和实质上保持与发起人之间的距离，具体为：保持财务报表与发起人分离；保持资产不与发起人的资产相混；不对发起人提供担保或为其承担债务；只以自己的名义从事业务，不与发起人或其分支机构发生关联交易，在形式上和实质上保持一个完全独立的实体形象，并独立接受年度检查。

4. 不得进行并购重组

除特殊情况外，SPV不得与他方合并或转让原始权益；在未事先通知原有关当事人的情况下，不得修改资产条件、证券化协议及其章程。

5. 合同权益的保护

除特殊情况外，SPV不得豁免或减轻任何当事人的合同义务。

6. 银行账户

除证券化协议规定设立的账户外，SPV不得开设其他任何银行账户。

7. 附属机构

除证券化协议规定外，SPV不得设立任何附属机构。

（二）发起人的破产风险隔离

ABS交易结构应能保证发起人的破产不会对SPV的正常运营产生影响，也不会影响对证券持有人的按时支付。要实现这一点，必须做到SPV不会被发起人合并，同时还要做到资产转移被定性为真实出售，而不是担保融资。如果资产转移为真实出售，SPV就拥有基础资产的所有权，那么在发起人破产时，基础资产就不能作为其破产财产列入清算范围，从而保障了SPV持有人的利益。因此，真实出售使证券化资产和发起人的破产风险隔离。

（三）服务商的破产风险隔离

如果基础资产产生的收入保留在服务商的自有账户中，或与服务商的自有资金混合，可能导致基础资产产生的收入不能用于对资产担保证券的按时偿付。在极端情况下，如服务商破产，将危及对资产担保证券的偿付。为了避免上述情况的发生，SPV和服务商签订的服务协议中通常规定，服务商在收集基础资产收入后的一段时期内，可以保留和混存收入，但在这一时期结束后，基础资产的收入就必须存入专门的存款账户中。有些服务协议则规定债务人直接对锁定账户进行支付。除非服务商具有证券化交易要求的信用等级，否则就不能获取锁定账户的款项。

（四）原始债务人的破产风险隔离

在构建资产担保证券化交易时，通常要考虑这样一个问题：如果个别原始债务人无力偿还债务，那么如何保证对资产担保证券持有人的按时支付？常用的解决措施是：SPV购买若干基础资产组合成资产池，并根据基础资产的历史违约数据，通过构建模型来推算资产池中资产的违约率，然后再根据违约率来推测基础资产产生的现金流，据此确定资产担保证券的收益率。因此，ABS交易结构的设计将个别债务人的破产情况考虑在内，并采取措施熨平了现金流的波动，从而使投资者获得的偿付几乎不受个别原始债务人的破产风险的影响。

三、ABS模式中的资产转移方式问题

从法理上说，资产证券化过程中的资产转移方式有三种：更新、转让、参与。

（一）更新

更新是发起人与债务人首先解除债务合约，再由SPV与债务人之间按原合约条款签订一份新合约来替换原来的债务合约，从而把发起人与债务人之间的债权债务关系转换为资产负债人之间的债权债务关系。更新这种方式由于要缴纳印花税等，因此交易成本较高。

（二）转让

转让是指发起人无须更改、终止原有合同，只需通过一定的法律手续，直接把基础资产转让给SPV，即交易不涉及原债务人。转让又分为两种情况：一是把通知债务人或把债务人的承诺作为转让的必要条件，即若没有资产转让的书面通知，资产债务人就享有终止债务支付的法定权力；二是不通知债务人，即默认方式。在美国和日本，不管有无通知，转让方式都被视为证券化的一种形态。而在我国，根据《中华人民共和国民法典》的规定，一般债权转让采取转让通知原则。相比较而言，转让是一种手续简单、成本节约的资产转移方式。

（三）参与

在该种方式下，SPV与资产债务人之间无合同关系，发起人和原始债务人之间的基础合同继续有效。资产不必从发起人转移到SPV。

SPV先向投资者发行资产担保证券，然后将筹集到的资金转贷给发起人，其转贷金额等于资产组合价值。投资者给予SPV的贷款和SPV给予发起人的贷款都附有追索权。

四、ABS模式中的信用增级方式

ABS模式中常用的信用增级方式有两种：内部信用增级和外部信用增级。

（一）内部信用增级

内部信用增级是指利用证券化资产的一部分现金流来为资产担保证券提供信用支持，使其能够获得所需要的等级。内部信用增级常见的方式有：设立优先或次级证券结构、建立超额抵押和设立储备基金账户。

1.设立优先或次级证券结构

次级债券的偿付顺序在优先债券之后，由于其承担了较高风险，故次级债券所

要求的收益较高。换句话说，次级债券充当了优先债券的"缓冲器"，这样就提高了优先债券的信用级别。

2.建立超额抵押

超额抵押是指组合中的资产价值超过所发行证券的金额，如果抵押价值下降到该水平之下，信用强化者必须以新的抵押品弥补该缺口。

3.设立储备基金账户

储备基金账户是一个现金账户，用以弥补投资者的损失。储备基金账户中资金的来源一般有三部分：一是在证券发行之后，直接从发行收入中提取一部分，作为启动资金；二是在证券到期之前，每年从超过证券本息的收费中提取一部分金额补充到储备基金账户中，直到储备基金账户的金额达到事先设定的水平；三是在每月基础上将付清利息、服务费和所有其他费用之后的收入剩余存入账户。

（二）外部信用增级

外部信用增级是第三方担保机构对一定数量的损失提供第一损失保护。外部信用增级的方式主要有资产组合保险、开出信用证和金融机构担保等。

1.资产组合保险

资产组合保险一般由保险公司提供。保险公司和发起人签订保险合同，同意赔偿发起人由资产组合产生的某些损失。

2.开出信用证

不可撤销信用证一般由银行提供。它对一定百分比的违约损失为投资者提供有限的担保。

3.金融机构担保

金融机构担保是一种应用较普遍的证券化增级方式。它由信用等级较高的专业金融担保公司向投资者保证按时支付本金和利息，如果原始债务人违约，则由金融担保公司代替偿付到期的本金和利息。金融机构担保可以单独使用，也可以和其他信用增级方式联合提供损失保障。在这种方式下，证券化交易的等级便由提供担保的机构的信用等级取代，较低信用等级的证券可以提升到提供担保机构的信用等级。但若提供担保的机构的信用等级降级，将会影响到证券的信用等级。

第四节　REITs概述

一、REITs的概念及发展

REITs是一种按照信托原理设计，以发行受益凭证的方式公开或非公开汇集特定投资者的资金，交由专门投资机构进行投资经营管理，并将投资综合收益按比例分配给投资者的一种金融投资产品。一般情况下，REITs收购商业资产持有并经营，获得租金收入后按一定比例派发给投资者，投资者在自担风险的前提下享受投资收益。

REITs最早产生于房地产领域。对于房地产的所有者和开发商而言，REITs提供了一种让非流动的房地产资产重新体现其价值的方法；对于中小投资者而言，REITs让他们能够在不需要募集巨额资金的情况下，直接参与商业地产投资。后来REITs的内涵扩展到了包含铁路、高速公路、通信设施、电力配送网络、污水处理设施及其他具备经济价值的土地附着物等不动产的基础设施资产领域。

从国际市场来看，REITs作为一种创新的投融资手段，首先产生于20世纪60年代的美国。截至2016年第三季度，全球范围内共有36个国家和地区建立了REITs市场，有超过408只上市REITs产品，REITs总市值超过1.7万亿美元。REITs在我国的起步相对较晚，2003年进入香港房地产市场。2005年11月，领汇REITs在香港上市，成为香港第一只REITs产品。从内地来看，2005年11月，商务部明确提出了"开放国内REITs融资渠道"的建议；2006年，证监会与深交所启动推出国内交易所REITs产品的准备工作；2009年，央行联合银监会、证监会等部门成立REITs试点管理协调小组，明确信托基金可投向已经使用且具有稳定现金流的房地产物业；2014年11月，根据住建部和有关部门的部署和要求，北京、上海、广州、深圳4个特大型城市先行开展REITs发行和交易试点工作；2015年1月，住建部发布《关于加快培育和发展住房租赁市场的指导意见》，提出要培育经营住房租赁业务的机构，积极推进REITs试点。但由于存在一些制度障碍，REITs在我国境内的推进一直较为缓慢，各地虽然相继推出了一系列REITs产品，但目前境内还没有一款境外市场上的标准REITs产品。

二、REITs 的主要分类

（一）根据资产组成和投资收益的来源，REITs可以分为权益型、抵押型和混合型

1. 权益型 REITs

权益型REITs是指投资者拥有房地产并对其进行运营以获得收入，投资者收益不仅来源于租金收入，还来源于房地产的增值收益。权益型REITs可以持有各种类型的物业，权益型REITs的资产可以覆盖不同的地域范围。权益型REITs为投资者提供差异性，其投资策略有时还存在竞争性。某些权益型REITs资产增值的潜力较小、速度较慢，但是能稳定地提供高收益率。某些权益型REITs，如那些开发新物业的REITs，虽然提供的收益率较低，但是有很强的增值潜力。

2. 抵押型 REITs

抵押型REITs又被称为债权型REITs，它直接向房地产所有者、物业或开发企业发放贷款，或者投资于抵押贷款的二级市场，拥有的是房地产的债权。其收益来源主要是手续费和抵押贷款利息。大多数抵押型REITs仅向现有物业发放抵押贷款，并利用抵押型证券和对冲型工具管理风险。抵押型REITs不会为投资者提供很

高的资产增值收益，因为它不持有可能增值的实体性物业资产。事实上，只有在利率水平稳步下降的时期，抵押型REITs才会出现显著的市价提升。反之，若利率水平上扬，抵押型REITs的市价便有可能下跌。

3. 混合型REITs

混合型REITs结合了权益型REITs和抵押型REITs的双重特点。它既是权益投资者，也是抵押贷款经营者，同时拥有房地产和抵押贷款作为其投资资产。因此，从理论上说，混合型REITs在向股东提供具有增值空间的物业的同时，也能获得稳定的贷款利息。混合型REITs的收益率往往高于权益型REITs，但低于抵押型REITs。混合型REITs的增值潜力低于权益型REITs，但高于抵押型REITs。

（二）根据组织形式和交易结构的特点，REITs可以分为公司型、契约型和合伙型

1. 公司型REITs

公司型REITs是指一批具有共同投资理念的投资者依法组成投资于特定对象的、以营利为目的的股份制投资公司，该类公司通过发行股票的方式募集资金，是具有独立法人资格的经济实体。在组织形式上，公司型REITs与股份有限公司相似，其资产为投资者（股东）所有，由股东选择董事会，由董事会选聘REITs管理公司，REITs管理公司负责管理REITs业务。公司型REITs的设立一般要得到相关机构的批准，或在市场监管部门和证券监管机构注册，同时还要在股票发行和交易所在地登记。

2. 契约型REITs

契约型REITs是指投资者与投资公司或REITs管理人签订信托契约，后者又与REITs托管人订立信托契约，通过发行受益凭证而组建的投资信托基金。REITs管理人是REITs的发起人，通过发行受益凭证将资金筹集起来组成信托资产，并根据信托契约进行投资；REITs托管人根据信托契约保管信托资产，具体办理证券、现金管理以及有关的代理业务，一般由银行担任托管人的角色。在澳大利亚、加拿大、马来西亚、新加坡等国家和地区，契约型是REITs的典型结构。

3. 合伙型REITs

它一般是由有限合伙人（Limited Partner，简称LP）和普通合伙人（General Partner，简称GP）组成。有限合伙人向REITs投资、分享REITs的收益，但不参与REITs的事务管理，并且仅仅以其投资额度对REITs债务承担有限责任，普通合伙人管理REITs事务并对REITs债务承担无限连带责任。

（三）根据资金募集和流通的特点，REITs可以分为公募REITs和私募REITs

1. 公募REITs

公募REITs是指以公开发行方式向社会公众投资者募集信托资金的REITs，其投资者人数一般不受限制，每个投资者的最低投资数量一般也没有限定。公募REITs是国际资本市场不动产金融产品的主流形式，与股票一样具有高流动性，可以上市交易，一般也将其称为标准REITs。

2. 私募REITs

私募REITs是指以非公开方式向特定投资者募集REITs资金并以房地产为投资对象的投资信托。REITs发起人通过电话、信函、面谈等方式，直接向一些机构投资者或资金充裕人士推销REITs单位并募集REITs资金。私募REITs对投资者的风险承受能力要求较高，监管相对宽松，各国的法律法规明确限定了私募REITs持有人的最高人数（如50人、100人或200人）和对投资者的资格要求，不满足要求的私募REITs不得设立。国际市场上，私募REITs占比较小，尤其是在美国，其市场占比一般不到5%。在中国，2013年已经开始出现"专项计划+Pre-REITs"的特殊产品形态，它是一种债务融资产品，目前发展比较迅速，REITs市场上已经有25单产品出现。

三 REITs的主要特征

（一）可以上市交易，具有很好的流动性

REITs属于证券范畴，它将完整的物业资产分成相对较小的单位，在符合法律规定和证券交易所上市条件的前提下，可以在证券交易所挂牌交易，成为开放式基金（Listed Open-Ended Fund，简称LOF）。像股票、债券一样，REITs是证券的一种，不仅可以认购、赎回，还可以在公开市场上市、流通、转让，具有很好的流动性，一方面降低了投资者门槛，另一方面拓宽了房地产投资的退出渠道。

（二）资产多元化，经营管理专业

REITs的大部分资金用于购买并持有能产生稳定现金流的物业资产，投向非常广泛，包括办公楼、购物中心、综合商业体、零售物业、酒店、公寓、工业地产等。REITs的收入来源主要是经营物业的租金现金流，也可以是抵押支持证券（MBS）、房地产相关贷款等。另外，REITs促使房地产所有权和经营权分离，为房地产专业化经营管理奠定了基础。REITs这种多元而专业的投资方式，可以在分散风险的同时，有效捕捉市场机会，为投资者提供稳定的投资回报率。

（三）具有税收中性优势

REITs不因本身的结构带来新的税收负担，某些国家和地区还给予REITs产品一定的税收优惠。REITs的主要优势就是其在税收上享受优惠待遇，REITs结构的关键在于能够避免双重征税，相关税法的特别规定及修订是推动REITs诞生、调整和发展的最重要因素。REITs的最终应税收入为原始应税收入减去已经向投资者分配的股息，如果REITs将应税收入全部支付给REITs份额持有人的话，它就无须缴纳REITs层面的税费。因此，REITs的认定就显得尤其重要。REITs必须满足在组织结构和股权结构等方面的条件和要求。

（四）高比例派息

正如定期存款所产生的稳定收益，你同样可以预期REITs的稳定分红。如果你不愿将资本长期闲置，投资REITs可以定期收到一些分红。在美国等成熟市场，法律要求REITs必须将绝大部分收益（通常为90%以上的利润）分配给份额持有人。当然，分配比例在不同的国家有不同的要求。

（五）低杠杆运作

同房地产上市公司一样，REITs同样是杠杆经营，但REITs的杠杆率较为适中，一般低于上市房地产公司的杠杆水平，如美国的REITs资产杠杆率就长期低于55%。在大部分国家和地区，法律对REITs有明确的最高杠杆率限制，比如新加坡规定REITs的杠杆率不能超过35%，中国香港证监会明确REITs的杠杆率不能超过40%。

（六）进行积极管理，公司治理结构完善

REITs的运作需要以组织结构的稳定性为前提，REITs管理人出色的管理能力及有效的资产管理措施，是REITs产品与市场健康发展的关键。全球市场上REITs的组织模式和治理结构安排虽然多样化，但万变不离其宗，公开交易的REITs大多为主动管理型公司，积极参与物业经营的全过程。同时，和上市公司一样，REITs拥有比较完善的公司治理结构。

四、REITs市场的功能

（一）创新和变革商业地产投融资方式

REITs产品的出现使得房地产投资从传统的重资产、不动产投资直接转化为证券投资。投资者从直接拥有不动产转变为直接持有证券，实现了房地产价值从固定的资本形态向流动性证券形态的重要转化。投资者可以便捷地通过证券的购买、交易来分享房地产行业发展的收益。REITs把资金密集型的房地产转化为小价值、可流通的证券形态，流动性的增强吸引了更多不同类型的投资机构参与到REITs中，同时通过二级市场交易，使得证券价格可以反馈给一线的房地产投资决策者，避免投资过热、泡沫滋生，有助于分散金融市场的投资风险。如美国，REITs已经替代直接的房地产投资，成为美国机构投资者获取房地产市场长期收益的重要工具，而大量机构投资者的涌入又使REITs成为房地产价格的风向标，REITs的资本化率（Cap Rate）、价格/运营现金流指标，以及资产的收购和转让行为、私有化并购等都成为投资者分析房价的重要依据。目前，美国资本市场上有专业的行业协会和数百位REITs专业分析员，充分的信息披露进一步增强了价格标杆的合理性。

（二）提供更加稳健的投资产品

受益于经济增长，REITs并不像债券和股票那样对利率高度敏感。相对于直接

投资房地产，标准化REITs产品的投资门槛更低、更具流动性，REITs所投向的房地产范围更广、资产更为分散，专业管理团队也可以降低投资者获取信息的成本和投资风险。尽管REITs产品尚处于发展创新阶段，投资者队伍建设及相关法律法规的出台需要一个探索的过程，但REITs以租金预期贴现估值的理念对房地产市场基于锚定效应的价值评估方式是一种革命，租金回报率成为市场定价的新基准，并逐渐改变了众多投资者的定价模式，从而培育了大批理性投资者。REITs市场的扩容将进一步为相关政策环境、法律法规完善、机制建设等提供有利的外部条件。

1. REITs以持有的成熟物业为投资载体，不具有投机价值

REITs产品的内在价值与其持有的物业质量和管理水平直接相关，成熟的物业资产具有比较清晰的、稳定的中长期现金流。尽管其租金收入同样受到经济周期、货币政策等因素的影响，但在短期内并不具有较大的波动性，价格运行区间更为稳定。

2. REITs的总回报率与股票、债券等投资工具的相关性较低，收益率较为稳定

国内的REITs产品发展时间较短，难以对一段较长期限内的REITs产品进行总回报率与其他金融产品的相关性分析。但从国际经验来看，除了具有长期高回报率之外，REITs的总回报率与主要股票、债券指数的相关性很低，是一种能够有效分散风险、优化投资组合有效边界的投资品种。REITs与其他金融产品的低相关性使其被用来组建高杠杆、复杂衍生品的可能性较小。目前国内抵押型、过户型的REITs产品的投资回报主要来自租金收入。租金收入相较于依靠融资主体的生产经营现金流或一般债权而言，其波动性较小，收益分配更加稳定。REITs能够反映真实的供求关系，其租金的稳定性、良好的流动性和定价的独立性，使得它成为一款适合保险资金、社保资金和其他机构投资者投资的产品。

（三）疏导投资需求、抑制商业地产价格非理性波动

房地产是一种特殊的商品，其价格波动主要受到供求关系的影响。不同于使用需求，投资需求是假性需求，受到的外部影响较多，如经济因素、政治因素、市场预期、利率水平等，投资需求变动快且波动幅度较大。就商业地产而言，一旦其脱离了原有的经营使用需求，转变为投资性商品，投资者会更迫切地希望通过房地产投资获取除持续租金收益之外的增值收益。近段时间我国房地产价格异常上涨是多重因素叠加的后果，包括货币超发、投资者的非理性预期、跟风效应、投机性资金流入等。反过来，房地产价格的上涨也映射到房地产企业的投融资活动中，进一步推高了资金运作风险。

从投资工具的属性看，商业地产与股票、债券、基金等均可作为大众和机构配置资产的重要选择。而商业地产投资资金门槛高、专业化管理水平要求高，除专业机构投资者外，其他投资者很难参与其中。REITs有助于盘活商业地产存量，为商业地产赋予流动性，提供高度多元化、分散化的投资方式，其主要收益来源是成熟商业地产的租金收入、地产增值等。REITs市场的发展有助于分流实物资

产投资。

REITs的发展将投资者的注意力吸引到了长期租金收益，减少了短期投机行为。实践中资产定价模型的失效主要是由于缺少了理性标杆、合理价格的锚定作用，对于直接投资流动性较差的房地产资产来说更是如此。若将住宅地产、商业地产作为投资产品，人们在进行价值评估时常常会参照某一时点、某一地区的相对情况来确定其价值范围，这使得商业地产投资容易将历史涨幅、周边价格作为决策参考依据，造成盲目投资、过度投资。目前迫切需要通过市场调节机制形成房地产价格的合理标杆，减少盲目投机行为，抑制房价过快上涨，避免脱离合理价格区间。发展REITs市场尤其是未来推出公募REITs，可以使普通居民通过资本市场参与房地产投资，盘活存量资产，加快去库存进程，追求长期限、稳定的租金回报收益，而非短期的价值提升，引导资金脱虚入实、服务实体经济发展。

（四）为PPP项目、基础设施运营商提供多元的融资和资本退出渠道

随着国内部分PPP（社会与私人资本合作）项目陆续进入建设后期、运营阶段，一些资产规模较大的项目不再满足于传统银行贷款和产业基金，开始探索更为多元化的融资渠道。PPP与资产证券化相结合，以稳定运营期的现金流为支持进行证券化或REITs融资，可有效降低成本，推动重要民生领域和基建领域的投资建设。例如，保障性安居工程与REITs相结合，可有效拓宽融资渠道、吸引社会投资、降低融资成本。

因为现金流主要来自用户终端，市场化程度较高；公共服务定价水平目前不高，未来下降的可能性较低；未来通过并购、上市等多元化方式实现退出的可能性较高；机构投资者对于"使用者付费"模式的认可度较高，所以"使用者付费"类型的PPP项目更适合发行REITs产品。

第五节　REITs的运作

本节我们以私募REITs为例来说明REITs的运作流程，各类型REITs的运作要求大致相同。

一、REITs的主要参与主体

（一）发起机构

目前私募REITs的发起机构有3类：融资型、资产负债表型和套利型。

1.融资型

融资型发起机构通过私募REITs实现最优的项目融资，确保融资规模、融资期限，降低融资成本。私募REITs可以实现比银行抵押贷款等更大的融资规模，甚至通过主体的信用增级，可以获得和资产价值接近的融资额，这是银行抵押贷款无法比的。

2. 资产负债表型

私募 REITs 要实现资产负债表的改善，需确认销售收入、会计利润、资本充足率等监管指标。资产负债表型发起机构一般要求资产出表，风险和收益转移到第三方，因此，找到真正愿意承担风险的投资者是关键。

3. 套利型

套利型发起机构的目的是在市场上购买基础资产并打包、分割，然后在市场上发行平均收益率较低的证券，获取利差收益。该类发起机构是在市场发展到较高成熟度后出现的。

（二）基础资产持有人

这主要是指拥有可用于 REITs 的资产所有者。一般来讲，通用性、稀缺性较高，且现金流状况较好的资产类型，如办公楼、科研用楼、部分购物中心及仓储物流地产等，可进行私募 REITs 融资。通用性、稀缺性一般，但现金流状况较好的资产类型，如部分仓储物流地产、数据中心及医院等，可通过将资产打包分散风险的策略进行 REITs 融资。通用性、稀缺性一般，且现金流状况一般的资产类型，如酒店等，进行 REITs 融资的难度较大，需加入主体信用补足。

（三）管理人

管理人是现金流的管理者，负责管理基础资产及与之相关的一切权益，它是服务商与投资者的中介，也是信用增级机构与投资者的中介。管理人的职责主要是对相关交易主体和基础资产进行全面的尽职调查；在专项计划存续期间，督促原始权益人以及为专项计划提供服务的有关机构，履行法律规定及合同约定的义务；办理资产支持证券发行事宜；按照约定及时将募集资金支付给原始权益人；为资产支持证券投资者的利益管理专项计划资产；目前我国私募 REITs 的发行载体为资产支持专项计划，因此，管理人一般由证券公司或基金管理公司子公司担任。

（四）投资者

投资者是 SPV 发行的资产支持证券的购买者与持有人。投资者不是对发起机构的资产直接投资，而是对发行的证券所代表的基础资产所产生的权益进行投资。

（五）服务商

服务商是私募 REITs 证券化资产的管理者，负责私募 REITs 从证券开始发行到资产全部处置完毕期间的管理。服务商的主要职责是：收取基础资产产生的现金，负责相应的监理、保管，并将收取的现金交给管理人；对房地产租金或联营收益等过期欠款进行催收，确保资金及时、足额到位；向管理人和投资者提供有关出售或者作为抵押的房地产财产的定期财务报告。

（六）承销商

由于当前我国私募REITs的发行载体为资产支持专项计划，在资产支持证券的发行中，证券公司或基金子公司一般作为承销商对资产支持证券进行销售。承销商的主要职责是：协助选择入池资产，牵头协调尽职调查工作；进行现金流测算，设计发行方案；完成风险报酬转移测试模型；协调各方按计划推进工作；申报文件撰写与制作；协调安排监管沟通；组建承销团；组织推介和销售。

（七）其他中介机构

1.信用评级机构

信用评级机构负责对私募REITs所发行的资产支持证券进行信用等级评定和信用质量提高。信用评级是对信用风险的评估，私募REITs信用评级方法和ABS及公司债券的信用评级方法一样。除了发行前的初始信用评级外，信用评级还包括后续的追踪信用评级，以及时发现任何潜在的风险因素。

2.物业评估机构

私募REITs的融资规模往往与物业的评估值有直接联系。根据私募REITs发行上市、运营管理、退出市场及相关信息披露等的需要，物业评估机构的工作通常由物业状况评价、物业市场调研、物业价值评估3部分组成。

3.律师事务所

律师事务所在私募REITs中的职责主要分为两部分：一是对整个项目开展法律尽职调查，包括对业务参与人的尽职调查和对基础资产的尽职调查。二是负责起草主要法律文本，以协助私募REITs项目的顺利完成。

4.会计师事务所

会计师事务所在私募REITs中的职责主要包括以下内容：对基础资产状况进行尽调审计并出具基础资产专项审计报告；出具会计处理意见书和税务处理意见书；出具募集资金验资报告。

5.商业银行

商业银行在私募REITs中的职责主要分为两部分：一是承担监管银行的职责，主要包括为专项计划开立监管账户，对基础资产现金流进行归集和划转；二是承担托管人的职责，主要包括为专项计划开立专项计划账户，监督、核查计划管理人对计划资产的管理和运用，按照计划管理人的划款指令进行合规投资、兑付兑息和支付专项计划费用，定期出具托管报告。

二、REITs的操作流程

（一）准备阶段

1.内部决策

发起机构对设立私募REITs的必要性、可行性和基本方案进行内部讨论，并报公司管理层进行决策，通过后可正式实施。

2. 中介机构选择

私募 REITs 的中介机构选择需要重点考虑两个方面：一是中介机构的专业性与重视程度；二是中介机构的收费水平。一方面，私募 REITs 相对传统债券而言比较复杂，中介机构的专业性与配合度是首要考虑的因素，需要中介机构及其执行团队有较为丰富的私募 REITs 运作经验，另外需要考察中介机构的重视程度，可以从项目团队经验、人员配置进行判断。另一方面，中介机构的收费水平会影响项目的综合融资成本，建议遵循市场化收费原则，过高或过低的中介机构收费水平都不利于项目开展，中介机构收费水平建议综合市场平均水平、项目难易程度、融资规模与期限等因素进行考量。

3. 基本融资要素确定

中介机构确定后，发起机构需与管理人、律师事务所、信用评级机构等中介机构就基本融资要素进行深入讨论，对内部决策阶段的基本方案进行细化和完善，确定交易结构、产品方案等基本融资要素，为执行阶段奠定基础。

（二）执行阶段

1. 中介机构尽职调查

私募 REITs 的尽职调查主要依据相关法律要求，对需要调查的各个方面进行调查。

2. 交易文件起草及讨论

不同类型物业，资产支持专项计划业务的交易文件框架和内容基本相同。

（三）监管审核阶段

REITs 监管机构主要包括证监会公司债券监管部、证监会派出机构、基金业协会、交易场所等，按其职责对 REITs 的发行进行监管。

（四）销售与发行阶段

销售与发行是私募 REITs 走向资本市场的最关键一步，与企业资产证券化业务销售与发行的流程基本相同。

（五）备案上市阶段

私募 REITs 以资产支持专项计划作为 SPV，目前企业资产证券化业务已实现备案制，且为事后备案，即先发行后备案并上市。

（六）后续管理阶段

1. 后续管理

后续管理主要包括日常管理、风险监测、配合监管检查等工作，具体是督促资金归集转付的相关工作、产品兑付兑息工作、信息披露工作、重要参与主体的日常监测以及项目资料存档工作等。

2. 信息披露

按照相关要求，发起机构需配合管理人和信用评级机构等中介机构履行信息披露职责，定期向管理人提供相关资料。

第六节　小结

本章主要介绍了 ABS 模式和 REITs 融资模式。

ABS 模式是指资产的证券化。通常情况下，证券化可分为融资证券化和资产证券化。融资证券化是指资金短缺者采取发行证券（债券、股票等）的方式在金融市场向资金提供者直接融通资金的过程。融资证券化多为信用融资，只有资信等级较高的公司、企业或政府才能以较低成本采用这种方式融资。习惯上，一般将融资证券化称为"一级证券化"。而资产证券化是指将缺乏流动性但又能产生可预期的稳定现金流的资产汇集起来，通过一定的结构安排对资产中风险与收益要素进行分离与重组，并加以信用评级和增级，将其转变成可以在金融市场上出售和流通证券的过程。资产证券化注重资产运作，是在信用融资的基础上发展起来的，故又称为"二级证券化"。

资产证券化参与的主体一般会涉及以下各方参与人：发起人或原始权益人、服务商、发行人或特殊目的载体、证券承销商、受托管理人、投资者、信用评级机构和信用增级结构等。

ABS 模式的基本运作流程包括：①确定证券化资产，组建资产池；②设立特殊目的载体 SPV；③资产的真实出售；④进行信用增级；⑤进行信用评级；⑥ABS 的发行和交易；⑦获取证券发行收入，向原始权益人支付购买价格；⑧实施资产与资金管理；⑨清偿证券。

REITs 是一种按照信托原理设计，以发行受益凭证的方式公开或非公开汇集特定投资者的资金，交由专门投资机构进行投资经营管理，并将投资综合收益按比例分配给投资者的一种金融投资产品。根据资产组成和投资收益的来源，REITs 可以分为权益型、抵押型和混合型；根据组织形式和交易结构的特点，REITs 可以分为公司型、契约型和合伙型；根据资金募集和流通的特点，REITs 可以分为公募 REITs 和私募 REITs。REITs 的参与主体与操作流程与 ABS 融资模式基本相同。

延伸阅读

关键概念

ABS模式　资产真实出售　破产隔离　信用增级　REITs融资

复习思考题

1. ABS融资中如何进行资产的真实出售？
2. ABS融资中通常采用哪些措施实现破产风险隔离？
3. 我国开展ABS融资的主要障碍有哪些？如何解决？
4. ABS融资的当事人主要有哪些？
5. ABS融资的基本运作流程是什么？
6. 资产转移的方式有哪些？
7. REITs的主要类别有哪些？
8. REITs的主要特征是什么？
9. REITs的主要运作流程是什么？

个案分析　华能澜沧江水电收益专项资产管理计划

一、案例简介

2006年5月11日，华能澜沧江水电收益专项资产管理计划（以下简称"澜电收益"）成立。云南华能澜沧江水电有限公司以其漫湾发电厂5年内的水电销售收入作为基础资产成功发售了总规模为20亿元的"澜电受益凭证"，其中优先级受益凭证资金规模总计为19.8亿元，次级受益凭证的资金规模为0.2亿元。这是内地首个水电收益资产证券化产品。

二、专项计划概要

1. "澜电收益"专项计划框架

（1）专项计划规模：专项计划资金规模为20亿元。其中，优先级受益凭证资金规模总计为19.8亿元，三年期、四年期、五年期优先级受益凭证的资金规模均为人民币6.6亿元；次级受益凭证的资金规模为人民币0.2亿元。

（2）专项计划存续时间：三年期优先级受益凭证的存续期限为自2006年5月12日（专项计划成立日之次日）至2009年5月11日；四年期优先级受益凭证的存续期限为自2006年5月12日（专项计划成立日之次日）至2010年5月11日；五年期优先级受益凭证的存续期限为自2006年5月12日（专项计划成立日之次日）至2011年5月11日。次级受益凭证的存续期限为自2006年5月12日（专项计划成立日之次日）至2011年5月11日。

（3）专项计划管理人：招商证券股份有限公司。

（4）担保人及托管机构：中国农业银行。

（5）信用级别：大公国际资信评估有限公司评定，该专项计划优先级受益凭证信用级别为AAA级。

2.基本交易结构

在该专项计划中，原始权益人为云南华能澜沧江水电有限公司，其将38个月的漫湾一期水电站水电销售收入未来现金收益权出售给专项计划筹集资金，招商证券作为计划管理人，中国农业银行为其基础资产提供了外部信用增级，未来的现金收入将由云南电网公司划拨到华能澜沧江收款账户，再由监管银行划入专项计划专用账户，在扣除税收和管理托管费用后，根据计划份额将收益返还给计划份额持有人。

3.原始权益人概况

（1）云南华能澜沧江水电有限公司位于云南省昆明市，其前身为成立于2001年2月8日的云南澜沧江水电开发有限公司。

为贯彻落实国家"西部大开发"和"西电东送"战略，加快澜沧江中下游梯级电站的滚动开发，加速培育云南水电支柱产业，加快"西电东送"步伐，优先资源配置，以满足小湾直流通道送电广东300万千瓦规模及"十二五"期间广东和云南省用电负荷增长需要，2001年2月18日由中国华能集团公司、云南省开发投资有限公司、云南红塔集团有限公司三方按照56：31.4：12.6的比例共同出资组建云南华能澜沧江水电有限公司。该公司于2003年1月27日在云南省工商行政管理局领取企业法人营业执照，注册资本20亿元，2005年4月15日注册资本变更为29.95亿元。

华能澜沧江水电有限公司现有5台25万千瓦发电机组，总装机容量125万千瓦。2005年上半年该公司发电量263 747万千瓦，上网结算电量261 308万千瓦。自2005年4月份起，合同电量价格（含税）由0.140元/千瓦时改按0.155元/千瓦时结算。根据与云南电力集团公司的协商，2005年5月份补收了当年1—3月份超发电量的价差610.7万元（含税）。

（2）主要财务数据如下：在计划开始前（截至2005年6月30日），公司资产总额1 307 981.16万元，负债982 749.22万元，资产负债率为70.30%，所有者权益415 231.94万元，2005年上半年主营业务收入33 085.13万元，利润总额4 891.82万元，税后净利润4 056.76万元。

在计划开始后（截至2009年3月末），华能澜沧江水电有限公司的总资产达520亿元，负债率为78%。2009年第一季度，发电量6.8亿千瓦时，同比2008年第一季度下降4%；上网电量6.7亿千瓦时，综合厂用电量0.009亿千瓦时，直接厂用电量0.02亿千瓦时。2009年1—3月营业收入为7.9亿元。华能澜沧江水电有限公司财务状况良好。

三、"澜电收益"专项计划特点

1.固定收益和浮动收益相结合

澜电受益凭证有三年期、四年期和五年期三个品种，固定收益和浮动收益相结合，投资者可分别获得3.57%和3.77%以上的年收益率，远高于同期银行存款利率；而凭证发行人的付息成本则远低于同期5%以上的贷款利率，大幅度降低了企业财务费用，提高了资产的流动性，并且可以适应不同投资偏好。

2.信用增级方式

传统的资产证券化增级方式分为内部和外部两种，该专项计划用了内部和外部相结合的信用增级方式，内部采用的是发行0.2亿元次级受益凭证的方式，实际上是云南华能澜沧江水电有限公司为优先级凭证受益人的潜在损失提供了0.2亿元的保险；外部增级采用的是银行担保的形式，托管人和担保机构为中国农业银行。大公国际综合专项计划投资水电收益的情况、交易结构安排、担保安排等因素，评估了有关风险，给予专项计划优先级受益凭证AAA级评级。这样的增级措施使基础资产脱离了原始权益人自身的运营风险，提高了基础资产的信用等级，提高了债券出售价格，降低了企业融资成本；同时，双重增级方式保证了优先级投资者的收益并为不同风险偏好的投资者提供了不同的选择。

资料来源　葛培建.企业资产证券化操作实务［M］.上海：复旦大学出版社，2014.

第十章

项目融资风险的识别与评价

学习目标

通过本章的学习，了解项目融资风险管理的程序、项目融资风险识别方法；掌握项目融资风险的定量分析方法和项目融资风险评估指标；重点掌握项目融资风险的种类。

第一节　项目融资风险的识别

一、项目融资风险管理的程序

项目的实现过程是复杂的、一次性的、创新性的，涉及许多不确定性因素的过程，项目的这些特点决定了在项目的实现过程中存在各种各样的风险，如果不能很好地管理这些风险，就会造成各种各样的项目损失。换个角度说，项目管理中最重要的任务是对项目的不确定性和风险进行管理，因为确定性和常规性的管理工作都是程序化和结构化的管理问题，它们所需的管理力度是十分有限的。因此，应积极地开展项目风险管理。

风险管理这一概念是由美国宾夕法尼亚大学的所罗门·许布纳博士在1930年的一次保险问题会议上首次提出的。20世纪60年代后，风险管理迅速发展成为一门新兴的管理学科。由于风险存在的普遍性，风险管理的涵盖面甚广，不同的学者从不同的角度对风险管理下的定义也不同。一般而言，风险管理是指有目的地通过计划、组织、协调和控制等管理活动来防止风险损失发生、减少损失发生的可能性以及削弱损失的大小和影响程度，同时又创造条件，促使有利后果出现和扩大，以获取最大利益的过程。

从项目融资风险管理的角度考虑，风险管理的定义应是：通过对项目融资的风险识别、风险分析，采用合理的经济和技术手段对项目活动全过程涉及的风险加以处理，采取主动行动，以创造条件，最大限度地避免或减少风险事件所造成的项目实际效益与预期效益的偏离，顺利实现融资项目的预期经济效益的一种管理活动。

从现代项目管理的角度看，风险管理应是一种基于项目运行全过程的管理活动。就风险管理的内容而言，虽然每个项目特点各异，但无论项目的差异多大，项目风险管理一般都是由若干个主要阶段组成，只不过不同的组织和专家对风险管理流程包括的内容认识不同。美国系统工程研究所把风险管理流程分为风险识别、风险分析、风险计划、风险跟踪、风险控制和风险管理沟通六个阶段。美国项目管理协会描述的项目风险管理流程为风险管理规划、风险识别、风险定性分析、风险量化分析、风险应对设计、风险监督和控制六个部分。

归纳起来，对一个项目进行风险管理，其核心流程可以分为四个阶段：风险识别、风险评估、制定应对措施、风险管理措施实施。这四个部分是一个完整的整体，相辅相成，不可分割，缺少任何一部分，风险管理都是不完整的。

（一）风险识别

风险识别是指通过对大量来源可靠的信息资料进行系统了解和分析，认清项目存在的各种风险因素后，进而确定项目所面临的风险及其性质，并把握其发展趋势的行为。风险识别是项目融资风险管理的基础，此后的风险评估和制定的应对措施是否有效，取决于风险识别的准确程度。

风险识别主要解决两个问题：一是项目面临哪些风险，这些风险是由哪些因素引起的；二是这些风险对项目的影响程度有多大。

（二）风险评估

风险评估是在风险识别的基础上，通过对风险识别所获得的资料和数据的处理，得到关于损失发生的概率及其程度的有关信息，为选择风险处理方法，进行正确风险管理决策提供依据。

对项目融资的风险评估不仅有定性分析，还需要定量分析。项目融资风险评估定性分析常用的方法有专家打分法和层次分析法。项目融资风险评估定量分析常用的方法主要有：敏感性分析法、概率分析法、蒙特卡罗分析法和在险价值法（VAR）等。

（三）制定应对措施

识别和评估风险后，就应考虑针对各种风险及其可能的影响程度，寻找和拟定相应的应对措施。风险管理的基本目的：一是阻止损失的发生；二是因势利导，创造条件，促使事情向有利的方向转化。因此，常用的应对措施主要有两大类：

1. 控制法

控制法是指运用各种控制措施，在风险发生前，力求消除风险因素，降低风险发生概率与幅度；在风险发生时，将损失降到最低程度。采取的主要手段有风险回避、风险分散、风险消缩等。

2. 财务法

财务法是指通过风险事故发生前所做出的财务安排，减少风险事故发生后所造成的损失或缓解风险损失对企业造成的危害。由于受各种因素的影响，风险事故的损失往往难以避免，为了减少损失，可以采取财务处置的方法。财务法包括风险转移和风险自留两种方式。

（四）风险管理措施实施

这是风险管理的最后阶段。系统地比较各种应对措施并做出选择后，项目决策者应就所选择的应对措施，制订具体的风险管理计划并付诸实施。在项目融资中，风险管理措施实施体现在项目的投资结构、资金结构、资信结构和融资结构中，如与项目的有关参与方谈判，设计出项目各参与方可以接受的建设、融资、运营、原材料供应、产品销售等合同，从而实现风险在项目各参与方之间的合理分担。

由于项目融资的复杂性，每个项目的具体实施条件各不相同，常常是无先例可循，所以实际工作中，以上四方面的工作有时并不能一次完成，许多情况下，需要反复多次从事其中的一两项，甚至全部工作。随着项目的实施，已分担的风险可能发生意料之外的变化或出现新的风险，风险管理工作人员应对实施情况加以监督，及时反馈并在必要时调整风险管理措施，在发生变化时，提出相应的处理办法。

二、项目融资风险识别方法

项目融资风险管理的基础环节是风险识别。对每个项目而言，可能产生风险的因素很多，各因素之间的影响关系错综复杂，所引起的后果严重程度也各不相同，不考虑或忽略这些风险因素，会使项目的经济效益受到影响，严重的，会导致项目失败，所以，项目融资风险管理首先应进行风险识别，项目融资风险识别常见的方法有以下四种：

（一）风险调查法

风险调查法又称专家调查法。它是以专家为索取信息的重要对象，通过调查项目面临的风险种类以及每种风险对项目的影响程度，充分了解项目融资风险的一种方法。风险调查法的主要形式是头脑风暴法和德尔菲法。

头脑风暴法通常以 5～10 人参加的小型会议的方式进行，由会议的主持人主持，会议主持人应熟悉研究对象，思维活跃，知识面宽，善于启发引导，使会议气氛融洽，与会者可以广开思路，畅所欲言。会议主要讨论项目存在哪些风险，引起风险的因素是什么，各种因素发生的概率有多大，对项目现金流量的影响有多大等。头脑风暴法是一种刺激创造性、产生新思想的方法。

德尔菲法是由美国著名咨询机构兰德公司于20世纪50年代初创新的一种调查法。这种方法是由组织者将研究对象的情况和相关问题及要求印成调查表，分别寄给有关专家，由专家独立地提出各种建议和设想，经整理分析后，归纳出若干较合理的方案和建议，再寄给有关专家征求意见，然后收回整理，如此经过多次反复，最后得出评价结论。这种方法的特点是专家们彼此不见面，研究问题时间充裕，可以无顾虑、不受约束地从各种角度提出意见和方案。

（二）风险模拟法

风险模拟法是通过建立一定形式的模型来说明风险的影响因素以及这些因素同风险变化的关系，并在此基础上说明各种风险对项目的影响程度。风险模拟法一般通过数学公式、图表、曲线等手段对项目的未来状况予以描述，借以说明当某些因素变化时项目将面临哪些风险，会出现哪些变化。

（三）风险情报法

风险情报法是利用一些著名机构、企业、杂志等公开发表的报告来进行风险识别的方法。国际上一些著名机构、企业、杂志等都定期公布其对宏观经济形势等的分析与预测结果，项目融资的各有关机构可以利用这些结果分析项目面临的政治和经济等风险。

（四）核对表法

个人或团体以往的经验常常对后人具有启示作用。如果把经历过的风险事件及其来源列一张核对表，那么项目风险管理人员在以后的实践过程中更容易开阔思路，预测到项目的潜在风险。核对表可以包含多方面的内容，如以前项目成功或失败的原因、项目其他方面规划的成果（范围、成本、质量、进度、人力资源与沟通等计划结果）、项目的工程概况等。国际上一些有项目融资经历的专家和金融机构从以往的这类活动中总结出了丰富的经验和教训，这些经验和教训对于识别今后项目融资活动中的风险发挥了重要作用。

此外，常用的风险识别方法还有自上而下法、因果分析法、情景分析法、现场调查法、财务报表法、经验数据法等。

第二节　项目融资风险的种类

项目融资的周期一般少则十几年，多则几十年，在这样长的一段时期内，项目建设和经营会遇到多种多样的风险。项目融资的"有限追索"特点限制了贷款人的追索程度和范围，如果项目风险太大或者对风险没有合适的处置方法，项目的贷款方就不会积极参与到项目融资中，项目融资不可能成功。因此，研究项目融资中存在的风险以及它们的分配与管理对项目融资具有重要意义。

项目融资风险识别的结果形成风险清单，由于项目融资风险较多，为了更清楚地反映项目的风险，可以将风险按不同标准进行分类。

在理论界，不同的专家学者基于不同的实践和学科背景，对风险进行了不同的分类。Merna 和 Smith 将风险分为整体风险和要素风险，整体风险是指通常包含在项目协议中的风险，包括政治、法规、商业和环境风险；要素风险则是指与建设、运营、金融等项目构成相关的风险。Miller 和 Lessard 将风险分为市场风险、完成风险和制度风险，市场风险源自产生收入的市场和金融市场；完成风险源自技术设计或技术应用、建设费用超支、时间拖延以及运营问题等；制度风险源自法律和法规。Hastak 和 Shaked 将风险划分为国家、市场和项目三个层次。由于项目融资中不同项目具有不同特点以及项目风险的复杂性，这些分类可能会存在一部分重叠。本书从以下三个角度对项目的风险进行分类：

一、按项目建设的进展阶段划分

按项目的建设的进展阶段将风险划分如下：项目建设开发阶段风险、项目试生产阶段风险、项目生产经营阶段风险。在项目的不同进展阶段，项目风险具有不同的特点。

（一）项目建设开发阶段风险

项目建设开发阶段风险是从项目正式开始动工建设到项目竣工时所发生的风险。

至于项目动工建设前所从事的项目规划、可行性研究、工程设计、地质勘探、矿产储量确定等一系列工作所带来的风险和不确定性，通常由项目投资者承担，不包括在项目建设开发阶段风险中。

项目建设开发阶段需要大量的资金购买建设用地、支付施工费用、购买项目所需设备，同时贷款利息也开始计入资金成本。随着项目的实施，投资的资金不断增加，项目的风险也随之积累加大，到项目建设后期，项目的风险达到或接近最高点。

这一阶段，风险主要表现为因各种原因而造成的建设成本超支、不能按预定时间完工，甚至项目无法完成。可能产生的风险因素主要有：

（1）由于工程设计或技术方面的缺陷，或者不可预见的因素而产生的风险。

（2）购置土地、建筑材料、燃料，承建商劳务支出等造成建设成本超支。

（3）施工准备不足、组织施工缺陷以及其他不可抗力因素引起的风险。

（4）由于各种因素造成的竣工延期而导致的附加利息支出。

（二）项目试生产阶段风险

项目试生产阶段风险是从项目竣工到项目生产能力达到设计能力时所发生的风险。

项目试生产阶段仍是风险很高的一个阶段，此时项目虽已建成投产，但如果不能生产出合格的产品或达不到设计生产能力，就意味着对项目现金流量的分析和预测是不准确的，项目就可能没有足够的能力支付生产费用和偿还债务。

为了规避项目试生产阶段的风险，贷款银行应该按"商业完工"标准来检验项目是否达到完工的条件，而不把项目的建设结束作为项目完工的标志。"商业完工"是指贷款银行在项目融资文件中具体规定出项目完工指标以及达到这些指标的时间，只有项目在规定的时间内满足这些指标，才可以确认为正式完工。贷款银行规定的项目完工指标主要涉及项目的产量和产品质量、原材料、能源消耗定额以及其他一些技术指标。这些指标的内容因具体项目不同而不同。

（三）项目生产经营阶段风险

项目生产经营阶段风险是指项目满足"商业完工"标准，进入正常生产经营阶段发生的风险。

项目的生产经营阶段，是一个标志性的阶段。在这一阶段，项目开始正常运转，正常情况下能够产生足够的现金流量支付生产经营费用和偿还债务，并为投资者提供理想的收益。贷款银行的项目风险亦随着债务的偿还而逐步降低。项目生产经营阶段的风险主要有生产经营风险、市场风险、政治风险、法律风险和环境风险等。

按项目建设的进展阶段划分的项目风险清单见表10-1。

表10-1　　　　　　　　**按项目建设的进展阶段划分的项目风险清单**

阶段	风险来源
项目建设开发阶段	施工现场条件、施工现场准备工作、土地使用权权属、招标规定中的错误、承包商设计错误、费用超支、完工延期、施工技术不当、不可抗力、环境污染、法律变更等
项目试生产阶段	未达到性能标准、质量不良、建筑缺陷、调试或试验不合格等
项目生产经营阶段	原材料供应、价格、管理水平、市场需求、销售价格、销售量、竞争、环境污染等

二、按项目风险的可控性划分

按项目风险的可控性，项目风险分为项目的可控制风险和项目的不可控制风险。

（一）项目的可控制风险

项目的可控制风险也称为项目的核心风险。它是指与项目建设和生产经营管理直接有关的风险。这类风险是项目投资者在项目建设或生产经营过程中无法避免而且必须承担的风险，同时也是投资者知道如何去控制的风险。项目的可控制风险包括信用风险、完工风险、生产风险、市场风险和环境保护风险等。

1. 信用风险

信用风险是指项目各参与方因故无法履行或拒绝履行合同所规定的责任与义务所产生的风险。

项目融资的有限追索或无追索依赖一种有效的信用保证结构。组成信用保证结构的项目各参与者是否有能力、是否愿意按融资协议规定履行其信用保证责任构成了项目融资的信用风险因素。由于项目融资贷款的偿还主要依赖于项目未来的收益，决定了贷款银行比其他各方承担更多的风险，所以，项目的信用风险主要是贷款银行所面临的风险。在项目融资中，即使对借款人、项目发起人有一定的追索权，贷款银行也将评估项目各参与方的信用、业绩和管理技术，因为这些因素是贷款人依赖的项目成功的保证。

和提供贷款资金的银行一样，项目发起人也非常关心各参与方的可靠性、专业能力和信用，项目融资就是依靠有效的信用保证结构支撑起来的。

项目融资的信用风险贯穿于项目始终，评价项目是否存在信用风险应综合考虑各种因素，主要包括：

（1）项目借款人和担保人是否有担保、现金差额补偿协议及其他协议。

（2）项目承包商是否有一定的担保来保证因未能履约造成的损失。

（3）项目发起人是否提供了股权投资或其他形式的支持。

（4）项目运营方是否有先进的管理技术和方法。

（5）项目产品的购买者、原材料的供应者以及其他参与者的资信状况，技术和资金实力，以往的表现和管理水平等。

2. 完工风险

完工风险是指项目延期完工、完工后无法达到设计运行标准或无法完工等风险。项目的完工风险存在于项目的建设阶段和试生产阶段。

完工风险是项目融资的核心风险之一。完工风险对项目公司而言，意味着利息支出的增加、贷款偿还期限的延长和市场机会的错过。完工风险也是项目各方都要承担的风险，因为如果项目不能按照预订计划完工投产，承建商需要承担风险，同时项目融资所依赖的经济基础也就受到了破坏，将对项目造成直接的负面影响。根据已有的统计资料，无论是在发展中国家，还是在发达国家，出现完工风险的概率都是比较高的。例如，在中国香港的西区海底隧道项目和连接港粤的南北高速公路项目建设中，由于在挖掘第三条海底隧道的水底建设时发现了"受污染的泥土"，从事该项目的公司及承建商因此付出了额外的开支，因为它们必须将"受污染的泥土"转运到特别指定的地点,以免周围的海洋生态环境受到污染,而这对项目造成的直接影响就是额外的开支及时间上的延误。在项目建设中,像这样因为没有预料到的问题而需要付出开支的现象时有发生,这些都可能导致工期延误、成本增加,形成项目的完工风险。

项目完工风险的主要表现形式为:①项目竣工延期;②项目建设成本超支;③项目达不到设计规定的技术经济指标,由于各种原因造成的生产能力、产量和效率达不到设计规定标准;④特殊情况下,项目完全停工放弃。

3. 生产风险

生产风险是指在项目试生产阶段和生产运营阶段存在的技术、资源储量、能源和原材料供应、经营管理等风险因素的总称。它是项目融资的另一个主要的核心风险。

(1)技术风险。技术风险是指存在于项目生产技术及生产过程中的一些问题导致的风险,如技术工艺是否在项目建设期结束后依然能够保持先进,会不会被新技术所替代,厂址选择与配套建设是否合理,技术人员的专业水平与职业道德是否能够达到要求等。

在项目融资中,贷款银行只对采用经过市场证实的成熟生产技术的项目安排有限追索性质的贷款。对于任何采用新技术的项目,如果不能获得投资者强有力的技术保证和资金支持,是不可能得到项目贷款的。

(2)资源储量风险。资源储量风险是指依赖于某种自然资源的生产型项目,在项目的生产阶段是否有足够的资源保证所产生的风险,如石油、天然气、煤炭开采等项目,如果计划开采量和实际开采量产生差异,则发生资源储量风险。贷款银行在提供贷款时,应严格检查项目可供开采的已证实的资源总储量与项目融资期间内计划采掘或消耗的资源量之比是否合适。

(3)能源和原材料供应风险。能源和原材料供应风险是针对依赖某种能源和原材料的项目,在项目的生产和运营阶段没有足够的能源和原材料供应保证,影响项目的正常运营,进而影响项目的收益而引发的风险,如火力发电项目中没有足够的煤炭或油气供应,供水项目中没有足够的原水供应等。

能源和原材料供应风险主要包括:供应量是否可靠;供应价格是否合适;交通以及其他公用设施的条件是否便利等。

在项目融资中,能源工业项目和重工业项目所占的比重较大,通常这类项目对于能源和原材料的价格及供应的稳定性依赖较强。如果没有能源和原材料供应的适当安排,这类项目融资基本上是不可行的。

(4)经营管理风险。经营管理风险是指在项目经营和维护过程中,由于经营者的疏忽,发生重大经营问题,影响项目的收益而产生的风险,如设备安装、使用不合理,产品质量低劣,原材料供应中断,管理混乱等。这些因素都可能使项目无法按计划运营,最终将影响项目的获利能力。

4.市场风险

项目投产后的效益取决于产品在市场上的销售量和其他情况，产品在市场上的销售量和其他情况的变化就是市场风险。项目的部分市场风险属于可控制风险，部分市场风险属于不可控制风险。比如政府控制供电企业发电价格产生的市场风险即为不可控制风险，而由于电力企业经营管理不善导致的发电价格过高，影响电力销售带来的风险属于可控制风险。

市场风险主要有项目产品销售价格风险、竞争风险和需求风险，这三种风险之间相互联系，相互影响。

项目方在计划投资项目时必须考虑以下几种因素：①是否存在该项目产品的国内和国外市场，可能的竞争激烈程度怎样；②是否有相似项目竣工，预计产品的国际价格、适用关税和贸易壁垒情况；③项目的市场准入情况；④当项目到运营阶段时，项目生产的产品或提供的服务是否仍然有市场；⑤项目所用的技术是否已经落后。

项目的市场风险是项目公司必须直接面对的风险，除非项目公司在项目建成前就确定能以一个合适的价格卖出它的全部产品，如与政府签订"购电协议"的项目。对于有些生产黄金、白银、石油等的项目，通常被认为只有价格风险而没有需求风险；但是对于绝大多数项目而言，既存在价格风险，同时又存在竞争风险和需求风险。

5.环境保护风险

环境保护风险是指由于严格的环境保护立法而迫使项目降低生产效率，增加生产成本，或者增加新的资本投入来改善项目的生产环境，更为严重的甚至迫使项目无法继续生产下去的风险。

把环境保护问题作为项目融资的一个主要风险，是因为近年来可持续发展成为各国经济发展战略中一个重要指标，工业对自然环境及生活和工作环境的破坏越来越引起公众关注，许多国家颁布了严厉的法律法规来控制辐射、废弃物、有害物质的运输及低效使用能源和不可再生资源。"污染者承担环境债务"的原则已被广泛接受。对于项目公司来说，要满足环保法规的各项要求，就需要增加项目生产成本，或者增加新的资金投入改善项目的生产环境，如果出台更为严格的环保法规，则可能使项目无法进行下去。因此，对项目融资期内有可能出现的任何环境保护方面的风险，应该和上述其他风险一样予以充分的重视。

（二）项目的不可控制风险

项目的不可控制风险也称为项目的环境风险。它是指项目的生产经营由于受到超出企业控制范围的经济环境变化影响而遭受损失的风险。项目的不可控制风险通常较难预测和控制。项目的不可控制风险包括金融风险、政治风险、法律风险等。

1.金融风险

金融风险主要是指由于一些项目投资者不能控制的金融市场的可能变化而对项

目产生负面影响的风险。

在项目融资中，项目发起人和贷款人必须对自身难以控制的金融市场上可能出现的变化加以认真分析和预测，如汇率波动、利率上涨、通货膨胀和国际贸易政策的趋向等，这些因素会引发项目的金融风险。可以说，金融风险是项目融资中最无法回避，也是最需审慎对待的风险，因为金融风险是资金本身的风险。项目的金融风险主要表现为利率风险、外汇风险和通货膨胀风险。

（1）利率风险。利率风险是指项目在经营过程中，由于利率变动直接或间接地造成项目价值降低或收益受到损失而产生的风险。

项目融资可以允许高比例的债务，而且，由于项目融资所涉及的领域以基础设施建设项目为主，建设周期较长，贷款期限一般较长，所以，其对金融市场上利率的波动非常敏感。任何利率的变动都会影响项目的实际生产成本，影响项目的现金流量。

项目的利率有固定利率和浮动利率两种基本形式，不能简单地说哪种利率更好。采用固定利率，对于债务人而言，可以避免利率上涨的风险，但也失去利率下调的好处，对于债权人而言则相反。具体来说，在项目融资中，如果投资方利用浮动利率融资，一旦利率上升，项目生产成本就会提高；而如果采用固定利率融资，万一将来市场利率下降则会造成项目机会成本的提高。固定利率具有风险小但灵活性较差的特点，而浮动利率具有灵活性强但风险较大的特点。

（2）外汇风险。外汇风险通常包括三个方面：东道国货币的自由兑换、经营收益的自由汇出以及汇率波动所造成的货币贬值。

涉及境外融资的项目融资各参与方都十分关心外汇风险问题。按照国际惯例，项目公司借入的资金来源多为美元、欧元、日元、澳元等货币，也必须以这些货币偿还。然而，如果项目的投资者无法在项目的产品或服务上直接收取这些货币，或者不能不受任何限制地将项目产生的利润以自己本国的货币或以借入货币的形式汇回国内，这便存在外汇风险。

汇率波动产生的风险是指在一定时间内一个经济体在国际经济交易中，以外币计价的资产或负债，因汇率的意外波动而产生的损失或盈利。汇率波动使当地货币贬值可能给项目公司带来损失，产生外汇风险。在项目融资的建设和运营阶段都可能存在汇率风险。在项目建设期，如果项目支出是一种货币，而融入资金是另一种货币，项目就会面临支出所使用货币升值的风险。在项目运营期，如果项目的收入是一种货币，而贷款等费用是另一种货币，汇率的变化就会影响项目的收入，进而影响其偿还能力。此外，项目融资是以项目的资产收益作抵押而取得的融资与贷款，如果抵押资产的货币和债务的币种不一致，也存在汇率风险。

（3）通货膨胀风险。通货膨胀风险在世界各国普遍存在，由于通货膨胀影响原材料价格、人工费用，会使建设成本和经营成本提高，影响项目的经济效益，严重的通货膨胀会造成项目经营困难。

2.政治风险

政治风险是指由于项目所在国家的政治条件发生变化而导致项目失败、项目信用结构改变、项目债务偿还能力改变等方面的风险。

在国际项目融资中，投资者和投资项目、贷款银行和贷款项目往往不在同一个国家，这样，项目就面临着所在国政府的政治形势和制度环境以及与此有关的政策措施对项目的建设、运营和收益产生不利影响的政治风险。在任何国际融资中，借款人和贷款人都要承担政治风险。

项目的政治风险可以分为两大类：一类是国家风险，如借款人所在国现存政治体制崩溃，对项目实行国有化，或者对项目产品实行禁运、联合抵制、中止债务偿还等；另一类是国家政治、经济政策稳定性风险，如税收制度的变更、关税及非关税贸易壁垒的调整、外汇管理法规的变化等。项目的政治风险的影响主要包括以下几个方面：

（1）通常情况下，项目本身必须经过政府的批准、特许或同意，特别当项目是电厂、公路、铁路等交通基础设施或开发所在国的自然资源时，一般都需要政府的特许经营安排，否则任何有关政策上的负面变化都有可能引发项目的政治风险。

（2）对所在国的经济基础和经济安全而言，所建项目可能十分重要，因此更容易受到强制收购或兼并的威胁，如电厂、机场、港口、公路、铁路、桥梁和隧道等方面的项目。从国际经济法的观点来看，一个主权国家有权根据本国政治、经济的需要对私人的投资项目实施国有化、没收或征收，而不管它是本国人还是外国人投资的。

（3）由于所在国的原因（如所在国政府的经济政策），或者由于外部原因（如遵守石油输出国组织规定的市场份额），所在国政府可能采取控制措施来限制生产速度或项目蕴藏量的消耗速度。

（4）项目所在国可能改变进出口政策，如增加关税或限制项目设备、原材料的进口，增加关税或限制项目产品的出口等。

（5）汇出利润和偿债可能被征税或有其他限制。

（6）对项目生产可能征收附加税，如英国政府对开采北海石油征收附加税。

（7）在项目经济生命期中引入更严厉的环境保护立法，增加项目的生产成本或影响项目的生产计划。

由于上述原因，政治风险在项目融资中显得格外敏感。

3.法律风险

法律风险主要是指项目所在国的法律不完善以及法律变更所带来的风险。世界各国的法律制度不尽相同，经济体制也各具特色，跨国借贷可能面临因各国法律规定不同而引发的争议。

目前，一些国家尤其是发展中国家缺少专门的项目融资法律，给项目融资的实施带来一定的困难。如我国就没有专门的关于项目融资的法律和行政法规，只有一些部门规章对项目融资做出了相应的规定，由于缺乏针对项目融资特点的具体规定，在实践中操作难度较大。

此外，有关仲裁、知识产权、公平贸易、担保和外汇管制的法律规定，政府机构对某些法规和政策的调整，也是项目投资者关心的问题。因为这些变化会对运行中的项目造成影响，可能会增加成本、降低收入、产生误期，从而导致项目的资金短缺。法律变更包括环境、劳务、税收和收入的调整，这些调整都会影响项目的资金运用。

按项目风险的可控性划分的项目风险清单见表10-2。

表10-2　　　　　　　　　　按项目风险的可控性划分的项目风险清单

风险		风险来源
可控制风险	信用风险	项目各参与方无法履行或拒绝履行合同等
	完工风险	安全事故、建设资金不到位、发生不可抗力、施工工艺落后、施工技术不合理、项目竣工延期、项目建设成本超支、项目达不到设计规定的技术经济指标、通货膨胀率变化等
	生产风险	运营安全事故、特许经营合同终止、产品质量低、经营管理者能力差、利率变化、通货膨胀率变化、技术落后、工艺流程不合理、能源和原材料供应不足或拖延以及资源问题等
	市场风险	市场需求不足、价格偏低等
	环境保护风险	环境破坏或污染、成本增加、停止生产等
不可控制风险	金融风险	利率变动、东道国货币的自由兑换、经营收益的自由汇出、汇率波动等
	政治风险	所在国现存政治体制崩溃，对项目实行国有化，或者对项目产品实行禁运、联合抵制、中止债务偿还、税收制度的变更、关税及非关税贸易壁垒的调整、外汇管理法规的变化、政策改变等
	法律风险	法律不完善、法律变更等

三、按项目的类别划分

按项目的类别划分，风险可以分为电力项目融资风险、交通项目融资风险、水处理项目融资风险以及其他项目融资风险。

（一）电力项目融资风险

电力系统是由发电、变电、配电及用电等环节组成的电能生产与消费系统，分别对应三类设施，即电厂、输电线和配电网。由于输电线和配电网具有一定的垄断性，目前还没有私人资本参与投资，项目融资主要用于电力生产，即电厂（火电厂、水电厂、风电厂等）建设。

电力项目融资时，除了具有上述所有项目共有的风险以外，还应该特别注意以下风险：

1. 项目的位置

对于电力项目而言，理想的位置是靠近主要市区和工业中心，因为从调度的角度来看，通常这些地区的电厂更容易获得调度机会。如果是火电厂，理想的地点是靠近原料供应地，这样可以节省原料运输费用。如果是风电厂，则应在风力比较充裕的地区建厂。电厂位置不适当，如交通不便等，会直接影响项目的收益。

2. 采用的技术

合理的技术不仅可以降低电厂的生产成本，还可以提高电厂的利用率。可能存在的风险因素有：技术未达标而导致的发电量变化、电力传输故障、技术未达标使电网企业拒绝购买所发电力、支付电力购销合同违约金等。

3. 原材料、燃料供应

可靠的原材料和燃料供应是保证电厂运行的基本条件。可能存在的风险因素包括：设备和原材料进口限制、燃料价格和供应变化等。

4. 电力运行

通常情况下，贷款银行会要求电厂的运营者具有经营经验。可能存在的风险因素包括：竞争压低电价、电费收取困难、非法偷用电、管理混乱导致发电量变化、政府对电价控制等。

5. 电力销售

电厂需要通过输电和配电系统才能把电能送到用户手中，电力销售十分重要，故通常独立电厂进行项目融资时应有购电协议。可能存在的风险因素包括：电力销售量不理想、电力销售价格不理想等。

（二）交通项目融资风险

交通项目涵盖的范围非常广，包括公路、铁路、城市轨道交通、隧道、桥梁、机场、港口等。本书将交通项目归纳为以下四类：

1. 公路项目

公路由路基、路面、桥梁、隧道、涵洞等工程构造物和沿线附属设施组成，其具有建设投资规模大、运营维护相对简单、费用较低的特点。可能存在的风险因素包括：交通流量不足、出现竞争路线、政府收费规制、建设成本超支、工程延误、与本路相连的其他项目延误等。

2. 铁路项目（含城市轨道交通）

与公路相似，铁路由路基、路面、桥梁、隧道、涵洞等工程构造物和沿线交通控制设施等组成。与公路项目相比，铁路项目建设投资规模更大，运营维护更复杂。可能存在的风险因素包括：土地拆迁纠纷导致工期延误、施工现场复杂、设备设施费用变化、政府收费规制、其他项目的竞争、环保标准的变化等。

3.隧道、桥梁项目

隧道、桥梁主要用于公路、铁路、城市轨道交通和航运等项目。可能存在的风险因素包括：地质条件复杂、环境问题、交通意外和火灾、航空和航运对桥梁运营的限制、轮渡和空运的竞争、恶劣天气等。

4.机场、港口项目

机场、港口项目可能存在的风险因素包括：其他项目的竞争（如高铁等）、区域经济发展情况、国际贸易情况、旅游环境、与其他交通设施的连接、机场缺少适当的扩建土地、运输能力受设备状况和恶劣天气影响、收费制度的变化等。

（三）水处理项目融资风险

城市给排水系统由给水系统和排水系统组成。给水系统就是提供城市所需的符合规定水质标准的生活用水，包括水源工程、取水工程、输水工程、水处理工程和配水管网工程；排水系统就是处理城市污水，包括污水收集、输送、处理、回收、排放等设施。项目融资的主要对象是水处理厂，水处理项目分为净水处理项目和污水处理项目。

1.净水处理项目

净水处理项目的核心是净水处理厂，可能存在的风险因素包括：项目的位置、采用的技术、原水的供应、净水的销售、管道泄漏、政府收费规制、环保标准的变化等。

2.污水处理项目

污水处理项目主要是处理生活设施排除的生活污水和生产设备排出的工业废水，使之达到一定的排放标准。其可能存在的风险因素包括：污水管网的建设、进厂污水等级、进厂污水量、污水处理技术、污水收集率、污水处理厂服务范围的开发建设程度、污水排放标准、污水处理费取得困难、政府收费规制、环保标准的变化等。

（四）其他项目融资风险

除了上述三类项目，还有很多其他类型的项目也采用项目融资，如资源开采项目、电信项目、管道项目，以及医院、学校、监狱、体育场馆建设项目等。这些项目各有特点，其面临的风险也不完全相同。

资源开采项目可能存在的风险因素包括：勘探的可靠性、项目审批、矿产储量、开发成本、交通运输条件等。

电信项目可能存在的风险因素包括：科研的高投入、其他竞争项目的进入、现有运营商使用通信网络的限制、技术不兼容、获取执照困难、政府规制等。

医院和学校项目类似，需要专业人士提供服务，项目公司一般只负责提供设计、融资和建造基础设施，并对其进行维护和保养，而医院和学校的服务则由专业公司负责，实质是建筑物类项目，项目公司的主要收入来自建筑物的出租。其可能存在的风险因素包括：政策的改变、项目场地和地质风险、服务质量不达标扣款等。

按项目的类别划分的项目风险清单见表10-3。

表10-3　　　　　　　　　　按项目的类别划分的项目风险清单

项目类别		与项目类别相关的风险因素
电力项目		项目的位置，采用的技术，原材料、燃料供应，电力运行，电力销售
交通项目	公路	交通流量不足、出现竞争路线、政府收费规制、建设成本超支、工程延误、与本路相连的其他项目延误等
	铁路	土地拆迁纠纷导致工期延误、施工现场复杂、设施设备费用变化、政府收费规制、其他项目的竞争、环保标准的变化等
	隧道、桥梁	地质条件复杂、环境问题、交通意外和火灾、航空和航运对桥梁运营的限制、轮渡和空运的竞争、恶劣天气等
	机场、港口	其他项目的竞争（如高铁等）、区域经济发展情况、国际贸易情况、旅游环境、与其他交通设施的连接、机场缺少适当的扩建土地、运输能力受设备状况和恶劣天气影响、收费制度的变化等
水处理项目	净水处理	项目的位置、采用的技术、原水的供应、净水的销售、管道泄漏、政府收费规制、环保标准的变化等
	污水处理	污水管网的建设、进厂污水等级、进厂污水量、污水处理技术、污水收集率、污水处理厂服务范围的开发建设程度、污水排放标准、污水处理费取得困难、政府收费规制、环保标准的变化等
其他项目	资源开采	勘探的可靠性、项目审批、矿产储量、开发成本、交通运输条件等
	电信	科研的高投入、其他竞争项目的进入、现有运营商使用通信网络的限制、技术不兼容、获取执照困难、政府规制等
	医院和学校	政策的改变、项目场地和地质风险、服务质量不达标扣款等

第三节　项目融资的风险评估

在项目融资中，除了对项目风险进行识别，还必须对其进行风险评估，因为只有对项目风险进行正确的分析，才能找出应对项目风险的方法和途径，设计出能够合理分担项目风险的融资结构。

项目融资风险评估的方法很多，如专家打分法、层次分析法、CAPM模型法、敏感性分析法、概率分析法和蒙特卡罗法等，还有理论界正在探讨的实物期权法、VAR法等。

项目融资的风险分析是在项目可行性研究的基础上进行的，可行性研究中经常使用的项目现金流量模型，是项目风险评估的重要定量工具。根据项目融资的特点和要求，运用项目现金流量模型，对影响项目经济强度的各种因素的变动风险做出准确的数量化描述，为项目融资的方案设计提供重要的数据支持。

一、项目现金流量模型

项目现金流量模型以一个项目作为一个独立系统，反映项目在计算期内实际发生的流入和流出系统的现金活动及其流动数量。

项目在某一时间内支出的费用称为现金流出，取得的收入称为现金流入，两者之差为净现金流量。建立项目现金流量模型时，需要计算一系列财务基础数据，包括项目总投资、建设工期、产品成本费用、销售收入、税金、利润以及其他与项目有关的财务基础数据。将计算出的财务基础数据汇总编制项目现金流量表，可以方便项目投资收益和净现值等指标的计算。

二、项目风险贴现率的确定

项目风险贴现率是指项目的资金成本在公认的低风险的投资收益率的基础上，根据具体项目的风险因素加以调整的一种合理的项目投资收益率。

作为项目的投资者，在建立和使用现金流量模型对项目的风险进行定量分析和评估时，首先应根据项目的现金流量模型计算出项目的投资收益和净现值，进而评价投资决策。而在项目的投资收益和净现值的计算过程中，需要解决的一个关键问题就是怎样选择和确定能够正确反映项目风险的贴现率，并依据这一贴现率计算项目的投资收益和净现值，评价项目的经济强度。那么，如何确定项目的风险贴现率呢？目前，国内的项目进行经济分析时一般使用国家发改委与住建部标准定额司测定的部门行业标准折现率，而在国外通常使用CAPM模型确定项目风险贴现率。掌握CAPM模型，可以了解国际资本市场上通行的对项目风险的一种定量分析思路，同时，CAPM模型也是从事国际项目融资的工作人员所必须具备的知识。

（一）CAPM模型

CAPM模型，又称资本资产定价模型，按照这一模型，一个具体项目的风险贴现率的计算公式为：

$$R_i = R_f + \beta_i \times (R_m - R_f) \tag{10.1}$$

式中：R_i为项目i带有风险校正系数的贴现率（风险校正贴现率），也即在给定风险水平β条件下项目i的合理预期投资收益率；

R_f为权益资本无风险投资收益率；

β_i为项目i的风险校正系数，代表项目对资本市场系统风险变化的敏感程度；

R_m为资本市场平均投资收益率。

需要注意的是，利用CAPM模型计算项目的风险贴现率是基于以下的假设条件：

（1）存在一个高效的能够实现完全竞争的资本市场。投资者在资本市场中可以不考虑交易成本和其他制约因素的影响。

（2）在资本市场上，追求最大的投资收益是所有投资者的投资目的。高风险的投资有较高的收益预期，低风险的投资有较低的收益预期。

（3）在资本市场上，所有投资者均有机会运用多样化、分散化的方法来降低投资的非系统性风险。在投资决策中只需要考虑系统性风险的影响和相应的收益问题。

（4）在资本市场上，对某一特定资产，所有的投资者是在相同的时间段做出投资决策。

（二）CAPM 模型参数的确定

CAPM 模型参数是在该模型中为计算项目的风险贴现率，衡量项目风险的大小而使用的一些参数。CAPM 模型的参数主要有：无风险投资收益率（R_f），风险校正系数（β），资本市场平均投资收益率（R_m）。

1. 无风险投资收益率（R_f）

无风险投资收益率是指在资本市场上可以获得的风险极低的投资机会的收益率。换一句话说，它是指投资者可以在几乎不承担任何风险的前提下获得的资本回报。在项目风险分析中，需要确定无风险投资收益率这一指标值，通常的做法是在资本市场上选择与项目预计寿命相近的政府债券的利率作为 R_f 的参考值，R_f 也被用来作为项目风险承受力底线的指标。

2. 风险校正系数（β）

风险校正系数用来衡量项目公司对系统风险的承受能力。它是风险贴现率计算中较难确定的指标值，在项目风险分析中，这一指标值的计算方法存在的争议也较大。

在国际项目融资中，通常的做法是将资本市场上已有的同一种工业部门内相似公司的系统性风险的 β 值作为投资项目（分析对象）的风险校正系数。β 值越高，表明该工业部门在经济发生波动时风险越大。也就是说，当市场宏观环境发生变化时，那些 β 值高的公司对这些变化更加敏感；反之，公司的 β 值越低，市场和宏观环境的变化对其影响相对来说越小。

3. 资本市场平均投资收益率（R_m）

根据现代西方经济理论，资本市场上存在一个均衡的投资收益率。然而，这一均衡的投资收益率在实际的风险分析工作中却很难计算出来，一些资本市场相对发达的国家通常以股票价格指数来代替这一均衡的投资收益率，作为资本市场的平均投资收益率的参考值。由于股票价格指数的收益率变动频繁、幅度较大，所以，在实际计算资本市场平均投资收益率时，一般是计算一个较长时间段的平均股票价格指数收益率。这样做带来的一个问题是，在实际的风险分析计算时，可能会出现 $R_m-R_f<0$ 的情况，这是因为 R_m 的估值是过去某一阶段中的平均投资收益率，而 R_f 的估值，如前所述，是反映对未来收益的预期，两者不匹配，解决这一问题可以通过计算一个较长时间段内的（R_m-R_f）的平均值，来代替 R_m 的单独估值。

（三）加权平均资本成本的计算

如上所述，运用 CAPM 模型计算出项目的风险贴现率，这一项目的风险贴现率是投资者股本资金的风险收益率，也可以看作投资者股本资金的资金成本（即权益资本成本)。在实际工作中,项目融资的主体通过项目融资方式所筹集的资金往往有多种资金来源,既有权益资金,又有债务资金,要计算出项目的投资收益和净现值,需要使用不同资金来源的加权平均资本成本,这个加权平均资本成本即可以用来计算净现值的项目风险贴现率。其具体计算步骤可以归纳如下:

(1)根据CAPM模型计算风险校正贴现率,即投资者股本资金的风险收益率,也即投资者股本资金的资金成本。

(2)根据各种可能的债务资金的有效性和成本,估算项目的债务资金成本。债务资金成本的计算相对来说比较容易,可以根据项目的经济强度、公司资信以及可能采用的融资结构估算出债务资金的利息率。此外,项目公司也可以根据以往公司债务资金成本估算出在投资项目中的债务资金成本。

(3)以股本和债务资金在资本总额中各自所占的比例为权重,应用加权平均法来计算出项目平均资本成本,这一平均资本成本,即可以用来计算净现值的项目风险贴现率。

加权平均资本成本是将债务资本成本和权益资本成本分别乘以两种资本在总资本中所占的比例,再把两个乘积相加所得到的资本成本。其计算公式如下:

$$
\begin{aligned}
\text{WACC} &= R_e \times W_e + R_d \times (1-T) \times W_d \\
&= R_e \times \frac{E}{E+D} + R_d \times (1-T) \times \frac{D}{E+D}
\end{aligned}
\tag{10.2}
$$

式中:WACC 为加权平均资本成本;

R_e 为权益资本成本;

W_e 为权益资本权重;

R_d 为债务资本成本;

W_d 为债务资本成本权重;

E 为权益资本;

D 为债务资本;

T 为所得税税率。

[例10-1] 某项目公司决定采用项目融资方式筹集资金。项目资金来源有两种:一是自有资金,二是贷款。有关资料如下:普通股成本为14%,优先股成本为11%,长期贷款成本为8%(税前)。总资本中长期贷款占30%,优先股占10%,普通股占60%,企业所得税率为25%。则该项目的WACC计算见表10-4。

表10-4   某项目的WACC计算

资金类别	资本成本	权重	加权平均资本成本
	①	②	③=①×②
长期贷款	8%×(1-25%)	30%	1.8%
优先股	11%	10%	1.1%
普通股	14%	60%	8.4%
合计			11.3%

三、项目净现值的确定

计算出项目带有风险校正系数的贴现率，将其带入项目现金流量净现值的计算公式中，即可得出考虑到项目具体风险因素之后的项目净现值。其计算公式如下：

$$NPV = \sum_{i=0}^{n} (CI - CO)_t (1 + i)^{-t} \qquad (10.3)$$

式中：NPV 为项目的净现值；

$(CI - CO)_t$ 为第 t 年的净现金流量，其中 CI 为现金流入量，CO 为现金流出量；

n 为计算期数，一般为项目的寿命期；

i 为贴现率。

根据项目现金流量的净现值计算，如果 NPV≥0，则表明项目投资者在预期的项目寿命期内，至少可以获得相当于项目贴现率的平均投资收益率，项目收益将大于或等于投资的机会成本，项目是可行的。如果 NPV<0，则说明项目的投资机会成本过高，项目不可行。

四、项目净现值的敏感性分析

如前所述，项目的风险分析是在可行性研究的基础上，运用可行性研究中所使用的现金流量模型进行风险分析。当确定了风险贴现率后，就可以计算出项目的净现值，判断项目的投资能不能满足最低风险收益的要求。如果项目的投资能满足最低风险收益的要求，对于项目投资者来说，从风险分析的角度看项目是可行的，但这并不意味着项目一定能够满足融资的要求，为了设计合理的融资结构，满足投资方和债务方对相应风险的共同要求，就需要在现金流量模型的基础上构建项目的融资结构模型。合理的项目融资结构模型需要考虑项目的债务承受能力和投资者可以得到的投资收益率。通常情况下，我们可以在一系列债务资金的假设条件下，通过调整现金流量模型中各种变量之间的比例关系，来验证预期的融资结构是否可行。采用的方法是在已搭建现金流量模型的基础上，进行模型变量的敏感性分析，考查项目在各种可能条件下的现金流量状况及债务承受能力。

敏感性分析是经济分析中常用的一种风险分析方法，也是项目融资风险评估中经常使用的一种定量分析方法。它是通过分析、预测项目主要影响因素发生变化时对项目经济评价指标（如净现值）的影响，从中找出敏感因素，并确定其影响程度。项目敏感性分析有单因素敏感性分析和多因素敏感性分析两种。在单因素敏感性分析中，每次只设定一个因素变化，其他因素保持不变，这样就可以分析出这个因素的变化对指标的影响大小。多因素敏感性分析是考查多个因素同时变化对项目的影响程度，从而对项目风险的大小进行估计，为投资决策提供依据。

一般情况下，在项目融资中需要测度敏感性的变量因素主要有：产品价格、主要原材料或燃料动力价格、利率、汇率、建设投资、产品产量、工程、税收、项目寿命期。如果一个变量因素在较大的范围内变化时，引起指标（净现值）的变化幅度并不大，则称其为非敏感性因素；如果某变量因素在很小范围变化时，就引起指标很大的变化，则称其为敏感性因素。从项目风险分析的角度，我们当然更关心敏感性因素对项目经济效果的影响，所以对于敏感性因素，需要进一步研究这个变量取值的准确性，或者收集众多的相关数据以减小在预测中的误差。

一般来说，敏感性分析的基本步骤如下：

（1）确定分析指标。在项目融资风险分析中，通常采用净现值（NPV）。

（2）选择需要分析测度的变量因素。影响项目经济效果的不确定性因素很多，而且所有与之有关的因素都具有不同程度的不确定性，但没有必要对所有因素都进行敏感性分析，只需选择那些预计对净现值影响较大的因素和引用数据的准确性把握不大的因素。

（3）计算各变量因素的变动对指标（净现值）的影响程度。进行单因素敏感性分析时，在固定其他因素的条件下，变动其中某一个不确定性因素，计算净现值相应的变动结果，这样逐一得到每个因素对指标的影响程度。多因素敏感性分析要计算多个因素同时变化对经济指标的影响程度。在项目融资风险分析中，一般情况下，产量变化幅度应不超过10%～15%；价格是以略低于目前实际价格的产品价格作为初始价格，然后按照预期的通货膨胀率逐年递增作为现金流量模型的基础方案，在基础方案之上对项目前几年（至少五年）的价格水平加以调整；投资成本的超支假设一般在10%～30%取值；生产成本的取值可以采用比基础方案生产成本高出5%～10%的数字或采用比基础方案通货膨胀率高的生产成本增长速度；利率的敏感性取值比较简单，可以以金融市场上的可测利率为依据，按一定的幅度加以变动。

（4）确定敏感性因素，对项目的风险情况进行判断。

此外，需要注意的是，有时在进行现金流量模型变量的敏感性分析时，需要对最差方案下的现金流量（即所有变量的最坏可能性结合在一起作为现金流量模型的方案）和最佳方案下的现金流量进行比较，来了解在各种假设条件下的项目现金流量状况及债务承受能力，进一步考查项目的抗风险能力。

五、项目主要参与方的风险评估

在项目融资中，各参与方进行风险评估的侧重点和估计方法是不同的，图10-1列出项目融资的三个主要参与方的风险估计、主要变量、主要风险以及风险分析方法。

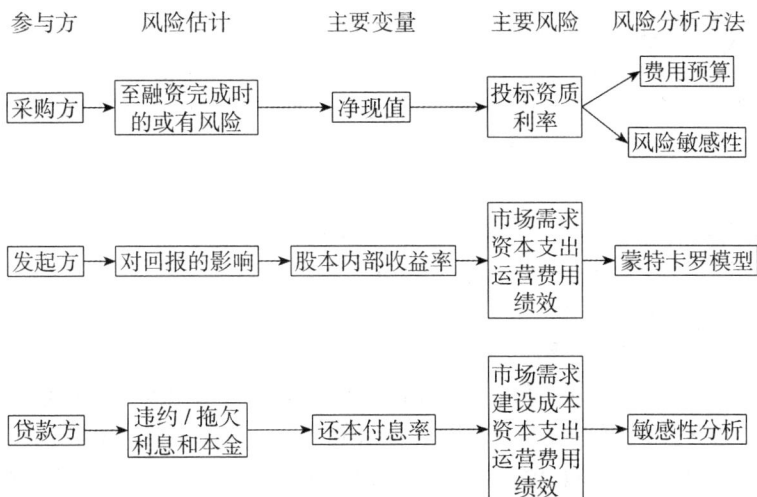

图10-1　项目主要参与方的风险评估流程图

第四节　项目融资中使用的风险评估指标

项目融资中贷款银行承担的风险最大，通常贷款银行需要通过一些指标来评估项目的债务偿还能力。在国际项目融资中经常使用的风险评估指标主要有：年度债务偿还能力比率、贷款周期债务偿还能力比率、资源收益覆盖率以及项目周期债务偿还能力比率。

一、年度债务偿还能力比率

年度债务偿还能力比率（ADSCR）是项目当年的净现金流量与偿还的债务的比值。它衡量项目公司依据其当年现金流偿还债务的能力。其计算公式如下：

$$ADSCR_t = (CI - CO)_t / (RP_t + IE_t) \tag{10.4}$$

式中：$ADSCR_t$为年度债务偿还能力比率；

$(CI-CO)_t$为第 t 年的净现金流量；

RP_t为第 t 年到期债务本金；

IE_t为第 t 年到期债务利息。

不同类型的项目对年度债务偿还能力比率有不同的要求。如签有项目协议的医院、学校等项目年度债务偿还能力比率为1.2，签有包销协议的电厂项目年度债务偿还能力比率为1.3，具有市场风险的收费公路等基础设施项目年度债务偿还能力比率为1.4，资源型项目年度债务偿还能力比率为1.5。一般情况下，在项目融资中，贷款银行要求$ADSCR_t \geqslant 1$，如果项目融资风险较高，贷款银行会要求$ADSCR_t$数值相应增大，因为年度债务偿还能力比率增大，意味着有更多的有效净现金流量可以用来偿还债务。公认的项目年度债务偿还能力比率取值范围为1.0~1.5。

二、贷款周期债务偿还能力比率

贷款周期债务偿还能力比率（LLCR）是贷款偿还期的现金流量的净现值与贷款余额的比值。它衡量项目公司整个贷款周期偿还债务的能力。其计算公式如下：

$$LLCR_t = NPV_t / D_t \tag{10.5}$$

式中：$LLCR_t$ 为贷款周期债务偿还能力比率；

NPV_t 贷款周期内 t 年的现金流量净现值；

D_t 为第 t 年的贷款余额。

一般而言，起始的最低 LLCR 要高于最低 ADSCR10% 左右。

与 ADSCR 的不同之处主要在于，LLCR 是以整个贷款周期为计算依据。在实际运用中，如果 ADSCR 每年都一样，则 ADSCR 的均值会等于 LLCR 的均值。如果项目早期的 ADSCR 较高，ADSCR 的均值会高于 LLCR，反之亦然。因此，和 LLCR 相比，有时贷款银行更重视 ADSCR 的均值。在这种情况下，对于 ADSCR 的最低要求和对于 LLCR 的最低要求有可能是相似的。

三、资源收益覆盖率

资源收益覆盖率（RCR）是项目未开采的已证实资源储量的现值与当年未偿还的项目债务总额的比值。

对于依赖某种自然资源（如煤炭、石油、天然气等）的生产型项目，在项目的生产阶段有无足够的资源保证是一个很大的风险因素，因此，对于这类项目的融资，一般要求已经证实的可供项目开采的资源总储量是项目融资期间计划开采资源量的两倍以上，而且，还要求任何年份的资源收益覆盖率都大于 2。

资源收益覆盖率的计算公式为：

$$RCR_t = \frac{PVNP_t}{OD_t} \tag{10.6}$$

式中：RCR_t 为第 t 年资源收益覆盖率；

OD_t 为第 t 年未偿还的项目债务总额；

$PVNP_t$ 为第 t 年项目未开采的已证实资源储量的现值。

公式中 $PVNP_t$ 的计算公式为：

$$PVNP_t = \sum_{i=1}^{n} NP_i (1 + R)^{-i} \tag{10.7}$$

式中：n 为项目的经济寿命期；

R 为贴现率，一般采用同等期限的银行贷款利率作为计算标准；

NP_i 为项目第 i 年的毛利润，即销售收入与生产成本的差额。

四、项目周期债务偿还能力比率

项目周期债务偿还能力比率（PLCR）是整个项目周期现金流量的净现值与贷

款金额的比值。

通常，贷款银行会考虑，如果项目全部按时偿还债务有困难，项目在全部债务到期后是否有能力继续偿还？贷款银行会要求至少用一到二年的现金流偿还剩余的债务，项目的这个偿还能力可以用项目周期债务偿还能力比率衡量。

其计算公式如下：

PLCR= NPV/D　　　　　　　　　　　　　　　　　　　　　　　　　　　　（10.8）

式中：PLCR 为项目周期债务偿还能力比率；

NPV 为项目净现值；

D 为计划贷款金额。

［例 10-2］假设某项目平均每年的净现金流量为 220 万元，贷款总额为 1 000 万元，贷款偿还期 10 年，采用等额本金方式，贷款年利率及折现率为 10%，贷款到期后三年中（第 11 到 13 年）每年的现金收入为 200 万元，则 ADSCR、LLCR、ADSCR 均值、LLCR 均值见表 10-5。

表10-5　　　　　ADSCR、LLCR、ADSCR均值、LLCR均值计算表

项目　　　偿还期	0	1	2	3	4	5	6	7	8	9	10
①净现金流量		220	220	220	220	220	220	220	220	220	220
②净现金流量净现值	1 352	1 267	1 174	1 071	958	834	697	547	382	200	
③贷款偿还		100	100	100	100	100	100	100	100	100	100
④贷款余额	1 000	900	800	700	600	500	400	300	200	100	0
⑤利息支付		100	90	80	70	60	50	40	30	20	10
⑥贷款偿还总额（③+⑤）		200	190	180	170	160	150	140	130	120	110
⑦ADSCR（①÷⑥）		1.10	1.16	1.22	1.29	1.38	1.47	1.57	1.69	1.83	2.00
⑧ADSCR 均值		1.47	1.51	1.56	1.60	1.66	1.71	1.77	1.84	1.92	
⑨LLCR（②÷④）	1.35	1.41	1.47	1.53	1.60	1.67	1.74	1.82	1.91	2.00	
⑩LLCR 均值	1.65	1.68	1.72	1.75	1.79	1.83	1.87	1.91	1.95	2.00	

PLCR=1 499（12年现金流量的净现值）÷1 000=1.50

表 10-5 中，典型数据的计算如下：

各年净现金流量净现值：220（P/A，10%，10）=1 352

　　　　　　　　　　　220（P/A，10%，9）=1 267

　　　　　　　　　　　⋮

ADSCR 均值：（1.83+2）÷2=1.92

　　　　　　　（1.69+1.83+2）÷3=1.84

　　　　　　　⋮

第五节 小结

项目融资风险管理的基础环节是风险识别。项目融资风险识别方法主要有：风险调查法、风险模拟法、风险情报法和核对表法。项目的风险可以从不同角度进行分类，按项目建设的进展阶段可划分为项目建设开发阶段风险、项目试生产阶段风险和项目生产经营阶段风险；按项目风险的可控性划可分为项目的可控制风险和项目的不可控制风险。在项目的不同阶段，项目风险具有不同的特点。

项目融资的风险分析是在项目可行性研究的基础上进行的，可行性研究中经常使用的项目现金流量模型，也是项目风险评估的重要定量工具。利用项目现金流量模型求出项目的投资收益和净现值，据此进行投资决策的风险分析，判断项目的投资收益能不能满足最低风险收益的要求。为了验证项目在不同假设条件下满足债务偿还计划的能力，需要进行现金流量模型的敏感性分析。在计算项目的净现值时，首先应确定项目的风险贴现率，利用CAMP模型可以很容易地求出项目的风险贴现率。

完成了敏感性分析，就可以计算项目的风险评估指标，通常选取年度债务偿还能力比率、贷款周期债务偿还能力比率、资源收益覆盖率、项目周期债务偿还能力比率四个指标对风险进行评价和衡量。

延伸阅读

关键概念

风险管理　风险识别　建设开发阶段风险　试生产阶段风险　生产经营阶段风险　项目的核心风险　信用风险　完工风险　生产风险　市场风险　环境保护风险　金融风险　政治风险　法律风险　CAPM模型　年度债务偿还能力比率　贷款周期债务偿还能力比率　资源收益覆盖率　项目周期债务偿还能力比率

复习思考题

1. 简述项目融资风险管理的一般程序。
2. 项目融资风险识别的主要方法有哪些？
3. 什么是"商业完工"？为什么完工风险是项目的核心风险之一？
4. 评价项目信用风险应综合考虑哪些因素？
5. 项目完工风险的主要表现形式是什么？

6. 项目生产风险主要表现在哪些方面？

7. 项目的金融风险主要表现在哪些方面？

8. 项目政治风险的影响主要包括哪几个方面？

9. 什么是项目的核心风险？项目核心风险包括哪些内容？

10. 什么是项目的环境风险？项目环境风险包括哪些内容？

11. 如何确定项目的风险贴现率？

个案分析　　西米德尔赛克斯大学医院项目

英国的西米德尔赛克斯大学医院项目于2001年1月30日完成融资，2003年4月投入使用。西米德尔赛克斯大学医院NHS基金会与Bywest私营联合体签订了私人主动融资合同（PFI合同），图10-2列出了西米德尔赛克斯大学医院项目的投资结构。

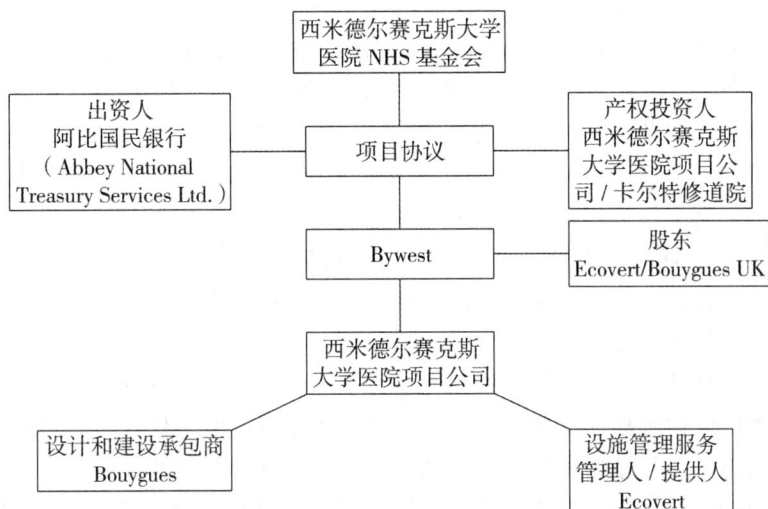

图10-2　西米德尔赛克斯大学医院项目的合同安排

西米德尔赛克斯大学医院项目涉及拆除和重建旧项目以及对现有较新的建筑进行整修。西米德尔赛克斯大学医院NHS基金会要求Bywest对位于伦敦西部的医院旧址进行重建，并提供运营期的维护和设施服务。该项目的资金来源于土地销售款而不是私人主动融资下的单一付款。Bywest联合体的承包商来自同一集团，包括从事建造的Bouygues和从事设施管理的Ecovert。这种关系促成了一种联合竞标方法，竞争性投标也得到了融资安排的协助。项目的债务融资方式选择了银行贷款。该基金会的顾问说，阿比国民银行似乎对医院项目融资很感兴趣，而且提供了颇具竞争性的融资条件。

在竞争性投标过程之后，NHS基金会的顾问得到任命。KPMG被选为财务顾问，MacFarlanes为法律顾问，James Nisbet & Partners为特许检察员。在报告中，英国国家审计署认为财务顾问应具有"丰富的医院私人主动融资经验",法律顾问应对"基金会有充分的了解",特许检察员应提供"对投标人提议的良好分析",顾问成本总额高达 230 万英镑。

在项目中,Bywest 负责设计、重新开发、建设、融资和运营医院设施 35 年,有可能延期到 60 年。同时要提供支持服务,例如餐饮、搬运、安全、保洁、维护和物品供给。基金会将继续管理医院,通过公共部门资源筹集资金并提供卫生保健服务,例如护理、临床医护人员、药品、治疗和诊断服务等,这些卫生保健服务对个人用户(所有英国公民)免费。

合同招标时,共收到 39 份意向书,最终三名竞标人获得谈判邀请,2000 年 2 月基金会选择了 Bywest,并于 2001 年 1 月 31 日完成融资。Bywest 的投标价格比其他竞标人稍低,基金会认为 Bywest 的投标具有资金最佳使用价值,阐明了它在设计、计划的时间表和人员方面的优势。

该项目的成本是基于 980 万英镑的年度单一支付,这个款项到 2003 年 4 月开始运营新医院时才开始支付。采用该支付机制的目的是确保基金会收到合同约定的服务以满足其业务需要。针对 Bywest 制定了相关激励措施:如果提供的服务无法达到基金会要求的服务水平,基金会将扣减单一支付款项,例如,如果六个手术室中有一个 24 小时内无法使用,承包商的费用损失大概是 1 400 英镑。合同中定期监控条款确保承包商交付达到要求的服务。基金会强调用合作伙伴关系确保项目在未来 35 年仍然有效。同时基金会和 Bywest 建立了包括用户代表在内的私人主动融资监控小组,他们将定期开会评估业绩。小组的主要目标是保证达成一致的质量标准并解决妨碍这一目标的问题。

基金会遵循私人主动融资的指导方针,事先将私人主动融资投标成本与传统采购模式下提供同样水准的服务所需成本的估算值进行了财务比较。它将私人主动融资交易下的单一支付净现值与根据合同转移风险来调节的公共部门比较值进行了比较(见表 10-6),最终表明私人主动融资交易的估计成本略低于公共部门比较值。就 NPV 而言,单一支付的预先风险调节 NPV 是 1.238 亿英镑,而公共部门比较值是 1.293 亿英镑。

表10-6　　　**西米德尔赛克斯大学医院项目资金最佳使用价值测试**

	私人主动融资交易 (百万英镑 NPV)	公共部门比较值 (百万英镑 NPV)
35 年风险前调整	984.1	976.5
转移的风险	−0.6	12.5
调节的总风险	983.5	989.0
总差额	5.5	

　　显然，该比较涉及 35 年，预测未来价值的不确定性是不可避免的。例如，建设、提供服务的成本以及设计或服务要求发生变化而产生的成本。该交易下转移的风险价值尤其难以预测，而且为了确定这些风险的价值而估算交易周期中发生风险事件的可能性时需要进行许多判断。这在本案例中特别重要，因为最终比较很明显取决于风险转移评估值。

　　资料来源　格里姆赛，刘易斯．公私合作伙伴关系：基础设施供给和项目融资的全球革命［M］．济邦咨询公司，译．北京：中国人民大学出版社，2008.

第十一章

项目融资风险控制与规避

学习目标

　　通过本章的学习，掌握主要的金融衍生工具及其在项目融资中的运用；重点掌握降低项目融资主要风险的方法。

第一节　降低项目融资主要风险的方法

　　通过风险估计，确定了每一个风险的大小、发生的可能性、性质等，据此制定风险管理的应对措施。在项目融资中，风险的合理分配与严格管理是项目成功的关键，也是项目各参与方谈判的核心。对于各参与方而言，项目融资风险处置不是将风险平均地分配给各参与方，而是将所有的风险都分配给最适合承担风险的一方，亦即将风险分配给与风险相关的费用最低的一方或最能获益的一方。经过不断的实践探索和检验，国际上已经逐渐形成了一些行之有效的降低和减少项目融资风险的方法，尤其是项目参与方之一的贷款银行，更是建立了一系列的方法和技巧以降低项目的风险。

一、降低完工风险的方法

（一）从项目公司角度，通常采取以下措施对完工风险进行管理

　　1.有经验或可靠的承包商

　　"有经验或可靠的承包商"这一提法在国际工程中很常见。"有经验或可靠的承包商"技术过硬，管理能力强，熟悉承包方式及合同条件，了解工程实施的环境包括政治、经济、法律、社会、自然条件等方面的因素，有同类工程的实施经验，可

以凭其经验提出经济有效的实施方案，并且在充分调查分析各方资料的基础上给出充分而合理的报价，对于未来可能出现的风险能够有比较好的预计，并提早准备。项目公司选择这样的承包商，无疑为工程顺利实施创造了良好的前提条件，降低了工程实施过程中的风险。

2. 利用不同形式的"项目建设承包合同"可以最大限度地规避完工风险

项目建设承包合同有固定价格、固定工期的"交钥匙"合同和"实报实销"合同，以及介于两者之间的其他多种形式的合同。在固定价格、固定工期的"交钥匙"合同中，完工风险由工程承包公司承担，而"实报实销"合同形式，完工风险则由项目公司承担。在项目融资实践中，经常使用一个术语——EPC合同。EPC合同对应的英文为：Engineering（工程设计）、Procurement（设备采购）、Construction（主持建设），与通常所说的工程总承包含义相似，即工程总承包企业按照合同约定，承担工程项目的设计、采购、施工、试运行服务等工作，并对承包工程的质量、安全、工期、造价全面负责。利用不同形式的工程建设合同，有可能相应地影响项目建设期风险，将部分风险转移给工程承包公司，使自己承担的风险减少到最低程度。

项目建设承包合同的关键因素是成本超支和完工延期，项目公司和项目承建商签订的合同中通常明确地提出完工计划、成本超支以及误工和质量不符合要求的各种赔偿条件。如在山东中华电力项目中，山东省电力公司作为总承包商，保证以固定价格、固定期限完成电厂建设，如提前一天完工，承包商可得35万元奖金；而一旦发生工期延期或有关指标未能达标，山东省电力公司需支付巨额违约赔偿金，推迟完工一天罚款70万元。

（二）从贷款银行角度，由于贷款银行是项目完工风险的主要承担者之一，所以为了限制及转移项目的完工风险，贷款银行通常采取以下措施对完工风险进行管理

1. 设立"商业完工"标准

为了规避项目在试生产阶段的风险，贷款银行一般不把项目的建设结束作为项目完工的标志，而是以"商业完工"标准来检验项目是否达到完工条件。"商业完工"标准包含一系列经专家确定的技术经济指标，主要有：

（1）完工和运行标准。项目不仅要在规定的时间内达到"商业完工"标准，而且还应在一定时期内保持在这一水平上运行。

（2）技术完工标准。项目要在规定的时间内达到"商业完工"的技术要求。

（3）现金流量完工标准。项目要在规定的时间内达到预期的现金流量最低水平。

（4）其他形式的完工标准。

在项目融资中，根据具体项目的特点，"商业完工"标准会有很大差别。一般而言，完工风险越大的项目，贷款银行会要求项目投资者承担更大的"商业完工"责任。

2.提供"完工担保"

在项目融资中,贷款银行通常要求项目投资者或项目承包建设公司等其他项目参与方提供相应的"完工担保",常用的"完工担保"形式主要有:

(1)无条件"完工担保"。项目投资者提供无条件的资金支持,保证项目达到"商业完工"标准。

(2)单纯的技术"完工担保"。项目生产技术的提供者保证实现项目的生产技术条件。

(3)债务承购保证。如果项目达不到"商业完工"标准,则由项目发起人将项目债务收购下来或转化为公司债务。

(4)"完工担保"基金。项目投资者提供一笔固定数额的资金作为保证基金,除此之外,项目投资者不承担任何超出保证基金的项目建设费用。

3.保险

对于由不可抗力事件引起的项目建设不能按时完工和中途停工造成的损失,项目公司可以向商业保险机构投保来分散完工风险。

二、降低生产风险的方法

项目生产风险的管理是通过一系列的融资文件和信用担保协议来实施的。针对生产风险的不同种类,设计不同的合同文件。

(一)降低技术风险的方法

作为贷款银行,控制技术风险的简单方法是要求项目公司采用经市场证实的成熟的生产技术,项目使用的生产工艺是先进合理并有成功先例的。如果采用新技术,需要有技术或工艺流程担保,或者相应的保险。对于任何采用新技术的项目,如果不能获得投资者强有力的技术保证和资金支持,不可能实施项目融资。

(二)降低资源风险的方法

对于资源类项目所引起的资源风险,可以利用最低资源覆盖比率和最低资源储量担保等加以控制。

资源覆盖比率是可供开采的已证实资源总储量与项目融资期间内计划采掘或消耗的资源量之比。根据项目的特点和贷款银行的历史经验数据来确定最低资源覆盖比率。一般情况下,资源覆盖比率应在2以上,如果这一比例小于1.5,则项目的资源风险较高,贷款银行会要求项目投资者提供拟融资项目的最低资源储量担保,必要时贷款银行会在安排融资前要求做进一步的勘探工作,落实资源。此外,贷款银行也可能向投资者推荐混合融资方案以规避资源风险。

(三)降低能源和原材料供应风险的方法

与供应商签署长期的原材料和燃料供应协议,是减少能源和原材料供应风险的一种有效手段,这样可以保证项目按照一定的价格稳定地取得重要能源和原材料供应。通常，项目公司希望供应协议中的价格是固定价格或与购买协议一致的价格，所有未来市场价格上涨的风险都由供应商来承担。如果项目公司无法得到长期固定的原材料和燃料供应协议，也可采用复杂的、阶段性的供应和储藏策略。在一些情况下，项目公司可以进一步将供应协议设计成"供货或付款"合同（是指项目原材料供应商承诺在无法按合同供货时，要根据合同规定支付项目公司从其他渠道购买原材料的额外成本），这样，项目的经济强度就能够得到更强有力的支持。如在深圳沙角B电厂项目中，项目合资方即深圳特区电力开发公司为项目提供了一个具有"供货或付款"性质的煤炭供应协议，使项目的燃料供应有了保证。

（四）降低经营管理风险的方法

由于项目经营管理风险主要来自项目投资者对所开发项目的经营管理能力，所以防范这一风险的措施是看项目投资者对融资项目及其产业领域是否熟悉，是否具有良好的资信与管理经验，项目经理（即项目日常生产管理的负责人）是否具有良好的资信与管理经验，项目运行中是否有利润分成或成本控制奖励等鼓励机制。如果项目经理同时又是项目最大的投资者，则对于降低项目经营管理风险是有很大帮助的。

三、降低市场风险的方法

项目市场风险的管理贯穿于项目始终，为了减少项目产品的市场风险，在项目筹划阶段，投资方应做好充分的市场调研和预测，减少投资的盲目性。在项目融资过程中，贷款银行通常要求项目公司具有长期的产品销售协议（或设施使用协议、租赁合同），如项目公司与项目产品的买方或项目设施的使用方签订的"无论提货与否均需付款"协议和"提货与付款"协议。这种协议的卖方可以是项目投资者本身，也可以是对项目产品有兴趣的具有一定资信的任何第三方。

签署长期产品销售协议要从销售期限、产品价格和市场销售量三方面入手。长期产品销售协议的期限要求与融资期限一致，销售数量也应是这一时期项目所生产的全部产品或至少大部分产品的数量，在销售价格上则根据产品的性质既可以采用浮动定价方式也可以采用固定定价方式。浮动定价是以国际市场的某种公认价格作为基础，按照项目具体情况加以调整的定价方式；固定定价是在谈判长期销售协议时确定下来的一个固定价格，并在整个协议期间按照某一预先规定的价格指数（或几个价格指数）加以调整。也可以部分产品采用浮动定价，部分产品采用固定定价。在定价中应充分反映通货膨胀、利率和汇率等的变化，通过这种协议安排，合同买方对项目融资承担了一种间接的财务保证义务，这样有助于降低项目的市场风险。如河北唐山燃煤热电项目，项目公司与华北电力集团签下了为期20年的购电合约，最低购电量约为电厂生产量的67%，深圳沙角B电厂项目也签署了类似的购买协议，这些都间接保证了项目融资的顺利实现。

此外，有些项目的产品或服务直接面对用户进行市场销售，只有特许经营权，没有销售协议或设施使用协议，如收费公路、桥梁、隧道等。对于这类项目，项目公司可以争取获得政府或当地产业部门的某种信用支持来分散项目的市场风险，如政府保证项目在一定时期内具有某种程度的垄断性或准垄断性。在一定程度上，市场风险是产、供、销三方均要承担的。

四、降低环境保护风险的方法

控制项目的环境保护风险可采取如下的措施：

（1）项目投资者应熟悉项目所在国与环境保护有关的法律，在项目的可行性研究中应充分考虑环境保护风险，制定针对污染的方法。

（2）将拟订环境保护计划作为融资前提，并在计划中考虑到未来可能加强的环保管制。应把环保评估纳入项目的监督管理范围内，环保评估应以环保立法的变化为基础。同时，融资项目在签订合约时应明确地将减低项目融资风险列入合约的条款中，以确保环境保护风险的责任分配。

（3）通过保险，降低环境保护风险对项目的影响。

由于重大的环境损害的潜在责任是无限的，一旦发生，项目的价值会受到很大影响，因而项目发起人与贷款人应重视对环境风险的控制，实现经济效益与社会效益的统一。

五、降低信用风险的方法

规避项目信用风险的主要措施是实地考察项目有关参与方的资信，选取资信高的参与方进行合作，如果法规允许，可以通过各类资金承诺函、支持函等文件获得保障。例如，在中外合资的山东中华电力项目中，项目公司的中方股东为山东省电力公司和山东省电力信托投资公司，外方股东为法国电力公司等。在项目总投资168亿元中，股本金47.6亿元，中方占总股本的51%，外方占总股本的49%，债务120.7亿元，债务部分有6.27亿美元国外银行贷款，项目的外国债权人认为项目公司信用不足，要求香港中华电力有限公司出具支持函以控制信用风险。

六、降低政治风险的方法

当项目融资在很大程度上依赖于政府的特许经营权和特定的税收、外汇、价格政策，并以这些政策和特许经营权作为重要的信用支持来安排融资结构时，政治风险的管理就显得愈加敏感和突出。事实上，政府在项目融资中的作用非常重要，没有政府的支持，大型项目融资几乎难以进行。因此，项目不仅要商业上可行，政治上也要可行。目前，政治风险管理主要采取以下措施：

（1）通过政府书面保证，降低项目的政治风险。由于政治风险非个人和公司所能控制，项目公司应尝试寻求政府机构的书面保证，其内容包括政府对一些项目特许权利或许可证的有效性及可转移性的保证，对外汇管制的承诺，对特殊税收结构的批准等一系列措施。如广西来宾电厂B厂项目在政治风险控制方面就得到了政府强有力的支持，国家计委（现国家发展与改革委员会）、国家外汇管理局、原电力工业部分别为项目出具了支持函，广西壮族自治区政府成立了专门小组来负责来宾电厂项目，当法律变更使得项目公司损失超出一定数额时，广西政府将通过修改特许权协议条款与项目公司共同承担损失，从而很好地预防了政治风险。

这里需要指出的是，目前，我国政府机构一般不准对项目作任何形式的担保和承诺，也不允许政府及其所属机构出具支持函和承诺函。因此，在我国进行项目融资，其政治风险尚不能由我国政府承担。

（2）通过政治风险投保，降低风险可能带来的损失。政治风险投保是指项目投资者或项目公司、贷款银行和其他参与方向商业保险公司或官方机构（如出口信贷机构或多边发展机构）投保政治风险。例如，山东日照电厂就是德国的 Hermes 和荷兰的 CESCE 两家信誉机构为其政治风险进行了担保，从而保证了项目融资的顺利进行。需要指出的是，保险是项目融资过程中的一个重要组成部分，除了对政治风险进行投保，项目公司和项目建设承包商可以对主体工程、设备以及直接投入的人、财、物等可能出现的意外伤害、资产损失、设备故障等情况及相应发生的损失进行投保，以使风险得到有效的分散和转移。

（3）在项目融资中引入多边机构。多边机构（如政府出口信贷机构和多边金融机构等）的书面保证也能为项目参与各方提供一些政治上的保护。

（4）尽量使项目有政府的直接参与，如果有可能，应从项目所在国的中央银行得到可以获得外汇的长期保证。

（5）在一些外汇短缺或管制严格的国家，如果项目产生"硬通货"，通过销售合同合理安排，贷款人可能从海外接受、控制和保留部分现金流量，用以偿还债务，降低项目外汇管制风险。

七、降低法律风险的方法

对项目发起方来说，在项目设计过程中就需要聘请法律顾问参与。因为项目的设计和项目的融资及税务处理等，都必须符合项目所在国的法律要求。在项目融资中，有时还需对可以预见的法律变动提前做好准备，使项目在法律转变阶段顺利实施。

项目的法律环境变化会给项目带来难以预料的风险，为了规避这类风险，项目公司与东道国政府之间可以签署一系列相互担保协议，双方在自己的权力范围内做出某种担保或让步，以达到互惠互利的目的。这些协议也在一定程度上为项目公司和贷款银行提供了法律上的保护。这类协议主要有：进口限制协议、劳务协议、诉讼豁免协议、公平仲裁协议和开发协议。

在项目融资中，应根据项目的特点，不同的项目签署不同的相互担保协议，如有的项目在建设或生产经营中需要从国外进口设备或原材料，项目公司就应尽可能地与东道国政府签订进口限制协议，以达到放宽进口限制及减免关税的目的；有的项目需要外籍人员为其提供服务，项目公司应力争与项目所在国政府签署劳务协议，要求对外籍人员的聘用不加以限制；有的项目所在国可能缺乏有关公平贸易和竞争的法律，或根据当地的法律，外方可能不具有同等的权利，这时，项目公司应尽可能地与东道国政府或有关方签署诉讼豁免协议和公平仲裁协议。需要说明的是，一般来说，项目公司应与所在国政府签署开发协议，以保证项目公司在协议执行期间得到有效的服务，以合理的价格销售项目产品，授予项目公司一些特许权限，从而在很大程度上转移项目的法律风险，这一点在 BOT 融资方式中显得尤为重要。

八、降低金融风险的方法

如前所述，项目的金融风险分为利率风险、外汇风险和通货膨胀风险。降低金融风险的方法分为降低利率风险、降低外汇风险和降低通货膨胀风险。

（一）降低利率风险的方法

利率的波动风险存在于每一个项目中，由于近些年来国际金融市场的利率波动频繁，波动幅度加大，在项目融资中，利率风险的管理变得非常重要。

对于利率风险的管理，可以采取一些经营管理手段或通过适当的协议将风险分散给其他项目参与方共同承担。例如，预测利率的变化，当国际资本市场利率水平相对比较低，且具有上升趋势时，争取以固定利率融资，以避免利率可能升高带来的损失；反之，当利率处于相对较高水平，且具有回落趋势时，则考虑采用浮动利率融资。或者通过对不同假设条件下项目现金流量的预测分析来确定项目的资金结构，利用提高股本资金在项目资金结构中的比例等方法来增加项目抗风险能力，以避免在项目出现最坏情况时可能发生的风险。但这种方法成功与否直接取决于对利率的预测，而对利率走向的准确预测通常是比较困难的，过高地估计风险因素，过多地增加股本资金投入会导致项目投资者最终放弃项目。相比之下，通过金融衍生工具对冲风险比较有效。项目利率风险管理的基本工具有：利率期权、利率掉期、利率期货、远期利率协议等。随着国际金融市场的发展，这些金融衍生工具也被逐步地引入到项目市场和原材料、能源价格风险的管理中，为项目融资在各类项目中的普遍运用提供了保证。

（二）降低外汇风险的方法

规避汇兑风险，最有效的方法是与项目所在国的中央银行签订自由兑换硬通货的承诺协议。一般情况下，各国对外商投资项目的货币兑换及收益汇出都有明确的法律规定，如在我国，就有相关的法律保护外商合理收入的顺利出境。如果没有承诺协议，则可要求项目的有关参与者共同承担汇兑损失。

对于汇率风险，可以采取一些经营管理手段来降低汇率风险，如要以本国货币为结算货币，避免远期收汇，把汇率风险转移给建筑承包商，收入、费用和偿还贷款都使用同一种货币等，其做法与利率风险管理方法大体一致。相比较而言，通过金融衍生工具来对冲汇率风险比较有效。需要注意的是，这些方法和手段可以应对正常的市场汇率变化，如果东道国的货币产生灾难性的贬值，这些方法和手段的效果就会大打折扣，项目融资的各方都难以单独承担这一风险。这种情况在1997年亚洲金融风暴和2001年土耳其金融危机中都曾经出现。

（三）降低通货膨胀风险的方法

通货膨胀对项目公司来说既可能是风险，也可能是机遇。在项目建设期，大部分费用不应该轻易受通货膨胀的影响，因为建设总承包合同价格、融资费用等是固定的，只需考虑建设期间通货膨胀对非固定费用的影响。在生产期，通货膨胀影响项目的经营成本，进而影响产品价格，为了降低通货膨胀的影响，需要对产品价格进行调整。调整的方法有很多，例如，预先确定价格调整幅度，定期谈判确定价格调整幅度，与消费指数（如零售商品价格指数RPI、消费者价格指数CPI）挂钩等，也可采用金融衍生工具来对冲产品价格风险。

项目主要风险的来源、承担者及处置方法总结见表11-1。

表11-1　　　　　　　　　　**项目主要风险的来源、承担者及处置方法**

风险类型	风险来源		风险主要承担者	风险的处置方法
完工风险	费用超支	建筑承包商管理问题和材料浪费	建筑承包商	不同形式的项目建设承包合同/备用信用或贷款/备用资本金
		法律变更、批准延迟等	项目公司/投资者	
	完工延迟	建筑承包商管理问题	建筑承包商	不同形式的项目建设承包合同/有经验的建筑承包商/竣工担保或违约罚金
		不可抗力	保险公司	保险/政府担保
	未达到性能标准	质量不良、建筑缺陷、调试试验不合格	建筑承包商/项目公司	设立"商业完工"标准/"完工担保"
生产风险	技术风险		项目公司/投资者	使用成熟的技术/投资者保证
	资源风险		项目公司/投资者/承包或供应商	最低资源储量担保/详细的勘探资料
	能源和原材料供应风险		项目公司	长期的原材料和燃料供应协议/"供货或付款"合同/原材料储存
	经营管理风险	经营成本超支	项目公司要求改变做法	项目公司	经营管理人员资质/有经验或可靠的经营商/政府担保/保险
			经营者问题	经营者	
			政府产品规格要求改变	政府	
		经营延迟或中断	经营者失误	经营者	
			政府部门违约	政府	
			项目公司违约	项目公司/投资者	
			不可抗力	保险公司	
		服务质量不佳	经营者失误	经营者	
			项目公司失误	项目公司	

续表

风险类型	风险来源	风险主要承担者	风险的处置方法
市场风险	供给价格或竞争变化	项目公司/投资者/贷款银行	充分的市场调研和预测/长期的产品销售协议/定价方式/政府担保/保险/股东担保
	产出需求变化	项目公司/投资者/贷款银行	
	税收、关税改变	项目公司	
	政府拥有的支持网络发生违约	政府	
环境保护风险	环境污染	项目公司/保险公司	采用环保技术/保险
信用风险	项目参与各方无法履行或拒绝履行合同	政府/项目公司/投资者/贷款银行	考察项目有关参与方的资信/资金承诺函/支持函
政治风险	项目实行国有化，或者对项目产品实行禁运、联合抵制、中止债务偿还、税收制度的变更、关税及非关税贸易壁垒的调整、外汇管理法规的变化、政策改变	政府/项目公司/保险公司	政府书面保证/政治风险投保/引入多边机构/获得外汇的长期保证/与地区发展银行、世界银行或援助机构一同安排平行贷款
法律风险	法律变更	政府/项目公司	相互担保协议
金融风险	利率变动	项目公司/贷款银行	提高股本资金在项目资金结构中的比例/金融衍生工具
	汇率波动	项目公司/政府	与政府分担/金融衍生工具
	外汇可兑换性、自由汇出	政府	获得政府担保/双货币收费/金融衍生工具
	通货膨胀	项目公司/贷款银行	准许调价

第二节　金融衍生工具在项目融资风险管理中的应用

　　近些年来，由于国际经济环境风云变幻，项目的投资规模越来越大，融资结构越来越复杂，项目积聚的风险也变得越来越大，人们越来越重视项目融资的风险管理。一个成功的项目融资结构应该是项目中没有任何一方单独承担全部项目债务的风险责任。

项目的核心风险，即项目的信用风险、完工风险、生产风险等与项目建设和生产经营管理直接有关的风险。从贷款银行的角度来看，这部分风险属于项目的投资者和经营者可以控制的风险，进一步讲，作为贷款银行，安排项目融资的一个基本假设前提就是项目的投资者和经营者了解并且有能力管理和控制项目的核心风险。由于各个项目所处的经济环境、项目规模、项目性质、产品种类、管理经验、技术水平等不同，所以，处理一个具体项目的核心风险管理的方法和手段是不尽相同的，很难统一归纳出管理项目的核心风险的方法和手段，需要具体分析项目的实际情况。一般来说，项目投资者和经营者应在事先对核心风险有充分的认识，在设计投资结构和融资结构时，就要以不同形式的项目合同和担保等来处理项目的核心风险，如固定价格、固定工期的"交钥匙"合同，提供"完工担保"和资金承诺函、支持函等文件，这些安排在客观上已经起到了项目融资所要求的风险管理的作用。

项目的环境风险，即金融风险、政治风险、法律风险等。项目的环境风险，通常较难预测，而且这些风险超出了企业的控制范围，增加了企业风险管理的难度。由于现代经济结构日趋复杂，国际国内各种政治、经济、社会因素相互影响，在项目的环境风险管理中，首先应分析影响环境风险要素变化的各种相关因素，如一国国民生产总值的增长速度、预期通货膨胀率情况、国际收支平衡状况等，分析这些相关因素可能的变化及变化范围；然后建立未来市场模型，重点分析利率、汇率、能源价格、原材料和最终产品价格的供求状况和在相关因素影响下的未来变化趋势；最后得出关键性风险要素的预测结果。预测环境风险主要有哪些？发生的可能性大小？可能影响程度的大小？如未来的汇率变化趋势是升高还是降低，如果升高，升高的幅度是在一个什么范围，在此基础上选择风险管理工具进行管理。项目的环境风险管理工具可以采用前面所描述的降低金融风险、政治风险、法律风险等方法。对于环境风险中的利率风险、汇率风险、能源价格风险、原材料和最终产品价格的风险，国际上通行的做法是采用金融衍生工具作为风险管理工具。需要注意的是，任何一种风险管理工具都是需要付出一定代价的，项目融资的各方应根据项目的具体情况，风险预测的结果，和市场上同样或同类风险对比分析，做出谨慎的、误差和风险较小的决策。

近年来，随着全球经济一体化进程的加快和国际金融市场的发展，利率、汇率和大宗商品价格市场发生了根本性变化。以国际金融市场和资本市场为例，在过去的一段时间内，市场发生了巨大变化，集中表现在利率的波动幅度增加；汇率的变动频繁而剧烈（特别是20世纪70年代实行浮动汇率制以后）；受国际大环境的影响，能源、原材料以及最终产品的价格也剧烈波动。同时，为了控制国际金融市场上存在的各种风险，出现了大量的、复杂的金融衍生工具，例如，掉期、期权、远期和期货等。这些变化既增加了项目的风险，使项目的风险管理在项目融资中显得愈发重要，同时也为管理这些风险提供了可能的手段。本节介绍项目风险管理的金融衍生工具，正确地使用这些工具，可以达到有效降低项目金融风险、生产风险、市场风险等目的。

一、掉 期

在项目融资中，掉期是指用项目的全部或部分现金流量交换与项目无关的另一组现金流量。经常使用的掉期形式有利率掉期、货币掉期和商品掉期。

（一）利率掉期

利率掉期也称利率互换，是一种常用的债务保值工具，主要用于管理中长期利率风险。在20世纪80年代早期，利率掉期首次出现在欧洲证券市场上，当时主要是那些从事国际货币业务和国际资本业务的金融机构利用利率掉期来减少利率变动的风险，此后，利率掉期交易发展迅速，已成为管理利率风险的主要工具之一。

利率掉期是根据交易双方存在的信用等级、筹资成本和负债结构的差异，利用各自在国际金融市场上筹集资金的相对优势，将同一货币的不同利率的债务进行对双方有利的安排。最常见的利率掉期是用来改变利息支付的性质，即由固定利率转换为浮动利率或由浮动利率转换为固定利率，利率掉期不涉及债务本金的交换。一般的利率掉期是在同一种货币之间进行，从而不涉及汇率风险因素，几乎所有的利率掉期交易的定价都以伦敦同业银行拆放利率（LIBOR）为基准利率。利率掉期一般通过第三方作为中介人进行安排，投资银行和大型商业银行都可以充当中介人的角色。通常，利率掉期文件是以标准的格式进行处理的，是以ISDA（国际利率交换与衍生品协会）提供的文件内容为基础的，掉期双方谈判的余地有限。

在国际项目融资中，利率掉期是经常使用的规避利率风险的方法。由于大多数的项目长期贷款采用的是浮动利率，项目有关各方承担较大的利率波动风险，这时，通过浮动利率与固定利率的掉期，将部分或全部的浮动利率贷款转换为固定利率贷款，在一定程度上可以起到管理项目风险的作用。项目融资中的利率掉期结构的基本框架如图11-1所示。

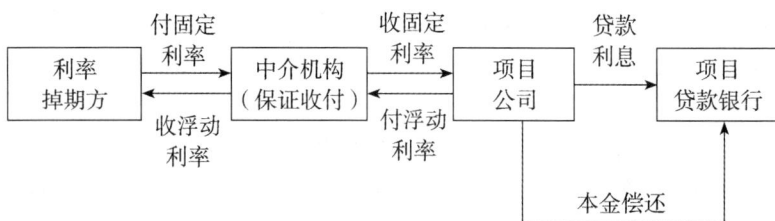

图11-1 利率掉期结构的基本框架

利率掉期的基本思路是这样的，假设金融市场上有两个借款人A和B，借款人A的信用等级高，可以很容易地在市场上借到固定利率的贷款，但是却希望使用低利息成本的浮动利率资金。借款人B信用等级低，能够在金融市场上以较好的条件借到浮动利率贷款，但是却希望使用固定利率的资金。通过利率掉期，双方都获得相应的成本节约，降低了项目的利息成本，在一定程度上减少利率风险对项目的影响。

下面通过一个简单的例题说明利率掉期的计算。

［例11-1］假设公司A和公司B在国际金融市场上的筹资成本见表11-2。

表11-2　　　　　　　　　　　　　**筹资成本比较**

项目	公司A	公司B	差额
固定利率	10%	12.5%	2.5%
浮动利率	LIBOR	LIBOR+0.5%	0.5%

如果公司A需要1亿美元的浮动利率借款，而公司B需要1亿美元的固定利率借款。有两种选择方法：一是公司A和公司B分别按照自己所能获得的利率去借款，即公司A以LIBOR借浮动利率美元，公司B以12.5%的固定利率借款1亿美元；二是双方选择利率掉期。因为公司B在浮动利率借款上有比较优势，因此让公司A以10%的固定利率去借1亿美元，而公司B以LIBOR+0.5%的利率去借浮动利率美元。然后，按双方约定的条件进行利息支付的互换，假设约定公司A按LIBOR利率支付利息给公司B，公司B按11%的固定利率支付给公司A。这一利率掉期的结果见表11-3。

表11-3　　　　　　　　　　　　**利率掉期的经济效果**

公司A	公司B
固定利率	固定利率
支付10%	支付11%
<u>收到11%</u>	<u>直接借款12.5%</u>
收益1%	收益1.5%
浮动利率	浮动利率
支付LIBOR	支付LIBOR+0.5%
<u>直接借款LIBOR</u>	<u>收到LIBOR</u>
收益0%	亏损0.5%
净收益1%	净收益1%

从表11-3可以看出，交易双方都从中获益，降低了融资成本，防范了项目风险。

需要注意的是，利率掉期也会产生一些费用和信用风险。譬如，如果项目公司在债务上违约，掉期合约就要解除或终止，产生利率掉期提前终止的费用。项目工期延误或完工延迟会影响提款时间和还款计划，如果时间较长，掉期安排就需要后移，产生交换后移风险。同样，贷款本金增加也会需要增加相应的掉期安排。这些问题在安排利率掉期时应充分考虑。

（二）货币掉期

货币掉期又称货币互换，是指交易双方在一定期限内将一定数量的货币与另一种一定数量的货币进行交换。货币互换是一项常用的债务保值工具，它主要是针对不同货币的债务进行互换的安排。它的基本思想与利率掉期相同，也是利用筹资者在不同货币资金市场上的比较优势进行互换，使双方的筹资成本下降。在项目融资中，货币掉期主要用来控制中长期汇率风险，把一种外汇计价的债务或资产转换为以另一种外汇计价的债务或资产，达到规避汇率风险、降低成本的目的。

货币互换的利率形式，可以是固定利率换浮动利率，也可以是浮动利率换固定利率。期限上，主要外币一般可以做到10年。货币掉期中所规定的汇率，既可以用即期汇率，也可以用远期汇率，还可以由双方协定取其他任意水平，但对应不同汇率水平的利率水平会有所不同。

在项目融资中经常使用的货币掉期工具是交叉货币掉期，它的主要特点是在安排货币掉期的同时安排利率掉期，将两者的优点结合起来，降低项目的汇率和利率风险。这种融资风险管理工具对于采用类似出口信贷作为主要资金来源的项目融资结构尤其适用，也可以用来改变那些有几种不同的货币和利率的项目的资产负债结构。

下面通过一个简单的例子说明货币掉期的过程。

[例11-2]假设项目A有一笔日元贷款，金额为15亿日元，期限7年，利率为固定利率3.25%，付息日为每年6月20日和12月20日。1999年12月20日贷款，2006年12月20日到期归还。

项目A提款后，将日元换成美元，用于采购生产设备。产品出口得到的收入是美元收入而不是日元收入。

从以上的描述可以看出，项目A的日元贷款存在汇率风险。项目借的是日元，用的是美元，2006年12月20日，项目A需要将美元收入换成日元还款。到时如果日元升值，美元贬值，则项目要用更多的美元来买日元还款，由于项目的日元贷款在借、用、还上存在不统一，就存在着汇率风险。

为了控制汇率风险，项目A决定与银行B做一笔货币掉期交易。双方规定，交易于1999年12月20日生效，2006年12月20日到期，使用汇率为USD1=JPY113，这一货币掉期表示为：

（1）在提款日，项目A与银行B互换本金。项目A取得贷款本金，支付给银行B，银行B按约定的汇率水平向项目A支付相应的美元。

（2）在付息日（每年6月20日和12月20日），项目A与银行B互换利息。银行B按日元利率水平向项目A支付日元利息，项目A将日元利息支付给贷款银行，同时按约定的美元利率水平向银行B支付美元利息。

（3）在到期日，项目A与银行B再次互换本金。银行B向项目A支付日元本金，项目A将日元本金归还贷款银行，按约定的利率水平向银行B支付美元本金。

从以上可以看出，由于在期初与期末，项目A与银行B均按预先规定的同一汇率互换本金，且在贷款期间项目A只支付美元利息，而收入的日元利息正好用于归还原日元贷款利息，从而使公司完全避免了未来的汇率变动风险。

（三）商品掉期

商品掉期是在两个没有直接关系的商品生产者和用户之间（或者生产者与生产者之间以及用户与用户之间）的一种合约安排，通过这种安排，双方在一个规定的时间范围内针对一种给定的商品和数量，相互之间定期地用固定价格付款来交换浮动价格（或市场价格）付款。

在项目融资中，商品价格波动所引起的风险经常存在，通过把项目原材料或者能源供应的成本与项目最终产出品的市场价格挂钩的方法可以降低这类风险，但商品掉期只适用于有较强流动性并且已建有公认国际商品市场的产品，例如，黄金、天然气、石油及有色金属等。

商品掉期的交易过程和利率掉期相似，但由于商品掉期的发展历史较短，并且受到国际商品市场的流通性、价格机制等因素的制约，所以商品掉期没有像利率掉期那样得到广泛的应用。在商品掉期的期限安排上，一般的商品掉期的期限基本上不能超过5年，只有极少数商品可以安排长期（最长期限为10年）的掉期。

在项目融资中，利用掉期这一金融衍生工具可以有效地降低项目风险，但掉期也有不利的一面，它可能附带大量的经纪费用、信用风险和利率风险，这在一定程度上限制了这些风险工具的使用。

二、期权

期权，又称选择权，是指它的持有者在规定的期限内具有按交易双方商定的价格购买或出售一定数量某种金融资产或商品的权利。期权合约有两类：看涨期权和看跌期权。前者给予合约持有人在未来某时以事先约定的价格购买某一资产或商品的权利；而后者则给予以约定价格出售的权利。合约中的约定价格称为协定价或执行价。根据期权对有效期性质规定的不同，期权可以分为美式期权和欧式期权。美式期权可在合约到期前的任何一天执行；而欧式期权只能在到期日当日执行或放弃执行。

期权的基本特征在于它给予合约持有人的是一种权利而非义务，期权交易事实上就是这种权利的交易，买方有执行的权利也有不执行的权利，完全可以灵活掌握。期权交易可以包括利率、汇率、股票市场的股价指数和其他金融产品交易，也可以包括实际的商品交易。在期权交易中，如果买方决定执行期权，期权的卖出者就必须履行合约，有卖出或者买入商品的义务。

在项目融资中，作为风险管理工具经常使用的期权有三种形式：利率期权、货币期权和商品期权。

（一）利率期权

利率期权是指买方在支付了期权费后即取得在合约有效期内或到期时以一定的利率（价格）买入或卖出一定面额的利率工具的权利。利率期权有多种形式，常见的主要有利率上限、利率下限、利率上下限。

利率上限是客户与银行达成一项协议，双方确定一个利率上限水平，在此基础上，利率上限的卖方向买方承诺：在规定的期限内，如果市场参考利率高于协定的利率上限，则卖方向买方支付市场利率高于协定利率上限的差额部分；如果市场利率低于或等于协定的利率上限，卖方无任何支付义务，同时，买方由于获得了上述权利，必须向卖方支付一定数额的期权手续费。

利率下限是指客户与银行达成一个协议，双方规定一个利率下限，卖方向买方承诺：在规定的有效期内，如果市场参考利率低于协定的利率下限，则卖方向买方支付市场参考利率低于协定的利率下限的差额部分；若市场参考利率大于或等于协定的利率下限，则卖方没有任何支付义务。作为补偿，卖方向买方收取一定数额的手续费。

利率上下限，是指将利率上限和利率下限两种金融工具结合使用。具体地说，购买一个利率上下限，是指在买进一个利率上限的同时，卖出一个利率下限，以收入的手续费来部分抵销需要支出的手续费，从而达到既防范利率风险又降低费用成本的目的。而卖出一个利率上下限，则是指在卖出一个利率上限的同时，买入一个利率下限。

利率期权为项目公司提供了一种规避利率风险的金融工具。与利率掉期相比，利率期权的优点在于，如果期权所有人认定执行该项交易对他不利，可以不必履行期权合约。这样利率期权既帮助了投资者避免利率上涨的风险，又在合适的价格条件下帮助投资者获得了利率下降的好处。由于项目融资的长期性特点，在项目融资中使用的多数是较为复杂的中期利率期权形式，时间多为3~10年。

（二）货币期权

货币期权又称为外汇期权。权利的买方有权在未来的一定时间内按约定的汇率向权利的卖方（如银行）买进或卖出约定数额的货币，同时权利的买方有权不执行上述买卖合约。例如，某项目公司3个月后可收入200万欧元，为了规避汇率风险，购买欧元看跌期权，3个月期，协定价1.2435，期权费0.85%。到期时，如欧元在1.2435以上放弃执行期权，在现货市场抛售欧元，可以得到欧元升值收益；如果欧元在1.2435以下，执行期权，由于锁定了汇率，因此损失的仅是期权费。

在对汇率变化趋势掌握不准的情况下，货币期权既为项目公司提供了套期保值的方法，又为项目公司提供了从汇率变动中获利的机会，因此，采用货币期权将为项目公司风险管理提供较大的灵活性。

（三）商品期权

商品期权和利率期权、货币期权的概念相似，根据项目对某一种商品市场的不同需求和依赖程度，项目公司可以通过购买期权或者卖出期权进行风险管理。

对于项目投资者来说，期权交易具有投资少、收益高、降低风险、保有权利的作用。购买者只需支付一笔期权权利金，就可取得买入或卖出商品的权利。一旦投资者预期与市场变化相一致，即可获得可观收益；如果与预期相反，则可放弃使用权利。在交易中，投资者的风险是固定的，却可能带来潜在收益。但需注意的是，购入期权需支付期权费，期权费通常较高，在项目融资中，需要对项目风险进行全面评价，在此基础上决定是否采用期权作为项目风险管理工具。

三、远期合约

远期合约是最简单的金融衍生工具，远期合约是交易双方在当前分别承诺在未来某一确定时间按照事先商定的价格，购买和提供某种商品的合约。远期合约的特点在于虽然实物交割在未来进行，但交割价格已在合约签订时确定。远期合约的卖方承担了合约到期日向买方提供合约标的物（某种商品或金融产品）的义务，但是，卖方并不一定需要目前就拥有这种商品，他可以于合约到期日从现货市场上购入来履行合约。

远期合约的历史悠久，它的执行依赖买卖双方履约的信用。理论上，远期合约适用于任何一种实物产品或金融产品的交易，实际上，最发达的远期合约市场是远期外汇合约、远期利率合约和远期商品合约。它们分别具有对汇率、利率和商品进行套期保值的功能，即利用远期合约锁定交易对象的价格，以便控制成本、消除或降低风险。远期合约在形式上比较灵活，合约双方可以根据各自需要谈判确定，在签署合约时一般不需要合约方支付一定的费用。缺点是市场效率较低、流动性较差、违约风险较高。

在项目融资中，项目公司可以以远期合约方式来保值或锁定一种商品的价格，有利于消除项目公司在建设和生产过程中价格变化的不确定因素。但是由于远期合约的期限比较短（期限多数不超过两年，少数可以到三年），而项目融资期限往往较长，所以限制了远期合约在项目融资风险管理中的应用范围。

另外，远期交易还有其他不易解决的问题，如交易的一方必须寻找合适的交易对象，交易的数量也要符合对方的要求等。

四、期货合约

期货合约是期货交易所为期货交易而制定发行的标准化合约。期货合约和远期合约不同，它是一种对所交易商品的质量、数量、交货地点、时间都有统一规定的标准化合约。也就是说，它所采用的合约是一种标准的合同形式，买卖双方都应按照这种标准合约的交易条件进行交易，唯一需要协商的就是价格。和远期合约相比，期货合约的流动性更好，期货合约的购买者可以根据市场变化，决定是否提前结束合约。由于期货市场上有大量的投机性买卖行为，所以大多数的期货合约在到期日之前已经卖掉或者是以现金作差额结算，很少实行真正的实物交割，实际的产品销售协议和期货合约可以是完全分离的。

期货交易的品种既有现实中存在的资产，如商品期货合约和外汇期货合约，也有虚拟的资产，如股指期货合约、定期债券或定期存款期货合约。期货交易大多数都在期货交易所内进行。

在项目融资中，项目经营者可以通过期货市场对其产品、货币、利率等进行保值和固定价格，避免其价格波动带来的影响。不过，使用期货合约进行项目风险管理会带来潜在利润损失，机会成本也比较大，而且由于期货合约是标准化合约，只对特定的商品、货币和金融产品有效，合约条款和合约的期限都有局限性，限制了期货合约在项目融资中的应用。

第三节　小结

如何规避项目融资的风险，是项目融资各参与方非常关心的问题，在项目融资中，风险的合理分配与严格管理是成功的关键。针对项目融资中可能存在的各主要风险，可以采取一系列的方法和技巧以降低项目风险发生的可能性，这些方法和技巧因项目风险不同而不同。本章讨论的是降低完工风险、生产风险、市场风险、环境保护风险、信用风险、政治风险、法律风险和金融风险的方法。

一个成功的项目融资结构应该是项目中没有任何一方单独承担全部项目债务的风险责任。项目融资风险管理的基本思路是：对于项目的核心风险，一般来说，项目投资者和经营者在事先应有充分的认识，在设计投资结构和融资结构时，就要以不同形式的项目合同和担保等来处理项目的核心风险；对于项目的环境风险，除了采用合同、担保、保险等方法以外，对于环境风险中的利率风险、汇率风险、能源价格风险、原材料和最终产品价格的风险，国际上通行的做法是采用金融衍生工具作为风险管理工具。

项目的环境风险通常较难预测，对项目的影响较大，而且这些风险超出了企业的控制范围，这就增加了风险管理的难度，降低项目的环境风险可以采用金融衍生工具。项目风险管理中常用的金融衍生工具主要有：掉期、期权、远期和期货等。

关键概念

资源覆盖比率　掉期　利率掉期　货币掉期　商品掉期　期权　利率期权　货币期权　商品期权　远期合约　期货合约

复习思考题

1. 如何管理项目的完工风险？
2. 降低生产风险的主要方法有哪些？
3. 降低环境保护风险的主要方法有哪些？
4. 降低政治风险的主要方法有哪些？
5. 如何管理项目的核心风险？
6. 应该采用怎样的方法和思路来管理项目的环境风险？
7. 为什么项目的环境风险管理在项目的融资战略中所占的地位变得越来越

重要？

8. 何为掉期？作为风险管理工具被经常使用的掉期有哪些形式？

9. 试举例说明期权在项目融资风险管理中的作用。

10. 远期合约与期货合约的共同点与主要区别是什么？

个案分析 苏格兰 AV&S（Almond Valley 和 Seafield）水处理项目的投融资结构

AV&S 项目主要由 ESW（East of Scotland Water，现已与其他苏格兰供水局合并）提出，旨在改善 Almond 和 Firth of Forth 地区的水质，并提供海上排污泥的备用方案。在经历了长达两年多的前期工作后，ESW 于 1999 年 3 月与 Stirling Water 签订了 30 年的服务合同，根据该合同，Stirling Water 同意升级改造 Almond Valley 和 Seafield 集水区的污水处理系统，并提供海上排污泥的备用方案。图 11-2 显示了该项目的主要各方及其关系。

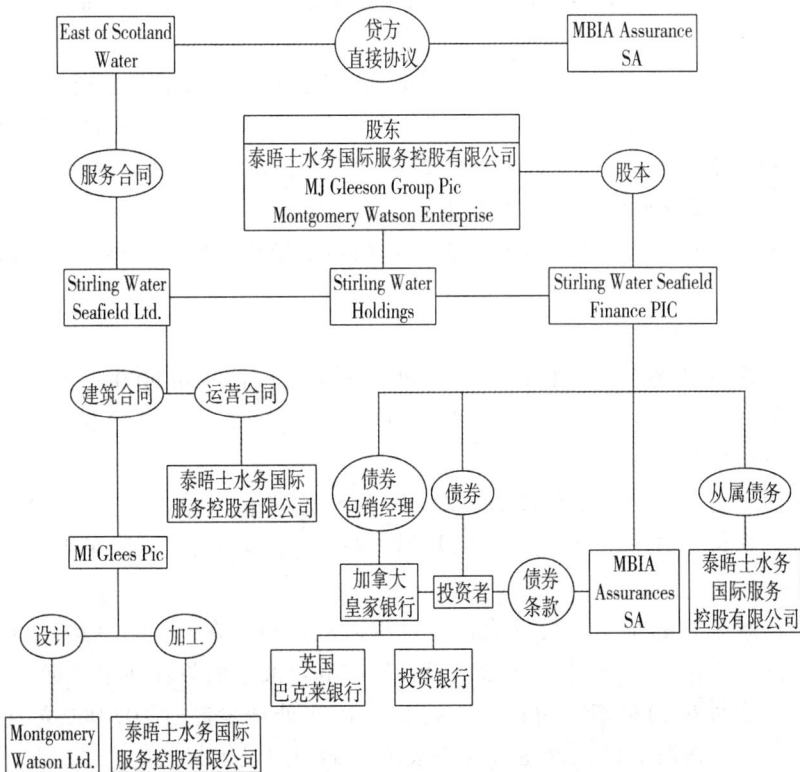

图 11-2 苏格兰 AV&S（Almond Valley 和 Seafield）水处理项目的投融资结构

ESW 是采购方，负责供水、收集和处理污水并处理所辖区域的污水污泥。

Stirling Water 是为 AV&S 项目特别设立的公司，负责项目的融资、建设和实施。

项目发起人为 Thames Water、MJ Gleeson 和 Montgomery Watson，它们负责提供

股本资金并分别担任Stirling Water的经营者、承包商和设计者。

MBIA提供信用增强保险，使项目获得AAA信用等级。机构投资者购买债券，MBIA保单无条件和不可撤销地保证按期偿还所发行债券的本金和利息，因此MBIA担任了高级贷款人的角色。

Stirling Water对这项总投资9 900万英镑的项目作如下的财务安排：①7 921.7万英镑为27.5年的AAA级信用增强债券，债券固定收益率为5.822%。②由Thames Water提供1 483.5万英镑的从属债务。该从属债务与债券具有相同的期限和相似的利率。③495万英镑的股本中Thames Water拥有49%，MJ Gleeson拥有41%，Montgomery Watson拥有10%。在融资完成时，预计股本内部收益率为16.56%。实际回报率为12.5%。

一、项目风险

Stirling Water作为项目公司承担合同期内相应的建筑和经营风险，并利用合同将许多风险转移分配给建筑承包商和运营商，这是通常的做法。项目公司保留了维护费用超支的风险，例如由于资产寿命低于期望值，某些设备和机械进行维修等所造成的费用超支。

在项目完成调试运行后，Stirling Water收到了根据污水处理量所支付的报酬。这种支付机制是风险分担的关键，它与一些PFI项目不同，有些项目的经营者在完工后即获得付款。本项目的支付合同借鉴了英国DBFO公路项目中采用的支付段（即指定的流处理量水平）内影子收费的办法。该架构的目的是将足够的处理量风险因素分配给运营公司，并限制由于要处理的污水量超过预期而导致当局费用超支的风险。

AV&S支付段如下：

（1）污水处理的第一支付段为：对每年污水处理量在0~90 000立方米之间的部分，支付13.883便士。该段的设计旨在使收入能够足以支付日常经营和维护的固定成本以及已发行债券的未付款项。

（2）污水处理的第二支付段为：对每年污水处理量在90 000~101 000立方米之间的部分，支付9.2555便士。该段的设计旨在提供足够的收入以满足支付从属债务的需要。

（3）污水处理的第三支付段为：对每年污水处理量在101 000~107 000立方米之间的部分，支付4.628便士。该段的设计旨在满足股东的投资回报目标。

（4）污水处理的第四支付段为：对每年污水处理量超过107 000立方米的部分，不必付费。该段的设计旨在为由ESW支付的费用设置封顶。

第三支付段以上费用封顶，以便将在本项目中ESW的支付额限制在一定范围内。合同规定支付的费用根据业绩进行调节以便符合苏格兰环保局设立的环境排放许可标准。

Stirling Water的一个主要关注点是ESW运送到工厂的水质，因为这会影响到经营者处理污水使之符合污水和污泥排放许可的能力。由此合同包含一个进水浓度等级列表。如进水超过了这个标准导致 Stirling Water 无法将其处理到所要求的标准时，Stirling Water 仍有权要求全额支付污水费。

在合同条件下，对由 ESW 造成的、影响污水量的情形，Stirling Water 受到合同保护免于受其影响。这些情形包括发放污水排放交易许可证、引进流量等。但是，在支付机制下，未达到预计污水产量标准或因业绩不良而使扣款超出预期将会导致收入低于预期值，这将对股本回报产生影响并可能反过来影响 Stirling Water 支付从属债务甚至是债券本息的能力。

水费的 65% 计入零售价格指数，适用于所有三个支付段。其余 35% 的水费不计入指数，在合同条款中固定不变。在比例上，这种分配接近于债券还本付息所需的名义现金流的比例。但是，有可能 Stirling Water 的收入和费用之间没有精确配比，导致费用上升速度高于合同下的收入上升速度，而且该风险由 Stirling Water 及其股东承担。

二、风险分析

在大概了解了项目中含有的主要风险后，从项目各方的不同观点看待风险的质和量是非常重要的。

1.项目采购方

作为采购方，ESW 主要关注的是合同项下的费用支付义务。根据政府指导手册，将支付给每个投标人的费用按 6% 折现（当时指定的折现率）并相加得到每份投标的净现值（NPV）。从 ESW 的角度看，风险分析的核心是，在评标时平等对待投标人，并在净现值的基础上与公共部门比较值进行比较，以显示资金最佳使用价值。资金最佳使用价值分析包括与传统公共部门采购方式以及公共部门经营方式的比较。从这个角度分析的主要风险有如下几方面：①合同为获得规划许可留有余地，并达成风险分担机制，以便 ESW 可通过调节水费支付比例调整费用。②Stirling Water 将项目建设阶段发现的诸如文物等物品的相关费用风险转移给 ESW 承担。③投标人还被要求计算合同推迟签订造成的影响，主要是指在这种情况下仍旧要保证 2001 年 1 月污水处理设施投入使用将会增加的费用。ESW 及其顾问对可能的延迟进行评估并调整投标价。

风险分析通过计算 ESW 可能发生的相关费用并调整投标净现值来实现。在 Stirling Water 实例中，大约提高了投标净现值的 1%。与其他竞争者相比，它们为 ESW 提供了最经济的投标报价。

在项目开发协议中，ESW 还承担至融资完成的利率变动风险，这也是此类项目的通常做法。在这个案例中，风险在于融资完成前，只要利率水平上升，项目融资费用也随之上升，这将导致征收更高的水费，而财务分析中使用的贴现率固定为 6%。利率风险通常很难确定，若要了解该风险可能造成的影响，可以在财务模型中进行敏感性分析，其结果见表 11-4。这种分析显示出 ESW 在应对潜在的利率变化时得到了合理的保护，1% 的利率增长，使得项目费用的净现值增长 3.6%（近似于利率敏感性关系变化率）。

表11-4   利率敏感性分析

利率（%）	预期费用净现值相对基础利率条件下增加/降低百分比
基础利率-1	-3.3
基础利率-0.5	-1.7
基础利率	基础利率条件下的净现值
基础利率+0.5	+1.8
基础利率+1	+3.6
基础利率+1.5	+5.4
基础利率+2	+7.5

当零售价格指数偏离财务模型中的计划数值时，ESW还要承担通货膨胀风险。通常人们认为在利率和通货膨胀之间存在关联，而风险分析却将两者独立开来。因为利率中的通货膨胀因素可能不会完全反映在通货膨胀率中。与利率相同，通货膨胀率也很难预测，因而再次运用敏感性分析。表11-5显示了通货膨胀率在2%~6%区间变化时净现值的变化范围。在较高的通货膨胀率下，净现值降低，部分是因为依靠项目收入所支撑的债务因素没有纳入价格指数的计算。以6%的固定折现率对正常条件下固定的项目收入中某一要素进行贴现，会降低较高通货膨胀率下的收入中的债务因素的净现值，从而引起总净现值下降。分析显示，ESW可以很好地规避未来通货膨胀加大的风险。

表11-5   通货膨胀敏感性分析

零售价格指数假设（%）	预期费用的净现值相对基础零售价格指数增加/降低百分比
2	+4.79
3	+1.47
3.5	基础零售价格指数条件下的净现值
4	-1.36
5	-3.79
6	-5.90

众所周知，敏感性分析局限于当变量发生变动时，对某结果（本例中为净现值）的潜在影响。评论家认为除非有指标能够解释某个量化的变动将要发生的可能性，否则，这种形式的敏感性分析作用不大。这一论点忽略了一个事实：一些重要的经济变量的发生概率以及变动程度无法轻易量化。例如，在20世纪70年代后的英国，谁能够合理预测到20世纪90年代通货膨胀率将小于或等于3%？这还仅仅是20年的期限，也就是比本案例的合同期限还少10年。在这种情况下，敏感性分析为评标时进行风险分析提供了一种有用的工具。

2.项目发起人

从项目发起人的角度看，风险分析集中于确定对股本回报的潜在影响。在这里，忽略了从属债务和股本之间的差别，因为从属债务的优先级别使从属债务实际上具有与股本相同的特点。若要从项目发起人的角度评价 Stirling Water 的财务方案，在分析股本风险对财务模型的影响时需考虑潜在的上行以及下行风险。

因此，应用了下列方法进行模拟，首先，由 Halcrow Crouch 对每个风险定义一个模拟现实的下降（或上升）情景，以便针对每个风险建立一个三方风险分担模型。这种分析的相关风险是：①污水量风险；②中期资本支出和资产管理费用超支风险；③经营成本；④经营绩效。

建设延迟是一项重要的项目风险但未被列入，这是由于该分析是以项目发起人，也就是 Stirling Water 股本投资人的角度来看待这一风险因素。对于他们而言，延迟风险是按合同规定，通过建筑合同中包含的误期损害赔偿以及经营中断保险进行处理的。这样，风险便由建筑承包商和保险公司承担，而不是由项目发起人承担。

其次，在描述了要考察的相关风险后，应用一个蒙特卡罗模拟程序来实施风险分析。这种场景下的模拟指的是一种从人工计算的风险分配模型中随机抽取数据组让计算机一遍遍地重新计算，从而生成可能的风险分配方案的一种方法。实际上，计算机尝试所有输入变量值的有效组合，以便模拟所有可能的结果。

表 11-6 显示了对 Stirling Water 财务模型进行定量分析的结果概要。该分析出人意料地显示，发起人不大可能获得基本回报率，但他们在这类项目中承担与风险资本投资相当的合理数量的财务风险。

表11-6   股本-从属债务风险分析

模拟	混合股本 IRR 降低
最小模拟结果	基础条件-7.17%
5% 的概率低于回报	基础条件-5.48%
25% 的概率低于回报	基础条件-3.9%
50% 的概率低于回报	基础条件-2.52%
75% 的概率低于回报	基础条件-1.47%
95% 的概率低于回报	基础条件-0.57%
最大模拟结果	基础条件-0.06%

3.项目贷款人

对于贷款人而言，无追索权或有限追索权融资的性质使其与传统的贷款所承担的风险或信用评估有显著的不同。在传统的完全追索贷款中，贷款人除拥有起诉借款人的权利外，还能对用于抵押的资产进行评估。对于项目融资，贷款人通常很难量化项目资产的价值。当然，贷款人应尽力争取当项目即将失败时及时介入对其进行挽救的权利，但他们不能通过简单变卖资产来实现价值。在 AV&S 合同中，资产以合同标的形式归采购机关所有，因此，贷款人常常对风险分析持悲观态度。项目贷款人与项目发起人之间的一个关键区别是：由于贷款人持有债权而非股权，因此不可能在项目中获得收益的增长，只存在下降风险会降低借款人依据贷款协议偿还本金和利息的能力。

因此，贷款人关注贷款期间收入能否支付贷款，并通过参考保障倍数来建立稳健性。这些倍数中最重要的是贷款寿命保障倍数和年度偿债保障倍数。贷款寿命保障倍数简单描述了从某特定日期至贷款寿命期内的某日，项目现金流的净现值与当日未结贷款的比率。年度偿债保障倍数是一个历史性的比率，衡量的是上一年现金流与应付贷款本息的比率。

从贷款人角度进行的敏感性分析旨在找出由服务公司承担的风险而非整个项目的风险，还考虑到如何通过合同方式分散风险来降低主要风险，用于分担风险的主要方法是：①设计和施工（D&C）合同可降低服务公司设计风险、建筑费用超支和延期风险；②运行和维护（O&M）合同可降低服务公司的运营业绩和运营维护费用风险。

因此，在假定的理想财务结构下，以严格的合同形式将服务公司的风险分散给合适的相关方，这对于投标的财务稳健性是至关重要的。然而，即使通过合同方式转移了风险，服务公司仍然会有一些剩余的风险。例如，如果经营成本大大超出预计水平，可以推测出，服务公司出于自己的利益会通过提高价格来缓解部分成本增加的压力，而不至于使运行和维护承包商放弃合同。运营成本和资本开支敏感性分析旨在反映这种剩余风险。

表11-7列出了Stirling Water财务模型的稳健性分析结果。年度偿债保障倍数和贷款寿命保障倍数仅在运营成本、流量和综合情况三种假设方案下低于最低要求（年度偿债保障倍数为1.15、贷款寿命保障倍数为1.15）。但是，在任何情况下年度偿债保障倍数或贷款寿命保障倍数均不低于1.0，按照贷款协议的约定低于1.0将构成违约。贷款人从分析中可以看出，Stirling Water的财务计划是相当稳健的，可以支持所需的资金投入。

表11-7 贷款人现金流稳健性分析

敏感性	变化	年度偿债保障倍数	贷款寿命保障倍数
基础条件财务模型	—	1.26	1.32
建筑费用	+3%	1.26	1.32
运营成本	+12.5%	1.08	1.15
流量下降		1.07	1.12
中期资本开支	+10%	1.24	1.29
经营绩效	−2%	1.20	1.26
综合下降：流量下降+中期成本开支		1.04	1.10

总体而言，AV&S项目中应用的风险分析技术显示：

项目为采购方ESW实现了资金最佳使用价值并达到政府对资本项目投资的主要标准。对于项目发起人而言，项目基础条件中具备合理的预期回报水平，并且他们承担与投资相当的合理数量的财务风险。从贷款人的角度而言，下降敏感性分析项目在财务方面足够稳健。

资料来源　①格里姆赛，刘易斯．公私合作伙伴关系：基础设施供给和项目融资的全球革命[M]．济邦咨询公司，译．北京：中国人民大学出版社，2008．

②耶斯考比．项目融资原理与实务［M］．王锦程，译．北京：清华大学出版社，2010．

第十二章

项目融资担保

学习目标

通过本章的学习，掌握项目融资的风险范围和担保类型，熟悉和了解项目担保的主要形式及分散各种风险的不同方法。

第一节　项目融资担保概述

一、担保的概念和类别

担保在民法上指以确保债务或其他经济合同项下义务的履行或清偿为目的的保证行为，它是债务人提供履行债务的特殊保证，是保证债权实现的一种法律手段。项目融资担保是指借款方或第三方以自己的信用或资产向贷款或租赁机构做出的偿还保证，具体可分为物权担保（亦称财产担保）和信用担保。

物权担保是指借款人或担保人以自己的有形财产或权益财产为履行债务设定的担保物权，如抵押权、质押权、留置权等。信用担保即担保人以自己的资信向债权人保证对债务人履行债务承担责任，有担保（保证书）、安慰信等形式。

在项目融资中，物权担保是指以项目特定资产的价值或者某种权利的价值作为担保，如债务人不履行其义务，债权人可以通过行使其对担保物的权利来满足自己的债权。物权担保包括两部分：一是项目发起人将其在项目公司的股东权益向贷款人设定担保；二是项目公司用自己所有的财产或主要财产向贷款人设定担保。一旦项目公司到期不能偿还债务，贷款人就有权从这些被设定担保的资产中获得清偿。物权担保主要表现为对项目资产的抵押和控制上，包括对项目的不动产和有形动产的抵押、对无形资产设置担保物权等几个方面。

信用担保是指由资信状况好、实力雄厚的第三方作为保证人向贷款人保证项目公司履行偿还贷款和支付利息以及其他有关费用的义务。一旦项目公司没有履行其还款和支付义务，经贷款人请求，保证人即需代替项目公司向贷款人偿还拖欠的贷款、利息以及其他费用等。

在《中华人民共和国民法典》（以下简称《民法典》）中，信用担保的方式为保证。按照保证人是否享有先行履行抗辩权，保证又划分为两种：一般保证和连带责任保证。在一般保证中，贷款人只有在穷尽了所有司法救济措施仍无法从项目公司获得足够清偿的情况下，才可以要求保证人履行保证责任，换言之，保证人可以债务人应先履行其义务作为抗辩权。相反，在连带责任保证中，只要债务人违反其义务，债权人就可以分别或同时向债务人和保证人追偿，保证人不得以债务人未先履行其义务为由而拒绝承担保证责任。显然，连带责任保证更有利于维护贷款人的利益。如果在一份保证合同中没有约定是一般担保还是连带责任担保，那么根据我国《民法典》的有关规定，应推定为连带责任担保。尽管如此，从保护贷款人的利益出发，为避免不必要的异议，应坚持在保证合同中写明连带责任担保。有一点需要特别说明，关于安慰信的性质已经有很多的论述，但总体的观点是安慰信不属于保证的范畴，出具安慰信的一方无须向贷款人承担法律责任，而只需背负道义上的责任。凡是项目所在地政府出具的安慰信，不论其内容如何，都不具有任何担保的性质，因为根据我国《民法典》，政府不属于可以提供担保的主体。

最后一个问题是物的担保与人的担保之间的关系问题。我国《民法典》采用传统的理论，认为物的担保优先于人的担保。同一债权既有保证又有物的担保时，保证人对物的担保以外的债权承担保证责任；债权人放弃物的担保的，保证人在债权人放弃权利的范围内免除保证责任。

二、项目融资担保的结构及作用

由于项目融资的根本特征体现在项目风险的分担上，而项目担保正是实现这种风险分担的一个关键所在。由于许多的项目风险是项目本身所无法控制的，出于对超出项目自身承受能力的风险因素的考虑，贷款银行必须要求项目的投资者或与项目利益有关的第三方提供附加的债权担保。所以项目担保是项目融资结构中的一个关键环节，成为保障项目融资成功的首要条件。

项目融资担保与一般商业贷款担保有着明显的不同，这主要是由项目融资的特点即"无追索权或有限追索权"所决定的。在无追索权担保结构中，贷款人发放贷款的担保全部来自项目公司自身的财产。项目发起人对项目所承担的责任和风险仅以他们对项目公司注册资本的认缴额为限。一旦项目公司的财产以及项目发起人在项目公司中的股权不足以清偿项目公司对贷款人的债务，贷款人只能自己承担不能清偿部分的损失，而无法向项目发起人进行额外追偿，如图12-1所示。

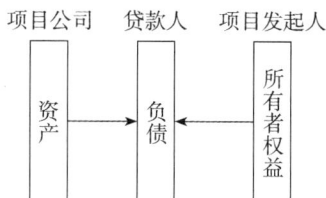

图12-1 无追索权担保

在有限追索权担保结构中，不仅项目公司以其所有的资产、项目发起人以其在项目公司中的所有者权益向贷款人提供担保，而且项目发起人还在一定金额的范围内为项目公司所取得的贷款作额外担保。在这种结构下，贷款人的利益可以受到较大的保护，贷款人承受的风险亦可以相应降低，如图12-2所示。

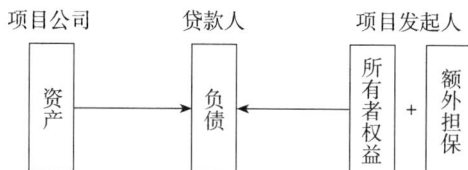

图12-2 有限追索权担保

一般商业贷款要求担保人应有足够的资产弥补借款人不能按期还款时可能带来的损失，因此，担保在项目融资中有其特殊的作用。

具体来说，项目担保在项目融资中将起到以下几个方面的重要作用：第一，采用担保形式，项目的投资者可以避免承担全部的和直接的项目债务责任，项目投资者的责任被限制在有限的项目发展阶段之内或者有限的金额之内。也正是因为如此，项目投资者才有可能安排有限追索的融资结构。第二，采用项目担保形式，项目投资者可以将一定的项目风险转移给第三方。通过组织一些对项目发展有利益关系，但又不愿意直接参与项目投资或参与项目经营（由于商业原因或政治原因）的机构为项目融资提供一定的担保，或者利用商业担保人提供的担保，在一定条件下可以将项目的许多风险因素加以转移。第三，约束项目公司的经营行为，促使其按照原有计划运营。第四，有利于投资者和金融机构愿意采取项目融资的方式进行项目的投资和建设。第五，为贷款者监督管理项目提供了方便，因为所有的担保权益最终都要转让给贷款人，一旦项目经营失败，项目贷款人就有权接管项目、经营项目，让其产生足够的现金流量以收回贷款。当然，这种权利在有的国家不一定得到保证，因为有些国家法律不允许本国项目或资产被外国银行所控制或拥有。

可见，项目担保的任务是将与项目利益有关的和对项目发展有需求的各个方面所能提供的担保及所能承担的责任组织起来，使得其中任何一方都不会因财务负担过重或者项目风险过高而无法开发或经营项目，通过利用各个方面所提供的担保组成一个强有力的项目信用保证结构，使其能够为贷款银行所接受。

第二节　项目担保人

项目担保人包括三个方面：项目投资者、与项目利益有关的第三方参与者和商业担保人。

一、项目投资者作为担保人

项目融资结构中最主要和最常见的担保人是项目的直接投资者或主办人，如图12-3所示。

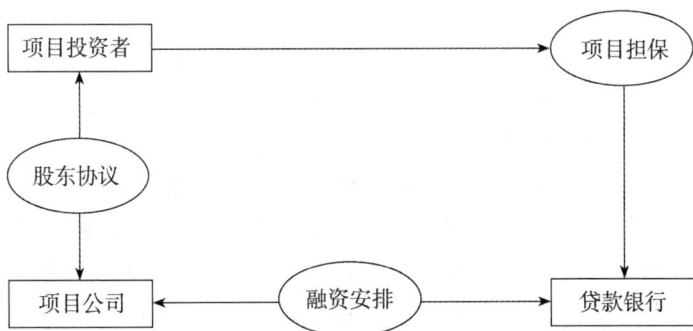

图12-3　项目投资者作为担保人

在多数项目融资结构中，项目投资者通过建立一个专门的项目公司来经营项目和安排融资。但是，由于项目公司没有足够的资金或运营历史来进行举债，因此贷款银行会要求借款人提供来自项目公司之外的担保作为附加的债权保证。因而，项目投资者自己必须提供一定的项目担保。

项目投资者对项目公司提供的担保可以是直接担保（即直接担保项目公司的一部分债务），也可以是以非直接的形式或者以预防不可预见风险因素的形式出现。

运用项目投资者提供的非直接的和以预防不可预见因素为主体的项目担保，加上来自其他方面的担保，同样可以安排成为贷款银行所能够接受的信用保证结构，这就是项目融资的主要优点之一。

二、第三方作为担保人

所谓第三方作为担保人，是指在项目的直接投资者之外，寻找其他与项目有直接或间接利益关系的机构，为项目的建设或者项目的生产经营提供担保，如图12-4所示。

由于这些机构的参与在不同程度上分担了一部分项目的风险，为项目融资设计一个强有力的信用保证结构创造了有利条件，对项目的投资者具有很大的吸引力，同时，第三方担保人也能在担保交易中得到益处。

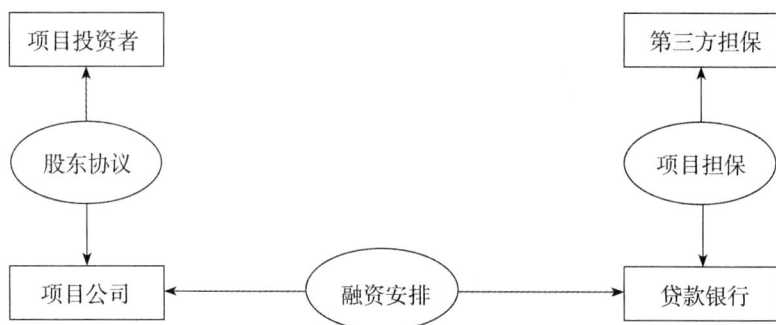

图12-4 第三方担保人

能够提供第三方担保的机构可以大致分为以下几种类型：

1. 政府机构

政府机构主要从发展本国经济、增加就业、增加出口、改善基础设施、改善经济环境等目的出发，为项目提供担保。这种担保对于大型工程项目，如道路、铁路、机场、医院、军事基地等项目的建设十分重要。

政府的介入可以减少政治风险和经济风险（如外汇管制），增强投资者的信心，而这类担保是从其他途径所得不到的，BOT模式就是一个典型的例子。政府的特许权协议是BOT模式中不可或缺的重要一环，如果没有政府以特许权协议形式做出的担保，投资财团想利用BOT模式组织起项目融资是根本不可能的。因此，政府机构作为担保人在项目融资中是极为普遍的，事实上，政府机构担保可以说是国际项目融资的支柱。

政府作为项目融资担保人的另一个目的是通过提供贷款担保或项目产品长期购买协议等担保形式间接参与项目，从而避免政府的直接股份参与，同时也达到参与项目投资、促进项目开发的目的。

2. 与项目开发有直接利益关系的商业机构

这类商业机构作为担保人，其目的是通过为项目融资提供担保而换取自己的长期商业利益。这些利益包括：获得项目的建设合同，获得项目设备的供应安装合同，保证担保人自身产品的长期稳定市场，保证担保人自身可以获得长期稳定的原材料、能源供应，保证担保人对项目设施的长期使用权。

能够提供这种第三方担保的商业机构可以归纳为以下三种：

（1）承包商

为了获得大型工程项目的承包合同，很多承包商愿意提供项目担保。如他们可以以固定价格合同的形式支持项目的长期融资，承包商接受固定价格，意味着他们为项目的施工提供了担保。

（2）供应商

供应商主要指项目设备或主要原材料的供应商。项目设备供应商通常提供担保的形式有卖方信贷、出口信贷以及项目设备质量（运营）等。原材料供应商主要以长期、稳定、价格优惠的供应协议作为对项目的支持。这种协议往往带有"无论提货与否均需付款"类型合同的性质，一般以"供货或付款"合同的形式出现。

（3）项目产品（设施）的用户

需要某种产品或服务的用户愿意为生产该种产品或提供该种服务的建设项目提供担保。在一般情况下，产品用户采取长期"无货亦付款"合同或"产量"合同的形式。这种形式是指买卖双方达成协议，买方承担按期根据规定的价格向卖方支付最低数量项目产品销售金额的义务，而不问事实上买方是否收到合同项下的产品。"无货亦付款"合同或"产量"合同相当于保证书，可作为担保从其他金融机构获得贷款。因此，这种担保是项目的用户从保障项目市场的角度为项目融资提供一定的担保或财务支持。这种类型的担保多集中在能源、原材料和基础设施项目中。

3. 世界银行、地区开发银行等国际性金融机构

这类机构是指世界银行、地区开发银行等机构，它们虽然与项目的开发并没有直接的利益关系，但是为了促进发展中国家的经济建设，对于一些重要的项目，有时可以寻求这类机构的贷款担保。这类机构在项目中的参与同样可以起到政府机构的作用，减少项目的政治、商业风险，增强商业银行对项目融资的信心。

三、商业担保人

商业担保以提供担保作为一种营利的手段，承担项目的风险并收取担保服务费用。因此，它与前两种担保的性质不同。

商业担保人主要有银行、保险公司和其他的一些专营商业担保的金融机构。

商业担保人提供的担保形式主要有三种：第一种是担保项目投资者在项目中或者项目融资中所必须承担的义务，这类担保人一般为商业银行、投资公司和一些专业化的金融机构，所提供的担保一般为银行信用证或银行担保。第二种是为了防止项目意外事件的发生，这类担保人一般为各类保险公司。保险公司项目保险的内容广泛，除为项目资产提供保险外，还可以为项目的政治风险提供保险。第三种是以备用信用证方式担保项目投资者对项目公司所承担的义务和责任。根据项目合资协议中的交叉担保条款，在一方投资者由于市场等问题出现困难时，其他各方也会面临同样的问题，只是程度不同而已。因此，在非公司型投资项目结构中，资本不足的公司往往被要求提供由国际性商业银行签发的备用信用证作为担保。

第三节　项目担保范围

在项目融资的实施过程中，存在着很多风险，这些风险的合理分配和严格的风险管理是项目融资最终成功的关键。在项目融资中，存在的风险主要有商业风险、政治风险、金融风险和不可抗力风险等。

一、商业风险

商业风险是项目融资的主要风险。大多数商业风险属于项目的核心风险，即可控制风险。作为项目融资的贷款银行，对于这类可控制的商业风险，一般都会要求项目投资者或者与项目有直接利益关系的第三方提供不同程度的担保，特别是在项目完工、生产成本控制和产品市场三个方面。

（一）项目完工

项目融资过程中风险最大的阶段是项目的建设阶段，一个项目是否能够在规定的时间和预算内建成投产，达到完工标准，是组织项目融资的基础。由于在项目的建设期和试生产期，贷款银行所承受的风险最大，项目能否按期建成投产并按照其设计指标进行生产经营，是以项目现金流量为融资基础的项目融资的核心。因此，项目完工担保就成为项目融资结构中的一个最主要的担保条件。

这一阶段一般都由项目投资者提供担保，承诺在项目工程延期、建设成本超过预算等问题出现时为项目提供资金。例如，我国电厂项目承建方一般为地方电力下属的工程公司，所以在大多数情况下，都由电力公司为承建方做出完工担保。完工担保承诺在规定的时间和预算范围内完成项目，如在规定的时间内出现超支，则担保方承担全部超支费用。

对一些投资环境较好、技术比较成熟的项目，贷款银行则从工程公司、技术设备供应公司等其他方面寻求完工担保，包括采用固定价格的"交钥匙"合同和由工程公司或技术设备公司提供项目履约担保等形式，减少对项目投资者在完工担保方面的要求。

（二）生产成本控制

生产成本与取得原材料、能源及动力有着直接的关系。项目在生产中能否以较低的价格得到原材料、能源、动力等的供应，是项目能否在激烈的市场竞争中取胜的至关重要的条件，采用价格低廉的原材料、能源和动力等意味着项目产品成本的降低。

对生产成本的控制，一种有效的方法是由项目公司和提供项目生产所需要的主要原材料、能源、电力的供应厂商签订长期供应协议，其供应数量、期限和价格必须在协议中规定下来。还有一种方法是结合项目所在地的通货膨胀指数综合确定生产成本的变化幅度。无论采用哪种方法，目的都是一个，即在安排融资时，项目投资者和贷款银行双方都可以对项目成本有一个基本的估计，减少这方面的风险。

（三）产品市场

项目产品的销售量和价格是决定项目成败的另一个重要环节，因而降低市场风险同样也是项目担保所必须面对的一个主要问题。"无论提货与否均需付款"协议和"提货与付款"协议是用项目担保解决产品市场风险的主要手段。

对于不同性质的项目，贷款银行处理各种风险因素的侧重也有所不同。对于初级能源和资源性产品项目，如煤炭、石油、金属矿等，因为世界市场需求变化对产品价格的影响是导致项目成败的关键，如果没有一方肯承担一定的产品市场和价格风险，安排项目融资就非常困难。对于加工业项目，如机械制造业，产品种类繁多，销售市场也很复杂，贷款银行对于生产成本和现金流量的控制更为重视，要求担保人承担更多的成本风险。对于一些处于两者之间的项目，如纸浆、钢铁、有色金属冶炼等，原材料成本和产品市场在项目中处于同等重要的地位，因此贷款银行有可能会要求在两个方面同时提供一定的项目担保。

二、政治风险

凡是投资者所投资项目不在同一国家或贷款银行与所贷款项目不在同一国家都有可能面临着政治风险。政治风险从某种意义上说是一种不可抗力风险，但在项目融资中，可以通过以下一些方式来减轻政治风险的影响力：

（1）政治风险保险，包括商业性质的保险和政府机构的稳定性保证。

（2）在安排项目融资时，努力寻求东道国政府、中央银行、税收部门或其他有关的政府机构的书面保证，承诺在税收、外汇管制等方面不采取不利于项目的措施。

（3）由双方国家之间签订互相促进和保护投资的协定。

政治风险实际上常常落在政府身上，一国政治稳定性是国外投资者进行投资时慎重考虑的因素。东道国政治的稳定性主要受国内外政治局势的影响，投资者很难掌握。东道国的经济政策的稳定性主要受国内外经济形势的影响，如何把握经济变数，设计政策的优惠内容，降低政策风险，并使投资者熟悉东道国的政策及其变化发展趋势，增强投资信心，是政府需要考虑的首要问题。

政治风险担保人一般为项目所在国政府或者中央银行。这些机构对项目的投资环境有直接的决定权。这些机构给项目融资提供担保，或者提供与项目经营有关的特许权协议（例如对外汇控制的特许政策、进出口特许政策等），可以有效地减少外国投资者和国外贷款银行对政治风险的顾虑。

近年来，商业保险公司也逐渐参与政治风险保险。其主要原因有：第一，有些项目不具备政府出口信贷或政治保险机构提供政治风险担保的条件；第二，风险价值过高，超过政府机构政治风险担保的限额；第三，项目投资者不满意政府政治风险担保的条款，而商业保险市场有可能提供更灵活和更具有竞争性的条件。

三、金融风险

项目的金融风险主要包括汇率波动、利率上升、国际市场商品价格上涨（特别是能源和原材料价格的上升）、项目产品的价格在国际市场下跌、通货膨胀、国际贸易和贸易保护主义等。

金融风险的防范和分担在项目融资中是非常敏感的问题，对于汇率和利率风险，可以通过使用金融衍生工具，如套期保值技术等来分散。但是，在东道国金融市场不完善的情况下，使用金融衍生工具存在一定的局限性。在这种情况下，境外项目发起人和贷款银行一般要求东道国政府或国家银行签订远期外汇兑换合同，把汇率锁定在一个双方可以接受的价位上，但东道国政府或国家银行一般不愿意承担这个风险，此时项目公司应同东道国政府或国家银行签订专门合同，规定在一定范围内由各方分摊相应的汇率风险。

四、不可抗力风险

项目除了存在商业风险、政治风险和金融风险之外，还会因为地震、火灾以及其他一些不可预见因素而导致失败，即不可预见风险，亦称为或有风险，避免这类风险主要也是采用商业保险的方法。

为了有效地涵盖项目所面临的风险，基本的项目担保至少包括以下几个方面的内容：①担保受益人；②项目定义；③担保的用途；④最大的担保金额；⑤担保有效期；⑥启用担保的条件；⑦担保协议以及执行担保的具体步骤。

不管项目担保的形式和性质如何，贷款银行在项目融资中通常总是坚持作为担保的第一受益人。对于贷款期限较长的项目融资，贷款银行在项目担保基本格式之上还会增加一些特殊的规定，以保护不因外部环境的变化而损害贷款银行的利益。

项目担保的步骤大致可以划分为四个阶段（如图12-5所示）：第一，贷款银行向项目投资者或第三方担保人提出项目担保的要求。第二，项目投资者或第三方担保人考虑可否提供公司担保，如果公司担保不被接受，则需要考虑提供银行担保；银行担保将在银行和申请担保人之间构成一种合约关系，银行提供项目担保，而申请担保人则承诺在必要时补偿银行一切费用。第三，在银行提供担保的情况下，项目担保成为担保银行与担保受益人之间的一种合约关系。第四，如果项目所在国与提供担保的银行不在同一国家，有时担保受益人会要求担保银行安排一个当地银行作为其代理人。

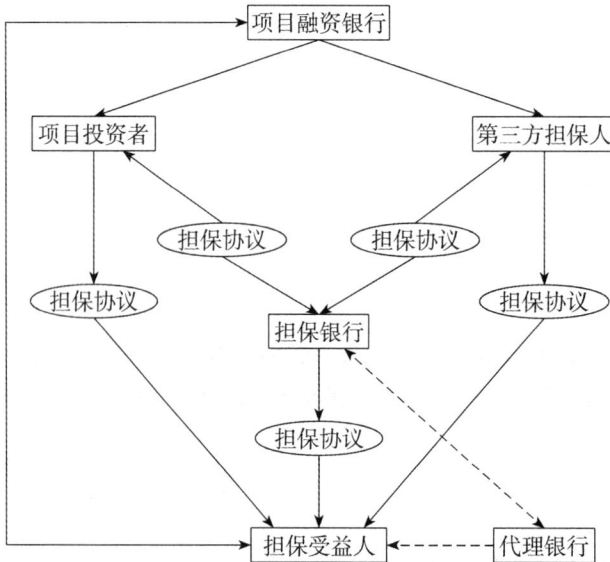

图12-5 安排项目担保的步骤

第四节 项目担保的主要类型

根据项目担保在项目融资中承担的经济责任不同，项目担保可以划分为四种基本类型：直接担保、间接担保、或有担保和意向性担保。无论是哪种类型的项目担保，其所承担的经济责任都是有限的，这是项目融资结构与传统公司融资结构的一个重要区别。

一、直接担保

直接担保即是指担保的责任根据担保的金额或者担保的有效时间加以限制。

（一）有限金额的担保

在项目融资中经常使用的资金缺额担保即典型的有限金额直接担保。在一般情况下，贷款银行只愿意在建设成本和生产成本均为已知的条件下才安排有限追索的项目融资。为了防止出现因资金短缺而导致项目失败，需要有人承担建设成本和生产成本超支的风险，提供相应的担保。这种担保一般由项目发起人来提供。

（二）限制时间的担保

项目在建设期和试生产期的"完工担保"是最为典型的在时间上加以限制的有限责任直接担保，并且在多数情况下，项目的"完工担保"是在有限时间内的无限经济责任担保，即项目完工担保人对贷款银行承担着全面追索的经济责任，项目发起方和工程承包公司是这类担保的主要担保人。

二、间接担保

间接担保是指项目担保人不以直接的财务担保形式为项目提供的一种财务支持。间接担保多以商业合同和政府特许权协议形式出现。在商业合同中，多以"无论提货与否均需付款"等形式提供间接担保；而以政府特许权形式提供的担保，主要在BOT项目融资模式中出现。一般政府机构在给予项目融资特许权时，也是充分考虑到了项目建设对当地社会经济发展的作用以及项目产品的市场需求。间接担保具体形式包括：以产品销售协议提供的间接担保、以项目建设合同提供的间接担保、以经营和维护合同提供的间接担保、由供应合同提供的间接担保和以其他合同形式提供的项目担保。

（一）以产品销售协议提供的间接担保

1. 以"或付或取"销售合同提供的间接担保

"或付或取"销售合同是指买方和卖方达成协议，买方承担按期根据规定的价格向卖方支付最低数量项目产品销售金额的义务，而不管事实上买方是否收到合同项目的产品。

2. 以"提货与付款"销售合同提供的间接担保

"提货与付款"销售合同是指买方在取得货物后，即在项目产品交付或项目劳务实际提供给买方以后，买方才支付某一最低数量的产品或劳务的金额给卖方。货款的支付是有条件的，项目购买者承担取得货物并付款的义务，付款就好像其取得了项目产品一样。但是，只有当项目公司实际生产出产品或服务并转移产品或服务时买方才履行这种义务。倘若项目公司不能生产出合同规定的产品或服务，购买方可以不必履行其义务。

在具体操作上，"提货与付款"合同与"或付或取"合同十分相似，其主要区别在于"提货与付款"合同中项目产品购买者承担的不是无条件的、绝对的付款责任，而只承担在取得产品的条件下才履行协议确定的付款义务。由于"提货与付款"协议在性质上更接近传统的长期销售合同，因而更容易被项目产品的购买者接受。但是，对贷款银行来说，这种协议比"或付或取"合同所提供的担保分量要轻得多，所以，贷款银行一般会要求项目投资者提供一份资金缺额担保作为对"提货与付款"协议担保的一种补充。

在协议的具体内容上，"提货与付款"协议的合同期限和合同数量与"或付或取"合同相似，但在合同产品的价格规定上，"提货与付款"协议没有最低限价的规定，一旦出现产品价格长期过低的情况，就有造成现金流量不足以支付项目的生产费用和偿还到期债务的可能，此时，贷款银行就会利用项目投资者提供的资金缺额担保来偿还贷款。

3. 以"Pass-through Agreements"提供的间接担保

在这种合同结构中，在合同期内项目公司所发生的成本全部或部分转让给项目产品的买方。这是电力项目融资中通常使用的一种合同模式。它一般涉及以下条款：合同费用、固定成本、经营环境变化。

4. 以长期销售协议提供的间接担保

长期销售协议是项目公司和项目买方就一定数量的项目产品签订的销售合同。通常，这种合同的期限从1年到5年不等。在这种合同结构中，只有当项目产品生产出来并转移给买方，而且符合一定的质量要求时，买方才承担付款的义务。如果项目购买方不购买指定的项目产品，则应向项目公司赔偿损失。但是，购买方没有义务为了项目公司的债务支付而进行最小数量的付款。

（二）以项目建设合同提供的间接担保

建设合同是项目合同的关键组成部分，因而也构成项目间接担保的一个重要手段，尤其是在一些工程项目中，在贷款者可能承担了部分或全部项目建设或完工风险的情况下，更是如此。理论上，建设合同很简单，就是一个人（承建商）同意为另一人（项目公司）建设工程或安装设备以收取劳务报酬。但在实际操作中是相当复杂和困难的，而且还存在着许多标准化的合同形式。

（三）以经营和维护合同提供的间接担保

经营和维护合同在保证项目经营期的现金流量充足方面起到非常重要的作用，因而也可以构成项目担保的一个重要组成部分。

在由第三方当事人作为经营者的情况下，经营和维护合同一般有以下几种：

1. 固定价格合同

固定价格的经营和维护合同在项目融资中使用较少。在这种合同结构下，经营者经营该项目的报酬是取得一笔固定的费用。如果出现经营成本超过经营预算，则经营者自己承担该风险；相反，如果经营者有能力实现成本节约，则经营者就能取得更大的盈利。因此，在这种合同结构中经营者承担了经营风险，所以，固定价格合同相对更昂贵些。当然，这种合同的期限很少有超过15年或者20年的。

2. 成本加费用合同

在大多数项目融资中使用的是成本加费用的经营和维护合同。在这种合同结构下，项目公司支付给经营者的费用除了一笔固定费用外，还加上经营者经营项目发生的成本开支。这笔固定费用就是经营者的利润，而项目经营的所有成本都转嫁给了项目公司。因此，在这种结构中，项目公司承担了经营成本增加的风险。从项目公司的角度来看，如果经营者不能在预算内经营项目或有效率地经营项目，项目公司将拥有终止合同的权利。但是，在大多数案例中，经营者承担经营风险的程度将被用来作为刺激经营者实现成本节约的一种有效方法，因而出现了第三种合同结构，即奖惩结构。

3. 带有最高价格和激励费用的成本加费用合同

这是一种在成本加费用合同基础上改进的合同形式。在这种结构下，经营者的报酬将严格地与其经营成本的高低挂钩，即经营者实现低成本运营将会得到一笔奖励。如果经营成本超过了最高价格，则经营者自己吸收这些成本，或者项目发起人有权更换经营者而提前终止协议。关于激励费用，只有经营者实现了规定的经营目标，才取得一笔奖金。相反，如果经营者未实现规定的经营目标，它将要接受一定的惩罚，此时，项目公司支付给它的经营费用将会降低。因此，在这种合同结构中，关键的问题是事先就规定的经营目标进行谈判，并在合同中详细注明与项目经营和维护有关的所有方面应达到的目标。贷款者一般非常偏爱这种形式的经营和维护合同结构，因为这种合同结构不仅将项目公司与项目相关联的大部分经营风险隔离，而且创造了使项目在预算内有效运营的良好条件。

（四）以供应合同提供的间接担保

一般来说，在项目融资中，原料供应合同有两种不同的操作形式：

1. 或付或取供应合同

项目公司同意在一个指定日期内按协议价格向合同另一方（原料供应方）购买规定数量的原料。如果项目公司不向合同对方购买协议规定数量的原料，则它也必须向原料供应方付款。原料供应方的义务是以协定价格供应规定数量的原料。

2. 纯供应合同

项目公司和一家供应商签订协议，向该供应商购买项目所需的全部原料。但是，所需原料的实际数量和支付的原料价款没有必要事先指定，项目公司只支付其实际购买的原料的那部分款项。在这种合同结构中，原料供应商可能供应也可能不供应项目所需的全部或部分原料。

（五）以其他合同形式提供的项目担保

1. 投资协议

投资协议是项目发起方与项目公司之间签订的协议，其内容主要是规定发起人同意向项目公司提供一定金额的财务支持。由发起人提供财务支持主要有两种方式：一是发起人同意以次级贷款或参与股权的方式向项目公司注资，贷款或股份出资的金额应当能使项目公司有清偿债务的能力，或达到规定的财务指标，比如应达到规定的最低流动资本额。二是由发起人向项目公司提供一笔足以使后者向贷款人偿还贷款的金额。投资协议最终被项目公司转让给贷款人。

2. 购买协议

购买协议是项目发起人与贷款人之间签订的协议。根据该协议，发起人同意当项目公司不履行对贷款人的偿还义务时，发起人将购买贷款人发放给项目公司的贷款金额。因此，这种协议同样可以作为一种担保形式，它是项目发起人对贷款人向项目公司贷款所提供的一种保护。

三、或有担保

或有担保是针对一些由于不可抗力或不可预测因素所造成的项目损失的风险所提供的担保。或有担保按其风险的性质，可划分为三种基本类型：第一种是针对项目由于不可抗力因素造成的风险，如地震、火灾、地下矿井塌方等一系列问题。这类风险不属于项目正常生产建设所必须面对的问题，但是一旦发生将给项目造成不可估量的损失，提供这类或有担保的项目担保人通常是商业保险公司。第二种是针对项目的政治风险，由于政治风险的不可预见性，因而为减少这类风险所安排的担保有时也划在或有担保的范围。第三种是针对与项目融资结构特性有关的并且一旦变化将会严重改变项目经济强度的一些项目环境风险。

四、意向性担保

从严格意义上讲，意向性担保不是一种真正的担保，因为这种担保不具有法律上的约束力，仅仅表现出担保有可能对项目提供一定支持的意愿。意向性担保不需要在担保人公司的财务报告中显示出来，所以它受到了担保人的偏爱，在项目融资中应用较为普遍。

（一）安慰信

安慰信便是意向性担保的一种，它是覆盖很广泛的保证，又称"责任信件"。在项目融资中，安慰信通常是由政府或项目公司的控股公司（或母公司）写给贷款银团，表示该公司对项目公司以及项目融资的支持。这种支持一般体现在以下三个方面：第一，经营方面的支持，"担保人"声明在他的权利范围内将"尽一切努力保证按照有关政策支持项目公司的正常经营"。第二，不剥夺资产，东道国政府保证不会没收项目资产或将项目国有化。第三，提供资金方面的支持，担保人同意向项目公司提供一切必要手段使其履行其经济责任。

安慰信最显著的特征是其条款一般不具有法律约束力，只有道义上的约束力。即使明确规定了法律效力，安慰信也会由于条款弹性过大而不能产生实质性的权利义务。然而，由于关系到担保人自身的资信，违反安慰信虽然不会引起法律责任，但会影响担保人今后的业务，故资信良好的担保人一般不会违背自己在安慰信中的诺言。因此，贷款方愿意接受担保人出具的这类安慰信。

我国中央政府部门（如国家发展和改革委员会）或地方政府部门（如省政府、省电力局）往往为大型项目融资向贷款方出具安慰信：一方面是向贷款方提供信誉担保；另一方面可为项目的进展创造良好的支持环境。这种做法对于我国的项目尤其重要。但现行制度已对这种做法开始进行一些方面的限制。

总的说来，安慰信所起到的担保作用在本质上是由提供该信的机构向贷款银行做出一种承诺，保证向其所属机构（项目公司）施加影响以保证后者履行其对于贷款银行的债务责任。一封具体的安慰信所承担的法律责任是根据该信所使用的语言以及使用该信的国家的法律来确定的，既可以是一种用词含糊不清的真诚意向，也可以是一种意向明确的财务保证。

（二）东道国政府的支持

东道国政府在项目融资中扮演的角色虽然是间接的，但很重要。在许多情况下，东道国政府授予的开发、运营的特许权和颁发的执照是项目开发的前提。虽然东道国政府一般不以借款人或项目公司股东的身份直接参与项目融资，但仍可能通过以下方式对项目提供间接担保：

（1）保证不对项目公司颁布不利的法律，坚持非歧视原则。

（2）保证项目公司能够获得用以偿还对外债务的外汇，即担保外汇的可获得性。

（3）保证不对项目实施没收或国有化政策。

（4）保证不实施歧视性的外汇管制措施。

（5）保证项目公司能得到必要的特许经营协议和其他政府许可权，如公路收费权。

（6）在可能的情况下，通过政府代理机构对项目进行必要的权益投资。

（7）可能成为项目产品的最大买主或用户。

（三）"交叉担保"

交叉担保是与交叉违约条款相联系的一个概念，基本的含义是：在借款合同中，当借款人因违约而被某一个债权人（贷款银行）宣告加速到期时，借款人的其他债权人亦有权随即宣告他们各自给予借款人的贷款同时加速到期。交叉违约的基本出发点是：在合资项目中，任何投资者都承担着双重责任：一方面承担项目责任，即项目的建设、经营及销售；另一方面又承担项目借款的财务责任，即还本付息责任。无论是项目投资者无力承担项目责任，还是无力承担财务责任，都会构成违约，而且这种违约会造成连锁反应，影响到其他投资者和贷款人的利益。

交叉担保的思路是，当一个投资者对项目公司违约时，就构成了对项目贷款人的违约，那么，根据交叉担保协议，贷款人就有权得到该投资者在项目中的资产，或出售该违约方的资产以收回贷款。

（四）消极担保

所谓消极担保，是指借款方向贷款方承诺，将限制在自己的资产上设立有利于其他债权人的物权担保。消极担保条款是融资协议中的一项重要条款，它一般表述为："只要在融资协议下尚有未偿还的贷款，借款人不得在其现在或将来的资产、收入或官方国际储备上为其他外债设定任何财产留置权，除非借款人立即使其融资协议下所有的未偿债务得到平等的、按比例的担保，或这种其他的担保已经得到贷款人的同意。"

消极担保是一种有法律约束力的保证，它不同于担保受益权，消极担保不允许对借款人资产提出所有权、占有权、控制权和销售权的要求，也不允许贷款人在借款人破产或清算时提出任何优先权。借款人如果违反消极担保条款，把其资产作为第三方的担保，按照绝大多数法律，这种担保是无效的。虽然借款人因违反合同而负有责任，但借款人的资产被作为还款来源，对贷款人来说仍然是不利的。如果第三方知道或应该知道存在消极担保条款，贷款人也许能够指控任何使借款人作违约担保的有效性，但这取决于当时的环境和有关的法律系统。具体担保体系如表12-1所示。

表12-1　　　　　　　　　　　　　　　　项目融资担保体系

项目融资担保的风险		第一层次的担保：项目自身担保		第二层次的担保：合同协议支持		第三层次的担保：资信增级	
		担保人	提供的担保	担保人	提供的担保	担保人	提供的担保
商业风险	完工风险	项目公司	项目资产：固定资产抵押 浮动抵押 股权质押	承建商	项目建设合同（通常为EPC合同）；固定价格；固定工期；商业完工标准；不可抗力造成的延期应控制在有效范围内；违约支付等	项目投资人	安慰函/支持信；完工担保
						承建商	完工担保（投保保函+履约保函+预付款保函+留置金保函+维修保函）
	生产风险			原材料/能源供应商	长期、稳定、价格优惠的供应协议；供货或付款条款	项目投资人	安慰函/支持信 资金担保
				设备供应商	卖方信贷；设备质量运营担保		
				运营商	运营维护协议；带有最高价格和激励费用；贷款人有权行使对经营者的开除权	合同签约方	履约担保
	市场风险		预期收益：合同权益转让 保险权益转让 托管账户	包销商	长期销售协议："无论提货与否均需付款"条款；"提货与付款"条款；最低价格条款；保证最小购买量条款	政府	保证项目一定程度的需求，如最低需求担保；无第二设施担保等
政治风险				政府	特许权协议；财产权保证；税收待遇；外汇自由兑换；进出口制度保证；法律稳定性保证；不可抗力延长项目特许期等	政府	安慰函/支持信；反担保
						出口信贷机构	政治风险担保或保险
						多边双边机构	部分政治风险担保
						海外投资机构	政治风险担保
不可抗力风险				合同签约方	相关合同不可抗力条款	保险公司	商业保险

第五节　中国项目融资的主要担保方式

在我国现行的法律制度之下，中国境内项目融资中的贷款人可以获得的担保包括法定担保和准担保，其中法定担保是指我国《民法典》明文规定的几种担保形式，如保证、抵押和质押。准担保是指我国《民法典》没有规定，但根据有关规定，贷款人从项目公司获得的具有一定担保功能的保护措施，如股权保留和债权从属、合同权利转让、账户监管等。

一、法定担保

（一）保证

保证是我国《民法典》明文规定的最主要的担保方式，它被广泛运用于国内以及涉外的各类商业交易。在中国境内的项目融资中，贷款人能够获得的保证主要包括项目发起人提供的项目完工支持和项目财务支持。前者指在项目竣工验收之前，一旦出现资金短缺，发起人负有向项目公司提供资金支持的义务；后者是指项目竣工验收后，一旦项目公司资金紧张，发起人也应向其提供必需的资金。发起人的支持一般通过发放从属贷款的方式提供，而且通常有一个最高限额。从贷款人的角度出发，考虑到项目在完工之前存在着巨大的风险，因此贷款人应要求发起人在项目完工之前提供没有最高限额的资金支持。

此外，为了确保发起人按时履行其支持义务，贷款人还可要求发起人的母公司、关联企业或资信良好的金融机构提供保证义务。

（二）抵押

在我国《民法典》确定的各种担保形式中，抵押是最为有效的一种担保方式。与保证相比，抵押是抵押权人一种看得见、摸得着的担保；与质押和留置相比，抵押的设定无须转移抵押物。我国很多省市都颁发了不动产抵押的办法或规定。

在项目融资中，借款人可提供抵押的财产包括土地使用权、在建工程、厂房、办公楼、机器设备、存货等，其中可分为流动性小的部分，如土地使用权、在建工程、厂房、机器设备等，以及流动性大的部分，如存货等。

（三）质押

质押与抵押最主要的区别在于质押一般要求质物的交付，而抵押则不需要转移抵押物的占有，抵押人可以继续使用和经营抵押物。我国《民法典》将质押分为动产质押和权利质押，其中动产质押除了现金质押外，在项目融资中几乎无法使用这种担保方式。权利质押则不同，它的标的物属于无形的财产权，根据我国《民法典》的规定，可以被质押的权利包括证券债权、股权和股票下的权利、知识产权以及一般债权。在我国法律对浮动抵押、财团抵押、让与担保等缺乏规定的现状下，通过权利质押的方式在那些不能设定抵押的无形财产权利之上设立物权性质的质权，已成为中国项目融资贷款人在设计担保结构时考虑的方案之一。

在中国项目融资中，贷款人可能获得的质押主要有：项目发起人在项目公司中的股权质押、项目公司银行账户质押、项目公司保险权益质押以及应收账款请求权质押等。

二、准担保

（一）合同权利转让

合同权利转让是指项目公司将其与项目有关的各类合同下的权利和利益转让给贷款人，以作为贷款人发放项目贷款的某种程度上的担保。合同权利转让的依据主要是我国《民法典》的相关规定。债权人可以将合同的权利全部或部分转让给第三人，除非根据合同的性质不得转让或当事人约定不得转让或法律规定不得转让。合同权利转让的法律要件是需向合同对应签约方发出转让通知，未经通知的，转让对合同对应签约方不发生效力。在中国境内的项目融资中，对贷款人而言，更安全的方式不仅是要发出通知，而且要获得合同对应签约方的书面确认和同意。这样将来贷款人向合同对应签约方主张债权时可以减少举证的责任并消除合同对应签约方以不知晓为由提出抗辩的可能。

（二）信托

我国《民法典》没有确立类似于美国信托担保的法律制度，尽管如此，中国项目融资中的贷款人也可以根据2001年4月28日颁布的《中华人民共和国信托法》（以下简称《信托法》）的规定要求项目公司以贷款人为受益人设立必要的财产信托，以作为项目贷款的一种保障措施。

《信托法》第二条将信托定义为委托人基于对受托人的信任，将其财产权委托给受托人，由受托人按委托人的意愿以自己的名义，为受益人的利益或者特定目的，进行管理和处分的行为。《信托法》除了将公益信托单独列出以外，没有对信托进行详细的分类，只是强调信托必须有合法的目的，并将无效信托明文列举。换言之，以担保为目的设立的信托，只要其不属于无效信托的几种情况之一，就应得到《信托法》的支持。

（三）债之抵销

债之抵销主要应用于项目公司在贷款人处开设银行账户的情形。从法律关系上分析，项目公司在贷款人处的存款是贷款人对项目公司的负债；同时，项目公司对贷款人亦负有还本付息的债务，两者都是金钱之债。我国《民法典》规定，当事人互负到期债务，该债务的标的物种类、品质相同的，任何一方可以将自己的债务与对方的债务抵销。因此，贷款人可以和项目公司事先约定，一旦违约事项发生，贷款人即有权行使债之抵销权，直接扣划项目公司银行账户中的款项以抵偿项目公司尚未偿还的贷款本金和利息。

（四）账户监管

在项目融资中，贷款人往往对项目公司银行账户的开立、账户中资金的使用等做出一定程度的约束，并通过开户行对项目公司的资金往来进行必要的控制和监督。

（五）技术支持

鉴于大多数以项目融资方式进行建设和运营的项目都属于资金密集和技术密集型项目，如果缺少项目发起人的技术支持，项目的建设和运营就可能无法进行下去。因此，贷款人必须取得项目发起人在技术方面对项目进行支持的承诺。

（六）股权保留和债务从属

通过与项目发起人签订股权保留和债务从属协议，贷款人可以从发起人处获得以下两条重要的承诺，从而确保项目公司股权结构的稳定性和项目贷款的优先地位：在项目公司向贷款人清偿全部债务之前，未经贷款人事先书面同意，项目发起人不得改变项目公司的股权结构；凡是项目公司应付项目发起人的所有款项，包括但不限于技术许可费、股东贷款等，在偿还的顺序上均次于和从属于贷款人发放的项目贷款。

（七）安慰信

中国项目融资中的安慰信一般由东道主政府签发，以表明政府对所建项目的支持，有的安慰信还会包括给予项目的一些税收优惠政策。安慰信不具有法定的保证效力，但它具有道德上的约束力，在一定程度上可以减轻贷款人的疑虑和担心。

（八）间接担保

除了东道主政府、项目发起人、贷款人之外，项目的建设和运营还牵涉很多合同当事人，如产品或服务购买方、项目建设总承包商、原料供应商、项目运营管理商等。为确保这些当事人切实履行各自合同下的义务，可要求他们提供履约担保，如产品购买方提供的购买保证、项目建设总承包商提供的履约保函等。对贷款人来说，这些间接担保对其发放贷款也会起到一定的保障作用。

（九）合同介入权

所谓合同介入权，是指一旦项目公司违反其在项目合同下的义务，且在合同对应签约方采取救济措施之前，贷款人有权自己或指定其他人直接介入有关的项目合同中，与项目公司一起或替代项目公司履行合同下的义务，并享有相应的权利。此项权利的目的是确保项目的顺利建设和运营。一旦项目公司违约而且该违约有可能导致项目建设延期、中断或项目停止运营，那么贷款人就能够直接介入，对合同的执行进行干涉并采取必要的补救措施，以将损失降到最低的限度。

第六节　小结

项目融资担保是指借款方或第三方以自己的信用或资产向贷款或租赁机构做出的偿还保证。

在项目融资中，物权担保是指以项目特定物产的价值或者某种权利的价值作为担保，如债务人不履行其义务，债权人可以行使其对担保物的权利来满足自己的债权。

项目融资担保与一般商业贷款担保有着明显的不同，这主要是由项目融资的特点即"无追索权或有限追索权"所决定的。

担保在项目融资中的作用主要体现在：第一，通过担保，项目的投资者可以避免承担全部的和直接的项目债务责任，项目投资者的责任被限制在有限的项目发展阶段之内或者有限的金额之内；第二，通过担保，项目投资者可以将一定的项目风险转移给第三方；第三，约束项目公司的经营行为，促使其按照原有计划运行；第四，有利于投资者和金融机构愿意采取项目融资的方式进行项目的投资和建设；第五，为贷款者监督管理项目提供了方便。

项目担保人包括项目的投资者、与项目利益有关的第三方参与者和商业担保人。

在项目融资中，存在的风险主要有商业风险、政治风险、金融风险和不可抗力风险等。

根据项目担保在项目融资中承担的经济责任不同，项目担保可以划分为四种基本类型：第一，直接担保，即担保的责任根据担保的金额或者担保的有效时间加以限制，包括有限金额的担保和限制时间的担保。第二，间接担保，即项目担保人不以直接的财务担保形式为项目提供的一种财务支持，具体包括：以产品销售协议提供的间接担保、以项目建设合同提供的间接担保、以经营和维护合同提供的间接担保、以供应合同提供的间接担保和以其他合同形式提供的项目担保。第三，或有担保，即针对一些由于不可抗力或不可预测因素造成项目损失所提供的担保，主要有三种类型：一是针对项目由于不可抗力因素造成的风险；二是针对项目的政治风险；三是针对与项目融资结构特性有关的并且一旦变化将会严重改变项目经济强度的一些项目环境风险。第四，意向性担保，包括安慰信、东道国政府的支持、交叉担保和消极担保。

在我国现行的法律制度之下，中国境内项目融资中的贷款人可以获得的担保形式包括法定担保和准担保。其中，法定担保为保证、抵押和质押三种形式；准担保分为合同权利转让、信托、债之抵销、账户监管、技术支持、股权保留和债务从属、安慰信、间接担保和合同介入权等。

在中国的项目融资中，贷款人可能获得的质押主要有：项目发起人在项目公司中的股权质押、项目公司银行账户质押、项目公司保险权益质押以及应收账款请求权质押等。

关键概念

项目融资担保　商业担保　第三方担保人　商业风险　金融风险　政治风险直接担保　间接担保　或有担保　安慰信　合同介入权

复习思考题

1.商业担保人的类型有哪些?

2.如何分担商业、金融和政治风险?

3.项目担保的主要类型有哪些?

4.法定担保有哪些形式?

个案分析　中海壳牌南海项目融资担保

中海壳牌南海项目是由壳牌公司(外方)与中海油和广东省投资发展公司(中方)合资开发的项目,该项目为炼油石化综合项目。1998年初,该项目的可行性研究正式获得国务院的批准,总投资额为43亿美元。中海壳牌南海项目的巨额投资刷新了中外合资企业的投资规模纪录。

壳牌公司、中海油和广东省投资发展公司合资成立的项目公司——中海壳牌石油化工有限公司(简称"中海壳牌")宣称,中海壳牌南海项目所需资金的60%来自项目融资。由于该项目的融资额度要比其他项目,如中石化与英国石油在上海的合资项目上海赛科BP、中石化与德国巴斯夫股份公司在南京的合资项目扬子-巴斯夫等项目的融资额度大,因此财务顾问——意大利联合商业银行建议采用如下的项目担保方式:

1.投资者担保逐级降低的担保方式

如果像上海赛科BP那样采取股东完全担保的方式,将会增加中海油和壳牌在或有负债方面的风险;因为石化产品不能像电力那样可以签署包销协议,所以如果像扬子-巴斯夫那样采取完工担保的方式,银行涉及的风险太大。因此,中海壳牌南海项目最后采取了介于上述两者之间的一种妥协——投资者担保逐级降低的担保方式。该种担保方式的具体内容如下:

(1)第一阶段

项目第一阶段,即项目建设期,预计工期2.5年。在该阶段项目没有现金流,投资者对银行贷款进行百分之百担保,或银行对项目投资者拥有完全追索权。项目建设期的结束,取决于物理试验、生产试验以及财务试验是否顺利通过。

(2)第二阶段

项目第二阶段,即项目完工到项目可以达到全部的生产能力,预计时间为2~3年。该阶段投资者对银行贷款的担保率下降到50%。

（3）第三阶段

项目第三阶段，即项目公司开发市场、生产和销售等环节相互协调期间。该阶段投资者对银行贷款的担保率再次下降，为35%。

（4）第四阶段

项目第四阶段，即项目完全进入正常经营阶段。该阶段投资者的担保责任将最终被取消，贷款全部由项目本身产生的现金流偿付。衡量这一阶段结束的标准，包括营运产量等生产性指标以及偿贷比等财务性指标，其中表征项目现金收益和当期要偿付的贷款之比的偿贷比是最为重要的指标。

2.出口信贷机构担保的方式

中海壳牌还采取了大型基建项目中常用的出口信贷机构担保方式，最后中标的机构为美国进出口银行、日本国际协力银行以及日本贸易保险公司等。采用出口信贷机构担保，使投资者争取到了期限长达15.5年的银行贷款，从而缓解了投资者的资金压力。

资料来源　刘亚臣，白丽华. 工程项目融资［M］. 北京：机械工业出版社，2011.

第十三章

工程项目保险

学习目标

　　通过本章的学习，掌握工程项目保险的主要险种；熟悉工程保险的范围；了解工程项目保险中的政治风险保险。

第一节　工程项目保险概述

　　随着科学技术的发展，施工技术水平的提高，工程项目的规模日趋扩大，特别是公路、铁路、桥梁和隧道以及电站等大型基础设施建设项目的增多，加大了贷款银行的风险。如果贷款银行在工程项目保险方面没有得到充分的保障，则贷款银行是不会轻易向该工程项目提供融资的，因此，项目保险在项目融资中起着重要的作用。工程项目保险的范围依项目不同而不同，一般可分为商业风险和政治风险的保险。

　　工程项目保险是指对于项目在工程施工期及工程经营期的一切意外事故所造成的损失和赔偿责任一概予以负责。换句话说，就是对建筑工程、安装工程及机器设备因遭受自然灾害和意外事故所遭受的物质财产损失和第三者责任进行赔偿的保险。

一、工程项目保险的特点

(一) 风险广泛而集中

　　传统的财产保险只承保列明的少数风险，而工程项目保险的许多险种都冠以"一切险"，即除条款列明的责任免除外，保险人对保险期间工程项目因一切突然和不可预料的外来原因所造成的财产损失、费用和责任，均予赔偿，可见，工程项目保险的责任广泛。从工程项目保险的风险范围分析，由于工程项目的周期相对较长，其风险范围就不仅仅局限于工程的建设过程，还包括工程的验收期和使用的保证期所面临的风险。同时，由于现代工程项目大都工艺先进、设计精密、施工科学，所以工程项目本身就是高技术和高价值的集合体，其保险承保的风险基本上是巨额风险。

（二）涉及较多的利害关系人

在传统财产保险中，投保人是单个的法人或自然人，一般在保险人签发保险单后即成为被保险人，而在工程项目保险中，由于同一个工程项目涉及多个有经济利害关系的人，如工程承包者、工程订货人、技术顾问、贷款银行及其他有关利益方等，都对该工程项目承担不同程度的风险，所以凡对工程项目保险标的具有保险利益者，均具备对该工程项目进行投保的投保人资格，并且均能成为该工程项目保险中的被保险人，受保险合同及交叉责任条款的规范和制约。

（三）工程项目保险的内容相互交叉

对于一个工程项目而言，它的投资建设内容是复杂的，即包括建筑工程、设备购置工程和安装工程，还包括一切与项目建设相关的其他工程，并且工程项目的各个部分是紧密相关的，因此，在工程保险中，保险的内容也是相互交叉的。在建筑工程保险中，通常包含安装项目，如房屋建筑中的供电、供水设备安装等；在安装工程保险中，一般又包含着建筑工程项目，如安装大型机器设备就需要打好座基等；在船舶建造保险中，本身就是建筑、安装工程的高度融合。因此，这类业务虽有险种差异，相互独立，但内容上多有交叉，经营上也有相通性。

（四）风险具有特殊性

工程项目保险承保的风险具有特殊性表现为：第一，工程项目保险不仅承保被保险人财产损失的风险，同时，还承保被保险人的责任风险；第二，承保的风险标的大部分裸露于风险中，抵御风险的能力大大低于普通财产保险的标的；第三，工程在施工中始终处于一种动态的过程，各种风险因素错综复杂，使风险程度加大。

（五）保险期限具有不确定性

普通财产保险的保险期限是相对固定的，通常为1年，而工程项目保险的保险期限一般是根据工期确定的，往往是几年，甚至十几年。工程项目保险期限的起止点也不是确定的具体日期，而是根据保险单的规定和工程的具体情况确定的。

（六）保险金额具有变动性

普通财产保险的保险金额在保险期限内是相对固定不变的，但是，工程项目保险的保险金额在保险期限内是随着工程建设的进度不断增长的，所以，在保险期限内的任何一个时点，保险金额是不同的。

二、工程项目保险的范围

工程项目保险中的商业保险种类比较多，保险的范围分别体现在项目的建设和经营两个阶段中。

（一）建设阶段的工程项目保险

在建设阶段，工程项目的保险主要包括以下内容：
（1）在项目建设过程中给项目单位带来的物质损失。
（2）对项目其他资产如办公楼、汽车等造成的物质损失。
（3）在运输过程中造成的损失。
（4）对工人、职员及第三者造成的损失。
（5）对环境造成的破坏。
（6）保险事故造成成本增加而导致的工期延误。

（二）经营阶段的工程项目保险

在项目经营阶段，工程项目的保险主要包括：
（1）在经营过程中给项目单位带来的物质损失。
（2）对其他资产如工厂、机器设备、交通工具等造成的物质损失。
（3）在项目产品销售以前的运输过程中的损失。
（4）对工人、职员及第三者造成的损失。
（5）环境破坏造成的损失。
（6）商业受阻、利润下降等损失。

（三）工程项目保险的险种

在项目融资中，由于每个国家的法律框架不同，保险的种类也有很大差别，但一般主要有以下险种：建筑工程一切险、安装工程一切险、预期利润损失险、第三者责任险、海洋石油开发保险、经营利润损失险和雇主责任险等。

建筑工程一切险承保以土木建筑为主体的民用、工业用和公共事业用的工程在整个建造期间因自然灾害或意外事故造成的物质损失，以及被保险人依法应承担的第三者人身伤亡或财产损失的民事损害赔偿责任。

但该险种并不是"万金油"，它一般对以下原因导致的被保险人的物质损失不予赔偿：①由战争、类似战争行为导致的损失；②由被保险人的故意行为、故意疏忽导致的损失；③由核反应、核辐射或辐射污染导致的损失；④日常磨损等。

安装工程一切险是指专门承保新建、扩建或改造的工矿企业的机器设备或钢结构建筑物在整个安装、调试期间，由于除外责任以外的一切风险造成的财产损失、间接费用以及造成的第三者财产损失或人身伤亡而依法应由被保险人承担的经济赔偿责任。

预期利润损失险与建筑工程一切险是相辅相成的，该保险是对因开工延误而导致的业主经济损失提供的保险。

第三者责任险主要指在工程期间的保险有效期内，因工地上发生意外事故造成工地及邻近地区的第三者人身伤亡、疾病或财产损失，依法应由被保险人负责时，均可由保险人赔偿。

海洋石油开发保险面向的是现代海洋石油工业，它承保从勘探到建成、生产整个开发过程中的风险，海洋石油开发工程的所有人或承包人均可投保该险种。该险种一般被划分为四个阶段：普查勘探阶段、钻探阶段、建设阶段、生产阶段。每一阶段均有若干具体的险种供投保人选择投保。每一阶段均以工期为保险责任起讫期。当前一阶段完成，并证明有石油或有开采价值时，后一阶段才得以延续，被保险人亦需要投保后一阶段保险。因此，海洋石油开发保险作为一项工程保险业务，是分阶段进行的。其主要的险种有勘探作业工具保险、钻探设备保险、费用保险、责任保险、建筑安装工程保险。在承保、防损和理赔方面，均与其他工程保险业务具有相通性。

经营一切险主要指对在商业经营过程中引起的损失和损坏提供的保险，包括经营利润损失险，即对由于经营一切险所保险的事件发生而引起的项目财务利润减少提供的保险。

雇主责任险即对于导致项目员工死亡而应由雇主承担的法律责任提供的保险。

三、实施工程项目保险的必要性

首先，由于工程项目的施工绝大多数都是露天作业，且处于施工过程中的建筑结构的强度还没有达到设计要求，较为脆弱，极容易遭受自然灾害或意外事故的损害，使工程业主和承包商面临经济损失的可能性较大。其次，随着经济的发展，工程建设项目的投资规模越来越大，设计和施工越来越复杂，许多大型项目，如地铁工程、摩天大楼等会在城市中心的财物和人员密集区进行施工，施工场地狭小，施工难度大，极易对工程参与各方以外的第三方的财物和人员造成损坏或伤害，对项目施工安全管理或风险管理的要求也越来越高。最后，在科技发展节约成本的压力下，工程项目采用的新材料、新设施、新技术越来越多，增加了施工和使用阶段的技术性风险。所以，为了更好地保证工程项目的顺利完成，必须实施工程项目保险。

（一）保障项目财务的稳定性

工程投资概算是根据工程建设的各项费用标准和资金运用计划预先安排的，如果因风险事故造成工程损失，就需要资金来进行工程的恢复，这就造成了工程概算的不正常增加，会打乱投资者的整个资金安排计划，项目进度和质量等方面可能会因为资金紧张而受到影响。业主和承包商以少量的固定成本，通过投保将风险转移给保险人，从而避免自己在风险发生时遭受损失，解除经济补偿责任，可以减少影响工程概算的不确定因素，保障项目财务的稳定性，降低融资风险，增强业主或承包商抵御风险的能力。

（二）加强工程风险的防范和控制

尽量减少保险事故的发生符合保险公司的利益，所以，保险公司在提供工程项目保险时，首先，会对申请人的资信、施工能力、管理水平、索赔记录等进行全面严格审核，并实行差别费率，对施工能力强、管理水平高的承包商以优惠保费接受其投保；对施工能力和管理水平差的承包商提高保费或拒绝承保。其次，保险公司还会增加对工程施工的防灾防损要求，在保险服务中，保险公司可以凭借自己多年的对各种工程的承保、风险管理和事故理赔经验，积极参与被保险工程的防灾减损工作，对大型工程和安装工程试运行阶段派出自己的监督管理人员监督工程的实施，提出安全管理意见，指导和促进被保险人加强安全管理措施，通过与投保人的通力合作，达到防范、控制、降低风险的目的。实际上，保险公司提供的风险管理服务对保险人和投保人都是有利的，通过加强风险防范措施，可以减少风险事故的发生，保险公司可以减少事故赔偿额，投保人可以降低事故发生频率、减少损失金额，保证按期、保质、不超出概算地完工。保险公司降低工程风险的目标，客观上促进了施工的安全和工程质量的提高，同时也促进了建筑市场优胜劣汰系统的良性循环。

（三）改善项目融资的条件

通常，一个工程项目的建设除了工程所有人投资的部分自有资金外，大部分都是来自银行贷款。由于工程建设周期长，面临的风险较多，发生大的损失后往往会影响工程的按期完工和对银行贷款的本息偿还，银行为了防范借款人的还贷风险，往往将足够的保险作为工程贷款的先决条件。而对于工程项目公司来说，购买足够的工程项目保险可以保障还款的安全性，提高自己的信用水平，有利于获得较为优惠的贷款。

（四）减少经济纠纷

工程建设比较复杂，参与工程建设的单位较多，有些风险事故发生后，会使业主和承包商之间、总包商与分包商之间对风险导致的经济损失由谁承担发生纠纷，在投保工程项目保险后，工程的有关各方都是共同被保险人，那么，属于保险责任范围内的损失，保险公司就会负责赔偿，从而避免了工程有关各方的相互追偿，有利于减少经济纠纷。

国际工程界普遍认为，工程项目保险是保证工程建设正常进行的各项措施总链条中一个十分重要的环节，它能以较低的成本使被保险人获得较大的保障，能够对难以预测的自然灾害和人为事故造成的损失提供经济补偿。

（五）推动技术进步

保险和科学技术创新的合作，包含了单纯的风险转移以外的其他内容。风险评估、风险管理各类技术手段的运用，减少了科技创新和工程建设的风险，使科技创新和工程施工的进展越来越有序、越来越可控。这些技术和合作在当今的重大项目和风险管理中已得到广泛运用，如涉及大量土木工程施工的巨大水力发电枢纽，前所未有的超大规模的桥梁、道路和隧道建设等。

第二节 商业保险

商业保险，又称合同保险或自愿保险。所谓商业保险，即保险双方当事人自愿订立保险合同，由投保人缴纳保险费，用于建立保险基金，当投保人发生合同约定的财产或人身事件时，保险人履行赔付或给付保险金的义务。

一、商业保险的范围

在工程项目保险中，商业保险是比较重要的一部分。商业保险是按照商业经营原则所进行的保险，具体来说，它是指投保人根据合同约定，向保险人支付保险费，保险人对于合同约定的可能发生的事故因其发生所造成的财产损失承担赔偿保险金责任的保险行为。

二、商业保险的种类

（一）建筑工程一切险

建筑工程一切险属于财产保险范畴，但是传统的财产保险只承保物质标的，而建筑工程一切险则不仅承保物质标的，而且承保责任标的，并对保险事故发生后的清理费用予以承保，是综合性保险。在传统的财产保险中，保险标的的利害关系人即投保人或被保险人一般为单个的法人或自然人，而在建筑工程一切险中，保险标的的利害关系人往往涉及多个，并且建筑工程一切险的保险期限比传统的财产保险复杂。

1.建筑工程一切险的适用范围

建筑工程一切险适用于所有房屋建筑和公共工程，尤其是工业与民用建筑、电站、公路、铁路、机场、桥梁、码头、隧道和水利工程项目的建筑。这些工程在建筑过程中的各种意外风险，均可通过投保建筑工程一切险得到保障。

2.建筑工程一切险的保险标的

建筑工程一切险的标的范围很广，但概括起来可分为物质财产本身和第三者责任两类。

物质财产本身包括建筑工程，安装工程，建筑用机器、装置及设备，工程所有人提供的物料，工地内现成建筑物和场地清理费等；第三者责任是指在保险有效期内，因发生意外事故造成工地及邻近地区的第三者人身伤亡或财产损失，依法应由被保险人承担的民事赔偿责任和因此而支付的诉讼费及经保险人书面同意的其他费用。

为了方便确定保险金额，建筑工程一切险保单明细表中列出的保险项目通常包括物质损失、特种风险赔偿、第三者责任三个部分。

（1）物质损失。

工程项目保险中的物质损失主要可以分为以下几类：

① 建筑工程包括永久性和临时性工程及工地上的物料，这项内容是建筑工程一切险的主要保险项目，包括建筑工程合同内规定建筑的建筑物主体，建筑物内的装修设备，配套的道路、桥梁、水电、供暖取暖设施等土木建筑项目，存放在工地上的建筑材料、设备及临时的建筑工程等。

② 工程所有人提供的物料是指未包括在建筑工程合同金额中的所有人提供的物料。

③ 安装工程项目是指未包括在承包工程合同金额内的机器设备安装工程项目。如果这些设备安装工程已包括在承包工程合同内，则无须另行投保，但应在保单中予以说明。

④ 建筑用机器、装置及设备是指施工用的各种机器设备，如起重机、打桩机、铲车、推土机、钻机、供电供水设备、水泥搅拌机、脚手架、传动装置、临时铁路等机器设备。

⑤ 工地内现成的建筑物是指不在承保工程范围内的，归所有人或承包人所有的或归其保管的工地内已有的建筑物或财产。

⑥ 场地清理费是指发生承保危险所致损失后为清理工地所支付的费用。该项费用一般不包括在建筑合同价格内，需单独投保。

⑦ 所有人或承包人在工地上的其他财产是指不能包括在以上六项范围内的其他可保财产。

以上七项之和，构成建筑工程一切险物质损失的总保险金额。

（2）特种风险赔偿。

特种风险是指地震、海啸、洪水、暴雨和风暴。特种风险赔偿则是对特种风险造成的各项物质损失的赔偿。

（3）第三者责任。

第三者责任是指被保险人在工程项目保险期内因意外事故造成工地及工地附近的第三者人身伤亡或财产损失依法应负的赔偿责任。

可见，建筑工程一切险是为工程项目的财产损坏或灭失提供保障，主要是针对建筑施工中"意料之外的"、"突发性的"或"不可预料的"因素导致的物质损失或灭失提供保险。

（二）安装工程一切险

安装工程一切险属于技术险种，目的在于为各种机器的安装及钢结构工程的实施提供尽可能全面的专门保险。

1. 安装工程一切险与建筑工程一切险的主要区别

由于安装工程一切险保险的是安装项目，并且承保风险主要是人为风险，因此，安装工程一切险与建筑工程一切险相比，具有很大差别。

① 建筑工程一切险的保险标的从开工以后逐步增加，保险额也逐步提高，而安装工程一切险的保险标的从开始存放于工地起，保险公司就承担着全部货价的风险。在机器安装好之后，在试车过程中发生机器损坏的风险是相当大的，这些风险在建筑工程一切险中是没有的。

② 在一般情况下，自然灾害造成建筑工程一切险的保险标的损失的可能性较大，而安装工程一切险的保险标的多数是在建筑物内安装，受自然灾害影响的可能性较小，受人为事故影响的可能性较大。

③ 安装工程在交接前，必须经过试车考核，在试车期内，任何潜在的因素都可能造成损失，损失有时要占安装工期内总损失的一半以上。

2. 安装工程一切险的适用范围

安装工程一切险的承保项目主要是指安装的机器设备及其安装费，安装工程合同内要安装的机器、设备、装置、物料、基础工程（如地基、底座等）以及安装工程所需的各种临时设施（如临时供水、供电、通信设备等）均包括在内。此外，为完成安装工程而使用的机器、设备等，以及为工程服务的土木建筑工程、工地上的其他财物、保险事故后的场地清理费等，均可作为附加项目予以承保。安装工程一切险的第三者责任保险与建筑工程一切险的第三者责任保险相似，既可以作为基本保险责任，亦可作为附加或扩展保险责任。

3. 安装工程一切险的保险标的

安装工程一切险的保险标的范围很广，但与建筑工程一切险一样，也可分为物质财产本身和第三者责任两类。其中，物质财产本身包括安装项目、土木建筑工程项目、场地清理费、为安装工程施工用的承包人的机器设备、所有人或承包人在工地上的其他财产等；第三者责任则是指在保险有效期内，因在工地发生意外事故造成工地及邻近地区的第三者人身伤亡或财产损失，依法应由被保险人承担的民事赔偿责任和因此而支付的诉讼费及经保险人书面同意的其他费用。

为了方便确定保险金额，安装工程一切险保单明细表中列出的保险项目通常包括物质损失、特种风险赔偿和第三者责任三个部分，其中，后两项的内容和赔偿限额的规定均与建筑工程一切险相同。

安装工程一切险的物质损失部分包括以下几项：

① 安装项目，这是安装工程一切险的主要保险标的，包括被安装的机器设备、装置、物料、基础工程（地基、底座）以及安装工程所需的各种临时设施，如水、电、照明、通信等设施。其大致分三类：一是新建工厂、矿山或某一车间生产线安装的成套设备；二是单独的大型机械装置，如发电机组、锅炉、巨型起重机等的组装工程；三是各种钢结构建筑物，如储油罐、桥梁、电视发射塔之类的安装管道、电缆的附设工程等。

② 土木建筑工程项目，这是新建、扩建厂矿必须有的工程项目，如厂房、仓库、道路、水塔、办公楼、宿舍、码头、桥梁等。

③ 场地清理费。

④ 为安装工程施工用的承包人的机器设备。

⑤ 所有人或承包人在工地上的其他财产，主要指上述以外的保险标的，大致包括安装施工用机械设备和工地内现成财产等。

（三）预期利润损失险

预期利润损失险与建筑工程一切险是相辅相成的，主要是针对由于开工延误导致的业主的经济损失提供保险，其重要特点是只保障由于建筑工程一切险所承保的因素导致的延误。因此，建筑工程一切险的保险责任越宽，则本保险责任也越宽。

预期利润损失险的定义与传统的间接损失保险类似，但两者有一个本质的差别，即在预期利润损失险中，通常没有以往实际存在的商业账目可以查询，因此，保额建立在假设或推定的基础上，即以在项目可行性研究中认真核定的项目预计年产量或毛利润或预计成本为依据。同时，为避免产量的减少而支出的合理的额外费用或施工成本的增加部分，也由该保险承担。

当然，同建筑工程一切险一样，在损失发生时，也有必要分清由保险责任导致的损失和由非保险责任导致的损失，尤其是在复杂的工程中，保险人还需要监督工程的进展情况。

（四）第三者责任险

第三者责任险主要是对由于施工或经营过程中造成的对第三者的身体伤害（包括死亡）和财产损失所导致的法律责任进行保险。它的本质属性是责任保险。

由于第三者责任险通常都与特定保险险种相联系，如建筑工程一切险、安装工程一切险、海洋石油开发保险和雇主责任险等险种都有第三者责任险，这里不再重复介绍。

（五）海洋石油开发保险

海洋石油工业应用当代最新科学技术较多，属于现代高科技产业，因而该保险业务的专业性、技术性特征更为明显。由于海洋石油开发保险具有技术性强、条款复杂、险种繁多的特点，因此海洋石油开发保险的承保责任应是从勘探到建成、生产整个开发过程中的风险。它客观上要求承保人具有较高的素质，既要有一定的石油开发风险管理知识，又要有一定的法律知识；既要有比较扎实的海上保险经验，又要掌握非水险业务的专门技术。

（六）雇主责任险

雇主责任险是以被保险人即雇主的雇员在受雇期间，从事业务时因遭受意外，导致伤、残、死亡或患有与职业有关的职业性疾病，而依法或根据雇佣合同应由被保险人承担的经济赔偿责任为承保风险的一种责任险。

一般而言，雇主所承担的对雇员的责任主要包括雇主自身的过失行为乃至无过失行为所致的雇员人身伤害赔偿责任，构成雇主责任的前提是雇主与雇员之间存在着直接的雇佣合同关系。

第三节　政治风险的保险

由于项目融资行为通常是跨国投资行为，是国际投资的一种形式，对资本输出国来说，能为过剩的资本谋求出路，获得较高利润；对资本输入国来说，能利用外资解决国内资本不足的问题，并借此发展本国经济。但资本输出会面临各种风险，通常政治风险所造成的损失是巨大的，因此，许多国家的保险公司和许多国际的或双边的机构都承担政治风险，以促进国际投资的发展。不过政治风险的保险范围一般比较小，但保险条款却较为烦琐。

一、政治风险的保险责任范围

(一) 汇兑风险

汇兑风险主要指外汇的不可获得和外汇的不能转移风险，即由于不能将以利润、利息、资本或其他资产取得的当地货币转换成外汇和不能将东道国货币转移到国外而导致的损失，包括由于东道国政府的行为而造成的外汇损失、对企业不利的外汇法规的变化等。

(二) 没收风险

没收风险主要是指东道国政府采取没收或征用项目资产或控制项目公司等方式而导致的全部或部分损失的风险。

(三) 战争或暴乱风险

由战争、暴乱、恐怖活动、阴谋活动等带来的物质损失、毁灭、有形资产的流失或商业运作的严重中断等都属于承保范围，但这些破坏活动必须是由政治因素引起的。

(四) 东道国政府的违约风险

东道国政府拒绝履行与项目公司签订的合同从而给项目公司造成的损失都是政治保险的范畴。

(五) 制裁与禁运风险

某些国际组织、西方国家对工程所在国实行制裁与禁运可能对工程造成很大的影响。

（六）对外关系

东道国与邻国关系好坏、其边境安全稳定与否、是否潜藏战争风险；东道国与投资国关系好坏，与投资国是否建立外交关系，投资国政府与工程所在地政府是否有某些涉及工程承包的协议；东道国对项目资金来源，如国际金融组织或外国金融机构等的各项有关规定是否熟悉了解；东道国的信誉如何等，都将影响工程项目的进行。

（七）东道国社会管理、社会风气等

东道国政府办事效率高低、政府官员廉洁与否、当地劳工素质如何、当地劳工的工会组织对外国公司的态度、是否常用罢工手段向雇主提出各种要求等，都将直接或间接地影响工程能否正常进行。

二、政治风险的保险和担保机构

鉴于政治事件的不确定性很大，很难根据历史上同类事件的发生概率判断出其发生的可能性，也不易预测其损失的严重性，更不能通过项目公司采取某种预防措施以控制或使其损失最小化，因此，承担政治风险的保险是很困难的。目前除了少数保险公司承担政治风险的保险外，还有以下机构提供政治风险的保险：

（一）多边投资担保局

多边投资担保局成立于1988年，是世界银行的附属机构，总部设在华盛顿。其宗旨是通过对非商业性风险提供担保（保险），鼓励在发展中国家进行投资，包括联合保险和再保险。

多边投资担保局的保险范围主要有：第一，如果发生不能将以利润、利息、资本或其他资产取得的当地货币转换成外汇或者不能将外国货币转移到国外从而造成损失，多边投资担保局将提供赔偿，但是不包括货币贬值风险；第二，对于东道国政府的国有化行为，多边投资担保局将负责赔偿，对于股权资本的全部没收，多边投资担保局一般赔偿该投资的账面价值；第三，多边投资担保局赔偿损失资产的净账面价值或者购置替代资产的成本或维修成本等；第四，东道国政府违约风险，只有在东道国政府拒绝付款（一般规定一个拒绝付款期）之后，多边投资担保局才予以赔偿。

（二）国际金融公司

国际金融公司成立于1956年，也是世界银行的附属机构之一，总部设在华盛顿，旨在促进发展中国家私人经济的发展。与世界银行只向成员国政府提供贷款不同，国际金融公司向私人部门贷款，甚至投资于私人企业。一般认为，国际金融公司对项目或企业的投资目的在于吸引其他贷款和股本投资，这种融资方式常常被称为联合融资。

国际金融公司的担保范围是外汇的不能获得或不能转移风险，国际金融公司担保这种风险并不是直接对外汇的不可获得或不能转移的风险提供某种损失赔偿，而是通过联合融资方式来间接担保这种风险。在联合融资中，国际金融公司出资的比例成为担保该项投资的外汇可获得性的重要保证。因为国际金融公司的参与，东道国政府一般愿意支持该项目投资，所以，发生外汇不能获得或不能转移风险的概率就大大降低了。

事实上，国际金融公司联合融资的一个最重要的好处就是动员其他资金的加入。在联合融资下，首先由国际金融公司为项目注入资金，然后再将部分参与协议以 B 贷款方式出售给商业贷款者，它自己保留 A 贷款部分。这样，在国际金融公司的保护伞下，商业贷款者的 B 贷款将能得到与国际金融公司的 A 贷款同样的待遇。当然，国际金融公司贷款的项目一定要能推动东道国经济的发展，这样将有助于提高该国获得硬货币的能力。

（三）世界银行

世界银行成立于1945年，其主要任务是向会员国提供长期贷款，促进战后经济的复兴，协助发展中国家发展生产、开发资源，从而起到配合国际货币基金组织贷款的作用。它是一个非营利性的国际组织。

世界银行担保的范围主要是由外汇的不能获得或不能转移导致损失、东道国政府的违约导致损失等风险，且这种保险可以实现100%的理赔。但一般不对没收风险、战争和暴乱导致损失进行保险。

（四）亚洲开发银行

亚洲开发银行成立于1966年，总部设在菲律宾首都马尼拉。亚洲开发银行现有 67 个成员，其中 48 个来自亚太地区，其余来自其他地区，包括美国和欧洲的西班牙。该机构也对政治风险提供担保，其保险的范围同世界银行一样，主要是外汇的不能获得风险和东道国政府违约风险。

（五）美洲开发银行

美洲开发银行是拉丁美洲和北美洲国家资金的重要提供者，成立于1959年。美洲开发银行的担保对象主要是向发展中国家的私人部门注入的贷款的政治风险，该贷款必须与美洲开发银行成员国的项目密切相关，尽管一个项目的所有债务不能都被保险所覆盖，但该保险的覆盖率没有数量上的限制，其担保期限一般在15~20年。

美洲开发银行担保的主要风险是：外汇的不可获得风险和外汇的不能转移风险（不包括货币贬值风险）、东道国政府的违约风险。对于项目没收和战争、暴乱等风险，美洲开发银行不予担保。

（六）美国海外私人投资公司

美国海外私人投资公司是美国政府的一个高级附属部门，位于华盛顿，成立于1971年。美国海外私人投资公司通过提供政治风险担保以支持美国私人企业在发展中国家和经济转型国家的经济开发与建设，如对外汇的不可获得风险，没收及政治、暴乱风险予以担保。在担保程度上，美国海外私人投资公司能担保美国投资者90%的利益，而对于美国金融机构的贷款则可提供100%的担保，担保期限都可达到20年。

但是，对于以上担保对象，必须遵从美国《外国支持法案》。该法案规定，只有美国公民、美国公司或被美国公民所拥有的其他企业，或者是被美国公民控股至少95%的外国公司才是《外国支持法案》支持的对象。美国海外私人投资公司在实践操作中虽然没有要求某公司必须是被美国人所拥有或控制，但如果是一家外国企业，美国海外私人投资公司只对该公司中美国投资者的部分提供担保。

还有其他一些提供政治风险担保的机构，如美国进出口银行、日本国际贸易工业局、日本进出口银行、英国的出口信贷担保局、法国的COFACE、加拿大的出口开发公司及各国政府提供政治风险担保的机构等。

第四节　小结

工程项目保险是指对于项目在工程施工期及工程经营期内的一切意外事故所造成的损失和赔偿责任一概予以负责。换句话说，就是对建筑工程、安装工程及机器设备因遭受自然灾害和意外事故所造成的物质财产损失和第三者责任进行赔偿的保险。

工程项目保险的特点可以概括为：风险广泛而集中、涉及较多的利害关系人、工程项目保险的内容相互交叉、风险具有特殊性、保险期具有不确定性和保险金额具有变动性等。

工程项目保险的范围分别体现在项目的建设和经营两个阶段中。建设阶段的工程项目保险主要包括：在项目建设过程中给项目单位带来的物质损失，对项目其他资产如办公楼、汽车等造成的物质损失，在运输过程中造成的损失，对工人、职员及第三者造成的责任损失，对环境造成的破坏和保险事故造成成本增加而导致的工期延误。在项目经营阶段，工程项目保险主要包括：在经营过程中给项目单位带来的物质损失，对其他资产如工厂、机器设备、交通工具等造成的物质损失，在项目产品销售以前的运输过程中的损失，对工人、职员及第三者造成的损失，环境破坏造成的损失，商业受阻、利润下降等损失。

在项目融资中，由于每个国家的法律框架不同，保险的种类有很大差别，但一般主要的险种有建筑工程一切险、安装工程一切险、预期利润损失险、第三者责任险、海洋石油开发保险、经营利润损失险和雇主责任险等。

由于项目融资行为通常是跨国投资行为，是国际投资的一种形式，对资本输出国来说，能为过剩的资本谋求出路，获得较高利润；对资本输入国来说，能利用外资解决国内资本不足的问题，并借此发展本国经济。但资本输出会面临各种风险，通常政治风险所造成的损失是巨大的，因此，许多国家的保险公司和许多国际的或双边的机构都承担政治风险，以促进国际投资的发展。不过政治风险的保险范围一般比较小，但保险条款却较为烦琐。

在工程项目保险中，商业保险是比较重要的一部分。商业保险的种类包括：建筑工程一切险、安装工程一切险、预期利润损失险、第三者责任险、海洋石油开发保险和雇主责任险。

政治风险的保险责任范围主要包括：汇兑风险，没收风险，战争或暴乱风险，东道国政府的违约风险，制裁与禁运风险，对外关系和东道国社会管理、社会风气风险等。

关键概念

工程项目保险　建筑工程一切险　安装工程一切险　预期利润损失险　第三者责任险　经营利润损失险

复习思考题

1. 什么是建筑工程一切险？什么是安装工程一切险？两者有什么区别与联系？
2. 海洋石油开发保险可以分为哪些阶段？主要险种有哪些？
3. 提供政治风险保险的机构有哪些？它们的保险范围有哪些？

个案分析　三峡工程左岸电站设备安装保险

三峡工程左岸电站设备安装工程等保险和高压电器运输保险总投保额约为人民币100亿元，这是三峡工程迄今为止最大的一项保险项目。中国三峡总公司采取了公开询价、专家评审、领导决策的方式进行投保，较好地体现了"公开、公平、公正"的原则。最后选定国内著名的三家保险公司共保，并由国内、外再保险公司进行分保和再保。

一、投保范围

三峡左岸电站设备安装工程保险的范围包括：左岸14台水轮发电机组、主变压器、GIS系统和励磁系统、永久起重设备、厂房及大坝电梯、水力机械辅助设备等设备安装以及其他所有左岸电站范围内的辅助设备安装。另外，变压器及CIS的运输保险（海运+内河运输+国内分包陆运）按商务合同规定为买方合同，为了与安装工程险相衔接，在单独设计保险单的基础上与左岸电站设备安装工程保险同时进行投保。因此，两项投保总额约100亿元人民币，这是三峡工程迄今为止最大的一项保险项目。

二、投保方式

由于被保险的设备绝大部分从国外进口，其中14台进口机组分别来自欧洲、北美洲、南美洲、亚洲9个国家的10多个制造厂家，设备的制造、运输、安装和调试均应达到当今国际水平。同时，由于左岸电站设备安装任务和作业面相对集中，存在多家施工单位和多项设备的作业交叉、干扰频繁，最终需经系统联合调试，造成安装施工作业的层面和界面责任难以划分。采用分项保险则会导致不同项目的安装工程险赔付责任难以划分。

在电站设备进行安装的同时，厂房及相邻坝段的土建施工也在进行，两者又存在相互影响。而且，对于同一设备，出险原因可能涉及制造、运输、安装等多个环节或多个险种的赔付责任，也存在交叉，因此，本项目采用不切标块，以开口大保单方式将左岸电站全部设备安装工程险和高压电气体设备运输险统一投保。中国三峡总公司采取公开询价、专家评审、领导决标的方式进行，体现了"公开、公平、公正、科学"的原则。

三、承保方式

针对左岸电站设备安装和高压电气设备运输投保的金额大、风险因素高，国内一家保险公司难以承保，为了有效地转移和分散风险，又兼顾三峡工程已投保的左岸厂坝土建建筑工程险可能的交叉责任和三峡工程第三阶段工程投保项目以及左岸电站机组投产以后的财产险的竞争选择，因此，决定由国内最有实力的中国人民保险公司、中国太平洋保险公司、中国平安保险公司三家保险公司以共保的方式承保。

共保方式确定首席承保人，各共保人与投保人联合签署一张保单，统一保险费率并以首席承保人建议书费率为准。明确首席承保人一家现场服务机构归口服务，出险后按共保比例赔偿。这也是借鉴了国内外某些项目成功地采用了共保方式之后，在三峡工程保险上的一种尝试。这种共保方式，将有利于三峡保险工作直接进入国际保险市场。

四、公开询价

首先，中国三峡总公司向中国人民保险公司、中国太平洋保险公司、中国平安保险公司三家保险公司总部发出了邀请报价通知书。在得到三家响应后，接着邀请三家保险公司到三峡工地进行现场风险查勘并购买询价文件。中国三峡总公司对各保险公司提出的问题进行了答疑和澄清。各保险公司用20天时间做出建议书，中国三峡总公司再组织评标议标，最后以书面形式通知中标。

询价文件包括：①保险询价邀请函；②承保人须知（包括报价单和报价的偏差与说明，还包括有关技术资料等）；③保单样本。保单样本是依据《保险法》和中国保监会（现中国银保监会）的有关规定，结合三峡工程的具体实际而设计的。保单样本具有很强的原则性、政策性和可操作性。把响应保单样本的条款视同报价单一样作为公开询价竞争的主要条件。例如，针对三峡左岸电站设备安装、调试可能发生的风险，评标专家组在审定询价文件时就明确，针对频繁交叉的设备起吊坠落、碰撞、围堰拆除、闸门漏水渗水、大气潮湿影响绝缘、火险等风险因素，应该在保单中设定有针对性的条款并进行描述，落实防水、防火、防渗漏、防潮湿、防起吊坠落、防碰撞、防土建工程施工干扰的保险责任。尤其是针对头两台机组安装完毕与发电调试相隔近一年时间，要确保电气设备不受潮，除了制造厂商、安装方和三峡总公司（业主）共同制造、安装过程中采取的防护手段之外，超出正常防护不可抗力的大气受潮的损失，应属保险理赔范围，列入保单。

在询价过程中，评标专家组始终坚持承诺保单条款是成为承保人的前提条件，要求三家保险公司均以书面确认，并承诺在保单签订时，将无条件地接受。三家保险公司均按询价文件规定的报价截止时间递交了报价建议书，积极响应标书文件，并提出了合理的又具有竞争力的报价。因为询价文件规定接受报价的原则是四条：第一条是响应询价文件；第二条是提供的保险方案具有可操作性，要求在国际再保、分保安排安全、可靠，并经询价方认可；第三条是合理的报价；第四条是报价方提供的报价在询价截止日后不得做实质性修改，并视为对询价方的承诺，将作为签订保单的基础。可见，合理的报价只是投标的其中一个条件，而不是唯一条件。

中国三峡总公司邀请国务院三峡办、长江水利委员会、国家开发银行、中国银行、国际达信保险顾问公司等单位的专家和总公司有关方面代表共同组成专家评审小组，专家评审小组依照"公正、公平"的原则，采取定量打分、定性分析、记名投票，最后形成了专家组的推荐意见。总公司领导充分尊重专家评审组的意见，并将评审结果派人向中国保监会做了专题汇报，以利于保监会帮助在政策上把关。因此说，由于询价文件规范和三家保险公司积极地响应，以及三峡总公司组织评审得力，这次询价招标工作获得了成功。三家保险公司均以雄厚的实力，良好的信誉和富有竞争力的报价以及服务承诺，积极参与竞争。所以，国际上各有关知名保险公司和中国保监会一致认为，中国三峡总公司的询价做法符合国际惯例、反响良好，最后三家保险公司也很满意，各得其所，形成了投保方、承保方"四赢"的良好结局，即三家投保，中国人民保险公司为首席承保人，三家共保比例是5∶3∶2，中国人民保险公司50%，中国太平洋保险公司30%，中国平安保险公司20%；而且首席承保人出具了暂保单，其责任期与正式保单相通。2001年2月22日在北京正式签订保险协议。

五、分保和再保的安排

按照我国保监会的政策，保额的20%必须首先由中国再保险公司办理法定再保险。接着，根据各家保险公司的各自资本金及准备金比例确定自留额。余下的保险额需要在国际分保和再保险，以化解风险。为了进一步落实和降低国际分保的保险费率，由首席承保人和三峡总公司共同选择首席国际再保险人，并由首席国际再保险人牵头组织其他国际分保公司，层层分担和转移风险、落实责任，首席承保人和中国三峡总公司（含达信保险顾问公司）组成联合工作小组，发挥各自优势，共同向国际再保险市场推荐被保险项目。

水电工程建设在设备安装调试阶段的风险一般高于土建阶段，在本次公开询价过程中，影响费率报价的因素主要是各保险公司的分保手续费和国际市场再保险费率。而分保手续费率已在各家建议书中做了承诺，国际市场再保险费率虽然含在各家建议书的最终费率中，但具体费率必须到国际保险市场上通过竞争以后才能确定，作为被保险人不承担国际再保险费率高低的风险。为此，在三家保险公司已签订的共保协议中已明确：如果最终的国际再保险费率超出首席承保人的报价，其超出部分由首席承保人自行承担。反之，如果最终国际再保险费率低于报价，相应降低承保总费率。同时，由于中国人民保险公司是国内唯一的国际海运保险组织劳合社成员，因此其运输险报价在国际市场上也是属于较低水平的竞争性保价。实践证明，通过竞争已实现国际再保险费率在原定费率范围内。

资料来源　刘青. 三峡左岸电站设备安装保险［J］. 中国三峡建设，2005（3）：37-39.

第十四章

项目融资的法律体系与合同结构

> **学习目标**
>
> 　　通过本章的学习，掌握项目融资的法律特征与法律体系，明确项目融资文件的作用，了解项目融资文件的基本分类、方法，掌握项目合同结构的主要内容。

第一节　项目融资的法律体系

一、项目融资的法律特征

从项目融资产生的历史得知，它源于西方市场经济国家。众所周知，市场经济的本质是法治经济。由项目融资的特点所决定，它与一般传统的融资方式比较，涉及的法律种类繁多，并且对法律的依赖程度也很高。项目融资所涉及的法律具有以下特征：

（一）主体的特殊性

在项目融资的运作过程中，当事人主体会涉及国家主体和国际上的有关机构。例如，在BOT融资方式中，主权国家的政府不仅是特许项目的直接参与者，同时又是项目的管理和监督者；国际上的一些金融机构，如世界银行等常作为资金的提供者参与项目融资。这种主体的特殊性决定了适用法律的复杂性。

（二）客体标的物的特殊性

凡是要进行项目融资的项目，一般都是投资数额巨大、建设周期长、风险也大的项目。其中有些项目如电站、地铁等还具有明显的垄断性。这些特殊性决定了项目融资适用法律的特殊性。

（三）体系的复杂性

项目融资过程涉及若干个法律与法规，这些法律与法规构成了复杂的法律体系。仍以项目融资 BOT 融资方式为例，在我国它所涉及的法律竟有 13 个方面。在这些法律中，既有国内的法律，也有经中国政府正式签署的国际双边或多边条约和国际公约。

如果项目融资中的贷款方是国外银团，设备租赁、债券投资是外商，在项目融资中就会涉及外国的法律。可以说，有多少国家的机构或外商参与，就会涉及多少国家的法律。

（四）基础的一致性

尽管项目融资涉及的法律很多，且法律之间的关系复杂，但基本的法律关系则是合同（或协议）关系。因为通过一系列的合同（或协议）安排，可以确定各当事人之间的权利义务关系。

二、项目融资的法律体系

前已述及，健全的法律体系是项目融资成功的基本保证。就我国项目融资发展历程而言，有关项目融资的法律、法规经历了一个不断修改、不断完善的过程。由于现阶段我国项目融资主要是 BOT 融资方式，因此，下面介绍的法律体系是指 BOT 融资方式适用的法律。这个法律体系是由涉外法律、国内法律和法规、合同与契约等三大类构成。

（一）涉外法律

主要是经中国政府正式签署的国际双边或多边条约和国际公约。具体包括：

（1）在鼓励和保护投资方面，中国政府与德国等 50 多个国家签署的双边投资保护协定，与美国、加拿大签署的双边投资保险协议。

（2）在防止双重征税方面，中国政府与日本等 30 多个国家签署的避免双重征税协定。

（3）在涉外仲裁裁决方面，中国政府于 1986 年 12 月正式加入《承认和执行外国仲裁裁决公约》。

（二）国内法律

主要包括改革开放以来中国政府在各个时期颁布的有关法律。

（1）关于外商投资方面的法律

颁布这类法律的目的是鼓励外商投资。主要有《中华人民共和国外资企业法》《中华人民共和国中外合作经营企业法》《中华人民共和国中外合资经营企业法》，颁布的行政法规有《关于鼓励外商投资的规定》《外资企业法实施细则》等。其中，1979年7月8日开始实施的《中华人民共和国中外合资经营企业法》明文规定中国政府依法保护外国合营者在中国举办的合营企业中的投资、所得利润和其他方面的合法权益。1994年4月修改后的该法律又增加了国家对合营企业不实行国有化和征收的条款。不难看出，该法律不仅保护了外国合营者在华的投资利益，又为合资企业的项目融资排除了政治风险。2016年9月3日起执行新修改的法律。

（2）关于外汇管理方面的规定

在外资参与的项目融资中，不论是外商的直接投资还是境外的银行、经济组织或个人对境内的机构提供贷款和融资均涉及外汇的资本项目管理，因此，自改革开放以来，国家有关部门制定和公布了有关外汇管理方面的文件，但在外汇管理方面尚未形成正式的法律。为了加强对外汇管制，中国人民银行于1993年12月颁布了《关于进一步改革外汇管理体制的公告》，其基本精神是实行银行结汇售汇制和人民币浮动汇率制。与此配套的还有对外商投资企业在中国境内开立外汇账户实行国家外汇管理局制定的登记证制度，中国人民银行发布了《外汇管理暂行办法》、国家外汇管理局发布了《外商企业境内外汇账户管理办法》和《关于外商投资企业在境外开立账户的管理办法》。国务院于1997年1月公布了《中华人民共和国外汇管理条例》，该条例的颁布为以后有关外汇管理的规定、办法、实施细则的制定提供了相应的法律依据。同时宣布1980年实施的《中华人民共和国外汇管理暂行条例》废止。最新修订的《中华人民共和国外汇管理条例》是2017年6月公布的。

应当指出，虽然我国自1994年以来人民币在经常项目上实现了自由兑换，但对BOT项目中的项目公司而言，自行解决外汇平衡问题仍有较大困难，因此对于采用BOT融资方式的外国投资者必须在外汇兑换方面得到我国商务部、中国人民银行及国家外汇管理局的特别支持（作为一项政府承诺），以弥补我国法律在这一方面的空缺，降低外商的潜在风险和机会成本。

（3）关于外商投资企业税收方面的法律

中国政府于1991年4月颁布了《中华人民共和国外商投资企业和外国企业所得税法》，对一般外资企业的税收优惠、有关税种的减免做了具体规定。依据外资企业行业性质，外资企业依法分别适用下述税种中的全部或部分：企业所得税、营业税、增值税、消费税、印花税、房地产税、车船牌照使用税、资源税、进出口关税等。自2008年1月1日起，开始施行的《中华人民共和国企业所得税法》统一了内外资企业的税前扣除项目和扣除标准，实现了"两税合并"。2017年2月24日开始实行修改后的《中华人民共和国企业所得税法》。

（4）关于合同方面的法律

我国政府于1999年3月颁布了《中华人民共和国合同法》，它是规范所有项目融资中由各个经济法人签订的各类契约与合同的法律。对于外资企业与外国企业、其他经济组织或个人之间订立的经济契约合同，同样受该法律制约。例如，在项目融资的实践中，依据项目风险分担结构的要求，经常会涉及很多的契约性文件，如发起人之间的合资合作合同、融资性质的贷款协议、利率或货币互换协议、抵押代理协议、保险协议、项目的土建工程和设备承包合同、原材料供应合同、产品销售合同、设备运营维修合同等。除涉外的贷款协议或涉外的其他合同通常选择国外法律外，上述合同中的当事人基本是境内企业或合同内容是以人民币计价的，他们必须遵循我国的合同法。2021年1月1日起施行《民法典》，《中华人民共和国合同法》同时废止。

（5）关于国外借款和担保方面的法律

在《中华人民共和国外资企业法》中，没有明文限制或禁止外资企业向国外借款。在我国项目融资的BOT方式中，项目公司是外商独资企业的，可以依法向国外财团自由借款。

外商投资企业因借贷、买卖、货物运输、加工承揽需要设定担保时，可依照《民法典》的规定实行。该法对担保方式和担保人做出了明确的规定，如国家机关不得作为债务担保人等。

（6）关于土地管理方面的法律

2004年8月修订后的《中华人民共和国土地管理法》重申了土地的使用权可以转让和国有土地有偿使用的原则，但在国有土地的使用上仍采用行政上土地证书制。对于集体所有的土地依法属于村民集体所有。

（7）关于劳动与劳动管理方面的法律

我国关于劳动与劳动管理方面的法律、法规比较健全，我国政府1994年7月颁布的《中华人民共和国劳动法》和2008年1月1日正式施行的《中华人民共和国劳动合同法》是中国境内企业、经济组织和用工单位在此方面的最高法律准则。对于解决劳动纠纷和争议的有《中华人民共和国劳动争议处理条例》，用于规范外资企业职工的福利待遇和用工自由权限方面的有《关于外商投资企业用人自主权和职工工资、保险、福利费用的规定》。新修订的《中华人民共和国劳动合同法》自2013年7月1日起执行。

（8）关于企业会计制度方面的法律

目前，在企业会计制度方面，专门针对外商投资企业的法律尚未颁布。财政部于2001年11月发布了要求外商投资企业自2001年1月起执行《企业会计制度》的通知，同时宣布1992年6月颁布的《中华人民共和国外商投资企业会计制度》废止。2014年财政部颁发了新的《企业会计制度准则》。

（9）关于环境保护方面的法律

保护环境是实现可持续发展战略的重要内容之一。我国政府历来重视环境保护，因而相关的法律、法规也比较健全，主要有《中华人民共和国环境保护法》《中华人民共和国海洋环境保护法》《中华人民共和国水污染防治法》《中华人民共和国大气污染防治法》《中华人民共和国环境噪声污染防治条例》等。上述法律和法规均规定在中国境内的外商投资企业必须遵守我国的环境保护法律、法规。2016年12月25日，《中华人民共和国环境保护税法》经全国人大常委会审议通过，于2018年起执行。

（10）关于保险方面的法律

《中华人民共和国保险法》于1995年10月1日起执行，并于2002年10月修改。此法为项目融资规避风险进行投保提供了法律依据。但由于项目融资涉及的风险种类较多，规避风险的方式也必然多种多样。目前我国的保险市场承保业务有限，对一些项目融资中必须担保的业务未设或无力进行投保。因此，需要拓宽保险市场的业务范围，或允许外国保险公司在中国开办保险业务。近年来，《中华人民共和国保险法》分别于2014年和2015年进行了两次修订。

（11）关于公路方面的法律

我国政府于1997年7月颁布了《中华人民共和国公路法》，这是我国第一部以公路建设和管理为基本内容的法律。该法对国外经营组织投资、经营中国的公路做了明确的规定。公路法中规定境外企业可以投资建设、经营公路，成立开发经营公路企业，依法发行股票、公司债券。公路法还规定外商可以独资经营公路，也可以入股现有的交通基础设施，其转让经营权一般在20年以内，最长不超过30年。这一法律的颁布有利于外商积极参与我国公路项目的投资与融资，特别是有利于BOT公路项目的融资。该法律分别于2009年8月、2016年11月和2017年进行了三次修订，新修订的《中华人民共和国公路法》于2017年11月5日起执行。

（12）关于行政诉讼和国家赔偿方面的法律

在这方面有1990年1月正式实施的《中华人民共和国行政诉讼法》和1994年5月颁布的《中华人民共和国赔偿法》。两法为依法行政、依法治国提供了法律依据。新修订的《中华人民共和国行政诉讼法》于2017年7月1日起执行。

（13）关于仲裁方面的法律

1995年9月我国正式施行《中华人民共和国仲裁法》。这是解决经济法人之间合同纠纷或其他纠纷的法律依据，它完全适用解决项目融资中的当事人之间的合同纠纷或其他纠纷问题。新修订的《中华人民共和国仲裁法》自2017年9月1日起执行。

（三）合同与契约

本书第二章曾提及项目融资的当事人很多，从地域上看，有国内与国外之别，而国外又包括许多不同国家的当事人；从国内看，既有政府又有企业；从项目融资的过程中所处的地位看，又可分为授权人（政府）、代理人、投资者、借（贷）款人、担保人和各种承包商。如何确定和保障他们彼此之间的权利和义务，就需要靠具有法律效力的合同契约。由于项目融资中的当事人之间的关系十分复杂，因此，合同契约的数量、种类也很多。仍以BOT项目融资为例，它所涉及的合同与契约主要有：特许权协议、融资协议、投资协议、贷款合同、完工担保合同、产品购买合同、运营维护合同、工程建设承包合同、设备供应合同、出口信贷合同、购电合同（电力项目）、保险合同等。

总之，随着社会主义市场经济的发展、法治进程的加快，有关项目融资方面的法律日趋完善。但在我国正式加入 WTO 后，作为 WTO 的成员必须受 WTO 法律框架的约束，这就需要对国内现有的法律、法规、条例、办法进行全面清理，并应尽快制定和出台一系列符合 WTO 规则的新法律、法规，形成一套与 WTO 相适应的法律体系。据此，有关项目融资所涉及的法律与法规将会更加完善和规范。

第二节　项目融资文件的作用与分类

一、项目融资文件的作用

项目融资涉及的文件少则几十个，多则上百个，项目融资文件在融资过程中的作用十分重要，概括地讲主要有以下两大作用：

（一）明确各方参与者在项目融资中的地位、权利、责任和义务

如前所述，项目融资的参与者要比传统融资方式多，既有核心参与方如项目发起人、项目公司和贷款银行，又有风险分担参与方的工程承包商、设备和原材料供应商、项目产品的购买者、政府机构，还有工程、财务、法律顾问等。这些参与方在融资过程中所处的地位、拥有的权利、应承担的责任和义务各不相同，是通过各种文件如各种合同协议把它们联系在一起，并明确它们各自的权力与职责。例如，新建电厂采用 BOT 融资方式时，在政府与项目公司之间签署的特许权协议文件中，明确规定了政府授予项目公司独占的权利以设计、建设、调试、运营和维护电厂，按有关规定使用土地，并在特许期内向政府销售电厂净输出电量及电力。

（二）对项目的风险进行界定和合理地分担

从前面有关章节可知，在项目融资的实施过程中，存在着很多风险，能否在项目融资的各参与方之间合理地分担风险是项目融资成败的关键。项目融资的文件对各种风险定义有明确的规定和解释，并在文件中依据项目融资各参与方的利益，把各种风险合理化分担。例如，完工风险是项目融资的主要风险之一，完工风险的分担是项目公司与承包商签订承包合同文件，规定完工时间、承包总价格、损失赔偿责任等限制条款，把完工风险第一级风险转嫁给承包商；项目公司承担第二级风险，项目发起人间接承担；贷款银行承担第三级风险。而贷款银行则通常还要求投资方或承包商等参与者提供"完工担保"作为保证，使其风险降至最低程度，从这也可以看出"完工担保"协议文件的作用。

二、项目融资文件的分类

项目融资的文件数量多，种类繁杂，并各具不同用途。选择适当的标志将其科学地分类，对起草、使用项目融资的文件，无疑都是必要的。

项目融资的模式有多种，每种融资模式所涉及的文件有些是相同的，有些则是

不同的，因此，对文件的分类方法也有区别。例如，我国采用BOT融资方式的文件可以分为委托–代理型、授权–被授权型、合作（伙）型、投资–融资型等四种。在委托–代理型文件中主要是政府出具的正式授权委托书文件；在授权–被授权型的文件中，特许权协议文件则是最核心的文件之一；而在合作（伙）型文件中，主要是指项目投资人之间的合作协议、项目融资人之间的合作协议、项目公司与项目的承包商之间的合作协议及与项目公司发生联系的各类经济实体之间的合作协议等；在投资–融资型文件中，主要是指投资人与提供融资的国际财团之间签订的融资协议文件及其附件。①

综观现已出版的项目融资方面的著作，大多倾向将项目融资文件分为五大类，即基础性文件、融资文件、抵押文件、支持性文件、专家报告和法律意见书等。每大类文件具体包括的文件名称如下：

（一）基础性文件

（1）特许权协议，政府的许可证；

（2）土地所有权文件；

（3）发起人之间的合资或合作文件；

（4）股东协议；

（5）项目公司的章程；

（6）项目管理协议和技术顾问合同；

（7）建设承包合同和分包合同；

（8）承包商和分包商的履约保证书和预付款保证书；

（9）项目的各种保险单；

（10）供货合同；

（11）销售合同；

（12）技术或运营许可证；

（13）环保批准书；

（14）公用事业产品的供应协议（电力、燃气、水等）；

（15）运输合同；

（16）项目发起人的其他融资文件。

（二）融资文件

融资文件通常包括基本贷款协议和可用于抵押担保的金融协议。

1.基本贷款协议

基本贷款协议是项目公司作为借款人与贷款银行（包括银行、出口信贷）的协议，是项目融资的主要文件。一般而言，基本贷款协议应包括以下基本内容：

（1）贷款的金额和资金的用途；

---

① 冯柳江，罗智颂，等.来宾模式：BOT投资方式在中国的实践［M］.南宁：广西人民出版社，1999.

（2）贷款的利率和债务偿还情况；

（3）对借款人或其他方追索权的限制，现金流量的使用；

（4）保护性条款；

（5）项目的保证（如标准工艺、符合许可、坚持保险、支付税负等）；

（6）限制性承诺（如借款限制，不质押和债务平等受偿、分红限制、财产处理限制等）；

（7）违约事件、加速偿还的程序、抵押的执行；

（8）项目竣工；

（9）项目监督方面的有关财务信息和其他信息；

（10）让渡或转让的有关规定；

（11）争议的解决方式；

（12）发放贷款的先决条件；

（13）支付给安排行、代理行和贷款行的手续费和其他费用；

（14）陈述和保证（如公司的形式和能力、融资文件的准确性、责任的有效期等）；

（15）代理行职权和责任的规定，提款和还款的支付机制，收入款的银行之间的协调和分享。

2.可用于抵押的金融协议

（1）贷款银行和抵押权益持有人之间的委托协议或其他协议、债权人之间的内部协议；

（2）担保、安慰信和其他支持文件；

（3）筹资文件（当借款不是筹资的唯一或第一来源时，应包括发行债券、商业票据、股票承销报价文件等）；

（4）附加性金融协议（如互换、期权或封顶保底协议等）。

（三）抵押文件

（1）按揭或对土地、建筑物和其他固定资产设押文件；

（2）对动产账面债务和生产中的产品的固定设押或浮动设押的文件；

（3）项目基础性文件规定的权益转让，如建设合同、承包商和供应商的履约保函、许可证和合资合同；

（4）保险单和保险经纪人保证书的转让；

（5）销售合同、"或取或付"合同、使用或收费合同、项目生产收益和经营收入的转让；

（6）控制项目现金流量的委托保管账户；

（7）长期供货合同（包括"或供或付"合同）和能源、原材料的供应合同的转让；

（8）项目公司的股份包括股息托管权的质押；

（9）项目管理、技术协助和咨询协议的转让。

（四）支持性文件

（1）项目发起人的支持：还款担保文件、竣工保函、提供流动资金协议、现金差额补偿协议、保证书和安慰信；

（2）项目发起人间接支持："或取或付"合同、使用合同和"或供或付"合同、无条件运输合同、持续供货合同；

（3）由一个或多个项目发起人签订的项目经营管理合同；

（4）所在国政府的支持：许可证、批准书、特许权、免于没收保证书、外汇保证书等；

（5）保险单：包括商业保险单和出口信贷机构提供的保险单。

（五）专家报告和法律意见书

（1）工程师关于项目可行性的研究报告；

（2）保险专家关于项目保险的报告；

（3）会计师就项目发起人财务状况和项目公司收益的报告；

（4）环境顾问就项目对环境的影响和有关法规的咨询意见；

（5）所在国的法律顾问就项目融资所涉及的主要法律提供的法律意见书。

第三节　项目的合同结构

项目合同也称项目协议，是项目建设和运营的基础。在项目融资活动所有的合同中，最重要的是项目合同，因为该合同将成为项目公司获得收入的主要依据。一般而言，项目合同主要有三种形式：

（1）购买合同。根据这类协议，项目公司生产产品并出售给购买方。

（2）供应合同。根据这类协议，签约的公共部门付款给项目公司，使项目可供使用。

（3）特许经营协议。根据这类协议，项目公司提供公共服务，并向用户收取服务费。

在项目融资活动中，项目的资产和收益所共有的特点是在融资谈判时，需要通过一系列合同、协议来实现。项目融资是许多各自独立的合同、协议联结在一起的一个复合体，因而项目的合同结构是项目资信的构成部分之一，它与项目的资产和收益，以及项目的增信措施共同构成项目的资信结构。

为了实施项目而专门成立的项目公司一般不具备项目所需的技术和资源，都要通过各种合同来获得，如设计施工合同、运行维护合同、供应合同、包销合同等。相关的项目风险也由签约方分担。技术上，需要多家公司合作；资金上，需要多方投资；风险上，需要多方分担。因而，项目一般有多方参与。项目公司从项目所在国政府获得"特许权协议"作为项目建设开发和安排融资的基础；在项目的建设阶段，工程承包集团以承包合同的形式建造项目；项目进入运营阶段之后，经营公司根据经营协议负责项目的运行和维护，收取项目营业收入；包销商向用户销售产品（或服务）并收取货款（或服务费）。

项目合同文件主要可分为四类：①特许权协议（有些类型的项目如电厂和水厂，可以用包销协议代替特许权协议）；②项目实施合同（咨询、设计、施工、运营合同等）；③融资文件（贷款协议、股本支持协议等）；④担保文件（政府支持信、保险合同、履约保函等）。这些协议的主要目的是用法律上可以实施的手段，把责任和项目相关风险分摊到项目参与人。其中主要的合同和协议有：特许权协议、投资协议、项目建设合同、项目运行维护合同、产品销售协议、项目供应合同等。根据项目融资的要求，这些合同和协议都成为债权人贷款的一种担保。另外，为了减少贷款人的风险，在项目相关的合同和协议中一般会附加某种承诺或提出一些限制条件，对贷款银行来说，这种承诺和限制条件同样构成了一种确定性的、无条件的财务责任。

一、特许权协议

特许权协议是指政府与项目开发商之间签订关于特许经营权的协议，由政府机构授权，准许项目开发商在一定地区或特定的地点享有经营某种特许业务的权利，如准许项目开发商在政府规定的路线上，建设和经营收费公路等。

特许权协议一般应包括以下内容：①缔约双方的名称、住所、注册地和法定代表人的姓名、国籍、职务；②特许期限；③项目预概算和收费标准、调整公式；④项目设计、建造、运营和维护的标准；⑤项目进度及项目延期、中止或者终止的后果；⑥项目终止和项目期满时，项目设施及权益移交地方政府或授权机构的标准和程序；⑦风险分担的原则；⑧项目公司权利、义务的转让；⑨特许权协议约定的地方政府或者授权机构的权利、义务；⑩项目设施及权益的担保。

贷款人常常对特许权协议提出下列要求：①特许权协议应保证项目的一定程度的需求，如最低需求担保、无第二设施承诺等；②特许权协议的授予者应承担法律变更的风险；③特许权协议不能因银行行使了抵押权而提前终止；④由于不可抗力因素，应延长项目的特许期；⑤银行应可以自由地转让特许权给第三方；⑥不能将不适当的过重的条款加在项目公司身上；⑦东道国政府放弃主权豁免；⑧为一些重要风险购买保险；⑨设定贷款人介入的条件，允许贷款人参与全程监控。

对各种授权合约的限制包括：①所有授权合约都必须确定项目的有效生命期；②如果银行对项目公司行使抵押权时，授权合约不能提前终止，即所有授权合约与项目同在，而不是与项目公司同在；③授予的权利应能全部转让。

二、投资协议或股东协议

投资协议或股东协议是项目发起方之间签订的协议，其内容主要是规定发起人同意向项目提供一定金额的财务支持。其主要注资方式有两种：一是项目发起人以参与股权的方式向项目公司注资；二是项目发起人以次级贷款的方式向项目公司注资。二者的金额之和应当能使项目公司达到规定的股本-债务比指标。此外，对股东协议和所有者权益分配附加一定的限制：主办人应认购分配给他的全部股份；主办人应以股本或准股本的形式准备备用资金，以防成本超支；股本资金先于债务资金投入，或按股本-债务比的比例投入；在还贷之前不能分红；主办人应为项目购买必要的保险，为保险未能覆盖的部分提供资金保证；等等。

三、项目建设合同

项目的设计施工是项目资产形成的主要过程，因此项目建设合同是项目资产形成的关键合同，也是项目资信的关键组成部分，尤其是在一些工程项目中，贷款者在承担了部分或全部项目建设或完工风险的情况下，更是如此。理论上，建设合同很简单，就是一方（承建商）同意为另一方（项目公司）建设工程或安装设备并从中获得报酬。但在实际操作中是相当复杂的，建设工程有许多发包方式和合同方式。典型的建设合同一般包括以下条款和内容：项目规划设计的负责人条款、价格支付条款、完工条款、不可预见风险条款、保证条款、保险条款、纠纷处理条款等。

在项目融资中，常见的建设合同是EPC合同：在这类合同中，通常采用固定总价的支付方式，由承建商负责项目的设计、施工和试运营等工作，并承诺在满足规定标准的前提下按时完成项目。通常由项目公司规定项目的产出标准，承建商承担包括规划设计、设备采购和施工在内的全部工作，在这种合同结构中，承建商的风险最大。为了进一步减少项目公司的风险，通常还要求承建商以履约保函形式提供全面的完工担保。

债权人偏好EPC承包合同，通常会对建设合同提出一些限制：①建设合同一般应是EPC承包合同；②在建设合同中，应明确规定完工日期，固定合同价格；③不可抗力造成的延期应控制在有限的范围内；④承包商应提供完工担保；⑤应有适当的奖惩措施。

四、项目运行维护合同

在项目融资实务中，项目主办人对于项目的经营有两种选择：一是自己经营项目；二是聘请一个经营公司经营项目或把项目运行维护外包给专业运营商。如果把项目运行维护外包给运营商，签订好经营合同就显得至关重要。运行维护合同在保证项目经营期的现金流量充足方面起着非常重要的作用，因而也是项目资信的一个重要组成部分。

运行维护合同一般包括下列关键条款：项目经营者和所有者双方的责任细则、补偿和支付条款、子合同、运营测试条款、纠纷处理条款、赔偿条款、任务分配条款、工作延误和提前终止条款、不可抗力条款等。

　　具体来说，签订运行维护合同的主要目的在于：确保项目设施在项目公司和贷款者认可的预算范围内正常经营和维护；将经营和维护风险分配给项目的经营者，由此实现项目公司和贷款者与此风险的隔离。运行维护合同一般采用补偿式支付方式，从而形成三种运行维护合同：①成本加利润率合同。在这种合同结构下，项目公司除了支付营运商运行维护项目发生的成本开支外，再按事先商定的比例支付给运营商服务费。运营商不承担任何风险，运营成本越高，获得的服务费越多。所以，在项目融资中该种合同较少采用。②成本加固定费用合同。在这种合同结构中，项目公司除了支付营运商运行维护项目发生的成本开支外，再支付给运营商一笔固定服务费。此时，项目公司承担了经营成本增加的风险，运营商不关心项目运营成本，缺少提高效率的积极性。③带有最高价格和激励费用的成本加费用合同。这是在成本加固定费用合同的基础上改进的一种合同形式。在这种合同结构下，经营者的报酬将严格地与其经营成本的高低挂钩。如果经营成本超出了最高价格，则经营者自己吸收这些成本，或者项目主办人有权更换经营者而提前终止协议。至于激励费用，是只有经营者实现了规定的经营目标才能获得的一笔奖金；相反，如果经营者未实现规定的经营目标，则不得不接受一定的惩罚，此时，项目公司支付给经营者的经营费用将会降低。贷款者比较倾向于带有最高价格和激励费用的成本加费用形式的运行维护合同，因为它要求经营商分担运营风险，并且有确定的上限。此外，债权人还希望对运行维护合同提出限制：一是贷款人应有权对项目经营者行使开除权或建议开除权；二是应有适当的奖惩措施，激励项目经营者提高运营效率，实现项目的效益最大化。

五、项目销售合同

　　在不同的项目性质下，项目销售合同有不同的合同形式：在生产型项目中，如电厂和水厂等，由于项目产品为有形产品，项目销售合同为产品购买合同；在服务型项目中，如输油管道项目，项目销售合同则为设施使用合同。项目是否有销售合同取决于项目特征。对于债权人而言，适当的销售合同可以增加项目收益的稳定性和可靠性。

　　长期销售合同是指项目公司与买方就负责销售一定数量的项目产品而签订的合同。这种合同是项目产品销售协议的最基本形式，买方所承担的付款责任义务取决于具体的条款。为了增加项目收益的稳定性和可靠性，会对长期销售合同附加一些特别的要求，从而形成不同的销售合同。

　　在长期销售合同中加入"保证最小购买量"条款，从而形成所谓的"保证最小购买量"合同。在这种合同中，买方以市场价格为基础，定期购买不低于某一额定数量的项目产品。虽然需求量有最低保障。但购买的最低数量由双方谈判决定，原则上，项目产品的最低销售量所获的收入应不少于该项目生产经营费用和同期应偿还的债务之和。

　　在长期销售合同中加入"提货与付款"条款，从而形成所谓的"提货与付款"

合同。在这种合同中，买方在取得货物后，即在项目产品交付或项目劳务实际提供后，买方才支付某一最低数量的产品或劳务的金额给卖方。在这种合同结构中，贷款的支付是有条件的，即只有当项目公司实际生产出产品或提供服务时，买方才履行这种义务。所以，这种合同有时被称为"Take-if-offered"合同。

在长期销售合同中加入"无论提货与否均需付款"条款，从而形成"不提货亦付款"合同，也称为"或取或付"合同。在这种合同中，买方定期按规定的价格向卖方支付额定数量的项目产品所对应的销售金额，而不问事实上买方是否提走合同项下的产品。"不提货亦付款"合同的特点在于：①它是一种长期销售合同，即该协议的期限应至少不短于项目融资的贷款期限；②买方在合同项下的支付义务是无条件的和不可撤销的，即使买方未提走合同项下的产品，仍要履行其支付义务，具有明显的强制性。

上述销售合同都是以长期销售合同为基础的，在具体操作上，"提货与付款"合同和"不提货亦付款"合同十分相似。但是，在担保作用上，"提货与付款"合同不如"不提货亦付款"合同，因为在"提货与付款"合同中，项目产品购买者承担的付款责任不是无条件的、绝对的，如果产品或设施不符合合同规定的要求的话，项目买方可以不付款。在合同产品的价格规定上，"提货与付款"合同没有最低限价的规定，一旦出现产品价格长期过低的情况时，就有导致现金流量不足以支付项目的生产费用和偿还到期债务的可能。显然，对贷款银行来说，这种协议比"不提货亦付款"合同所提供担保的分量要轻得多。所以，在操作时，贷款银行一般会要求项目投资者提供一份资金缺额担保作为对"提货与付款"合同担保的一种补充。含有"不提货亦付款"条款的合同相当于保证书，可以作为从金融机构获得贷款的依据，所以，这种合同是项目的潜在用户从保障市场的角度为项目融资提供的间接担保。

对于没有任何销售合同的项目，可要求政府提供最低回报率的保证，即政府保证项目的投资回报率不低于某一特定值，如果实际回报率低于保证值，则政府给予补贴，使之达到保证的回报率；或者要求政府提供最低需求量保证，即政府保证市场需求不低于某一特定值，如果实际需求低于保证值，则政府补偿差额损失或者允许提高价格。

六、供应合同

项目是否有供应合同取决于项目特征，例如，收费公路（桥梁、隧道）一般没有供应合同，而电厂（水厂）项目通常都要有燃料（原水）供应合同，对于债权人而言，适当的供应合同可以增加项目收益的稳定性和可靠性，因而也是项目资信的一个组成部分。

当项目的正常经营依赖于必需的原料供应时，项目公司和贷款银行都十分关心项目在整个贷款期内是否有可靠的、稳定的原料供应。关键是项目公司能否在事先协商的价格基础上签订一个长期的供应合同，否则将面临两种风险：一是在即期市场上能否获得供应；二是原料价格波动。

供应合同的基本形式为所谓的单一供应合同，在这种合同结构下，项目公司和一家供应商签订协议，项目公司承诺向该供应商购买项目所需的原料，但是可以事先规定或不规定具体的数量和价格。但在任何情况下，项目公司只支付其实际购买原料部分的款项，供应商也没有义务必须供应项目所需的全部原料。为了增加供应的可靠性，在合同中增加"或付或取"条款，从而形成"或付或取"供应合同。在这种合同结构下，项目公司同意在指定日期内按协议价格向原料供应方购买规定数量的原料，即使不向供应商提货，也必须向供应商付款；相应地，供应商必须以协定价格供应规定数量的原料。二者相比，贷款银行一般偏好"或付或取"供应合同，因为它使项目在协定价格基础上可获得稳定的原料供应。

附：BOT项目特许权协议实例1
——成都市自来水六厂B厂BOT项目特许权协议

一、项目背景

成都市自来水六厂B厂项目是全国第一个经国家批准的城市供水基础设施BOT试点项目。该项目自1997年1月经国家计委正式批准立项以来，在国家计委、建设部和省、市人民政府的直接领导下，经过一年多时间的国际公开招标工作，最终确定法国通用水务集团和日本丸红株式会社投标联合体为项目中标人，并于1998年7月12日由成都市人民政府与该联合体草签了项目特许权协议及其附件。随后，项目中标人又完成了国际融资和正式签约前的各项审批和登记的取得工作，并于1999年8月11日与成都市政府正式签署项目协议。这标志着该项目前期工作已经结束，并进入实施、建设阶段。该项目是BOT投资方式在全国城市供水基础设施建设领域的一次有益尝试，同时也为今后BOT投资方式在我国城市供水行业的推广积累了丰富的经验。

二、成都市自来水六厂B厂BOT项目特许权协议的主要内容

（一）特许权授予

成都市自来水六厂B厂BOT项目投资发起人为法国通用水务集团和日本丸红株式会社，项目发起人提供项目总投资30%的资金作为股本金，并组成项目公司。成都市人民政府在特许期内授予项目公司独家的权利，以便按照成都市人民政府的要求设计、建设、拥有、经营和维护水厂项目，并向成都市人民政府销售水厂生产的净水。

（二）特许期

项目特许期自特许权协议正式生效日期开始起，共18年，其中建设期为2年6个月，运营期为15年6个月，特许期满后，项目公司应在无任何补偿的情况下，将项目移交给成都市人民政府或其指定的机构。

（三）履约保函及维护保函

项目公司将在项目特许期内的建设期和运营期分别向成都市人民政府提交履约保证金（1 200万美元）和维护保证金（500万美元），以确保其有效地履行特许权协议项下的义务。

（四）土地使用权

成都市人民政府负责完成有关前期工作（包括土地的征用和租用），且在不迟于生效日期的期限内向项目公司移交水厂场地和取水场地的划拨土地使用权和使用场地的其他权利。项目公司除在特许权协议生效后提交开发费外，无须为划拨土地使用权支付其他任何款项。

如果在特许期内项目公司决定将划拨土地使用权转变为出让土地使用权，成都市人民政府承诺项目公司获得出让土地使用权，并使项目公司能够以抵押或以其他方式将该土地使用权用于担保，但是项目公司应承担因此发生的支出和费用并应根据有关程序办理。

对于输水管道和需向成都市人民政府移交的部分水厂取水设施工程建设所用土地，成都市人民政府承诺在项目公司支付土地租用金后，为项目公司取得在建设期内及之后直至最终完工日进入并使用该土地的权利。

（五）项目设施的建设

项目公司应按照项目协议规定的技术规范和要求以及适用法律，进行项目设施的设计。初步设计需提交成都市政府审批，详细设计应提交成都市政府审查。

项目公司应依照项目协议负责所有建设工程并承担建设工程的所有费用和风险，成都市政府按照协议规定提供服务和设施。建设承包商的确定和更换需由成都市政府批准。项目公司应制订和执行质量保证计划，保证工程质量，成都市政府有权对工程质量进行监督，并拒收任何严重不符合协议规定的工程、材料或设备，而且有权要求项目公司在合理期限内自费改正工程或更换合适的材料和设备。项目公司有义务在30个月的建设期内完成项目设施的建设，通过初步性能测试后，开始商业运营，并在开始商业运营后的105天内通过最终性能测试。如果由于成都市政府的原因造成公司商业运营延误，成都市政府应同意延长进度日期并给予经济补偿；对项目公司导致的完工延误，成都市政府将按日罚违约金，从履约保函中提款，直至履约保函已全部提取完为止。

（六）项目运营与维护

在整个运营期内，项目公司应根据项目协议的规定，自行承担费用和风险，管理、运营和维护水厂设施。如果项目公司未能按协议规定履行维护水厂设施的义务，成都市政府有权通知项目公司进行纠正性维护；如与项目公司发生争议，在运营协调委员会或专家小组认定项目公司未能履行协议规定的维护义务，且未在规定期限内进行补救的情况下，则成都市政府可以但无义务进行纠正性维护，并有权从维护保函中提取资金支付维护费用。

（七）项目公司的能力和供应义务

项目公司应在运营期内的每个运营日供应规定数量（40万立方米/日）的符合标准质量的净水，并遵守成都市自来水总公司的所有调度指令。如果由于项目公司的原因未履行供应规定数量或申报可供水量的义务，项目公司将按协议规定向成都市政府支付预定水量违约金；如果由于项目公司的原因未履行供应符合标准质量或基本质量的净水的义务，项目公司将按协议规定支付预定质量违约金。

（八）净水购买

水厂投入商业运营以后，在水厂运营正常的情况下，成都市人民政府有义务向项目公司收购40万立方米/日符合标准质量的净水并支付相应的水费。成都市人民政府指定成都市自来水总公司承担其购买净水的权利和义务，并由成都市自来水总公司与项目公司签订"购水协议"。

（九）原水供应

项目公司生产净水所需的原水由成都市人民政府负责提供。原水取自四川都江堰水系，项目公司将向作为成都市人民政府指定的原水供应人的成都市自来水总公司支付原水取水费。取水费将根据原水水价和实际抽取的原水数量计算确定。

（十）水费

成都市人民政府通过其指定人——成都市自来水总公司向项目公司支付的水费包括运营水费和原水费。运营水费反映了除原水成本之外的所有成本，运营水费又分为规定数量（协议规定项目公司每日供应净水的数量必须为40万立方米/日）运营水费和额外供水量（超过40万立方米/日，最高至42万立方米/日的那部分净水量）运营水费两种。规定数量运营水费包括固定价格部分和浮动价格部分：计算固定价格部分运营水费的运营水价，在特许期内各年的数值固定不变，不随通货膨胀等因素变化而调整；计算浮动价格部分运营水费的运营水价，在特许期内各年的数值也不随通货膨胀等因素变化而调整，但在一定条件下需随人民币与美元的汇率变化而进行调整，即在汇率变化超过±5%时需相应调高或调低浮动运营水价。

额外供水量运营水费只含固定价格部分，计算额外供水量运营水费的额外运营水价，约为规定数量运营水价的四分之一。

原水费反映了水费中的原水成本，可根据原水水价的改变而随之调整。

此外，在特许期内水费的支付还将考虑因法律变更、不可抗力及政府延误等因素造成项目公司额外支出而引起的附加水费。

在整个特许期内，水费的支付是根据特许权协议所明确的原则和购水协议附件中有关公式进行计算和调整的。如果特许权协议获得批准，今后的水价计算和调整将遵循已被批准的项目协议中确定的原则和公式进行，物价管理部门将审核水价的计算和调整是否符合已批准的原则和公式。

（十一）外汇

项目公司被允许在特许期内将本项目以人民币收入的水费兑换成美元并汇出境外，用以支付项目支出、贷款还本付息以及利润汇出。

（十二）项目的移交

项目的移交包括两项：一项是由项目公司建设的自来水公司管道的移交，包括自来水公司40万立方米/日的取水设施、输水管道和排水暗渠等工程的移交；另一项是水厂设施的移交。

项目公司应在项目最终完工日向成都市人民政府或其指定人移交自来水公司管道全部权利、所有权和利益。移交后的自来水公司管道应符合所有适用法律和有关的安全、运营、性能标准及规范，同时项目公司还应保证对最终完工日后12个月内出现的或发生的自来水公司管道的任何缺陷或损害进行修复。

项目公司应在特许期结束移交日，将水厂设施及对水厂设施的全部权利、所有权及利益（但不包括任何债务和存在任何环境污染）无偿移交给成都市人民政府或其指定机构。移交的水厂设施应符合有关安全和环境标准并得到良好维护且处于良好的运营状态。项目公司应保证在移交后12个月内修复由于材料、工艺、设计缺陷或特许期内项目公司的任何作为或不作为造成水厂设施任何部分出现的任何缺陷或损害，500万美元的维护保证金有效期至移交后12个月。

（十三）争议解决

如果协议双方就项目实施过程中的任何问题产生任何争议、分歧或索赔，将首先通过运营协调委员会友好协商解决；如协商不能解决，任何一方可提交由运营协商委员会成员一致同意决定的一个专家小组调解；如专家小组不能解决，则应提交仲裁解决。

采用仲裁方式解决时，仲裁机构为中国国际经济贸易仲裁委员会，仲裁地点为中国北京。由于贷款人的权利在特许权协议中做了专门规定，各方同意特许权协议及购水协议的争议将通过单独的仲裁协议来规范，贷款人也作为仲裁协议的签约一方，仲裁协议同时作为特许权协议的一个附件。

鉴于本特许权协议属成都市人民政府的涉外经济商务合同，成都市人民政府在特许权协议中同意放弃任何诉讼程序中的主权豁免。

（十四）风险分担

1.建设和运营商业风险

项目公司将承担项目设计缺陷、施工质量和建设期延误的风险，项目公司还将自行承担运营期间水厂运营、维护和管理的风险。

2.法律变更

政府法律变更所造成的风险由项目公司和成都市人民政府共同承担。由于法律变更导致项目公司的资本投资或经常支出增加在一定范围以内（即非实质性影响）时，风险将由项目公司承担，超出该范围（即实质性影响）后，由成都市人民政府承担。但因法律变更给项目公司带来的益处也应在项目公司和成都市人民政府之间分享。

3.不可抗力

项目公司应自费购买和保持在保险市场所能够投保到的全部不可抗力风险，对于不可保险的不可抗力风险，如属政策变化或政府行为等因素导致的风险，将由成都市人民政府承担，非政策变化或政府行为造成的不可保险的不可抗力风险由项目公司和成都市人民政府共同承担。

附：BOT项目特许权协议实例2
——广西来宾电厂B厂BOT项目的特许权协议主要内容

由于BOT项目的种类不同，具体到某一个BOT项目，其特许权协议文件的内容也会有区别。下面是广西来宾电厂B厂BOT项目的特许权协议（草案）的具体内容（见表14-1），（主要条款的详细内容已省略）

表14-1　　　　　　广西来宾电厂B厂BOT项目的特许权协议内容

章名	主要条款名称
第一章　特许权	第1条　术语定义 第2条　特许权 第3条　声明和保证——先决条件 第4条　场地的获得和使用
第二章　项目建设	第5条　设计 第6条　建设 第7条　调试 第8条　竣工延误和放弃
第三章　项目的运营与维护	第9条　运营与维护 第10条　燃料的供应 第11条　提供净输出电量及收费
第四章　项目的移交	第12条　特许期结束后的移交
第五章　双方的一般义务	第13条　广西政府的一般义务 第14条　项目公司的一般责任 第15条　广西政府和项目公司的共同权利和义务 第16条　终止 第17条　责任与保障
第六章　协议的转让、合同的批准、解释规则	第18条　协议的转让 第19条　合同的批准 第20条　解释规则
第七章　争议的解决	第21条　争议的解决 第22条　其他条款
附件：一、 　　　二、 　　　三、	

资料来源　冯柳江，罗智颂，等. 来宾模式：BOT投资方式在中国的实践［M］. 南宁：广西人民出版社，1999.

附：融资协议实例

——国外商业贷款协议样式

第1章　普通贷款协议及定义

1.1　普通贷款协议

1.2　定义

第2章　贷款

2.1　商业贷款的承诺

2.2　商业贷款的资金筹集

2.3　利率

2.4　费用

2.5　担保

2.6　收益分配

2.7　违约

2.8　本金的偿还

2.9　付款

2.10　费用增加及不可用贷款

2.11　贷款机构

第3章　先决条件

3.1　商业贷款的来源

3.2　禁止弃权

第4章　陈述与保证

第5章　违约事项

第6章　商业贷款者的行为

6.1　所有商业贷款者同意的事项

6.2　指定的商业贷款者同意的事项

6.3　商业贷款者代理人的权限

6.4　通信

第7章　商业贷款机构的代理人

7.1　授权与结果

7.2　税的摊派

7.3　商业贷款机构代理人的信誉

7.4　关系

7.5　违约通知

7.6　商业贷款机构代理人作为贷款者

7.7　贷款决议

7.8　保障

7.9　商业贷款机构代理人的继承人

附：购电协议实例

——广西来宾电厂B厂BOT项目购电协议

本协议各方为：

广西电力工业局（详细注明其法律性质、注册地址、主要营业地等）依中华人民共和国法律批准并存在（以下简称"电力局"），其法定地址为〔　　〕，由〔　　〕代表（注明其职务、授权及权限）和〔　　〕（项目公司）依中华人民共和国法律设立、登记注册及运作的外国独资企业（以下简称"项目公司"），其法定地址为〔　　〕，由〔　　〕代表（注明其职务，授权及权限）。

鉴于：

（1）广西壮族自治区人民政府（以下简称"广西政府"）为保持和促进广西壮族自治区经济增长提出建设新的电力设施。

（2）作为广西发展电力设施计划的组成部分，广西政府已在中华人民共和国广西壮族自治区来宾电厂A厂建设了两台燃煤发电机组（2×125MW），并已投入使用。广西政府现在建议在来宾电厂B厂再建设两台燃煤发电机组（2×350MW）。

（3）1995年10月18日，大地桥基础设施投资咨询有限责任公司代表广西政府发布了以建设-运营-移交方式对来宾电厂B厂项目（以下简称"项目"）的设计、建设、运营和移交进行投标的邀请。

（4）通过投标邀请，广西政府选出了对大型电厂项目的设计、建设、运营和移交拥有国际认可经验及专长的发起人，并成立项目公司以实施该项目。

（5）根据于〔　　〕年〔　　〕月〔　　〕日签署的特许权协议，项目公司与广西政府就项目公司对该项目的设计、建设、运营和移交的条件达成了一致意见。

（6）根据于〔　　〕年〔　　〕月〔　　〕日签署的燃料供应与运输协议，项目公司同意购买，且由广西政府指定的燃料供应公司同意提供电厂所需数量及质量的燃料。

（7）电力局在中华人民共和国广西壮族自治区内拥有输送和销售电力的垄断权，并受广西政府指派购买电厂的净输出电量。

（8）本协议规定了项目公司同意向电力局提供，且电力局同意购买电厂的净输出电量的条款和条件。

为此，双方协议如下：

第1条　定义

除本协议上下文另有规定外，本协议英文本中的大写字体的词具有附件一中确定的含义。

第2条　解释

（略）

第3条　期限

本协议应在特许权协议生效日生效，并在特许权协议确定的整个特许权期限内保持有效，但根据本协议修改或终止的情况除外。

第4条　商业运营开始的前提条件（略）

第5条　项目公司的责任

5.1 项目公司的主要责任

在特许期内，项目公司应按照特许权协议的规定自己承担费用及风险负责电厂的完工、管理、运营、维护和修理。项目公司应保证在特许期内始终根据谨慎工程和运营惯例，适用的法律、法规运营电厂（包括维护相应的储煤场），维护电厂使之保持良好的运营状态，并能在运营参数范围内以安全和稳定的方式提供电力电量，以满足电网的要求。

5.2　可用容量义务

5.2.1　根据本协议的规定，项目公司应自1号发电机组完工日至特许期结束之日，向电力局提供电厂每台发电机组的合同容量。

5.2.2　双方应在每台发电机组的试运行期间、商业运营开始日以后每六（6）个月内或电力局要求的任何其他日期，通过可用电力测试确定电厂的核定容量。

5.2.3　可用电力测试应包括电厂连续八（8）小时的运转以及根据特许权协议附件四所规定的程序使用电能计量系统对净输出电量进行计量。

5.3　净输出电量

项目公司向电力局输送的净输出电量应采用根据第6.7条规定的电能计量系统进行检验、计量和记录。

5.4　供电义务

项目公司应按运营参数以及电网要求并根据附件二发出的调度指令在供电点向电力局提供调度指令所述的电力电量。在特许期内，项目公司应仅为电力局提供电厂全部可用容量，且未经电力局或广西政府事先书面同意或指示，不得向任何第三方出售净输出电量。

5.5　计划停运

项目公司有权根据附件二的规定安排计划停运，以便对发电机组或电厂进行计划检修、维护、检查和修理。双方在特许期中应每年就年计划停运期达成一致意见，电力局可根据附件二对其修改。

5.6 强迫停运和降低出力

若发生任何强迫停运、降低出力和/或任何可能导致强迫停运或降低出力或电厂不能按运营参数运营的事件（计划停运除外），项目公司应立即通知电力局。

5.7 提供调度自动化、电力通信与电能计量系统

项目公司应自费建设为电厂接入电网并向电力局提供净输出电量所需的调度自动化、电力通信及电能计量系统（包括建在电厂以外的设施），项目公司应将对电厂以外的上述设施的运营与维护的责任移交给电力局。项目公司为此应向电力局支付相应的运营维护费用。

第6条 电力局的责任

6.1 电力局的运营责任

6.1.1 电力局应按照谨慎工程和运营惯例运营和维护或责成他人运营和维护配套输变电设施、电网和电力局的其他系统和设施。

6.1.2 电力局应按经济调度原则依附件二所规定的电力输送程序调度电厂，但该调度指令不得在任何情况下超出申报可用容量，亦不得要求项目公司违背电厂的运营参数以及谨慎工程和运营惯例。

6.1.3 电力局应责成广西中调与项目公司签署以附件二为基础的调度协议。广西中调应为电力局的利益且代表电力局履行调度协议项下的义务。如果调度协议与本协议有不符之处，以本协议为准。

6.2 调试和试运行期间对净输出电量的购买

在1号、2号发电机组的调试和试运行期间，电力局应接受1号、2号发电机组全部输送至供电点的净输出电量且应向项目公司支付该电量的燃料电费。

6.3 或取或付协定——最低净输出电量的购买

除本协议条款规定的由于不可抗力或项目公司的过失以外，将适用下述或取或付协定。

6.3.1 1号发电机组完工日至电厂商业运营日期间净输出电量的购买。

自1号发电机组完工日至商业运营日期间的每个月，电力局应按照附件二发出调度指令，并应支付：

（a）该月的最低净输出电量的运营电费（用人民币计价部分的最低净输出电量的运营电价计算）；加上

（b）该月依调度指令实际输送的全部净输出电量的燃料电费；加上

（c）任何附加费用（如有）。

6.3.2 商业运营日之后对净输出电量的购买。

在商业运营日之后的每个月，电力局应依附件二发出调度指令，且应支付：

（a）该月最低净输出电量的运营电费；加上

（b）该月依调度指令实际输送的净输出电量的燃料电费；加上

（c）附加费用（如有）。

6.3.3 为进一步明确第6.3.1条和第6.3.2条，当项目公司在本协议项下有如下违约时：

（a）由于项目公司未能维持电厂的足够的可用容量致使电力局无法调度任一月份最低净输出电量；和/或

（b）电力局已对任一月份的最低净输出电量或超出最低净输出电量的净输出电量发出调度指令，但项目公司未能输送符合该调度指令的至少为最低净输出电量的净输出电量。

则电力局最多只需支付：

（a）根据该调度指令实际输送的净输出电量的运营电费；加上

（b）根据该调度指令实际输送的净输出电量的燃料电费；加上

（c）附加费用（如有）。

6.4 对额外净输出电量的购买及额外费用

6.4.1 对额外净输出电量的购买。

在商业运营日之后的任一运营年中，电力局已依附件二发出调度指令，且项目公司已输送了超过该运营年最低净输出电量的净输出电量，则电力局应在该运营年年末，支付以该运营年内依调度指令输送的全部额外净输出电量并按额外净输出电量的运营电价为基础计算的运营电费的金额（在第一个运营年年末，该金额为该运营年所输送的额外净输出电量的金额加上自商业运营开始日至第一个运营年的第一天所输送的额外净输出电量的金额）。

6.4.2 额外费用的支付。

在商业运营日之后的每个运营年末，电力局应支付按照附件三所述额外费用。

6.5 紧急情况下的切断和削减供电以及紧急情况下的供电（略）

6.6 电力局供电和供气（略）

6.7 调度自动化、电力通信和电能计量系统的运营和维护

电力局应接受运营和维护电厂以外的调度自动化、电力通信及电能计量系统，费用由项目公司承担，但不包括电力局工作人员的工资，以便使电厂在符合电网要求条件下安全运行以及依特许权协议附件十五的规定进行监测、计量和记录输送至供电点的净输出电量。

第7条 电费的支付

7.1 电费是由电力局向项目公司支付的电厂的净输出电量的总费用金额。任一指定时间的电费应由下述一项或多项组成，详见附件三：

（a）运营电费；

（b）燃料电费；

（c）额外费用。

7.2 除本协议条款规定的项目公司违约以及发生任何不可抗力事件以外，电力局应根据第10条的账单、支付及调整程序向项目公司支付电费。

第8条 可用容量——违约金（略）

第9条 调度水平——违约金（略）

第10条 账单、支付和调整（略）

第11条 支付支持

广西政府保证电力局适当、适时履行本协议项下的义务。如果电力局不能履行本协议项下的支付义务，广西政府应负责支付，项目公司有权直接从广西政府获得支付。

第12条 保险

12.1 保险的维持

在特许期内，项目公司应自费购买和维持，或通过他人购买和维持特许权协议附件十三规定数额的保险单；但该数额经电力局事先书面同意后可随时变更；且如果并非项目公司疏忽或违约的原因无法在合理的商业条件下投保某特别险种，不应视项目公司违约。

12.2 保险单的附加条款

12.3 火灾、灾难、机器故障保险单的附加条款

项目公司应责成承保人在对第12.1条款规定的，有关电厂的火灾、灾难、机器故障保险单上提供第12.2条所要求的附加条款。

12.4 保险证明书

项目公司应责成承保人或代理人向电力局提供保险证明书，证实已获上述所列保险单及附加条款。项目公司未能按第12条的要求投保或获得保险证明书，不得解除或限制项目公司在本协议条款下的义务和责任。如果项目公司未购买或维持根据第12条所要求的保险，则电力局有权根据特许权协议附件十三的要求购买该保险，并且有权根据本协议从对项目公司的应支付款中抵扣其支付的保险费。

12.5 保险报告

项目公司应向电力局提供保险人的报告或项目公司从任何承保人处收到的其他报告副本；然而，除非对本协议的管理和履行所必需的或应电力局上级主管政府部门的要求，并且除非为本协议使用并在内部传播此报告，否则电力局不得向任何其他人披露该报告。

第13条 不可抗力

13.1 不可抗力引起的中止

在出现任何一方不可控制的情况，阻止该方履行本协议项下的义务时，该方有权中止履行合同，上述不可控制的情况包括自然灾害、战争、敌对行为、禁运、火灾和进出口限制（每一项分别为"不可抗力"）。本条所指的有权中止的情况仅指声称受不可抗力影响的一方在本协议制定时无法合理地避免或克服的事件及其后果。

13.2 对项目公司的例外

项目公司不得将下述事件视为不可抗力事件而中止本协议或作为不履行本协议

项下义务的借口：

（a）建设承包商、运营与维护承包商或其任一分包商迟延履行合同；

（b）电厂的任何材料、设备、机器或零件的迟延交付，或任何潜在的或明显的缺陷；

（c）电厂的材料、设备、机器或零件的故障或正常磨损。

13.3　对电力局的例外

电力局不得将下述事件视为不可抗力事件而中止本协议或作为其不履行本协议项下义务的借口：

（a）政府对电厂的征用、征收、没收或国有化；

（b）政府实行封锁、禁运、进口限制、配额限制；

（c）并非由于项目公司违反本协议或其他项目文件的原因引起的对任何同意、许可和批准的取消；

（d）法律变更。

13.4　程序

声称受不可抗力影响一方应立即且应在其意识到发生不可抗力后二十四（24）小时之内书面通知另一方并详述该不可抗力影响的情况。

13.5　费用及时间表的修改

发生不可抗力时，双方应各自承担由于不可抗力情况而对其造成的支出，下述第13.6条或第13.9条规定的情况除外。若声称受不可抗力影响一方已履行本协议第13.4条的通知程序，本协议所规定的履行某项义务的期限应根据不可抗力对履行该义务产生影响时间相应顺延。

13.6　不可抗力事件过程中的支付

在发生第13.3条所述的不可抗力事件且项目公司根据第13.4条宣布该不可抗力事件的情况下，在此期间的每个月，电力局应支付此不可抗力事件期间实际输送的全部净输出电量的电费，再加上对每个不可抗力事件影响的可用期内每个发电机组的额外不可抗力金额。

13.7　不可抗力事件造成的终止

如果任何不可抗力事件阻止一方履行其义务的时间自该不可抗力事件发生之日起超过九十（90）天，双方应通过协商决定继续履行本协议的条件或同意终止本协议。若双方在不可抗力事件发生后一百八十（180）天内不能就继续履行的条件或终止协议达成一致意见，任何一方可根据第14.4条发出终止意向通知，如有必要，可根据第14.6条发出终止通知。

13.8　协商和减少损失的责任

受不可抗力事件影响的一方应做出合理的努力以减少不可抗力事件的影响，包括为采取有效的措施支付合理的金额。双方应相互协商以决定为减少不可抗力事件给每一方造成的损失所采取的合理措施。

13.9 电厂的损坏和修理及其附加费用（略）

13.10 不可抗力后的终止

如果双方在开始协商后九十（90）天内未能就电厂的修复和修理达成一致意见，任何一方可根据第14.4和14.6条发出终止意向通知，如需要，可发出终止通知。

第14条 终止

14.1 议在下述任一事件发生之时终止：

（a）因任何在特许权协议中规定的终止原因导致特许权协议终止；

（b）根据第13.7条或第13.10条，由于不可抗力事件或在不可抗力事件之后终止；

（c）根据第14.2条规定，在项目公司违约事件后，电力局终止协议；

（d）根据第14.3条规定，在电力局违约事件后，项目公司终止协议。

14.2 项目公司违约事项

下述每一条款所述事件，若非由于电力局或广西政府违反项目文件或不可抗力事件引起，并且未在允许的时间内得到补救，应视为项目公司违约，电力局有权立即发出终止意向通知：

（a）根据第4.4条规定，商业运营开始日的前提条件未得到满足；

（b）如第8.5条所述，在两个连续运营年中，任何一台发电机组的算术平均可用容量低于该台发电机组的算术平均合同容量的85%；

（c）如特许权协议第16.1（c）所述，未得到电力局的事先书面同意，项目公司或运营与维护承包商被视为已放弃电厂；

（d）项目公司未能根据谨慎工程和运营惯例在运营参数范围内管理、运行、维护和修理电厂，以致电厂的人员和财产的安全和电力局向其用户提供的服务受到严重的不良影响；

（e）除根据特许权协议的条款，将电厂移交给广西政府以及第18条所述向贷款人转让之外，未经电力局同意本协议项下项目公司的权利或义务的转让，或项目公司未经广西政府事先同意对电厂的所有权和经营权的移交、丧失或让予；

（f）除为重组或合并目的外（条件是该重组或合并不影响重组后或合并后的实体履行本协议项下义务的能力），项目公司依中国法律解散、清算或资不抵债或停止支付到期应支付款项；

（g）项目公司在本协议中做的声明或保证与提供时有严重出入，使项目公司履行本协议项下义务的能力受到严重不利影响；

（h）项目公司对本协议项下义务有严重违约，并在收到电力局发出说明该违约的书面通知和要求项目公司对此进行补救后的三十（30）天之内未能补救；

（i）贷款人宣布融资文件项下的过失并采取相应的补救措施，使贷款人取代项目公司控制电厂，且贷款人未在其之后九十（90）天内将项目公司在项目文件下的权利和义务移交给一个电力局和广西政府接受的被移交人；

（j）项目公司，其雇员或分包商蓄意损坏输变电设施。

14.3　电力局违约事项

下述每一条款所述事件，若并非由于项目公司违反项目文件或不可抗力事件所造成的，并未能在允许的时间内补救，应视为电力局违约事件，项目公司有权立即发出终止意向通知：

（a）电力局根据中国法律解散、关闭或资不抵债，除非电力局在本协议项下的权利和义务转让给一个能够继续履行电力局义务的、具有合法地位和相应的商业职能的受让人；

（b）电力局在本协议下无争议的款项到期后三十（30）天内未付款，并且在通知广西政府后，广西政府在其后三十（30）天内未能通过其提供的支持对违约进行补救；

（c）广西政府对电力局在特许权协议下的义务的支持解除或无效；

（d）电力局对本协议义务有实质违约，并在收到项目公司发出此违约的声明和要求电力局就此进行补救的书面通知后三十（30）天内未能补救。

14.4　终止意向通知

终止意向通知应适当详细说明导致该终止意向通知发出的项目公司违约事件或电力局违约事件。同时，任一方向另一方发出的任何终止意向通知应提交给广西政府和贷款人代表。在发出终止意向通知后，双方应在六十（60）天期限内，或双方在书面同意的更长期限内协商防止终止本协议应采取的措施。

14.5　贷款人权利

自融资手续完成之日及之后，若融资文件仍持续有效，除非电力局首先向贷款人提供一个纠正项目公司违约事件的机会和向贷款人提供第14.5条所规定的其他权利，否则不得终止本协议。贷款人可履行项目公司应履行的任何支付或采取任何要求由项目公司采取的行动，其效果与项目公司所做的支付或采取的行动相同。除非贷款人在收到电力局的终止意向通知后的六十（60）天内未纠正或无力纠正项目公司的违约事件，否则电力局不得发出第14.6条规定的终止通知。

14.6　终止通知

在第14.4条规定的协商期满时，除非双方另外达成一致意见或导致终止意向通知的项目公司的违约事件或电力局的违约事件已得到纠正，否则发出终止意向通知的一方可通过向另一方、贷款人的代表或代理和广西政府发出终止通知立即终止本协议。

第15条　终止后的事宜（略）

第16条　责任和保障

16.1　相互保障

每一方均应保障、保护和防止另一方受损害，使该方免于承担由于保障方在本协议履行中的过失所产生的或与其有任何关联的人身伤害和财产损失或损害而引起的任何性质的所有债务、损害、损失、费用和索赔，除非这种伤害、损害或损失是由于寻求被保障方的疏忽、故意行为、疏漏或违约所造成的。本条的规定不得强制要求一方向另一方在本协议项下提供该方根据特许权协议条款所获得的任何有关责任、损害、损失、费用或索赔的全额保障。

16.2　义务的继续存在

对于在本协议期满或终止之前发生的行为、疏忽、行动、事情或事件，各方第16.1条项下的义务在本协议期满或终止后继续有效。

16.3　共同责任

如果第16.1条所指的任何损失或损害仅一部分是由电力局的行为或疏忽所造成，另一部分由项目公司的行为或疏忽所造成，则每一方均应以其相应的过失程度对另一方承担责任。

16.4　间接损失不负责任

在任何情况下，各方均不对由于本协议造成的或与本协议有关的任何索赔为对方的任何非直接、特殊、偶然、间接或惩罚性赔偿负责，无论其是否与合同、侵权行为（包括疏忽）、后果责任或其他原因有关。

16.5　索赔抗辩

因被提出任何索赔而要求得到保障的一方（简称"被保障方"）应及时通知另一方（简称"保障方"）已被提出索赔。保障方可通知另一方接受保障责任，并合理指示如何进行索赔抗辩及由哪一方进行索赔抗辩。直至收到该通知之时，被保障方可采取所有合理措施进行索赔抗辩，如果收到此通知，被保障方将遵循保障方的指示。

第17条　争议解决

17.1　运营协调委员会友好解决

若对于本协议项下或与本协议有关的或对其条款解释中双方产生任何争议、分歧或索赔，则经其任何一方成员要求，运营协调委员会应立即会晤，并尽力通过协商解决该争议、分歧或索赔。所有争议应通过运营协调委员会代表之间的协商友好解决，运营协调委员会的一致决议对双方均有约束力。

17.2　专家小组的调解

若双方不能根据第17.1条规定解决争议、分歧或索赔，任何一方可将争议、分歧或索赔提交专家小组。

17.3　仲裁

17.3.1　若双方未能根据第17.1条或第17.2条解决争议、分歧或索赔，该争议、分歧或索赔应提交中国国际经济贸易仲裁委员会进行终局裁决，仲裁以中文或英文进行，仲裁地点为北京。

17.3.2　中国国际经济贸易仲裁委员会做出的与本协议有关裁决对双方均有约束力。

17.4　多方争议的解决

双方同意可将本协议下的争议解决程序同任何其他项目文件中就同一严重问题

发生的尚未解决的任何其他争议的解决程序合并。

17.5 争议解决期间的履行

在争议、分歧或索赔提交给运营协调委员会专家小组和/或仲裁以后，并且直至专家小组和/或仲裁庭做出终局裁决之前，各方应在不对将做出的最终裁定构成损害的前提下，继续履行其在本协议下的所有义务。

17.6 继续有效的义务

第17条规定的争议解决条款在本协议终止后继续有效。

第18条 本协议的转让

18.1 电力局的转让

未经项目公司的事先书面同意，电力局不得转让或移交其在本协议项下的全部或部分的权利或义务。然而，第18.1条并不阻碍电力局同中华人民共和国政府部委、部门、机构，或中国国有的或中国控股的公司合并或兼并或移交其权利义务，前提是受让方或继承方接受履行本协议项下的电力局的义务并对其承担全部责任，且获得与电力局所获得的实质上相同的广西政府的支持。

18.2 项目公司的转让

未经电力局事先书面同意，项目公司不得移交其在本协议下的全部或部分的权利或义务，然而，为安排项目融资或再融资之目的，项目公司应有权将其在本协议项下或根据本协议或根据任何其他项目文件的权利和利益转让给贷款人，并为贷款人在该权利和利益上设置担保物权。除上述规定外，未经电力局事先书面同意，项目公司不得独自或允许他方在本协议下或任何其他项目文件或电厂的权益中设立任何担保物权、留置权、动产抵押权或不动产抵押权。

第19条 其他条款（略）

资料来源 冯柳江，罗智颂，等. 来宾模式：BOT投资方式在中国的实践［M］. 南宁：广西人民出版社，1999.

第四节 小结

本章的主要内容是介绍中国项目融资的法律体系和文件。

要了解项目融资的法律体系，必须明确项目融资的法律特征：主体的特殊性、客体标的物的特殊性、体系的复杂性和法律基础的一致性。

中国目前项目融资的法律体系是由涉外法律、国内法律和法规、合同与契约三大部分构成。

项目融资涉及的文件很多，项目融资文件在融资过程中有两大作用：其一，明确各方参与者在项目融资中的地位、权利、责任和义务。其二，对项目的风险进行界定和合理地分担。

项目合同结构主要包括特许权协议、投资协议或股东协议、项目建设合同、项目运行维护合同、项目销售合同和供应合同等。

如上所述，项目融资文件数量多，种类繁杂，并各具不同用途，选择适当的标准将其科学地分类，对起草、使用项目融资的文件，都是十分必要的。项目融资文件一般分为五大类：基础性文件、融资文件、抵押文件、支持性文件、专家报告和法律意见书。

在项目融资的诸多文件中，特许权协议和融资协议是最重要、最常见的文件。由于目前我国BOT项目以电厂项目居多，故购电协议作为项目融资的主要文件之一，也具有一定的代表性。

需要着重指出的是，在BOT项目融资方式中，特许权协议是实现TOT融资方式的最基本、最核心文件，它规定了协议各方在项目的建设、运营和移交中的权利和义务，对项目的风险进行界定和分担，确定项目融资的其他文件和解决争议的原则及程序，是项目融资得以顺利实施的基本保证。

关键概念

特许权协议   融资协议   购电协议

复习思考题

1. 项目融资的法律特征是什么？
2. 项目融资文件的主要作用是什么？
3. 项目融资文件可分为哪几类？
4. 为什么说特许权协议文件是BOT融资方式中最基本、最核心的文件？
5. 特许权协议中的一般条款包括哪些主要内容？
6. 常见的融资协议有哪些？

附录一

市政公用事业特许经营管理办法

中华人民共和国建设部令

第126号

《市政公用事业特许经营管理办法》已于2004年2月24日经第29次部常务会议讨论通过，现予发布，自2004年5月1日起施行。

部长　汪光焘

二〇〇四年三月十九日

第一条　为了加快推进市政公用事业市场化，规范市政公用事业特许经营活动，加强市场监管，保障社会公共利益和公共安全，促进市政公用事业健康发展，根据国家有关法律、法规，制定本办法。

第二条　本办法所称市政公用事业特许经营，是指政府按照有关法律、法规规定，通过市场竞争机制选择市政公用事业投资者或者经营者，明确其在一定期限和范围内经营某项市政公用事业产品或者提供某项服务的制度。

城市供水、供气、供热、公共交通、污水处理、垃圾处理等行业，依法实施特许经营的，适用本办法。

第三条　实施特许经营的项目由省、自治区、直辖市通过法定形式和程序确定。

第四条　国务院建设主管部门负责全国市政公用事业特许经营活动的指导和监督工作。

省、自治区人民政府建设主管部门负责本行政区域内的市政公用事业特许经营活动的指导和监督工作。

直辖市、市、县人民政府市政公用事业主管部门依据人民政府的授权（以下简称主管部门），负责本行政区域内的市政公用事业特许经营的具体实施。

第五条　实施市政公用事业特许经营，应当遵循公开、公平、公正和公共利益优先的原则。

第六条　实施市政公用事业特许经营，应当坚持合理布局，有效配置资源的原则，鼓励跨行政区域的市政公用基础设施共享。

跨行政区域的市政公用基础设施特许经营，应当本着有关各方平等协商的原则，共同加强监管。

第七条　参与特许经营权竞标者应当具备以下条件：

（一）依法注册的企业法人；

（二）有相应的注册资本金和设施、设备；

（三）有良好的银行资信、财务状况及相应的偿债能力；

（四）有相应的从业经历和良好的业绩；

（五）有相应数量的技术、财务、经营等关键岗位人员；

（六）有切实可行的经营方案；

（七）地方性法规、规章规定的其他条件。

第八条　主管部门应当依照下列程序选择投资者或者经营者：

（一）提出市政公用事业特许经营项目，报直辖市、市、县人民政府批准后，向社会公开发布招标条件，受理投标；

（二）根据招标条件，对特许经营权的投标人进行资格审查和方案预审，推荐出符合条件的投标候选人；

（三）组织评审委员会依法进行评审，并经过质询和公开答辩，择优选择特许经营权授予对象；

（四）向社会公示中标结果，公示时间不少于20天；

（五）公示期满，对中标者没有异议的，经直辖市、市、县人民政府批准，与中标者（以下简称"获得特许经营权的企业"）签订特许经营协议。

第九条　特许经营协议应当包括以下内容：

（一）特许经营内容、区域、范围及有效期限；

（二）产品和服务标准；

（三）价格和收费的确定方法、标准以及调整程序；

（四）设施的权属与处置；

（五）设施维护和更新改造；

（六）安全管理；

（七）履约担保；

（八）特许经营权的终止和变更；

（九）违约责任；

（十）争议解决方式；

（十一）双方认为应该约定的其他事项。

第十条　主管部门应当履行下列责任：

（一）协助相关部门核算和监控企业成本，提出价格调整意见；

（二）监督获得特许经营权的企业履行法定义务和协议书规定的义务；

（三）对获得特许经营权的企业的经营计划实施情况、产品和服务的质量以及安全生产情况进行监督；

（四）受理公众对获得特许经营权的企业的投诉；

（五）向政府提交年度特许经营监督检查报告；

（六）在危及或者可能危及公共利益、公共安全等紧急情况下，临时接管特许经营项目；

（七）协议约定的其他责任。

第十一条　获得特许经营权的企业应当履行下列责任：

（一）科学合理地制订企业年度生产、供应计划；

（二）按照国家安全生产法规和行业安全生产标准规范，组织企业安全生产；

（三）履行经营协议，为社会提供足量的、符合标准的产品和服务；

（四）接受主管部门对产品和服务质量的监督检查；

（五）按规定的时间将中长期发展规划、年度经营计划、年度报告、董事会决议等报主管部门备案；

（六）加强对生产设施、设备的运行维护和更新改造，确保设施完好；

（七）协议约定的其他责任。

第十二条　特许经营期限应当根据行业特点、规模、经营方式等因素确定，最长不得超过30年。

第十三条　获得特许经营权的企业承担政府公益性指令任务造成经济损失的，政府应当给予相应的补偿。

第十四条　在协议有效期限内，若协议的内容确需变更的，协议双方应当在共同协商的基础上签订补充协议。

第十五条　获得特许经营权的企业确需变更名称、地址、法定代表人的，应当提前书面告知主管部门，并经其同意。

第十六条　特许经营期限届满，主管部门应当按照本办法规定的程序组织招标，选择特许经营者。

第十七条　获得特许经营权的企业在协议有效期内单方提出解除协议的，应当提前提出申请，主管部门应当自收到获得特许经营权的企业申请的3个月内做出答复。在主管部门同意解除协议前，获得特许经营权的企业必须保证正常的经营与服务。

第十八条　获得特许经营权的企业在特许经营期间有下列行为之一的，主管部门应当依法终止特许经营协议，取消其特许经营权，并可以实施临时接管：

（一）擅自转让、出租特许经营权的；

（二）擅自将所经营的财产进行处置或者抵押的；

（三）因管理不善，发生重大质量、生产安全事故的；

（四）擅自停业、歇业，严重影响到社会公共利益和安全的；

（五）法律、法规禁止的其他行为。

第十九条　特许经营权发生变更或者终止时，主管部门必须采取有效措施保证市政公用产品供应和服务的连续性与稳定性。

第二十条　主管部门应当在特许经营协议签订后30日内，将协议报上一级市政公用事业主管部门备案。

第二十一条　在项目运营的过程中，主管部门应当组织专家对获得特许经营权的企业经营情况进行中期评估。

评估周期一般不得低于两年，特殊情况下可以实施年度评估。

第二十二条　直辖市、市、县人民政府有关部门按照有关法律、法规规定的原则和程序，审定和监管市政公用事业产品和服务价格。

第二十三条　未经直辖市、市、县人民政府批准，获得特许经营权的企业不得擅自停业、歇业。

获得特许经营权的企业擅自停业、歇业的，主管部门应当责令其限期改正，或者依法采取有效措施督促其履行义务。

第二十四条　主管部门实施监督检查，不得妨碍获得特许经营权的企业正常的生产经营活动。

第二十五条　主管部门应当建立特许经营项目的临时接管应急预案。

对获得特许经营权的企业取消特许经营权并实施临时接管的，必须按照有关法律、法规的规定进行，并召开听证会。

第二十六条　社会公众对市政公用事业特许经营享有知情权、建议权。

直辖市、市、县人民政府应当建立社会公众参与机制，保障公众能够对实施特许经营情况进行监督。

第二十七条　国务院建设主管部门应当加强对直辖市市政公用事业主管部门实施特许经营活动的监督检查，省、自治区人民政府建设主管部门应当加强对市、县人民政府市政公用事业主管部门实施特许经营活动的监督检查，及时纠正实施特许经营中的违法行为。

第二十八条　对以欺骗、贿赂等不正当手段获得特许经营权的企业，主管部门应当取消其特许经营权，并向国务院建设主管部门报告，由国务院建设主管部门通过媒体等形式向社会公开披露。被取消特许经营权的企业在三年内不得参与市政公用事业特许经营竞标。

第二十九条　主管部门或者获得特许经营权的企业违反协议的，由过错方承担违约责任，给对方造成损失的，应当承担赔偿责任。

第三十条　主管部门及其工作人员有下列情形之一的，由对其授权的直辖市、市、县人民政府或者监察机关责令改正，对负主要责任的主管人员和其他直接责任人员依法给予行政处分；构成犯罪的，依法追究刑事责任：

（一）不依法履行监督职责或者监督不力，造成严重后果的；

（二）对不符合法定条件的竞标者授予特许经营权的；

（三）滥用职权、徇私舞弊的。

第三十一条　本办法自 2004 年 5 月 1 日起施行。

附录二

中国银监会关于印发《项目融资业务指引》的通知

银监发〔2009〕71号

机关各部门，各银监局，各政策性银行、国有商业银行、股份制商业银行，中国邮政储蓄银行：

为加强项目融资业务风险管理，促进项目融资业务健康发展，银监会制定了《项目融资业务指引》，现印发给你们，请遵照执行。

请各银监局将本通知转发至辖内银监分局和银行业金融机构。

二〇〇九年七月十八日

项目融资业务指引

第一条　为促进银行业金融机构项目融资业务健康发展，有效管理项目融资风险，依据《中华人民共和国银行业监督管理法》《中华人民共和国商业银行法》《固定资产贷款管理暂行办法》以及其他有关法律法规，制定本指引。

第二条　中华人民共和国境内经国务院银行业监督管理机构批准设立的银行业金融机构（以下简称贷款人）开展项目融资业务，适用本指引。

第三条　本指引所称项目融资，是指符合以下特征的贷款：

（一）贷款用途通常是用于建造一个或一组大型生产装置、基础设施、房地产项目或其他项目，包括对在建或已建项目的再融资；

（二）借款人通常是为建设、经营该项目或为该项目融资而专门组建的企事业法人，包括主要从事该项目建设、经营或融资的既有企事业法人；

（三）还款资金来源主要依赖该项目产生的销售收入、补贴收入或其他收入，一般不具备其他还款来源。

第四条　贷款人从事项目融资业务，应当具备对所从事项目的风险识别和管理能力，配备业务开展所需要的专业人员，建立完善的操作流程和风险管理机制。

贷款人可以根据需要，委托或者要求借款人委托具备相关资质的独立中介机构为项目提供法律、税务、保险、技术、环保和监理等方面的专业意见或服务。

第五条　贷款人提供项目融资的项目，应当符合国家产业、土地、环保和投资管理等相关政策。

第六条　贷款人从事项目融资业务，应当充分识别和评估融资项目中存在的建设期风险和经营期风险，包括政策风险、筹资风险、完工风险、产品市场风险、超支风险、原材料风险、营运风险、汇率风险、环保风险和其他相关风险。

第七条　贷款人从事项目融资业务，应当以偿债能力分析为核心，重点从项目技术可行性、财务可行性和还款来源可靠性等方面评估项目风险，充分考虑政策变化、市场波动等不确定因素对项目的影响，审慎预测项目的未来收益和现金流。

第八条　贷款人应当按照国家关于固定资产投资项目资本金制度的有关规定，综合考虑项目风险水平和自身风险承受能力等因素，合理确定贷款金额。

第九条　贷款人应当根据项目预测现金流和投资回收期等因素，合理确定贷款期限和还款计划。

第十条　贷款人应当按照中国人民银行关于利率管理的有关规定，根据风险收益匹配原则，综合考虑项目风险、风险缓释措施等因素，合理确定贷款利率。

贷款人可以根据项目融资在不同阶段的风险特征和水平，采用不同的贷款利率。

第十一条　贷款人应当要求将符合抵质押条件的项目资产和/或项目预期收益等权利为贷款设定担保，并可以根据需要，将项目发起人持有的项目公司股权为贷款设定质押担保。

贷款人应当要求成为项目所投保商业保险的第一顺位保险金请求权人，或采取其他措施有效控制保险赔款权益。

第十二条　贷款人应当采取措施有效降低和分散融资项目在建设期和经营期的各类风险。

贷款人应当以要求借款人或者通过借款人要求项目相关方签订总承包合同、投保商业保险、建立完工保证金、提供完工担保和履约保函等方式，最大限度降低建设期风险。

贷款人可以以要求借款人签订长期供销合同、使用金融衍生工具或者发起人提供资金缺口担保等方式，有效分散经营期风险。

第十三条　贷款人可以通过为项目提供财务顾问服务，为项目设计综合金融服务方案，组合运用各种融资工具，拓宽项目资金来源渠道，有效分散风险。

第十四条　贷款人应当按照《固定资产贷款管理暂行办法》的有关规定，恰当设计账户管理、贷款资金支付、借款人承诺、财务指标控制、重大违约事项等项目融资合同条款，促进项目正常建设和运营，有效控制项目融资风险。

第十五条　贷款人应当根据项目的实际进度和资金需求，按照合同约定的条件发放贷款资金。贷款发放前，贷款人应当确认与拟发放贷款同比例的项目资本金足额到位，并与贷款配套使用。

第十六条　贷款人应当按照《固定资产贷款管理暂行办法》关于贷款发放与支付的有关规定，对贷款资金的支付实施管理和控制，必要时可以与借款人在借款合同中约定专门的贷款发放账户。

采用贷款人受托支付方式的，贷款人在必要时可以要求借款人、独立中介机构和承包商等共同检查设备建造或者工程建设进度，并根据出具的、符合合同约定条件的共同签证单，进行贷款支付。

第十七条　贷款人应当与借款人约定专门的项目收入账户，并要求所有项目收入进入约定账户，并按照事先约定的条件和方式对外支付。

贷款人应当对项目收入账户进行动态监测，当账户资金流动出现异常时，应当及时查明原因并采取相应措施。

第十八条　在贷款存续期间，贷款人应当持续监测项目的建设和经营情况，根据贷款担保、市场环境、宏观经济变动等因素，定期对项目风险进行评价，并建立贷款质量监控制度和风险预警体系。出现可能影响贷款安全情形的，应当及时采取相应措施。

第十九条　多家银行业金融机构参与同一项目融资的，原则上应当采用银团贷款方式。

第二十条　对文化创意、新技术开发等项目发放的符合项目融资特征的贷款，参照本指引执行。

第二十一条　本指引由中国银行业监督管理委员会负责解释。

第二十二条　本指引自发布之日起三个月后施行。

附录三

国务院关于鼓励和引导民间
投资健康发展的若干意见

国发〔2010〕13号

各省、自治区、直辖市人民政府，国务院各部委、各直属机构：

改革开放以来，我国民间投资不断发展壮大，已经成为促进经济发展、调整产业结构、繁荣城乡市场、扩大社会就业的重要力量。在毫不动摇地巩固和发展公有制经济的同时，毫不动摇地鼓励、支持和引导非公有制经济发展，进一步鼓励和引导民间投资，有利于坚持和完善我国社会主义初级阶段基本经济制度，以现代产权制度为基础发展混合所有制经济，推动各种所有制经济平等竞争、共同发展；有利于完善社会主义市场经济体制，充分发挥市场配置资源的基础性作用，建立公平竞争的市场环境；有利于激发经济增长的内生动力，稳固可持续发展的基础，促进经济长期平稳较快发展；有利于扩大社会就业，增加居民收入，拉动国内消费，促进社会和谐稳定。为此，提出以下意见：

一、进一步拓宽民间投资的领域和范围

（一）深入贯彻落实《国务院关于鼓励支持和引导个体私营等非公有制经济发展的若干意见》（国发〔2005〕3号）等一系列政策措施，鼓励和引导民间资本进入法律法规未明确禁止准入的行业和领域。规范设置投资准入门槛，创造公平竞争、平等准入的市场环境。市场准入标准和优惠扶持政策要公开透明，对各类投资主体同等对待，不得单对民间资本设置附加条件。

（二）明确界定政府投资范围。政府投资主要用于关系国家安全、市场不能有效配置资源的经济和社会领域。对于可以实行市场化运作的基础设施、市政工程和其他公共服务领域，应鼓励和支持民间资本进入。

（三）进一步调整国有经济布局和结构。国有资本要把投资重点放在不断加强和巩固关系国民经济命脉的重要行业和关键领域，在一般竞争性领域，要为民间资本营造更广阔的市场空间。

（四）积极推进医疗、教育等社会事业领域改革。将民办社会事业作为社会公共事业发展的重要补充，统筹规划，合理布局，加快培育形成政府投入为主、民间投资为辅的公共服务体系。

二、鼓励和引导民间资本进入基础产业和基础设施领域

（五）鼓励民间资本参与交通运输建设。鼓励民间资本以独资、控股、参股等方式投资建设公路、水运、港口码头、民用机场、通用航空设施等项目。抓紧研究制定铁路体制改革方案，引入市场竞争，推进投资主体多元化，鼓励民间资本参与铁路干线、铁路支线、铁路轮渡以及站场设施的建设，允许民间资本参股建设煤运通道、客运专线、城际轨道交通等项目。探索建立铁路产业投资基金，积极支持铁路企业加快股改上市，拓宽民间资本进入铁路建设领域的渠道和途径。

（六）鼓励民间资本参与水利工程建设。建立收费补偿机制，实行政府补贴，通过业主招标、承包租赁等方式，吸引民间资本投资建设农田水利、跨流域调水、水资源综合利用、水土保持等水利项目。

（七）鼓励民间资本参与电力建设。鼓励民间资本参与风能、太阳能、地热能、生物质能等新能源产业建设。支持民间资本以独资、控股或参股形式参与水电站、火电站建设，参股建设核电站。进一步放开电力市场，积极推进电价改革，加快推行竞价上网，推行项目业主招标，完善电力监管制度，为民营发电企业平等参与竞争创造良好环境。

（八）鼓励民间资本参与石油天然气建设。支持民间资本进入油气勘探开发领域，与国有石油企业合作开展油气勘探开发。支持民间资本参股建设原油、天然气、成品油的储运和管道输送设施及网络。

（九）鼓励民间资本参与电信建设。鼓励民间资本以参股方式进入基础电信运营市场。支持民间资本开展增值电信业务。加强对电信领域垄断和不正当竞争行为的监管，促进公平竞争，推动资源共享。

（十）鼓励民间资本参与土地整治和矿产资源勘探开发。积极引导民间资本通过招标投标形式参与土地整理、复垦等工程建设，鼓励和引导民间资本投资矿山地质环境恢复治理，坚持矿业权市场全面向民间资本开放。

三、鼓励和引导民间资本进入市政公用事业和政策性住房建设领域

（十一）鼓励民间资本参与市政公用事业建设。支持民间资本进入城市供水、供气、供热、污水和垃圾处理、公共交通、城市园林绿化等领域。鼓励民间资本积极参与市政公用企事业单位的改组改制，具备条件的市政公用事业项目可以采取市场化的经营方式，向民间资本转让产权或经营权。

（十二）进一步深化市政公用事业体制改革。积极引入市场竞争机制，大力推行市政公用事业的投资主体、运营主体招标制度，建立健全市政公用事业特许经营制度。改进和完善政府采购制度，建立规范的政府监管和财政补贴机制，加快推进

市政公用产品价格和收费制度改革，为鼓励和引导民间资本进入市政公用事业领域创造良好的制度环境。

（十三）鼓励民间资本参与政策性住房建设。支持和引导民间资本投资建设经济适用住房、公共租赁住房等政策性住房，参与棚户区改造，享受相应的政策性住房建设政策。

四、鼓励和引导民间资本进入社会事业领域

（十四）鼓励民间资本参与发展医疗事业。支持民间资本兴办各类医院、社区卫生服务机构、疗养院、门诊部、诊所、卫生所（室）等医疗机构，参与公立医院转制改组。支持民营医疗机构承担公共卫生服务、基本医疗服务和医疗保险定点服务。切实落实非营利性医疗机构的税收政策。鼓励医疗人才资源向民营医疗机构合理流动，确保民营医疗机构在人才引进、职称评定、科研课题等方面与公立医院享受平等待遇。从医疗质量、医疗行为、收费标准等方面对各类医疗机构加强监管，促进民营医疗机构健康发展。

（十五）鼓励民间资本参与发展教育和社会培训事业。支持民间资本兴办高等学校、中小学校、幼儿园、职业教育等各类教育和社会培训机构。修改完善《中华人民共和国民办教育促进法实施条例》，落实对民办学校的人才鼓励政策和公共财政资助政策，加快制定和完善促进民办教育发展的金融、产权和社保等政策，研究建立民办学校的退出机制。

（十六）鼓励民间资本参与发展社会福利事业。通过用地保障、信贷支持和政府采购等多种形式，鼓励民间资本投资建设专业化的服务设施，兴办养（托）老服务和残疾人康复、托养服务等各类社会福利机构。

（十七）鼓励民间资本参与发展文化、旅游和体育产业。鼓励民间资本从事广告、印刷、演艺、娱乐、文化创意、文化会展、影视制作、网络文化、动漫游戏、出版物发行、文化产品数字制作与相关服务等活动，建设博物馆、图书馆、文化馆、电影院等文化设施。鼓励民间资本合理开发旅游资源，建设旅游设施，从事各种旅游休闲活动。鼓励民间资本投资生产体育用品，建设各类体育场馆及健身设施，从事体育健身、竞赛表演等活动。

五、鼓励和引导民间资本进入金融服务领域

（十八）允许民间资本兴办金融机构。在加强有效监管、促进规范经营、防范金融风险的前提下，放宽对金融机构的股比限制。支持民间资本以入股方式参与商业银行的增资扩股，参与农村信用社、城市信用社的改制工作。鼓励民间资本发起或参与设立村镇银行、贷款公司、农村资金互助社等金融机构，放宽村镇银行或社区银行中法人银行最低出资比例的限制。落实中小企业贷款税前全额拨备损失准备金政策，简化中小金融机构呆账核销审核程序。适当放宽小额贷款公司单一投资者持股比例限制，对小额贷款公司的涉农业务实行与村镇银行同等的财政补贴政策。支持民间资本发起设立信用担保公司，完善信用担保公司的风险补偿机制和风险分担机制。鼓励民间资本发起设立金融中介服务机构，参与证券、保险等金融机构的改组改制。

六、鼓励和引导民间资本进入商贸流通领域

（十九）鼓励民间资本进入商品批发零售、现代物流领域。支持民营批发、零售企业发展，鼓励民间资本投资连锁经营、电子商务等新型流通业态。引导民间资本投资第三方物流服务领域，为民营物流企业承接传统制造业、商贸业的物流业务外包创造条件，支持中小型民营商贸流通企业协作发展共同配送。加快物流业管理体制改革，鼓励物流基础设施的资源整合和充分利用，促进物流企业网络化经营，搭建便捷高效的融资平台，创造公平、规范的市场竞争环境，推进物流服务的社会化和资源利用的市场化。

七、鼓励和引导民间资本进入国防科技工业领域

（二十）鼓励民间资本进入国防科技工业投资建设领域。引导和支持民营企业有序参与军工企业的改组改制，鼓励民营企业参与军民两用高技术开发和产业化，允许民营企业按有关规定参与承担军工生产和科研任务。

八、鼓励和引导民间资本重组联合和参与国有企业改革

（二十一）引导和鼓励民营企业利用产权市场组合民间资本，促进产权合理流动，开展跨地区、跨行业兼并重组。鼓励和支持民间资本在国内合理流动，实现产业有序梯度转移，参与西部大开发、东北地区等老工业基地振兴、中部地区崛起以及新农村建设和扶贫开发。支持有条件的民营企业通过联合重组等方式做大做强，发展成为特色突出、市场竞争力强的集团化公司。

（二十二）鼓励和引导民营企业通过参股、控股、资产收购等多种形式，参与国有企业的改制重组。合理降低国有控股企业中的国有资本比例。民营企业在参与国有企业改制重组过程中，要认真执行国家有关资产处置、债务处理和社会保障等方面的政策要求，依法妥善安置职工，保证企业职工的正当权益。

九、推动民营企业加强自主创新和转型升级

（二十三）贯彻落实鼓励企业增加研发投入的税收优惠政策，鼓励民营企业增加研发投入，提高自主创新能力，掌握拥有自主知识产权的核心技术。帮助民营企业建立工程技术研究中心、技术开发中心，增加技术储备，搞好技术人才培训。支持民营企业参与国家重大科技计划项目和技术攻关，不断提高企业技术水平和研发能力。

（二十四）加快实施促进科技成果转化的鼓励政策，积极发展技术市场，完善科技成果登记制度，方便民营企业转让和购买先进技术。加快分析测试、检验检测、创业孵化、科技评估、科技咨询等科技服务机构的建设和机制创新，为民营企业的自主创新提供服务平台。积极推动信息服务外包、知识产权、技术转移和成果转化等高技术服务领域的市场竞争，支持民营企业开展技术服务活动。

（二十五）鼓励民营企业加大新产品开发力度，实现产品更新换代。开发新产品发生的研究开发费用可按规定享受加计扣除优惠政策。鼓励民营企业实施品牌发展战略，争创名牌产品，提高产品质量和服务水平。通过加速固定资产折旧等方式

鼓励民营企业进行技术改造，淘汰落后产能，加快技术升级。

（二十六）鼓励和引导民营企业发展战略性新兴产业。广泛应用信息技术等高新技术改造提升传统产业，大力发展循环经济、绿色经济，投资建设节能减排、节水降耗、生物医药、信息网络、新能源、新材料、环境保护、资源综合利用等具有发展潜力的新兴产业。

十、鼓励和引导民营企业积极参与国际竞争

（二十七）鼓励民营企业"走出去"，积极参与国际竞争。支持民营企业在研发、生产、营销等方面开展国际化经营，开发战略资源，建立国际销售网络。支持民营企业利用自有品牌、自主知识产权和自主营销，开拓国际市场，加快培育跨国企业和国际知名品牌。支持民营企业之间、民营企业与国有企业之间组成联合体，发挥各自优势，共同开展多种形式的境外投资。

（二十八）完善境外投资促进和保障体系。与有关国家建立鼓励和促进民间资本国际流动的政策磋商机制，开展多种形式的对话交流，发展长期稳定、互惠互利的合作关系。通过签订双边民间投资合作协定、利用多边协定体系等，为民营企业"走出去"争取有利的投资、贸易环境和更多优惠政策。健全和完善境外投资鼓励政策，在资金支持、金融保险、外汇管理、质检通关等方面，民营企业与其他企业享受同等待遇。

十一、为民间投资创造良好环境

（二十九）清理和修改不利于民间投资发展的法规政策规定，切实保护民间投资的合法权益，培育和维护平等竞争的投资环境。在制定涉及民间投资的法律、法规和政策时，要听取有关商会和民营企业的意见和建议，充分反映民营企业的合理要求。

（三十）各级人民政府有关部门安排的政府性资金，包括财政预算内投资、专项建设资金、创业投资引导资金，以及国际金融组织贷款和外国政府贷款等，要明确规则、统一标准，对包括民间投资在内的各类投资主体同等对待。支持民营企业的产品和服务进入政府采购目录。

（三十一）各类金融机构要在防范风险的基础上，创新和灵活运用多种金融工具，加大对民间投资的融资支持，加强对民间投资的金融服务。各级人民政府及有关监管部门要不断完善民间投资的融资担保制度，健全创业投资机制，发展股权投资基金，继续支持民营企业通过股票、债券市场进行融资。

（三十二）全面清理整合涉及民间投资管理的行政审批事项，简化环节、缩短时限，进一步推动管理内容、标准和程序的公开化、规范化，提高行政服务效率。进一步清理和规范涉企收费，切实减轻民营企业负担。

十二、加强对民间投资的服务、指导和规范管理

（三十三）统计部门要加强对民间投资的统计工作，准确反映民间投资的进展和分布情况。投资主管部门、行业管理部门及行业协会要切实做好民间投资的监测和分析工作，及时把握民间投资动态，合理引导民间投资。要加强投资信息平台建

设，及时向社会公开发布国家产业政策、发展建设规划、市场准入标准、国内外行业动态等信息，引导民间投资者正确判断形势，减少盲目投资。

（三十四）建立健全民间投资服务体系。充分发挥商会、行业协会等自律性组织的作用，积极培育和发展为民间投资提供法律、政策、咨询、财务、金融、技术、管理和市场信息等服务的中介组织。

（三十五）在放宽市场准入的同时，切实加强监管。各级人民政府有关部门要依照有关法律法规要求，切实督促民间投资主体履行投资建设手续，严格遵守国家产业政策和环保、用地、节能以及质量、安全等规定。要建立完善企业信用体系，指导民营企业建立规范的产权、财务、用工等制度，依法经营。民间投资主体要不断提高自身素质和能力，树立诚信意识和责任意识，积极创造条件满足市场准入要求，并主动承担相应的社会责任。

（三十六）营造有利于民间投资健康发展的良好舆论氛围。大力宣传党中央国务院关于鼓励、支持和引导非公有制经济发展的方针、政策和措施。客观、公正宣传报道民间投资在促进经济发展、调整产业结构、繁荣城乡市场和扩大社会就业等方面的积极作用。积极宣传依法经营、诚实守信、认真履行社会责任、积极参与社会公益事业的民营企业家的先进事迹。

各地区、各部门要把鼓励和引导民间投资健康发展工作摆在更加重要的位置，进一步解放思想，转变观念，深化改革，创新求实，根据本意见要求，抓紧研究制定具体实施办法，尽快将有关政策措施落到实处，努力营造有利于民间投资健康发展的政策环境和舆论氛围，切实促进民间投资持续健康发展，促进投资合理增长、结构优化、效益提高和经济社会又好又快发展。

附录四

国家发展改革委关于开展政府和社会资本合作的指导意见

发改投资〔2014〕2724号

各省、自治区、直辖市及计划单列市、新疆生产建设兵团发展改革委:

为贯彻落实《国务院关于创新重点领域投融资机制鼓励社会投资的指导意见》（国发〔2014〕60号）有关要求，鼓励和引导社会投资，增强公共产品供给能力，促进调结构、补短板、惠民生，现就开展政府和社会资本合作提出如下指导意见。

一、充分认识政府和社会资本合作的重要意义

政府和社会资本合作（PPP）模式是指政府为增强公共产品和服务供给能力、提高供给效率，通过特许经营、购买服务、股权合作等方式，与社会资本建立的利益共享、风险分担及长期合作关系。开展政府和社会资本合作，有利于创新投融资机制，拓宽社会资本投资渠道，增强经济增长内生动力；有利于推动各类资本相互融合、优势互补，促进投资主体多元化，发展混合所有制经济；有利于理顺政府与市场关系，加快政府职能转变，充分发挥市场配置资源的决定性作用。

二、准确把握政府和社会资本合作的主要原则

（一）转变职能，合理界定政府的职责定位。开展政府和社会资本合作，对转变政府职能、提高管理水平提出了更高要求。政府要牢固树立平等意识及合作观念，集中力量做好政策制定、发展规划、市场监管和指导服务，从公共产品的直接"提供者"转变为社会资本的"合作者"以及PPP项目的"监管者"。

（二）因地制宜，建立合理的投资回报机制。根据各地实际，通过授予特许经营权、核定价费标准、给予财政补贴、明确排他性约定等，稳定社会资本收益预期。加强项目成本监测，既要充分调动社会资本积极性，又要防止不合理让利或利益输送。

（三）合理设计，构建有效的风险分担机制。按照风险收益对等原则，在政府和社会资本间合理分配项目风险。原则上，项目的建设、运营风险由社会资本承担，法律、政策调整风险由政府承担，自然灾害等不可抗力风险由双方共同承担。

（四）诚信守约，保证合作双方的合法权益。在平等协商、依法合规的基础上，按照权责明确、规范高效的原则订立项目合同。合同双方要牢固树立法律意识、契约意识和信用意识，项目合同一经签署必须严格执行，无故违约必须承担相应责任。

（五）完善机制，营造公开透明的政策环境。从项目选择、方案审查、伙伴确定、价格管理、退出机制、绩效评价等方面，完善制度设计，营造良好政策环境，确保项目实施决策科学、程序规范、过程公开、责任明确、稳妥推进。

三、合理确定政府和社会资本合作的项目范围及模式

（一）项目适用范围。PPP模式主要适用于政府负有提供责任又适宜市场化运作的公共服务、基础设施类项目。燃气、供电、供水、供热、污水及垃圾处理等市政设施，公路、铁路、机场、城市轨道交通等交通设施，医疗、旅游、教育培训、健康养老等公共服务项目，以及水利、资源环境和生态保护等项目均可推行PPP模式。各地的新建市政工程以及新型城镇化试点项目，应优先考虑采用PPP模式建设。

（二）操作模式选择。

1.经营性项目。对于具有明确的收费基础，并且经营收费能够完全覆盖投资成本的项目，可通过政府授予特许经营权，采用建设-运营-移交（BOT）、建设-拥有-运营-移交（BOOT）等模式推进。要依法放开相关项目的建设、运营市场，积极推动自然垄断行业逐步实行特许经营。

2.准经营性项目。对于经营收费不足以覆盖投资成本、需政府补贴部分资金或资源的项目，可通过政府授予特许经营权附加部分补贴或直接投资参股等措施，采用建设-运营-移交（BOT）、建设-拥有-运营（BOO）等模式推进。要建立投资、补贴与价格的协同机制，为投资者获得合理回报积极创造条件。

3.非经营性项目。对于缺乏"使用者付费"基础、主要依靠"政府付费"回收投资成本的项目，可通过政府购买服务，采用建设-拥有-运营（BOO）、委托运营等市场化模式推进。要合理确定购买内容，把有限的资金用在刀刃上，切实提高资金使用效益。

（三）积极开展创新。各地可以根据当地实际及项目特点，积极探索、大胆创新，通过建立合理的"使用者付费"机制等方式，增强吸引社会资本能力，并灵活运用多种PPP模式，切实提高项目运作效率。

四、建立健全政府和社会资本合作的工作机制

（一）健全协调机制。按照部门联动、分工明确、协同推进等要求，与有关部门建立协调推进机制，推动规划、投资、价格、土地、金融等部门密切配合、形成合力，保障政府和社会资本合作积极稳妥推进。

（二）明确实施主体。按照地方政府的相关要求，明确相应的行业管理部门、事业单位、行业运营公司或其他相关机构，作为政府授权的项目实施机构，在授权范围内负责PPP项目的前期评估论证、实施方案编制、合作伙伴选择、项目合同签订、项目组织实施以及合作期满移交等工作。

（三）建立联审机制。为提高工作效率，可会同相关部门建立PPP项目的联审机制，从项目建设的必要性及合规性、PPP模式的适用性、财政承受能力以及价格的合理性等方面，对项目实施方案进行可行性评估，确保"物有所值"。审查结果作为项目决策的重要依据。

（四）规范价格管理。按照补偿成本、合理收益、节约资源以及社会可承受的原则，加强投资成本和服务成本监测，加快理顺价格水平。加强价格行为监管，既要防止项目法人随意提价损害公共利益、不合理获利，又要规范政府价格行为，提高政府定价、调价的科学性和透明度。

（五）提升专业能力。加强引导，积极发挥各类专业中介机构在PPP项目的资产评估、成本核算、经济补偿、决策论证、合同管理、项目融资等方面的积极作用，提高项目决策的科学性、项目管理的专业性以及项目实施效率。加强PPP相关业务培训，培养专业队伍和人才。

五、加强政府和社会资本合作项目的规范管理

（一）项目储备。根据经济社会发展需要，按照项目合理布局、政府投资有效配置等原则，切实做好PPP项目的总体规划、综合平衡和储备管理。从准备建设的公共服务、基础设施项目中，及时筛选PPP模式的适用项目，按照PPP模式进行培育开发。各省区市发展改革委要建立PPP项目库，并从2015年1月起，于每月5日前将项目进展情况按月报送国家发展改革委。

（二）项目遴选。会同行业管理部门、项目实施机构，及时从项目储备库或社会资本提出申请的潜在项目中筛选条件成熟的建设项目，编制实施方案并提交联审机制审查，明确经济技术指标、经营服务标准、投资概算构成、投资回报方式、价格确定及调价方式、财政补贴及财政承诺等核心事项。

（三）伙伴选择。实施方案审查通过后，配合行业管理部门、项目实施机构，按照《招标投标法》《政府采购法》等法律法规，通过公开招标、邀请招标、竞争性谈判等多种方式，公平择优选择具有相应管理经验、专业能力、融资实力以及信用状况良好的社会资本作为合作伙伴。

（四）合同管理。项目实施机构和社会资本依法签订项目合同，明确服务标准、价格管理、回报方式、风险分担、信息披露、违约处罚、政府接管以及评估论证等内容。各地可参考《政府和社会资本合作项目通用合同指南》，细化完善合同文本，确保合同内容全面、规范、有效。

（五）绩效评价。项目实施过程中，加强工程质量、运营标准的全程监督，确保公共产品和服务的质量、效率和延续性。鼓励推进第三方评价，对公共产品和服务的数量、质量以及资金使用效率等方面进行综合评价，评价结果向社会公示，作

为价费标准、财政补贴以及合作期限等调整的参考依据。项目实施结束后，可对项目的成本效益、公众满意度、可持续性等进行后评价，评价结果作为完善PPP模式制度体系的参考依据。

（六）退出机制。政府和社会资本合作过程中，如遇不可抗力或违约事件导致项目提前终止时，项目实施机构要及时做好接管，保障项目设施持续运行，保证公共利益不受侵害。政府和社会资本合作期满后，要按照合同约定的移交形式、移交内容和移交标准，及时组织开展项目验收、资产交割等工作，妥善做好项目移交。依托各类产权、股权交易市场，为社会资本提供多元化、规范化、市场化的退出渠道。

六、强化政府和社会资本合作的政策保障

（一）完善投资回报机制。深化价格管理体制改革，对于涉及中央定价的PPP项目，可适当向地方下放价格管理权限。依法依规为准经营性、非经营性项目配置土地、物业、广告等经营资源，为稳定投资回报、吸引社会投资创造条件。

（二）加强政府投资引导。优化政府投资方向，通过投资补助、基金注资、担保补贴、贷款贴息等多种方式，优先支持引入社会资本的项目。合理分配政府投资资金，优先保障配套投入，确保PPP项目如期、高效投产运营。

（三）加快项目前期工作。联合有关部门建立并联审批机制，在科学论证、遵守程序的基础上，加快推进规划选址、用地预审、环评审批、审批核准等前期工作。协助项目单位解决前期工作中的问题和困难，协调落实建设条件，加快项目建设进度。

（四）做好综合金融服务。鼓励金融机构提供财务顾问、融资顾问、银团贷款等综合金融服务，全程参与PPP项目的策划、融资、建设和运营。鼓励项目公司或合作伙伴通过成立私募基金、引入战略投资者、发行债券等多种方式拓宽融资渠道。

七、扎实有序开展政府和社会资本合作

（一）做好示范推进。各地可选取市场发育程度高、政府负债水平低、社会资本相对充裕的市县，以及具有稳定收益和社会效益的项目，积极推进政府和社会资本合作，并及时总结经验、大力宣传，发挥好示范带动作用。国家发展改革委将选取部分推广效果显著的省区市和重点项目，总结典型案例，组织交流推广。

（二）推进信用建设。按照诚信践诺的要求，加强全社会信用体系建设，保障政府和社会资本合作顺利推进。政府要科学决策，保持政策的连续性和稳定性；依法行政，防止不当干预和地方保护；认真履约，及时兑现各类承诺和合同约定。社会资本要守信自律，提高诚信经营意识。

（三）搭建信息平台。充分利用并切实发挥好信息平台的桥梁纽带作用。可以利用现代信息技术，搭建信息服务平台，公开PPP项目的工作流程、评审标准、项目信息、实施情况、咨询服务等相关信息，保障信息发布准确及时、审批过程公正透明、建设运营全程监管。

（四）加强宣传引导。大力宣传政府和社会资本合作的重大意义，做好政策解读，总结典型案例，回应社会关切，通过舆论引导，培育积极的合作理念，建立规范的合作机制，营造良好的合作氛围，充分发挥政府、市场和社会资本的合力作用。

开展政府和社会资本合作是创新投融资机制的重要举措，各地要高度重视，切实加强组织领导，抓紧制定具体的政策措施和实施办法。各级发展改革部门要按照当地政府的统一部署，认真做好PPP项目的统筹规划、综合协调等工作，会同有关部门积极推动政府和社会资本合作顺利实施。

国家发展改革委

2014年12月2日

附录五

关于推广运用政府和社会资本
合作模式有关问题的通知

财金〔2014〕76号

各省、自治区、直辖市、计划单列市财政厅（局），新疆生产建设兵团财务局：

为贯彻落实党的十八届三中全会关于"允许社会资本通过特许经营等方式参与城市基础设施投资和运营"精神，拓宽城镇化建设融资渠道，促进政府职能加快转变，完善财政投入及管理方式，尽快形成有利于促进政府和社会资本合作模式（Public-Private Partnership，PPP）发展的制度体系，现就有关问题通知如下：

一、充分认识推广运用政府和社会资本合作模式的重要意义

政府和社会资本合作模式是在基础设施及公共服务领域建立的一种长期合作关系。通常模式是由社会资本承担设计、建设、运营、维护基础设施的大部分工作，并通过"使用者付费"及必要的"政府付费"获得合理投资回报；政府部门负责基础设施及公共服务价格和质量监管，以保证公共利益最大化。当前，我国正在实施新型城镇化发展战略。城镇化是现代化的要求，也是稳增长、促改革、调结构、惠民生的重要抓手。立足国内实践，借鉴国际成功经验，推广运用政府和社会资本合作模式，是国家确定的重大经济改革任务，对于加快新型城镇化建设、提升国家治理能力、构建现代财政制度具有重要意义。

1. 推广运用政府和社会资本合作模式，是促进经济转型升级、支持新型城镇化建设的必然要求。政府通过政府和社会资本合作模式向社会资本开放基础设施和公共服务项目，可以拓宽城镇化建设融资渠道，形成多元化、可持续的资金投入机制，有利于整合社会资源，盘活社会存量资本，激发民间投资活力，拓展企业发展空间，提升经济增长动力，促进经济结构调整和转型升级。

2. 推广运用政府和社会资本合作模式，是加快转变政府职能、提升国家治理能

力的一次体制机制变革。规范的政府和社会资本合作模式能够将政府的发展规划、市场监管、公共服务职能，与社会资本的管理效率、技术创新动力有机结合，减少政府对微观事务的过度参与，提高公共服务的效率与质量。政府和社会资本合作模式要求平等参与、公开透明，政府和社会资本按照合同办事，有利于简政放权，更好地实现政府职能转变，弘扬契约文化，体现现代国家治理理念。

3. 推广运用政府和社会资本合作模式，是深化财税体制改革、构建现代财政制度的重要内容。根据财税体制改革要求，现代财政制度的重要内容之一是建立跨年度预算平衡机制、实行中期财政规划管理、编制完整体现政府资产负债状况的综合财务报告等。政府和社会资本合作模式的实质是政府购买服务，要求从以往单一年度的预算收支管理，逐步转向强化中长期财政规划，这与深化财税体制改革的方向和目标高度一致。

二、积极稳妥做好项目示范工作

当前推广运用政府和社会资本合作模式，首先要做好制度设计和政策安排，明确适用于政府和社会资本合作模式的项目类型、采购程序、融资管理、项目监管、绩效评价等事宜。

1. 开展项目示范。地方各级财政部门要向本级政府和相关行业主管部门大力宣传政府和社会资本合作模式的理念和方法，按照政府主导、社会参与、市场运作、平等协商、风险分担、互利共赢的原则，科学评估公共服务需求，探索运用规范的政府和社会资本合作模式新建或改造一批基础设施项目。财政部将统筹考虑项目成熟度、可示范程度等因素，在全国范围内选择一批以"使用者付费"为基础的项目进行示范，在实践的基础上不断总结、提炼、完善制度体系。

2. 确定示范项目范围。适宜采用政府和社会资本合作模式的项目，具有价格调整机制相对灵活、市场化程度相对较高、投资规模相对较大、需求长期稳定等特点。各级财政部门要重点关注城市基础设施及公共服务领域，如城市供水、供暖、供气、污水和垃圾处理、保障性安居工程、地下综合管廊、轨道交通、医疗和养老服务设施等，优先选择收费定价机制透明、有稳定现金流的项目。

3. 加强示范项目指导。财政部将通过建立政府和社会资本合作项目库为地方提供参考案例。对政府和社会资本合作示范项目，财政部将在项目论证、交易结构设计、采购和选择合作伙伴、融资安排、合同管理、运营监管、绩效评价等工作环节，为地方财政部门提供全方位的业务指导和技术支撑。

4. 完善项目支持政策。财政部将积极研究利用现有专项转移支付资金渠道，对示范项目提供资本投入支持。同时，积极引入信誉好、有实力的运营商参与示范项目建设和运营。鼓励和支持金融机构为示范项目提供融资、保险等金融服务。地方各级财政部门可以结合自身财力状况，因地制宜地给予示范项目前期费用补贴、资本补助等多种形式的资金支持。在与社会资本协商确定项目财政支出责任时，地方各级财政部门要对各种形式的资金支持给予统筹，综合考虑项目风险等因素合理确定资金支持方式和力度，切实考虑社会资本合理收益。

三、切实有效履行财政管理职能

政府和社会资本合作项目从明确投入方式、选择合作伙伴、确定运营补贴到提供公共服务，涉及预算管理、政府采购、政府性债务管理，以及财政支出绩效评价等财政职能。推广运用政府和社会资本合作模式对财政管理提出了更高要求。地方各级财政部门要提高认识，勇于担当，认真做好相关财政管理工作。

1. 着力提高财政管理能力。政府和社会资本合作项目建设周期长、涉及领域广、复杂程度高，不同行业的技术标准和管理要求差异大，专业性强。地方各级财政部门要根据财税体制改革总体方案要求，按照公开、公平、公正的原则，探索项目采购、预算管理、收费定价调整机制、绩效评价等有效管理方式，规范项目运作，实现中长期可持续发展，提升资金使用效益和公共服务水平。同时，注重体制机制创新，充分发挥市场在资源配置中的决定性作用，按照"风险由最适宜的一方来承担"的原则，合理分配项目风险，项目设计、建设、财务、运营维护等商业风险原则上由社会资本承担，政策、法律和最低需求风险等由政府承担。

2. 认真做好项目评估论证。地方各级财政部门要会同行业主管部门，根据有关政策法规要求，扎实做好项目前期论证工作。除传统的项目评估论证外，还要积极借鉴物有所值（Value for Money，VFM）评价理念和方法，对拟采用政府和社会资本合作模式的项目进行筛选，必要时可委托专业机构进行项目评估论证。评估论证时，要与传统政府采购模式进行比较分析，确保从项目全生命周期看，采用政府和社会资本合作模式后能够提高服务质量和运营效率，或者降低项目成本。项目评估时，要综合考虑公共服务需要、责任风险分担、产出标准、关键绩效指标、支付方式、融资方案和所需要的财政补贴等要素，平衡好项目财务效益和社会效益，确保实现激励相容。

3. 规范选择项目合作伙伴。地方各级财政部门要依托政府采购信息平台，加强政府和社会资本合作项目政府采购环节的规范与监督管理。财政部将围绕实现"物有所值"价值目标，探索创新适合政府和社会资本合作项目采购的政府采购方式。地方各级财政部门要会同行业主管部门，按照《政府采购法》及有关规定，依法选择项目合作伙伴。要综合评估项目合作伙伴的专业资质、技术能力、管理经验和财务实力等因素，择优选择诚实守信、安全可靠的合作伙伴，并按照平等协商原则明确政府和项目公司间的权利与义务。可邀请有意愿的金融机构及早进入项目磋商进程。

4. 细化完善项目合同文本。地方各级财政部门要会同行业主管部门协商订立合同，重点关注项目的功能和绩效要求、付款和调整机制、争议解决程序、退出安排等关键环节，积极探索明确合同条款内容。财政部将在结合国际经验、国内实践的基础上，制定政府和社会资本合作模式操作指南和标准化的政府和社会资本合作模式项目合同文本。在订立具体合同时，地方各级财政部门要会同行业主管部门、专业技术机构，因地制宜地研究完善合同条款，确保合同内容全面、规范、有效。

5. 完善项目财政补贴管理。对项目收入不能覆盖成本和收益，但社会效益较好的政府和社会资本合作项目，地方各级财政部门可给予适当补贴。财政补贴要以项目运营绩效评价结果为依据，综合考虑产品或服务价格、建造成本、运营费用、实际收益率、财政中长期承受能力等因素合理确定。地方各级财政部门要从"补建设"向"补运营"逐步转变，探索建立动态补贴机制，将财政补贴等支出分类纳入同级政府预算，并在中长期财政规划中予以统筹考虑。

6. 健全债务风险管理机制。地方各级财政部门要根据中长期财政规划和项目全生命周期内的财政支出，对政府付费或提供财政补贴等支持的项目进行财政承受能力论证。在明确项目收益与风险分担机制时，要综合考虑政府风险转移意向、支付方式和市场风险管理能力等要素，量力而行，减少政府不必要的财政负担。省级财政部门要建立统一的项目名录管理制度和财政补贴支出统计监测制度，按照政府性债务管理要求，指导下级财政部门合理确定补贴金额，依法严格控制政府或有债务，重点做好融资平台公司项目向政府和社会资本合作项目转型的风险控制工作，切实防范和控制财政风险。

7. 稳步开展项目绩效评价。省级财政部门要督促行业主管部门，加强对项目公共产品或服务质量和价格的监管，建立政府、服务使用者共同参与的综合性评价体系，对项目的绩效目标实现程度、运营管理、资金使用、公共服务质量、公众满意度等进行绩效评价。绩效评价结果应依法对外公开，接受社会监督。同时，要根据评价结果，依据合同约定对价格或补贴等进行调整，激励社会资本通过管理创新、技术创新提高公共服务质量。

四、加强组织和能力建设

（一）推动设立专门机构。省级财政部门要结合部门内部职能调整，积极研究设立专门机构，履行政府和社会资本合作政策制定、项目储备、业务指导、项目评估、信息管理、宣传培训等职责，强化组织保障。

（二）持续开展能力建设。地方各级财政部门要着力加强政府和社会资本合作模式实施能力建设，注重培育专业人才。同时，大力宣传培训政府和社会资本合作的工作理念和方法，增进政府、社会和市场主体共识，形成良好的社会氛围。

（三）强化工作组织领导。地方各级财政部门要进一步明确职责分工和工作目标要求。同时，要与有关部门建立高效、顺畅的工作协调机制，形成工作合力，确保顺利实施。对工作中出现的新情况、新问题，应及时报告财政部。

财政部

2014年9月23日

附录六

财政部关于印发政府和社会资本合作模式操作指南（试行）的通知

财金〔2014〕113号

各省、自治区、直辖市、计划单列市财政厅（局），新疆生产建设兵团财务局：

根据《财政部关于推广运用政府和社会资本合作模式有关问题的通知》（财金〔2014〕76号），为保证政府和社会资本合作项目实施质量，规范项目识别、准备、采购、执行、移交各环节操作流程，现印发《政府和社会资本合作模式操作指南（试行）》，请遵照执行。

附件：政府和社会资本合作模式操作指南（试行）

财政部
2014年11月29日

附件：

政府和社会资本合作模式操作指南（试行）

第一章　总则

第一条　为科学规范地推广运用政府和社会资本合作模式（Public-Private Partnership，PPP），根据《中华人民共和国预算法》、《中华人民共和国政府采购法》、《中华人民共和国合同法》、《国务院关于加强地方政府性债务管理的意见》（国发〔2014〕43号）、《国务院关于深化预算管理制度改革的决定》（国发〔2014〕45号）和《财政部关于推广运用政府和社会资本合作模式有关问题的通知》（财金〔2014〕76号）等法律、法规、规章和规范性文件，制定本指南。

第二条　本指南所称社会资本是指已建立现代企业制度的境内外企业法人，但不包括本级政府所属融资平台公司及其他控股国有企业。

第三条　本指南适用于规范政府、社会资本和其他参与方开展政府和社会资本合作项目的识别、准备、采购、执行和移交等活动。

第四条　财政部门应本着社会主义市场经济基本原则，以制度创新、合作契约精神，加强与政府相关部门的协调，积极发挥第三方专业机构作用，全面统筹政府和社会资本合作管理工作。

各省、自治区、直辖市、计划单列市和新疆生产建设兵团财政部门应积极设立政府和社会资本合作中心或指定专门机构，履行规划指导、融资支持、识别评估、咨询服务、宣传培训、绩效评价、信息统计、专家库和项目库建设等职责。

第五条　各参与方应按照公平、公正、公开和诚实信用的原则，依法、规范、高效实施政府和社会资本合作项目。

第二章　项目识别

第六条　投资规模较大、需求长期稳定、价格调整机制灵活、市场化程度较高的基础设施及公共服务类项目，适宜采用政府和社会资本合作模式。

政府和社会资本合作项目由政府或社会资本发起，以政府发起为主。

（一）政府发起

财政部门（政府和社会资本合作中心）应负责向交通、住建、环保、能源、教育、医疗、体育健身和文化设施等行业主管部门征集潜在政府和社会资本合作项目。行业主管部门可从国民经济和社会发展规划及行业专项规划中的新建、改建项目或存量公共资产中遴选潜在项目。

（二）社会资本发起

社会资本应以项目建议书的方式向财政部门（政府和社会资本合作中心）推荐潜在政府和社会资本合作项目。

第七条　财政部门（政府和社会资本合作中心）会同行业主管部门，对潜在政府和社会资本合作项目进行评估筛选，确定备选项目。财政部门（政府和社会资本合作中心）应根据筛选结果制定项目年度和中期开发计划。

对于列入年度开发计划的项目，项目发起方应按财政部门（政府和社会资本合作中心）的要求提交相关资料。新建、改建项目应提交可行性研究报告、项目产出说明和初步实施方案；存量项目应提交存量公共资产的历史资料、项目产出说明和初步实施方案。

第八条　财政部门（政府和社会资本合作中心）会同行业主管部门，从定性和定量两方面开展物有所值评价工作。定量评价工作由各地根据实际情况开展。

定性评价重点关注项目采用政府和社会资本合作模式与采用政府传统采购模式相比能否增加供给、优化风险分配、提高运营效率、促进创新和公平竞争等。

定量评价主要通过对政府和社会资本合作项目全生命周期内政府支出成本现值与公共部门比较值进行比较，计算项目的物有所值量值，判断政府和社会资本合作模式是否降低项目全生命周期成本。

第九条　为确保财政中长期可持续性，财政部门应根据项目全生命周期内的财政支出、政府债务等因素，对部分政府付费或政府补贴的项目，开展财政承受能力论证，每年政府付费或政府补贴等财政支出不得超出当年财政收入的一定比例。

通过物有所值评价和财政承受能力论证的项目，可进行项目准备。

第三章　项目准备

第十条　县级（含）以上地方人民政府可建立专门协调机制，主要负责项目评审、组织协调和检查督导等工作，实现简化审批流程、提高工作效率的目的。政府或其指定的有关职能部门或事业单位可作为项目实施机构，负责项目准备、采购、监管和移交等工作。

第十一条　项目实施机构应组织编制项目实施方案，依次对以下内容进行介绍：

（一）项目概况

项目概况主要包括基本情况、经济技术指标和项目公司股权情况等。

基本情况主要明确项目提供的公共产品和服务内容、项目采用政府和社会资本合作模式运作的必要性和可行性，以及项目运作的目标和意义。

经济技术指标主要明确项目区位、占地面积、建设内容或资产范围、投资规模或资产价值、主要产出说明和资金来源等。

项目公司股权情况主要明确是否要设立项目公司以及公司股权结构。

（二）风险分配基本框架

按照风险分配优化、风险收益对等和风险可控等原则，综合考虑政府风险管理能力、项目回报机制和市场风险管理能力等要素，在政府和社会资本间合理分配项目风险。

原则上，项目设计、建造、财务和运营维护等商业风险由社会资本承担，法律、政策和最低需求等风险由政府承担，不可抗力等风险由政府和社会资本合理共担。

（三）项目运作方式

项目运作方式主要包括委托运营、管理合同、建设-运营-移交、建设-拥有-运营、转让-运营-移交和改建-运营-移交等。

具体运作方式的选择主要由收费定价机制、项目投资收益水平、风险分配基本框架、融资需求、改扩建需求和期满处置等因素决定。

（四）交易结构

交易结构主要包括项目投融资结构、回报机制和相关配套安排。

项目投融资结构主要说明项目资本性支出的资金来源、性质和用途，项目资产的形成和转移等。

项目回报机制主要说明社会资本取得投资回报的资金来源，包括使用者付费、可行性缺口补助和政府付费等支付方式。

相关配套安排主要说明由项目以外相关机构提供的土地、水、电、气和道路等配套设施和项目所需的上下游服务。

（五）合同体系

合同体系主要包括项目合同、股东合同、融资合同、工程承包合同、运营服务合同、原料供应合同、产品采购合同和保险合同等。项目合同是其中最核心的法律文件。

项目边界条件是项目合同的核心内容，主要包括权利义务、交易条件、履约保障和调整衔接等边界。

权利义务边界主要明确项目资产权属、社会资本承担的公共责任、政府支付方式和风险分配结果等。

交易条件边界主要明确项目合同期限、项目回报机制、收费定价调整机制和产出说明等。

履约保障边界主要明确强制保险方案以及由投资竞争保函、建设履约保函、运营维护保函和移交维修保函组成的履约保函体系。

调整衔接边界主要明确应急处置、临时接管和提前终止、合同变更、合同展期、项目新增改扩建需求等应对措施。

（六）监管架构

监管架构主要包括授权关系和监管方式。授权关系主要是政府对项目实施机构的授权，以及政府直接或通过项目实施机构对社会资本的授权；监管方式主要包括履约管理、行政监管和公众监督等。

（七）采购方式选择

项目采购应根据《中华人民共和国政府采购法》及相关规章制度执行，采购方式包括公开招标、竞争性谈判、邀请招标、竞争性磋商和单一来源采购。项目实施机构应根据项目采购需求特点，依法选择适当采购方式。

公开招标主要适用于核心边界条件和技术经济参数明确、完整、符合国家法律法规和政府采购政策，且采购中不作更改的项目。

第十二条　财政部门（政府和社会资本合作中心）应对项目实施方案进行物有所值和财政承受能力验证，通过验证的，由项目实施机构报政府审核；未通过验证的，可在实施方案调整后重新验证；经重新验证仍不能通过的，不再采用政府和社会资本合作模式。

第四章　项目采购

第十三条　项目实施机构应根据项目需要准备资格预审文件，发布资格预审公告，邀请社会资本和与其合作的金融机构参与资格预审，验证项目能否获得社会资本响应和实现充分竞争，并将资格预审的评审报告提交财政部门（政府和社会资本合作中心）备案。

项目有3家以上社会资本通过资格预审的，项目实施机构可以继续开展采购文件准备工作；项目通过资格预审的社会资本不足3家的，项目实施机构应在实施方案调整后重新组织资格预审；项目经重新资格预审合格社会资本仍不够3家的，可依法调整实施方案选择的采购方式。

第十四条　资格预审公告应在省级以上人民政府财政部门指定的媒体上发布。资格预审合格的社会资本在签订项目合同前资格发生变化的，应及时通知项目实施机构。

资格预审公告应包括项目授权主体、项目实施机构和项目名称、采购需求、对社会资本的资格要求、是否允许联合体参与采购活动、拟确定参与竞争的合格社会资本的家数和确定方法，以及社会资本提交资格预审申请文件的时间和地点。提交资格预审申请文件的时间自公告发布之日起不得少于15个工作日。

第十五条 项目采购文件应包括采购邀请、竞争者须知（包括密封、签署、盖章要求等）、竞争者应提供的资格、资信及业绩证明文件、采购方式、政府对项目实施机构的授权、实施方案的批复和项目相关审批文件、采购程序、响应文件编制要求、提交响应文件截止时间、开启时间及地点、强制担保的保证金交纳数额和形式、评审方法、评审标准、政府采购政策要求、项目合同草案及其他法律文本等。

采用竞争性谈判或竞争性磋商采购方式的，项目采购文件除上款规定的内容外，还应明确评审小组根据与社会资本谈判情况可能实质性变动的内容，包括采购需求中的技术、服务要求以及合同草案条款。

第十六条 评审小组由项目实施机构代表和评审专家共5人以上单数组成，其中评审专家人数不得少于评审小组成员总数的2/3。评审专家可以由项目实施机构自行选定，但评审专家中应至少包含1名财务专家和1名法律专家。项目实施机构代表不得以评审专家身份参加项目的评审。

第十七条 项目采用公开招标、邀请招标、竞争性谈判、单一来源采购方式开展采购的，按照政府采购法律法规及有关规定执行。

项目采用竞争性磋商采购方式开展采购的，按照下列基本程序进行：

（一）采购公告发布及报名

竞争性磋商公告应在省级以上人民政府财政部门指定的媒体上发布。竞争性磋商公告应包括项目实施机构和项目名称、项目结构和核心边界条件、是否允许未进行资格预审的社会资本参与采购活动，以及审查原则、项目产出说明、对社会资本提供的响应文件要求、获取采购文件的时间、地点、方式及采购文件的售价、提交响应文件截止时间、开启时间及地点。提交响应文件的时间自公告发布之日起不得少于10日。

（二）资格审查及采购文件发售

已进行资格预审的，评审小组在评审阶段不再对社会资本资格进行审查。允许进行资格后审的，由评审小组在响应文件评审环节对社会资本进行资格审查。项目实施机构可以视项目的具体情况，组织对符合条件的社会资本的资格条件，进行考察核实。

采购文件售价，应按照弥补采购文件印制成本费用的原则确定，不得以营利为目的，不得以项目采购金额作为确定采购文件售价依据。采购文件的发售期限自开始之日起不得少于5个工作日。

（三）采购文件的澄清或修改

提交首次响应文件截止之日前，项目实施机构可以对已发出的采购文件进行必要的澄清或修改，澄清或修改的内容应作为采购文件的组成部分。澄清或修改的内容可能影响响应文件编制的，项目实施机构应在提交首次响应文件截止时间至少5日前，以书面形式通知所有获取采购文件的社会资本；不足5日的，项目实施机构应顺延提交响应文件的截止时间。

（四）响应文件评审

项目实施机构应按照采购文件规定组织响应文件的接收和开启。

评审小组对响应文件进行两阶段评审：

第一阶段：确定最终采购需求方案。评审小组可以与社会资本进行多轮谈判，谈判过程中可实质性修订采购文件的技术、服务要求以及合同草案条款，但不得修订采购文件中规定的不可谈判核心条件。实质性变动的内容，须经项目实施机构确认，并通知所有参与谈判的社会资本。具体程序按照《政府采购非招标采购方式管理办法》及有关规定执行。

第二阶段：综合评分。最终采购需求方案确定后，由评审小组对社会资本提交的最终响应文件进行综合评分，编写评审报告并向项目实施机构提交候选社会资本的排序名单。具体程序按照《政府采购货物和服务招标投标管理办法》及有关规定执行。

第十八条 项目实施机构应在资格预审公告、采购公告、采购文件、采购合同中，列明对本国社会资本的优惠措施及幅度、外方社会资本采购我国生产的货物和服务要求等相关政府采购政策，以及对社会资本参与采购活动和履约保证的强制担保要求。社会资本应以支票、汇票、本票或金融机构、担保机构出具的保函等非现金形式缴纳保证金。参加采购活动的保证金的数额不得超过项目预算金额的2%。履约保证金的数额不得超过政府和社会资本合作项目初始投资总额或资产评估值的10%。无固定资产投资或投资额不大的服务型合作项目，履约保证金的数额不得超过平均6个月的服务收入额。

第十九条 项目实施机构应组织社会资本进行现场考察或召开采购前答疑会，但不得单独或分别组织只有一个社会资本参加的现场考察和答疑会。

第二十条 项目实施机构应成立专门的采购结果确认谈判工作组。按照候选社会资本的排名，依次与候选社会资本及与其合作的金融机构就合同中可变的细节问题进行合同签署前的确认谈判，率先达成一致的即为中选者。确认谈判不得涉及合同中不可谈判的核心条款，不得与排序在前但已终止谈判的社会资本进行再次谈判。

第二十一条 确认谈判完成后，项目实施机构应与中选社会资本签署确认谈判备忘录，并将采购结果和根据采购文件、响应文件、补遗文件和确认谈判备忘录拟定的合同文本进行公示，公示期不得少于5个工作日。合同文本应将中选社会资本响应文件中的重要承诺和技术文件等作为附件。合同文本中涉及国家秘密、商业秘密的内容可以不公示。

公示期满无异议的项目合同，应在政府审核同意后，由项目实施机构与中选社会资本签署。

　　需要为项目设立专门项目公司的，待项目公司成立后，由项目公司与项目实施机构重新签署项目合同，或签署关于承继项目合同的补充合同。

　　项目实施机构应在项目合同签订之日起2个工作日内，将项目合同在省级以上人民政府财政部门指定的媒体上公告，但合同中涉及国家秘密、商业秘密的内容除外。

　　第二十二条　各级人民政府财政部门应当加强对PPP项目采购活动的监督检查，及时处理采购活动中的违法违规行为。

　　第五章　项目执行

　　第二十三条　社会资本可依法设立项目公司。政府可指定相关机构依法参股项目公司。项目实施机构和财政部门（政府和社会资本合作中心）应监督社会资本按照采购文件和项目合同约定，按时足额出资设立项目公司。

　　第二十四条　项目融资由社会资本或项目公司负责。社会资本或项目公司应及时开展融资方案设计、机构接洽、合同签订和融资交割等工作。财政部门（政府和社会资本合作中心）和项目实施机构应做好监督管理工作，防止企业债务向政府转移。

　　社会资本或项目公司未按照项目合同约定完成融资的，政府可提取履约保函直至终止项目合同；遇系统性金融风险或不可抗力的，政府、社会资本或项目公司可根据项目合同约定协商修订合同中相关融资条款。

　　当项目出现重大经营或财务风险，威胁或侵害债权人利益时，债权人可依据与政府、社会资本或项目公司签订的直接介入协议或条款，要求社会资本或项目公司改善管理等。在直接介入协议或条款约定期限内，重大风险已解除的，债权人应停止介入。

　　第二十五条　项目合同中涉及的政府支付义务，财政部门应结合中长期财政规划统筹考虑，纳入同级政府预算，按照预算管理相关规定执行。财政部门（政府和社会资本合作中心）和项目实施机构应建立政府和社会资本合作项目政府支付台账，严格控制政府财政风险。在政府综合财务报告制度建立后，政府和社会资本合作项目中的政府支付义务应纳入政府综合财务报告。

　　第二十六条　项目实施机构应根据项目合同约定，监督社会资本或项目公司履行合同义务，定期监测项目产出绩效指标，编制季报和年报，并报财政部门（政府和社会资本合作中心）备案。

　　政府有支付义务的，项目实施机构应根据项目合同约定的产出说明，按照实际绩效直接或通知财政部门向社会资本或项目公司及时足额支付。设置超额收益分享机制的，社会资本或项目公司应根据项目合同约定向政府及时足额支付应享有的超额收益。

　　项目实际绩效优于约定标准的，项目实施机构应执行项目合同约定的奖励条款，并可将其作为项目期满合同能否展期的依据；未达到约定标准的，项目实施机构应执行项目合同约定的惩处条款或救济措施。

第二十七条　社会资本或项目公司违反项目合同约定，威胁公共产品和服务持续稳定安全供给，或危及国家安全和重大公共利益的，政府有权临时接管项目，直至启动项目提前终止程序。

政府可指定合格机构实施临时接管。临时接管项目所产生的一切费用，将根据项目合同约定，由违约方单独承担或由各责任方分担。社会资本或项目公司应承担的临时接管费用，可以从其应获终止补偿中扣减。

第二十八条　在项目合同执行和管理过程中，项目实施机构应重点关注合同修订、违约责任和争议解决等工作。

（一）合同修订

按照项目合同约定的条件和程序，项目实施机构和社会资本或项目公司可根据社会经济环境、公共产品和服务的需求量及结构等条件的变化，提出修订项目合同申请，待政府审核同意后执行。

（二）违约责任

项目实施机构、社会资本或项目公司未履行项目合同约定义务的，应承担相应违约责任，包括停止侵害、消除影响、支付违约金、赔偿损失以及解除项目合同等。

（三）争议解决

在项目实施过程中，按照项目合同约定，项目实施机构、社会资本或项目公司可就发生争议且无法协商达成一致的事项，依法申请仲裁或提起民事诉讼。

第二十九条　项目实施机构应每3~5年对项目进行中期评估，重点分析项目运行状况和项目合同的合规性、适应性和合理性；及时评估已发现问题的风险，制订应对措施，并报财政部门（政府和社会资本合作中心）备案。

第三十条　政府相关职能部门应根据国家相关法律法规对项目履行行政监管职责，重点关注公共产品和服务质量、价格和收费机制、安全生产、环境保护和劳动者权益等。

社会资本或项目公司对政府职能部门的行政监管处理决定不服的，可依法申请行政复议或提起行政诉讼。

第三十一条　政府、社会资本或项目公司应依法公开披露项目相关信息，保障公众知情权，接受社会监督。

社会资本或项目公司应披露项目产出的数量和质量、项目经营状况等信息。政府应公开不涉及国家秘密、商业秘密的政府和社会资本合作项目合同条款、绩效监测报告、中期评估报告和项目重大变更或终止情况等。

社会公众及项目利益相关方发现项目存在违法、违约情形或公共产品和服务不达标准的，可向政府职能部门提请监督检查。

第六章　项目移交

第三十二条　项目移交时，项目实施机构或政府指定的其他机构代表政府收回项目合同约定的项目资产。

项目合同中应明确约定移交形式、补偿方式、移交内容和移交标准。移交形式包括期满终止移交和提前终止移交；补偿方式包括无偿移交和有偿移交；移交内容包括项目资产、人员、文档和知识产权等；移交标准包括设备完好率和最短可使用年限等指标。

采用有偿移交的，项目合同中应明确约定补偿方案；没有约定或约定不明的，项目实施机构应按照"恢复相同经济地位"原则拟定补偿方案，报政府审核同意后实施。

第三十三条　项目实施机构或政府指定的其他机构应组建项目移交工作组，根据项目合同约定与社会资本或项目公司确认移交情形和补偿方式，制定资产评估和性能测试方案。

项目移交工作组应委托具有相关资质的资产评估机构，按照项目合同约定的评估方式，对移交资产进行资产评估，作为确定补偿金额的依据。

项目移交工作组应严格按照性能测试方案和移交标准对移交资产进行性能测试。性能测试结果不达标的，移交工作组应要求社会资本或项目公司进行恢复性修理、更新重置或提取移交维修保函。

第三十四条　社会资本或项目公司应将满足性能测试要求的项目资产、知识产权和技术法律文件，连同资产清单移交项目实施机构或政府指定的其他机构，办妥法律过户和管理权移交手续。社会资本或项目公司应配合做好项目运营平稳过渡相关工作。

第三十五条　项目移交完成后，财政部门（政府和社会资本合作中心）应组织有关部门对项目产出、成本效益、监管成效、可持续性、政府和社会资本合作模式应用等进行绩效评价，并按相关规定公开评价结果。评价结果作为政府开展政府和社会资本合作管理工作决策参考依据。

第七章　附则

第三十六条　本操作指南自印发之日起施行，有效期3年。

第三十七条　本操作指南由财政部负责解释。

名词解释

1.全生命周期（Whole Life Cycle），是指项目从设计、融资、建造、运营、维护至终止移交的完整周期。

2.产出说明（Output Specification），是指项目建成后项目资产所应达到的经济、技术标准，以及公共产品和服务的交付范围、标准和绩效水平等。

3.物有所值（Value for Money，VFM），是指一个组织运用其可利用资源所能获得的长期最大利益。VFM评价是国际上普遍采用的一种评价传统上由政府提供的公共产品和服务是否可运用政府和社会资本合作模式的评估体系，旨在实现公共资源配置利用效率最优化。

4. 公共部门比较值（Public Sector Comparator，PSC），是指在全生命周期内，政府采用传统采购模式提供公共产品和服务的全部成本的现值，主要包括建设运营净成本、可转移风险承担成本、自留风险承担成本和竞争性中立调整成本等。

5. 使用者付费（User Charge），是指由最终消费用户直接付费购买公共产品和服务。

6. 可行性缺口补助（Viability Gap Funding），是指使用者付费不足以满足社会资本或项目公司成本回收和合理回报，而由政府以财政补贴、股本投入、优惠贷款和其他优惠政策的形式，给予社会资本或项目公司的经济补助。

7. 政府付费（Government Payment），是指政府直接付费购买公共产品和服务，主要包括可用性付费（Availability Payment）、使用量付费（Usage Payment）和绩效付费（Performance Payment）。

政府付费的依据主要是设施可用性、产品和服务使用量和质量等要素。

8. 委托运营（Operations & Maintenance，O&M），是指政府将存量公共资产的运营维护职责委托给社会资本或项目公司，社会资本或项目公司不负责用户服务的政府和社会资本合作项目运作方式。政府保留资产所有权，只向社会资本或项目公司支付委托运营费。合同期限一般不超过8年。

9. 管理合同（Management Contract，MC），是指政府将存量公共资产的运营、维护及用户服务职责授权给社会资本或项目公司的项目运作方式。政府保留资产所有权，只向社会资本或项目公司支付管理费。管理合同通常作为转让-运营-移交的过渡方式，合同期限一般不超过3年。

10. 建设-运营-移交（Build-Operate-Transfer，BOT），是指由社会资本或项目公司承担新建项目设计、融资、建造、运营、维护和用户服务职责，合同期满后项目资产及相关权利等移交给政府的项目运作方式。合同期限一般为20~30年。

11. 建设-拥有-运营（Build-Own-Operate，BOO），由BOT方式演变而来，二者区别主要是BOO方式下社会资本或项目公司拥有项目所有权，但必须在合同中注明保证公益性的约束条款，一般不涉及项目期满移交。

12. 转让-运营-移交（Transfer-Operate-Transfer，TOT），是指政府将存量资产所有权有偿转让给社会资本或项目公司，并由其负责运营、维护和用户服务，合同期满后资产及其所有权等移交给政府的项目运作方式。合同期限一般为20~30年。

13. 改建-运营-移交（Rehabilitate-Operate-Transfer，ROT），是指政府在TOT模式的基础上，增加改扩建内容的项目运作方式。合同期限一般为20~30年。

关于创新重点领域投融资机制鼓励社会投资的指导意见

国发〔2014〕60号

各省、自治区、直辖市人民政府，国务院各部委、各直属机构：

为推进经济结构战略性调整，加强薄弱环节建设，促进经济持续健康发展，迫切需要在公共服务、资源环境、生态建设、基础设施等重点领域进一步创新投融资机制，充分发挥社会资本特别是民间资本的积极作用。为此，特提出以下意见。

一、总体要求

（一）指导思想。全面贯彻落实党的十八大和十八届三中、四中全会精神，按照党中央、国务院决策部署，使市场在资源配置中起决定性作用和更好发挥政府作用，打破行业垄断和市场壁垒，切实降低准入门槛，建立公平开放透明的市场规则，营造权利平等、机会平等、规则平等的投资环境，进一步鼓励社会投资特别是民间投资，盘活存量、用好增量，调结构、补短板，服务国家生产力布局，促进重点领域建设，增加公共产品有效供给。

（二）基本原则。实行统一市场准入，创造平等投资机会；创新投资运营机制，扩大社会资本投资途径；优化政府投资使用方向和方式，发挥引导带动作用；创新融资方式，拓宽融资渠道；完善价格形成机制，发挥价格杠杆作用。

二、创新生态环保投资运营机制

（三）深化林业管理体制改革。推进国有林区和国有林场管理体制改革，完善森林经营和采伐管理制度，开展森林科学经营。深化集体林权制度改革，稳定林权承包关系，放活林地经营权，鼓励林权依法规范流转。鼓励荒山荒地造林和退耕还林林地林权依法流转。减免林权流转税费，有效降低流转成本。

（四）推进生态建设主体多元化。在严格保护森林资源的前提下，鼓励社会资本积极参与生态建设和保护，支持符合条件的农民合作社、家庭农场（林场）、专业大户、林业企业等新型经营主体投资生态建设项目。对社会资本利用荒山荒地进行植树造林的，在保障生态效益、符合土地用途管制要求的前提下，允许发展林下经济、森林旅游等生态产业。

（五）推动环境污染治理市场化。在电力、钢铁等重点行业以及开发区（工业园区）污染治理等领域，大力推行环境污染第三方治理，通过委托治理服务、托管运营服务等方式，由排污企业付费购买专业环境服务公司的治污减排服务，提高污染治理的产业化、专业化程度。稳妥推进政府向社会购买环境监测服务。建立重点行业第三方治污企业推荐制度。

（六）积极开展排污权、碳排放权交易试点。推进排污权有偿使用和交易试点，建立排污权有偿使用制度，规范排污权交易市场，鼓励社会资本参与污染减排和排污权交易。加快调整主要污染物排污费征收标准，实行差别化排污收费政策。加快在国内试行碳排放权交易制度，探索森林碳汇交易，发展碳排放权交易市场，鼓励和支持社会投资者参与碳配额交易，通过金融市场发现价格的功能，调整不同经济主体利益，有效促进环保和节能减排。

三、鼓励社会资本投资运营农业和水利工程

（七）培育农业、水利工程多元化投资主体。支持农民合作社、家庭农场、专业大户、农业企业等新型经营主体投资建设农田水利和水土保持设施。允许财政补助形成的小型农田水利和水土保持工程资产由农业用水合作组织持有和管护。鼓励社会资本以特许经营、参股控股等多种形式参与具有一定收益的节水供水重大水利工程建设运营。社会资本愿意投入的重大水利工程，要积极鼓励社会资本投资建设。

（八）保障农业、水利工程投资合理收益。社会资本投资建设或运营管理农田水利、水土保持设施和节水供水重大水利工程的，与国有、集体投资项目享有同等政策待遇，可以依法获取供水水费等经营收益；承担公益性任务的，政府可对工程建设投资、维修养护和管护经费等给予适当补助，并落实优惠政策。社会资本投资建设或运营管理农田水利设施、重大水利工程等，可依法继承、转让、转租、抵押其相关权益；征收、征用或占用的，要按照国家有关规定给予补偿或者赔偿。

（九）通过水权制度改革吸引社会资本参与水资源开发利用和保护。加快建立水权制度，培育和规范水权交易市场，积极探索多种形式的水权交易流转方式，允许各地通过水权交易满足新增合理用水需求。鼓励社会资本通过参与节水供水重大水利工程投资建设等方式优先获得新增水资源使用权。

（十）完善水利工程水价形成机制。深入开展农业水价综合改革试点，进一步促进农业节水。水利工程供非农业用水价格按照补偿成本、合理收益、优质优价、公平负担的原则合理制定，并根据供水成本变化及社会承受能力等适时调整，推行两部制水利工程水价和丰枯季节水价。价格调整不到位时，地方政府可根据实际情况安排财政性资金，对运营单位进行合理补偿。

四、推进市政基础设施投资运营市场化

（十一）改革市政基础设施建设运营模式。推动市政基础设施建设运营事业单位向独立核算、自主经营的企业化管理转变。鼓励打破以项目为单位的分散运营模式，实行规模化经营，降低建设和运营成本，提高投资效益。推进市县、乡镇和村级污水收集和处理、垃圾处理项目按行业"打包"投资和运营，鼓励实行城乡供水一体化、厂网一体投资和运营。

（十二）积极推动社会资本参与市政基础设施建设运营。通过特许经营、投资补助、政府购买服务等多种方式，鼓励社会资本投资城镇供水、供热、燃气、污水垃圾处理、建筑垃圾资源化利用和处理、城市综合管廊、公园配套服务、公共交通、停车设施等市政基础设施项目，政府依法选择符合要求的经营者。政府可采用委托经营或转让-经营-转让（TOT）等方式，将已经建成的市政基础设施项目转交给社会资本运营管理。

（十三）加强县城基础设施建设。按照新型城镇化发展的要求，把有条件的县城和重点镇发展为中小城市，支持基础设施建设，增强吸纳农业转移人口的能力。选择若干具有产业基础、特色资源和区位优势的县城和重点镇推行试点，加大对市政基础设施建设运营引入市场机制的政策支持力度。

（十四）完善市政基础设施价格机制。加快改进市政基础设施价格形成、调整和补偿机制，使经营者能够获得合理收益。实行上下游价格调整联动机制，价格调整不到位时，地方政府可根据实际情况安排财政性资金对企业运营进行合理补偿。

五、改革完善交通投融资机制

（十五）加快推进铁路投融资体制改革。用好铁路发展基金平台，吸引社会资本参与，扩大基金规模。充分利用铁路土地综合开发政策，以开发收益支持铁路发展。按照市场化方向，不断完善铁路运价形成机制。向地方政府和社会资本放开城际铁路、市域（郊）铁路、资源开发性铁路和支线铁路的所有权、经营权。按照构建现代企业制度的要求，保障投资者权益，推进蒙西至华中、长春至西巴彦花铁路等引进民间资本的示范项目实施。鼓励按照"多式衔接、立体开发、功能融合、节约集约"的原则，对城市轨道交通站点周边、车辆段上盖进行土地综合开发，吸引社会资本参与城市轨道交通建设。

（十六）完善公路投融资模式。建立完善政府主导、分级负责、多元筹资的公路投融资模式，完善收费公路政策，吸引社会资本投入，多渠道筹措建设和维护资金。逐步建立高速公路与普通公路统筹发展机制，促进普通公路持续健康发展。

（十七）鼓励社会资本参与水运、民航基础设施建设。探索发展"航电结合"等投融资模式，按相关政策给予投资补助，鼓励社会资本投资建设航电枢纽。鼓励社会资本投资建设港口、内河航运设施等。积极吸引社会资本参与盈利状况较好的枢纽机场、干线机场以及机场配套服务设施等投资建设，拓宽机场建设资金来源。

六、鼓励社会资本加强能源设施投资

（十八）鼓励社会资本参与电力建设。在做好生态环境保护、移民安置和确保工程安全的前提下，通过业主招标等方式，鼓励社会资本投资常规水电站和抽水蓄能电站。在确保具备核电控股资质主体承担核安全责任的前提下，引入社会资本参与核电项目投资，鼓励民间资本进入核电设备研制和核电服务领域。鼓励社会资本投资建设风光电、生物质能等清洁能源项目和背压式热电联产机组，进入清洁高效煤电项目建设、燃煤电厂节能减排升级改造领域。

（十九）鼓励社会资本参与电网建设。积极吸引社会资本投资建设跨区输电通道、区域主干电网完善工程和大中城市配电网工程。将海南联网Ⅱ回线路和滇西北送广东特高压直流输电工程等项目作为试点，引入社会资本。鼓励社会资本投资建设分布式电源并网工程、储能装置和电动汽车充换电设施。

（二十）鼓励社会资本参与油气管网、储存设施和煤炭储运建设运营。支持民营企业、地方国有企业等参股建设油气管网主干线、沿海液化天然气（LNG）接收站、地下储气库、城市配气管网和城市储气设施，控股建设油气管网支线、原油和成品油商业储备库。鼓励社会资本参与铁路运煤干线和煤炭储配体系建设。国家规划确定的石化基地炼化一体化项目向社会资本开放。

（二十一）理顺能源价格机制。进一步推进天然气价格改革，2015年实现存量气和增量气价格并轨，逐步放开非居民用天然气气源价格，落实页岩气、煤层气等非常规天然气价格市场化政策。尽快出台天然气管道运输价格政策。按照合理成本加合理利润的原则，适时调整煤层气发电、余热余压发电上网标杆电价。推进天然气分布式能源冷、热、电价格市场化。完善可再生能源发电价格政策，研究建立流域梯级效益补偿机制，适时调整完善燃煤发电机组环保电价政策。

七、推进信息和民用空间基础设施投资主体多元化

（二十二）鼓励电信业进一步向民间资本开放。进一步完善法律法规，尽快修订电信业务分类目录。研究出台具体试点办法，鼓励和引导民间资本投资宽带接入网络建设和业务运营，大力发展宽带用户。推进民营企业开展移动通信转售业务试点工作，促进业务创新发展。

（二十三）吸引民间资本加大信息基础设施投资力度。支持基础电信企业引入民间战略投资者。推动中国铁塔股份有限公司引入民间资本，实现混合所有制发展。

（二十四）鼓励民间资本参与国家民用空间基础设施建设。完善民用遥感卫星数据政策，加强政府采购服务，鼓励民间资本研制、发射和运营商业遥感卫星，提供市场化、专业化服务。引导民间资本参与卫星导航地面应用系统建设。

八、鼓励社会资本加大社会事业投资力度

（二十五）加快社会事业公立机构分类改革。积极推进养老、文化、旅游、体育等领域符合条件的事业单位，以及公立医院资源丰富地区符合条件的医疗事业单位改制，为社会资本进入创造条件，鼓励社会资本参与公立机构改革。将符合条件

的国有单位培训疗养机构转变为养老机构。

（二十六）鼓励社会资本加大社会事业投资力度。通过独资、合资、合作、联营、租赁等途径，采取特许经营、公建民营、民办公助等方式，鼓励社会资本参与教育、医疗、养老、体育健身、文化设施建设。尽快出台鼓励社会力量兴办教育、促进民办教育健康发展的意见。各地在编制城市总体规划、控制性详细规划以及有关专项规划时，要统筹规划、科学布局各类公共服务设施。各级政府逐步扩大教育、医疗、养老、体育健身、文化等政府购买服务范围，各类经营主体平等参与。将符合条件的各类医疗机构纳入医疗保险定点范围。

（二十七）完善落实社会事业建设运营税费优惠政策。进一步完善落实非营利性教育、医疗、养老、体育健身、文化机构税收优惠政策。对非营利性医疗、养老机构建设一律免征有关行政事业性收费，对营利性医疗、养老机构建设一律减半征收有关行政事业性收费。

（二十八）改进社会事业价格管理政策。民办教育、医疗机构用电、用水、用气、用热，执行与公办教育、医疗机构相同的价格政策。养老机构用电、用水、用气、用热，按居民生活类价格执行。除公立医疗、养老机构提供的基本服务按照政府规定的价格政策执行外，其他医疗、养老服务实行经营者自主定价。营利性民办学校收费实行自主定价，非营利性民办学校收费政策由地方政府按照市场化方向根据当地实际情况确定。

九、建立健全政府和社会资本合作（PPP）机制

（二十九）推广政府和社会资本合作（PPP）模式。认真总结经验，加强政策引导，在公共服务、资源环境、生态保护、基础设施等领域，积极推广PPP模式，规范选择项目合作伙伴，引入社会资本，增强公共产品供给能力。政府有关部门要严格按照预算管理有关法律法规，完善财政补贴制度，切实控制和防范财政风险。健全PPP模式的法规体系，保障项目顺利运行。鼓励通过PPP方式盘活存量资源，变现资金要用于重点领域建设。

（三十）规范合作关系保障各方利益。政府有关部门要制定管理办法，尽快发布标准合同范本，对PPP项目的业主选择、价格管理、回报方式、服务标准、信息披露、违约处罚、政府接管以及评估论证等进行详细规定，规范合作关系。平衡好社会公众与投资者利益关系，既要保障社会公众利益不受损害，又要保障经营者合法权益。

（三十一）健全风险防范和监督机制。政府和投资者应对PPP项目可能产生的政策风险、商业风险、环境风险、法律风险等进行充分论证，完善合同设计，健全纠纷解决和风险防范机制。建立独立、透明、可问责、专业化的PPP项目监管体系，形成由政府监管部门、投资者、社会公众、专家、媒体等共同参与的监督机制。

（三十二）健全退出机制。政府要与投资者明确PPP项目的退出路径，保障项目持续稳定运行。项目合作结束后，政府应组织做好接管工作，妥善处理投资回

收、资产处理等事宜。

十、充分发挥政府投资的引导带动作用

（三十三）优化政府投资使用方向。政府投资主要投向公益性和基础性建设。对鼓励社会资本参与的生态环保、农林水利、市政基础设施、社会事业等重点领域，政府投资可根据实际情况给予支持，充分发挥政府投资"四两拨千斤"的引导带动作用。

（三十四）改进政府投资使用方式。在同等条件下，政府投资优先支持引入社会资本的项目，根据不同项目情况，通过投资补助、基金注资、担保补贴、贷款贴息等方式，支持社会资本参与重点领域建设。抓紧制定政府投资支持社会投资项目的管理办法，规范政府投资安排行为。

十一、创新融资方式拓宽融资渠道

（三十五）探索创新信贷服务。支持开展排污权、收费权、集体林权、特许经营权、购买服务协议预期收益、集体土地承包经营权质押贷款等担保创新类贷款业务。探索利用工程供水、供热、发电、污水垃圾处理等预期收益质押贷款，允许利用相关收益作为还款来源。鼓励金融机构对民间资本举办的社会事业提供融资支持。

（三十六）推进农业金融改革。探索采取信用担保和贴息、业务奖励、风险补偿、费用补贴、投资基金，以及互助信用、农业保险等方式，增强农民合作社、家庭农场（林场）、专业大户、农林业企业的贷款融资能力和风险抵御能力。

（三十七）充分发挥政策性金融机构的积极作用。在国家批准的业务范围内，加大对公共服务、生态环保、基础设施建设项目的支持力度。努力为生态环保、农林水利、中西部铁路和公路、城市基础设施等重大工程提供长期稳定、低成本的资金支持。

（三十八）鼓励发展支持重点领域建设的投资基金。大力发展股权投资基金和创业投资基金，鼓励民间资本采取私募等方式发起设立主要投资于公共服务、生态环保、基础设施、区域开发、战略性新兴产业、先进制造业等领域的产业投资基金。政府可以使用包括中央预算内投资在内的财政性资金，通过认购基金份额等方式予以支持。

（三十九）支持重点领域建设项目开展股权和债权融资。大力发展债权投资计划、股权投资计划、资产支持计划等融资工具，延长投资期限，引导社保资金、保险资金等用于收益稳定、回收期长的基础设施和基础产业项目。支持重点领域建设项目采用企业债券、项目收益债券、公司债券、中期票据等方式通过债券市场筹措投资资金。推动铁路、公路、机场等交通项目建设企业应收账款证券化。建立规范的地方政府举债融资机制，支持地方政府依法依规发行债券，用于重点领域建设。

创新重点领域投融资机制对稳增长、促改革、调结构、惠民生具有重要作用。各地区、各有关部门要从大局出发，进一步提高认识，加强组织领导，健全工作机制，协调推动重点领域投融资机制创新。各地政府要结合本地实际，抓紧制定具体实施细则，确保各项措施落到实处。国务院各有关部门要严格按照分工，抓紧制定相关配套措施，加快重点领域建设，同时要加强宣传解读，让社会资本了解参与方式、运营方式、盈利模式、投资回报等相关政策，进一步稳定市场预期，充分调动社会投资积极性，切实发挥好投资对经济增长的关键作用。发展改革委要会同有关部门加强对本指导意见落实情况的督促检查，重大问题及时向国务院报告。

附录八

国务院办公厅转发财政部发展改革委人民银行关于在公共服务领域推广政府和社会资本合作模式指导意见的通知

国办发〔2015〕42号

各省、自治区、直辖市人民政府,国务院各部委、各直属机构:

财政部、发展改革委、人民银行《关于在公共服务领域推广政府和社会资本合作模式的指导意见》已经国务院同意,现转发给你们,请认真贯彻执行。

在公共服务领域推广政府和社会资本合作模式,是转变政府职能、激发市场活力、打造经济新增长点的重要改革举措。围绕增加公共产品和公共服务供给,在能源、交通运输、水利、环境保护、农业、林业、科技、保障性安居工程、医疗、卫生、养老、教育、文化等公共服务领域,广泛采用政府和社会资本合作模式,对统筹做好稳增长、促改革、调结构、惠民生、防风险工作具有战略意义。

各地区、各部门要按照简政放权、放管结合、优化服务的要求,简化行政审批程序,推进立法工作,进一步完善制度,规范流程,加强监管,多措并举,在财税、价格、土地、金融等方面加大支持力度,保证社会资本和公众共同受益,通过资本市场和开发性、政策性金融等多元融资渠道,吸引社会资本参与公共产品和公共服务项目的投资、运营管理,提高公共产品和公共服务供给能力与效率。

各地区、各部门要高度重视,精心组织实施,加强协调配合,形成工作合力,切实履行职责,共同抓好落实。

国务院办公厅

2015年5月19日

（此件公开发布）

关于在公共服务领域推广政府和社会资本合作模式的指导意见

财政部　发展改革委　人民银行

为打造大众创业、万众创新和增加公共产品、公共服务"双引擎",让广大人民群众享受到优质高效的公共服务,在改善民生中培育经济增长新动力,现就改革创新公共服务供给机制,大力推广政府和社会资本合作(Public-Private Partnership, PPP)模式,提出以下意见:

一、充分认识推广政府和社会资本合作模式的重大意义

政府和社会资本合作模式是公共服务供给机制的重大创新,即政府采取竞争性方式择优选择具有投资、运营管理能力的社会资本,双方按照平等协商原则订立合同,明确责权利关系,由社会资本提供公共服务,政府依据公共服务绩效评价结果向社会资本支付相应对价,保证社会资本获得合理收益。政府和社会资本合作模式有利于充分发挥市场机制作用,提升公共服务的供给质量和效率,实现公共利益最大化。

(一)有利于加快转变政府职能,实现政企分开、政事分开。作为社会资本的境内外企业、社会组织和中介机构承担公共服务涉及的设计、建设、投资、融资、运营和维护等责任,政府作为监督者和合作者,减少对微观事务的直接参与,加强发展战略制定、社会管理、市场监管、绩效考核等职责,有助于解决政府职能错位、越位和缺位的问题,深化投融资体制改革,推进国家治理体系和治理能力现代化。

(二)有利于打破行业准入限制,激发经济活力和创造力。政府和社会资本合作模式可以有效打破社会资本进入公共服务领域的各种不合理限制,鼓励国有控股企业、民营企业、混合所有制企业等各类型企业积极参与提供公共服务,给予中小企业更多参与机会,大幅拓展社会资本特别是民营资本的发展空间,激发市场主体活力和发展潜力,有利于盘活社会存量资本,形成多元化、可持续的公共服务资金投入渠道,打造新的经济增长点,增强经济增长动力。

(三)有利于完善财政投入和管理方式,提高财政资金使用效益。在政府和社会资本合作模式下,政府以运营补贴等作为社会资本提供公共服务的对价,以绩效评价结果作为对价支付依据,并纳入预算管理、财政中期规划和政府财务报告,能够在当代人和后代人之间公平地分担公共资金投入,符合代际公平原则,有效弥补当期财政投入不足,有利于减轻当期财政支出压力,平滑年度间财政支出波动,防范和化解政府性债务风险。

二、总体要求

(四)指导思想。贯彻落实党的十八大和十八届二中、三中、四中全会精神,按照党中央、国务院决策部署,借鉴国际成熟经验,立足国内实际情况,改革创新公共服务供给机制和投入方式,发挥市场在资源配置中的决定性作用,更好发挥政府作用,引导和鼓励社会资本积极参与公共服务供给,为广大人民群众提供优质高效的公共服务。

（五）基本原则。

依法合规。将政府和社会资本合作纳入法治化轨道，建立健全制度体系，保护参与各方的合法权益，明确全生命周期管理要求，确保项目规范实施。

重诺履约。政府和社会资本法律地位平等、权利义务对等，必须树立契约理念，坚持平等协商、互利互惠、诚实守信、严格履约。

公开透明。实行阳光化运作，依法充分披露政府和社会资本合作项目重要信息，保障公众知情权，对参与各方形成有效监督和约束。

公众受益。加强政府监管，将政府的政策目标、社会目标和社会资本的运营效率、技术进步有机结合，促进社会资本竞争和创新，确保公共利益最大化。

积极稳妥。鼓励地方各级人民政府和行业主管部门因地制宜，探索符合当地实际和行业特点的做法，总结提炼经验，形成适合我国国情的发展模式。坚持必要、合理、可持续的财政投入原则，有序推进项目实施，控制项目的政府支付责任，防止政府支付责任过重加剧财政收支矛盾，带来支出压力。

（六）发展目标。立足于加强和改善公共服务，形成有效促进政府和社会资本合作模式规范健康发展的制度体系，培育统一规范、公开透明、竞争有序、监管有力的政府和社会资本合作市场。着力化解地方政府性债务风险，积极引进社会资本参与地方融资平台公司存量项目改造，争取通过政府和社会资本合作模式减少地方政府性债务。在新建公共服务项目中，逐步增加使用政府和社会资本合作模式的比例。

三、构建保障政府和社会资本合作模式持续健康发展的制度体系

（七）明确项目实施的管理框架。建立健全制度规范体系，实施全生命周期管理，保证项目实施质量。进一步完善操作指南，规范项目识别、准备、采购、执行、移交各环节操作流程，明确操作要求，指导社会资本参与实施。制定合同指南，推动共性问题处理方式标准化。制定分行业、分领域的标准化合同文本，提高合同编制效率和谈判效率。按照预算法、合同法、政府采购法及其实施条例、《国务院办公厅关于政府向社会力量购买服务的指导意见》（国办发〔2013〕96号）等要求，建立完善管理细则，规范选择合作伙伴的程序和方法，维护国家利益、社会公共利益和社会资本的合法权益。

（八）健全财政管理制度。开展财政承受能力论证，统筹评估和控制项目的财政支出责任，促进中长期财政可持续发展。建立完善公共服务成本财政管理和会计制度，创新资源组合开发模式，针对政府付费、使用者付费、可行性缺口补助等不同支付机制，将项目涉及的运营补贴、经营收费权和其他支付对价等，按照国家统一的会计制度进行核算，纳入年度预算、中期财政规划，在政府财务报告中进行反映和管理，并向本级人大或其常委会报告。存量公共服务项目转型为政府和社会资本合作项目过程中，应依法进行资产评估，合理确定价值，防止公共资产流失和贱卖。项目实施过程中政府依法获得的国有资本收益、约定的超额收益分成等公共收入应上缴国库。

（九）建立多层次监督管理体系。行业主管部门根据经济社会发展规划及专项规划发起政府和社会资本合作项目，社会资本也可根据当地经济社会发展需求建议发起。行业主管部门应制定不同领域的行业技术标准、公共产品或服务技术规范，加强对公共服务质量和价格的监管。建立政府、公众共同参与的综合性评价体系，建立事前设定绩效目标、事中进行绩效跟踪、事后进行绩效评价的全生命周期绩效管理机制，将政府付费、使用者付费与绩效评价挂钩，并将绩效评价结果作为调价的重要依据，确保实现公共利益最大化。依法充分披露项目实施相关信息，切实保障公众知情权，接受社会监督。

（十）完善公共服务价格调整机制。积极推进公共服务领域价格改革，按照补偿成本、合理收益、节约资源、优质优价、公平负担的原则，加快理顺公共服务价格。依据项目运行情况和绩效评价结果，健全公共服务价格调整机制，完善政府价格决策听证制度，广泛听取社会资本、公众和有关部门意见，确保定价调价的科学性。及时披露项目运行过程中的成本变化、公共服务质量等信息，提高定价调价的透明度。

（十一）完善法律法规体系。推进相关立法，填补政府和社会资本合作领域立法空白，着力解决政府和社会资本合作项目运作与现行法律之间的衔接协调问题，明确政府出资的法律依据和出资性质，规范政府和社会资本的责权利关系，明确政府相关部门的监督管理责任，为政府和社会资本合作模式健康发展提供良好的法律环境和稳定的政策预期。鼓励有条件的地方立足当地实际，依据立法法相关规定，出台地方性法规或规章，进一步有针对性地规范政府和社会资本合作模式的运用。

四、规范推进政府和社会资本合作项目实施

（十二）广泛采用政府和社会资本合作模式提供公共服务。在能源、交通运输、水利、环境保护、农业、林业、科技、保障性安居工程、医疗、卫生、养老、教育、文化等公共服务领域，鼓励采用政府和社会资本合作模式，吸引社会资本参与。其中，在能源、交通运输、水利、环境保护、市政工程等特定领域需要实施特许经营的，按《基础设施和公用事业特许经营管理办法》执行。

（十三）化解地方政府性债务风险。积极运用转让-运营-移交（TOT）、改建-运营-移交（ROT）等方式，将融资平台公司存量公共服务项目转型为政府和社会资本合作项目，引入社会资本参与改造和运营，在征得债权人同意的前提下，将政府性债务转换为非政府性债务，减轻地方政府的债务压力，腾出资金用于重点民生项目建设。大力推动融资平台公司与政府脱钩，进行市场化改制，健全完善公司治理结构，对已经建立现代企业制度、实现市场化运营的，在其承担的地方政府债务已纳入政府财政预算、得到妥善处置并明确公告今后不再承担地方政府举债融资职能的前提下，可作为社会资本参与当地政府和社会资本合作项目，通过与政府签订合同方式，明确责权利关系。严禁融资平台公司通过保底承诺等方式参与政府和社会资本合作项目，进行变相融资。

（十四）提高新建项目决策的科学性。地方政府根据当地经济社会发展需要，结合财政收支平衡状况，统筹论证新建项目的经济效益和社会效益，并进行财政承受能力论证，保证决策质量。根据项目实施周期、收费定价机制、投资收益水平、风险分配基本框架和所需要的政府投入等因素，合理选择建设-运营-移交（BOT）、建设-拥有-运营（BOO）等运作方式。

（十五）择优选择项目合作伙伴。对使用财政性资金作为社会资本提供公共服务对价的项目，地方政府应当根据预算法、合同法、政府采购法及其实施条例等法律法规规定，选择项目合作伙伴。依托政府采购信息平台，及时、充分向社会公布项目采购信息。综合评估项目合作伙伴的专业资质、技术能力、管理经验、财务实力和信用状况等因素，依法择优选择诚实守信的合作伙伴。加强项目政府采购环节的监督管理，保证采购过程公平、公正、公开。

（十六）合理确定合作双方的权利与义务。树立平等协商的理念，按照权责对等原则合理分配项目风险，按照激励相容原则科学设计合同条款，明确项目的产出说明和绩效要求、收益回报机制、退出安排、应急和临时接管预案等关键环节，实现责权利对等。引入价格和补贴动态调整机制，充分考虑社会资本获得合理收益。如单方面构成违约的，违约方应当给予对方相应赔偿。建立投资、补贴与价格的协同机制，为社会资本获得合理回报创造条件。

（十七）增强责任意识和履约能力。社会资本要将自身经济利益诉求与政府政策目标、社会目标相结合，不断加强管理和创新，提升运营效率，在实现经济价值的同时，履行好企业社会责任，严格按照约定保质保量提供服务，维护公众利益；要积极进行业务转型和升级，从工程承包商、建设施工方向运营商转变，实现跨不同领域、多元化发展；要不断提升运营实力和管理经验，增强提供公共服务的能力。咨询、法律、会计等中介机构要提供质优价廉的服务，促进项目增效升级。

（十八）保障公共服务持续有效。按照合同约定，对项目建设情况和公共服务质量进行验收，逾期未完成或不符合标准的，社会资本要限期完工或整改，并采取补救措施或赔偿损失。健全合同争议解决机制，依法积极协调解决争议。确需变更合同内容、延长合同期限以及变更社会资本方的，由政府和社会资本方协商解决，但应当保持公共服务的持续性和稳定性。项目资产移交时，要对移交资产进行性能测试、资产评估和登记入账，并按照国家统一的会计制度进行核算，在政府财务报告中进行反映和管理。

五、政策保障

（十九）简化项目审核流程。进一步减少审批环节，建立项目实施方案联评联审机制，提高审查工作效率。项目合同签署后，可并行办理必要的审批手续，有关部门要简化办理手续，优化办理程序，主动加强服务，对实施方案中已经明确的内容不再作实质性审查。

（二十）多种方式保障项目用地。实行多样化土地供应，保障项目建设用地。对符合划拨用地目录的项目，可按划拨方式供地，划拨土地不得改变土地用途。建成的项目经依法批准可以抵押，土地使用权性质不变，待合同经营期满后，连同公共设施一并移交政府;实现抵押权后改变项目性质应该以有偿方式取得土地使用权的,应依法办理土地有偿使用手续。不符合划拨用地目录的项目,以租赁方式取得土地使用权的,租金收入参照土地出让收入纳入政府性基金预算管理。以作价出资或者入股方式取得土地使用权的,应当以市、县人民政府作为出资人,制定作价出资或者入股方案,经市、县人民政府批准后实施。

(二十一)完善财税支持政策。积极探索财政资金撬动社会资金和金融资本参与政府和社会资本合作项目的有效方式。中央财政出资引导设立中国政府和社会资本合作融资支持基金,作为社会资本方参与项目,提高项目融资的可获得性。探索通过以奖代补等措施,引导和鼓励地方融资平台存量项目转型为政府和社会资本合作项目。落实和完善国家支持公共服务事业的税收优惠政策,公共服务项目采取政府和社会资本合作模式的,可按规定享受相关税收优惠政策。鼓励地方政府在承担有限损失的前提下,与具有投资管理经验的金融机构共同发起设立基金,并通过引入结构化设计,吸引更多社会资本参与。

(二十二)做好金融服务。金融机构应创新符合政府和社会资本合作模式特点的金融服务,优化信贷评审方式,积极为政府和社会资本合作项目提供融资支持。鼓励开发性金融机构发挥中长期贷款优势,参与改造政府和社会资本合作项目,引导商业性金融机构拓宽项目融资渠道。鼓励符合条件的项目运营主体在资本市场通过发行公司债券、企业债券、中期票据、定向票据等市场化方式进行融资。鼓励项目公司发行项目收益债券、项目收益票据、资产支持票据等。鼓励社保资金和保险资金按照市场化原则,创新运用债权投资计划、股权投资计划、项目资产支持计划等多种方式参与项目。对符合条件的"走出去"项目,鼓励政策性金融机构给予中长期信贷支持。依托各类产权、股权交易市场,为社会资本提供多元化、规范化、市场化的退出渠道。金融监管部门应加强监督管理,引导金融机构正确识别、计量和控制风险,按照风险可控、商业可持续原则支持政府和社会资本合作项目融资。

六、组织实施

(二十三)加强组织领导。国务院各有关部门要按照职能分工,负责相关领域具体工作,加强对地方推广政府和社会资本合作模式的指导和监督。财政部要会同有关部门,加强政策沟通协调和信息交流,完善体制机制。教育、科技、民政、人力资源社会保障、国土资源、环境保护、住房城乡建设、交通运输、水利、农业、商务、文化、卫生计生等行业主管部门,要结合本行业特点,积极运用政府和社会资本合作模式提供公共服务,探索完善相关监管制度体系。地方各级人民政府要结合已有规划和各地实际,出台具体政策措施并抓好落实;可根据本地区实际情况,建立工作协调机制,推动政府和社会资本合作项目落地实施。

(二十四)加强人才培养。大力培养专业人才,加快形成政府部门、高校、企业、专业咨询机构联合培养人才的机制。鼓励各类市场主体加大人才培训力度,开展业务人员培训,建设一支高素质的专业人才队伍。鼓励有条件的地方政府统筹内部机构改革需要,进一步整合专门力量,承担政府和社会资本合作模式推广职责,提高专业水平和能力。

（二十五）搭建信息平台。地方各级人民政府要切实履行规划指导、识别评估、咨询服务、宣传培训、绩效评价、信息统计、专家库和项目库建设等职责，建立统一信息发布平台，及时向社会公开项目实施情况等相关信息，确保项目实施公开透明、有序推进。

在公共服务领域推广政府和社会资本合作模式，事关人民群众切身利益，是保障和改善民生的一项重要工作。各地区、各部门要充分认识推广政府和社会资本合作模式的重要意义，把思想和行动统一到党中央、国务院的决策部署上来，精心组织实施，加强协调配合，形成工作合力，切实履行职责，共同抓好落实。财政部要强化统筹协调，会同有关部门对本意见落实情况进行督促检查和跟踪分析，重大事项及时向国务院报告。

财政部、中国人民银行、中国证券监督管理委员会关于规范开展政府和社会资本合作项目资产证券化有关事宜的通知

财金〔2017〕55号　2017-06-07

各省、自治区、直辖市、计划单列市财政厅（局），新疆生产建设兵团财务局，中国人民银行上海总部、各分行、营业管理部、各省会（首府）城市中心支行，中国证监会各派出机构，中国银行间市场交易商协会，上海证券交易所、深圳证券交易所，中国证券业协会，中国证券投资基金业协会：

为贯彻落实《国务院办公厅转发财政部、发展改革委、人民银行关于在公共服务领域推广政府和社会资本合作模式指导意见的通知》（国办发〔2015〕42号），规范推进政府和社会资本合作（以下简称PPP）项目资产证券化工作，现就有关事宜通知如下：

一、分类稳妥地推动PPP项目资产证券化

（一）鼓励项目公司开展资产证券化优化融资安排。在项目运营阶段，项目公司作为发起人（原始权益人），可以按照使用者付费、政府付费、可行性缺口补助等不同类型，以能够给项目带来现金流的收益权、合同债权作为基础资产，发行资产证券化产品。项目公司应统筹融资需求、项目收益等因素，合理确定资产证券化产品发行规模和期限，着力降低综合融资成本。积极探索项目公司在项目建设期依托PPP合同约定的未来收益权，发行资产证券化产品，进一步拓宽项目融资渠道。

（二）探索项目公司股东开展资产证券化盘活存量资产。除PPP合同对项目公司股东的股权转让质押等权利有限制性约定外，在项目建成运营2年后，项目公司的股东可以以能够带来现金流的股权作为基础资产，发行资产证券化产品，盘活存量股权资产，提高资产流动性。其中，控股股东发行规模不得超过股权带来现金流

现值的50%，其他股东发行规模不得超过股权带来现金流现值的70%.

（三）支持项目公司其他相关主体开展资产证券化。在项目运营阶段，为项目公司提供融资支持的各类债权人，以及为项目公司提供建设支持的承包商等企业作为发起人（原始权益人），可以合同债权、收益权等作为基础资产，按监管规定发行资产证券化产品，盘活存量资产，多渠道筹集资金，支持PPP项目建设实施。

二、严格筛选开展资产证券化的PPP项目

（四）开展资产证券化的PPP项目应当运作规范、权属清晰。项目实施方案科学、合同体系完备、运作模式成熟、风险分配合理，并通过物有所值评价和财政承受能力论证。项目公司预期产生的现金流，能够覆盖项目的融资利息和股东的投资收益。拟作为基础资产的项目收益权、股权和合同债权等权属独立清晰，没有为其他融资提供质押或担保。

（五）发起人（原始权益人）应当分别符合相关要求。项目公司作为发起人（原始权益人）的，应当已落实融资方案，前期融资实际到账。项目公司、项目公司的股东作为发起人（原始权益人）申请通过发行主管部门绿色通道受理的，项目还应当成功运营2年以上，发起人（原始权益人）信用稳健，最近三年未发生重大违约或虚假信息披露，无不良信用记录。

三、完善PPP项目资产证券化工作程序

（六）依据合同约定自主开展资产证券化。政府方和社会资本应在PPP合同中，通过适当的方式约定相关各方的资产证券化权利和义务，发起人（原始权益人）可按照合同约定自主决定开展资产证券化，向发行主管部门提交发行申请。PPP项目相关各方应按合同约定，配合接受尽职调查，提供相关材料，协助开展资产证券化产品的方案设计和信用评级等工作。

（七）择优筛选PPP项目开展资产证券化。优先支持水务、环境保护、交通运输等市场化程度较高、公共服务需求稳定、现金流可预测性较强的行业开展资产证券化。优先支持政府偿付能力较好、信用水平较高，并严格履行PPP项目财政管理要求的地区开展资产证券化。重点支持符合雄安新区和京津冀协同发展、"一带一路"、长江经济带等国家战略的PPP项目开展资产证券化。鼓励作为项目公司控股股东的行业龙头企业开展资产证券化，盘活存量项目资产，提高公共服务供给能力。

（八）择优推荐PPP项目资产证券化。省级财政部门可会同行业主管部门择优推荐资产证券化项目。PPP项目资产证券化发起人（原始权益人）可在向发行主管部门提交申请前，自主向省级财政部门和行业主管部门提出推荐申请。申请材料包括但不限于PPP项目实施方案、PPP合同、物有所值评价报告和财政承受能力论证报告、项目运营年报，以及项目资产证券化方案说明书、交易结构图、法律意见书等。省级财政部门可会同行业主管部门，按照有关监管规定和本通知要求，出具推荐意见并抄报财政部。

（九）进一步优化PPP项目资产证券化审核程序。发行主管部门应根据资产证券化业务规定，对申报的PPP项目进行审核和监管。对于各省级财政部门推荐的项目和中国政企合作支持基金投资的项目，中国银行间市场交易商协会、证券交易所、中国证券投资基金业协会等单位要研究建立受理、审核及备案的绿色通道，专人专岗负责，提高注册、备案、审核、发行和挂牌的工作效率。要根据PPP项目证券化开展情况，进一步完善资产证券化制度体系，指导有关单位研究完善自律规则及负面清单。

四、着力加强PPP项目资产证券化监督管理

（十）切实做好风险隔离安排。PPP项目资产证券化的发起人（原始权益人），要严格按照资产证券化规则与相关方案、合同约定，合理设计资产证券化产品的发行交易结构，通过特殊目的载体（SPV）和必要的增信措施，坚持真实出售、破产隔离原则，在基础资产与发起人（原始权益人）资产之间做好风险隔离。发起人（原始权益人）要配合中介机构履行基础资产移交、现金流归集、信息披露、提供增信措施等相关义务，不得通过资产证券化改变控股股东对PPP项目公司的实际控制权和项目运营责任，实现变相"退出"，影响公共服务供给的持续性和稳定性。资产证券化产品如出现偿付困难，发起人（原始权益人）应按照资产证券化合同约定与投资人妥善解决，发起人（原始权益人）不承担约定以外的连带偿付责任。

（十一）合理分担资产证券化的成本收益。PPP项目公司资产证券化的发行成本应当由项目公司按照合同约定承担，不得将发行成本转嫁给政府和社会资本方。鼓励PPP项目公司及其股东通过加强日常运营维护管理或者提供合理支持，为基础资产产生预期现金流提供必要的保障，PPP项目公司及其股东可综合采取担保、持有次级等多种方式进行增信，避免单一增信方式增加对项目公司或股东的负担。PPP项目公司通过发行资产证券化产品优化负债结构的，节省综合融资成本带来的超额收益，应按照合同约定进行分配。

（十二）切实防范刚性兑付风险。PPP项目所在地财政部门要会同行业主管部门加强项目全生命周期的合同履约管理，以PPP合同约定的支付责任为限，严格按照项目绩效评价结果进行支付（含使用者付费项目），保障社会资本方获得合理回报。资产证券化产品的偿付责任，由特殊目的载体（SPV）以其持有的基础资产和增信安排承担，不得将资产证券化产品的偿付责任转嫁给政府或公众，并影响公共服务的持续稳定供给。

（十三）充分披露资产证券化相关信息。金融机构、中介服务机构等应做好尽职调查，确保PPP项目资产证券化业务符合相关政策要求。PPP项目资产证券化的发起人（原始权益人）、管理人及其他信息披露义务人应当严格按照资产证券化业务相关规定，在PPP综合信息平台以及市场认可的信息披露网站，披露项目实施信息、资产证券化年度管理报告、收益分配报告等信息，确保项目实施和资产证券化业务公开透明、有序实施，接受社会和市场监督。

（十四）大力营造良好发展环境。建立多元化、可持续的资金保障机制，推动不动产投资信托基金（REITs）发展，鼓励各类市场资金投资PPP项目资产证券化

产品。加大PPP项目资产证券化政策宣传培训力度，提高各方资产证券化业务操作能力。财政部、中国人民银行、中国证监会建立完善PPP项目资产证券化协同管理机制，加强沟通合作，实现PPP项目实施和风险监测信息共享。省级财政部门和中国人民银行、中国证监会当地派出机构要高度重视，认真组织实施，切实做好PPP项目资产证券化相关工作，推动PPP项目资产证券化持续健康发展。

财政部　中国人民银行　中国证监会

2017年6月7日

主要参考文献

[1] 周延军. 西方融资理论 [M]. 北京：中信出版社，1992.

[2] 卢家仪，卢有杰，等. 项目融资 [M]. 北京：清华大学出版社，1998.

[3] 冯柳江，罗智颂，等. 来宾模式：BOT投资方式在中国的实践 [M]. 南宁：广西人民出版社，1999.

[4] 刘省平. BOT项目融资理论与实务 [M]. 西安：西安交通大学出版社，2002.

[5] 张极井. 项目融资 [M]. 2版. 北京：中信出版社，2003.

[6] 肖林. 融资管理与风险价值 [M]. 上海：上海三联书店，2003.

[7] 李志强. 项目融资法律实务 [M]. 北京：中国金融出版社，2003.

[8] 任淮秀. 项目融资 [M]. 北京：中国人民大学出版社，2004.

[9] 蒋先玲. 项目融资 [M]. 2版. 北京：中国金融出版社，2004.

[10] 陈立文. 项目投资风险分析理论与方法 [M]. 北京：机械工业出版社，2004.

[11] 郭振华. 工程项目保险 [M]. 北京：经济科学出版社，2004.

[12] 李春好，曲久龙. 项目融资 [M]. 北京：科学出版社，2004.

[13] 余晖，秦虹. 公私合作制的中国试验 [M]. 上海：上海人民出版社，2005.

[14] 张树森. BT投融资建设模式 [M]. 北京：中央编译出版社，2006.

[15] 王灏. 城市轨道交通投融资问题研究 [M]. 北京：中国金融出版社，2006.

[16] 魏伯乐，扬，芬格. 私有化的局限 [M]. 王小卫，周缨，译. 上海：上海三联书店，2006.

[17] 简迎辉，杨建基. 工程项目管理：融资理论与方法 [M]. 北京：中国水利水电出版社，2006.

[18] 史万钧. 银团贷款与项目融资实务 [M]. 上海：上海财经大学出版社，2007.

[19] 王虹，徐玖平. 项目融资管理 [M]. 北京：经济管理出版社，2008.

[20] 汤伟钢，李丽红. 工程项目投资与融资 [M]. 北京：人民交通出版社，2008.

[21] 格里姆赛，刘易斯. 公私合作伙伴关系：基础设施供给和项目融资的全

球革命［M］. 济邦咨询公司, 译. 北京：中国人民大学出版社, 2008.

［22］马秀岩. 项目融资［M］. 2版. 北京：中国财政经济出版社, 2009.

［23］叶苏东. 项目融资：理论、实务与案例［M］. 2版. 北京：清华大学出版社, 北京交通大学出版社, 2010.

［24］王灏. PPP的定义和分类研究［J］. 都市快轨交通, 2004（5）.

［25］曹远征. 公共民营合作制在中国［J］. 城乡建设, 2003（7）.

［26］中华人民共和国财政部. 关于推广运用政府和社会资本合作模式有关问题的通知［EB/OL］.［2014-09-24］. http：//www. mof. gov. cn/pub/jinrongsi/zhengwuxinxi/zhengcefabu/201409/t20140924_1143760. html.

［27］中华人民共和国国家发展和改革委员会. 关于开展政府和社会资本合作的指导意见［EB/OL］.［2014-12-02］. http：//www. sdpc. gov. cn/gzdt/201412/t20141204_651014. html.

［28］萨瓦斯. 民营化与公私部门的伙伴关系［M］. 周志忍, 等译. 北京：中国人民大学出版社, 2002.

［29］耶斯考比. 项目融资原理与实务［M］. 王锦程, 译. 北京：清华大学出版社, 2010.

［30］LI, AKINTOYE, HARDCASTLE. Risk Allocation Preferences in PPP/PFI Construction Projects in the UK［C］. The International Construction Research Conference of the Royal Institution of Chartered Surveyors, 2004：32-36.

［31］财政部《政府和社会资本合作项目财政承受能力论证指引》（财金〔2015〕21号）

［32］财政部《PPP物有所值评价指引（试行）》的通知（财金〔2015〕167号）

［33］财政部关于印发《政府和社会资本合作模式操作指南（试行）》的通知（财金〔2014〕113号）

［34］财政部关于印发《政府和社会资本合作项目政府采购管理办法》的通知（财库〔2014〕215号）

［35］财政部关于印发《政府采购竞争性磋商采购方式管理暂行办法》的通知（财库〔2014〕214号）

［36］国务院《中华人民共和国政府采购法实施条例》（国务院第658号）